JN127072

Change the World
Without Taking Power
The Meaning of Revolution Today
by John Holloway

増補修訂版

権力を取らずに世界を変える

——いま、革命の意味するもの

ジョン・ホロウェイ
大窪一志・四茂野修訳

同時代社

CHANGE THE WORLD WITHOUT TAKING POWER

by John Holloway

Copyright © John Holloway 2002, 2005
Japanese translation published by arrangement with
John Holloway through The English Agency (Japan) Ltd.

権力を取らずに世界を変える／もくじ

凡例

一　本書の旧版（二〇〇九年）および今回の増補修訂版は、John Holloway ; *Change the World Without Taking Power* の全訳です。原書の初版は二〇〇二年、増補改訂版は二〇〇五年に、いずれもロンドンの Pluto Press から出版されています。翻訳のための底本には、増補改訂版を用いました。また、この増補修訂版の編集にあたっては、旧版の訳文を全体にわたって修訂し、新たに訳者（四茂野修）から寄稿いただいた「この本に促され考えてきたこと」を付しました。

二　著者による原註は、該当箇所に各章ごとの番号を振り、巻末にまとめました。訳者による訳註は最小限にとどめ、本文中［　］内に小さな字で記しました。原註のなかの［　］内の記述も訳者によるものです。本文・原註中の（　）内の記述は原文にあるものです。また［　］内の引用ページ表示も原文にあるものです。

三　引用文の出典は、原書にあったとおり、引用文の末尾に著者名・発行年・ページを示す略号で示してあります。たとえば（Foucault 1990, p.3）とあれば、巻末の「参考文献」の Foucault の部分を見て、１９９０年のものを探せば、*The History of Sexuality*（『性の歴史』）であることがわかります。

四　傍点（、、）を付した語句は、原文にイタリック体で記されて強調されているものです。

日本の読者のみなさんへ

資本主義が人類にとって破局をもたらすものであるということが、ますます明らかになってきました。しかも、それが明らかになればなるほど、資本主義をなくすにはどうしたらいいのか私たちにはわからないということも、ますますはっきりしてきているのです。どのようにして資本主義を倒す革命を起こせばいいのか、私たちにはわかりません。二〇世紀の革命は失敗に終わりました。しかも、多くの場合、災厄《さいやく》を招き寄せながら。そして、いま私たちは、どのように革命を起こしたらいいのかわからないのですから、革命について進んで語ろうとはしないのです。革命はもはや口にされない言葉になってしまいました。にもかかわらず、資本主義が破局をもたらすものであり、世界を変えることが緊急の課題になっており、革命が必要とされているということが、これまでになく明らかになってきているのです。私たちは、黙り込んだまま絶望にとらわれてしまったかのようです。

この本の狙いは、その沈黙を破って、革命についての論議、革命が二一世紀にもっている意味をめぐる論議の扉を開くことにあります。ラディカルな社会変革の可能性についてふたたび語ることができるようになるためには、二〇世紀において一般に受け入れられていた考え方を問い直すことが必要です。なかでも、革命の中心問題は国家権力を獲得することにあるという考えを問い直さなければなりません。この問い直しは、アカデミックな性格のものではありません。それは、世界中の反資本主義運動のなかで考え直されている問題なのです。国家権力という考え方をやめて、権力を取らずに世界を変えることが必要だといっているのは、叛逆の運動そのものなのです。しかし、それは道理に合わないことです。権力を取らずに世界を変えるなんて、どうやったらできるというのでしょうか。この本は、この明らかに不合理なことを追究した本です。それがどんなに不合理に思われても、私たちはこの問題を避けて通ることはできないのです。

この本が最初に英語で出版されたとき、私は、革命について語りたいと思っている人なんていないのではないかと心配していました。それは間違いでした。この本に対する反響からわかったのは、革命について考え直すことが実際に求められているということだったのです。この本についての公開討論会には、ブエノスアイレスでは千人以上、ベルリンでは五百人以上というように、たくさんの人たちが集まりました。嵐のような論争が起こり、数え切れないほどの論評がなされ、この本は一二カ国の言語に翻訳されて刊行されました。それがついに日本でも刊行されるというのは、私にとって大変うれしいことです。私はヨーロッパとラテンアメリカでおこなわれている論議についてはよく知っているのですが、日本でどういうことが議論されているのかよくわかりません。

この本が最初に刊行されて以来、私は嵐の日に海辺で遊んでいるような感覚を味わってきました。批判の大波が襲ってきて私をひっくりかえしてしまいます。起き上がったと思ったら、賞賛の波に洗われます。それから、また批判の波です。そして、また……その連続でした。それはとてもわくわくする体験でした。なぜなら、何にもまして、この本をめぐる討論がより広い運動の一部をなしており、人間らしさを求める闘いが深いところから変わっていくのにともなって起こっている討論の嵐の一部になっているということがわかってきたからです。

新しく序文を書くということは、出版に添えて何を願っているのかを考えることでもあります。日本語版に寄せる私の願いは、この本にともなって起きてきた論争の波が、幾重にもなって、日本の多くの海辺に押し寄せてほしい、ということです。

メキシコのプエブラにて

二〇〇九年二月一一日

第一版まえがき

ワールド・トレード・センターへの攻撃事件が起こり、アフガニスタンへの爆撃が始まったとき、この本はもう出版のために私の手を離れた後でした。

この本の始めのところに書かれている叫びは、殺す者たち、爆弾を落とす者たち、人類を破滅に追いやろうとしている者たちの傲慢《ごうまん》で愚かな行いを私たちが目撃して以降、ますます大きくなり、ますます怒りに満ちたものになってきています。そして、私たちが、どのようにして、権力獲得を追求することなく世界を変えることができるのかを考えることが、これまでにもまして緊急な課題になっています。

もっとも恐れなければならないのは、爆弾が落とされ屍体が瓦礫《がれき》から引き出されるのをテレビの映像を通じて見ながら、私たちが無力感にとらわれることです。どんなことがあっても、自分たち自身の力、別の世界を創り出すことができる能力を信じることができるようになるには、どうすればいいのでしょうか。これこそが、この本が追求しようとしている問題なのです。

その一方で現れているのが深まりゆく世界不況です。それは、私が出版元のプルートー・プレスにこの本の原稿を渡した後になって様相を変えてきました。一〇章で書いた危機についての議論に、新しいデータを付け加えることはしませんでしたが、最近の事態の進展によってむしろ私が立てた議論は補強されています。もう一度くりかえしますと、中心問題は、以下の点にあります。いますべてを覆いつくそうとしているかのように見える無力感をどのように克服するのか。危機についても、戦争についてと同様、私たちは犠牲者ではなくて、主体なのだ、唯一の主体なのだということを、どのようにして理解するのか。それが問題なのです。

第二版まえがき

革命について語りたいと思っている人たちはそんなに多くはないだろう、と私は考えていました。けれど、この本に対する反響を見ると、そういう人がずいぶんたくさんいる、ということがわかりました。

この反響の大きさは、この本がもっている価値によるものではかならずしもなくて（といっても、もちろんそれなりの価値はあると私は思っていますけれど）、むしろ私たちがいま生きている状況の反映なのです。資本主義は人類の破局を招くものであることが日に日にますますはっきりとしてきているにもかかわらず、そこから抜け出す手だてがわからないのです。近年、さまざまなかたちの闘争の高まりがいたるところに見られます。そうした闘いは、緩やかに社会フォーラム運動に結びついているのですが、かといって、なんらかのイデオロギー的あるいは政治的な中心があるわけではありません。この本が引き起こした反響のうちでもっともエキサイティングに感じたのは、この本が運動内部の不協和音に巻き込まれて、著者の私を遙《はる》かに乗り越え、この本の中に印刷されている言葉を遙かに乗り越える議論の波に運ばれていったことでした。それはまるで、海岸で大波に襲われて、めちゃくちゃに転ばされ、足元をすくわれて宙に浮く快感を味わわされているかのようでした。これは疎外感ではありません。そうではなくて、この本をめぐる議論が、もっとずっと広範な運動の一部であるという実感なのです。

この本が今回、増補改訂版として新たに出版されることをうれしく思います。この増補改訂を通じて、私は、この本を巻き込んだ波から一歩退いて、この本が巻き起こした議論をふりかえって考えてみる機会を得ることができました。私はエピローグを書き加えましたが、その狙いは、この本に寄せられた疑問に答えることではなくて、疑問をさらに先に進めていくことにあるのです。

［本書の第三版が二〇一〇年に、第四版が二〇一九年に出ていますが、収録された文章は変わっていません。なお、それぞれに「まえがき」が付されていますが、本書では割愛させていただきました。］

1　叫び

I

初めに叫びがある。われわれは叫ぶ。

私たちが何かを書くとき、あるいは私たちが何かを読むとき、初めにあるのが言葉ではなく叫びであることは忘れられがちです。資本主義によって人間の生活が引き裂かれる事態に直面したとき、口をついて出るのはノー!という悲しみの叫び、恐怖の叫び、怒りの叫び、拒絶の叫びです。

理論的反省の出発点にあるのは、反対、否定、闘争です。怒りからこそ、思想が生まれ出るのです。「思想家」というときに普通にイメージされるような理性的なポーズから生まれるのでもなければ、安楽椅子に深々と腰かけて存在の神秘について沈思黙考することから生まれるのでもありません。

私たちは否定することから、同調しないことから出発します。それは、いろいろな形をとることがあります。はっきりしない不満のつぶやき、落胆の涙、怒りの叫び、自信に満ちた雄叫《おたけ》び……不安、困惑、憧れ、深刻な動揺……。

私たちが同調しないのは体験によるものですが、体験といってもいろいろあります。工場で身をもって搾取を体験する場合もありますし、家庭で体験する抑圧、オフィスで体験するストレス、飢餓と貧困の体験、国家による暴力や差別の体験、そうしたさまざまな直接体験があります。あるいは、テレビや新聞や本を通じて得た間接的な体験が私たちを動かして怒りに駆《か》り立《た》てる場合もあるでしょう。世界中には何百万人にもおよぶストリート・チルドレンがいます。私有財産の尊重を強制するためだけにストリート・チルドレンが組織的に殺害されている都市がいくつもあります。一九九八年の統計では、世界の最高額所得者三五八人の資産は、世界中の人間の四五％（二五億人）の年間所得総額に相当するということです。金持ちと貧乏人の格差はどんどん広がっており、国と国との間の格差だけでなく、国内での格差も拡大しています。失業率が高まるときにはいつも株式市場が高騰します。自由な教育のために闘う学生が投獄されている一方で、何百万もの人々の悲惨な状態に現に責任がある人たちが、将軍とか国防長官とか大統領とかいう栄誉ある肩書きを手にしています。こうしたたぐいのことは数限りなく指摘することができます。新聞を読むたびに、怒りが湧き上がり、痛みを覚えずにはいられません。みなさんも、みなさん自身の体験としてそう感じられるのではないでしょうか。私たちは、日々怒りを新たにし、憤慨《ふんがい》は積み重なるばかりです。(1)

私たちが怒りを向けている物事は、個々別々の現象ではなくて、おたがいの間に関連があるのではないか、それらはすべて、欠陥のある世界、どこか根本的なところでまちがっている世界の一部を成しているのではないか――ぼんやりとかもしれませんが、私たちはそう感じているのではないでしょうか。私たちが街路で目にする物乞いの数がますます増えていく一方で、株式市場では新たな高値が記録され、企業の重役たちの給与は目を剥《む》くほどの額に達しています。そこで私たちは、世界の不正の数々は、たまたま生じたものではなくて、ある根本的にまちがったシステムのせいなのではないか、と感じるわけです。ハリウッド映画でさえ（おそらくは、驚くべきことに）ほとんどの場合、根本において骨の髄《ずい》まで不正に染まった世界を描き出すことから始まるのです。そして、それからおもむろに（これはさほど驚くべきことではありませんが）正義は各人一人ひとりの努力によって勝ち取ることができるのだという方向にもっていって私たちを安心させようとするのです。私たちの怒りが向けられているのは、あれこれの出来事に対してではなくて、もっと一般的な不正そのものに対してですし、それは、この世界はゆがんでいる、この世界はどこか真実でないという感情にもとづくものなのです。何か身震いするような忌《い》まわしい出来事を体験したとき、私たちはおののきに襲われて両手を挙げ、「こんなことがあるはずがない！　うそだ！」ということでしょう。私たちは、それがうそではなく真実であることを頭ではわかっています。しかし、心では、それはある偽りの世界の真実だと感じているのです。(2)

それでは、真実の世界というのはどういうものなのでしょうか。私たちは、なんとなく漠然とした印象をもっているだけかもしれません。真実の世界とは、公正な世界、人間がおたがいにモノとしてではなくヒトとして結びつきあっている世界、人々が自分自身の生活を自分で形づくることができる世界なのではないか、というふうに。しかし、真実の世界がどういうものであるか、その像をはっきりと描くことができないからといって、現にいまある世界が、どこか根本のところでまちがっているという感じをいだくのはおかしいということにはなりません。この世界はまちがっていると感じることは、かならずしも、そうした世界に代わるユートピアを描くことを意味するわけではないのです。それはまた、いま物事は悪い状態にあるけれども、いつの日にか私たちは真実の世界、約束の地、幸福な結末に到達することができる、白馬の王子がきっと現れるというようなロマンティックな考え方を意味するわけでもありません。まちがっていると感じている世界を拒絶しようとするときに、ハッピーエンドが約束されていなければならないなんてことはないのです。

私たちの出発点は次のところにあります。私たちがまちがっていると感じている世界を拒絶すること。否定的なものだと感じている世界を否定すること。これが、私たちが握《にぎ》って放すべきではない観点なのです。

II

「握って放さない」——まさにそれが必要なのです。というのは、私たちの否定する気持ちを窒《ちっ》息《そく》させ、私たちの叫びを押しとどめるいろいろな力が働いているからです。私たちは体験を通じてつねに怒りをかきたてられています。しかし、その怒りを表現しようとすると、脱脂綿の壁にぶつかるような感じになります。私たちは、たくさんの非常にもっともらしい反論にでくわすのです。

いろんなやりかたで叫びを私たちのほうに跳ね返してくるのです。私たちを見つめて、なぜ叫ぶのかと尋ねてきます。君たちがそんなにも否定的になっているのは、歳のせいだろうか？ 出身階層のせいだろうか？ それとも何か心理学的な適応不全があるのだろうか？ 腹がすいてるのかい？ 睡眠不足かい？ それともただのメンス前のいらいらかい？ 世界の複雑さを理解できていないのでしょうか？ 根本的な変革を実現するなんて実際には難しいということを理解できていないのでしょうか？ 叫ぶなんて非科学的だということを知らないのでしょうか？

そして、社会を研究してみたらどうか、社会理論や政治理論を学んでみたらどうか、と熱心に勧められる（私たちもその必要を感じる）というわけです。そうすると、変なことが起こります。私たちが社会を研究すればするほど、私たちの否定的な気持ちはそこから追い出されていき、的はずれなものとして閉め出されていくのです。学問的な話のなかには叫びなんかが入る余地などありはしないのです。それだけではありません。学問的な研究によって身についた言葉づかいや考え方は、私たちの叫びを言い表すのをほとんど不可能にさせるものなのです。ともかくも叫びというものがあるとしたなら、学問においては、それは表明されるべきものではなくて、説明されるべきものとしてとらえられるのです。叫びは、私たちの社会に対する疑問の主題から、分析の対象に変えられてしまうのです。私たちが叫ぶのはどうしてなのか。いや、私たちはもう科学者なのだから、彼らが叫ぶのはどうしてなのか、と問われなければなりません。社会的反抗や社会的不満はどう説明したらいいのか、と。叫びは、体系全体のなかにうまくおさまらないものと見なされて、その社会的背景に融け込まされてしまうのです。叫んだりするのは、幼児体験のせいである。あるいは近代的な主体概念のせいである。不健康な食生活のせいである。家族構造が弱体化したせいである。そういうようなことにされてしまいます。こうした説明はすべて、統計調査によって裏づけられます。叫びがまったく否定されるわけではありません。しかし、叫びからあらゆる正当性が奪われるのです。「私たち」から切り離され、「彼ら」に投影されることによって、叫ぶことは科学的な方法から排除されてしまうのです。社会科学者になると、物事を理解するための方法とは客観性を追求することであり、自分自身の感情をさしはさんではいけないと教えられます。何を学ぶかよりは、むしろいかに学ぶかが、私たちの叫びを押しとどめているように思われます。思考の構造全体が私たちを武装解除するのです。

　しかし、最初に私たちをあんなにも怒りに駆り立てたものはなにひとつ消え去ったわけではありません。私たちはたぶん、それらがいかに社会的支配機構の部品となって組み立てられているかを学んだのですが、どういうわけか、私たちがそういったものを否定しているということは、構図からきれいに拭《ぬぐ》い去《さ》られてしまっているのです。世界の悲惨は続いています。だから、科学的にはタブーと考えられていることをやってみる必要があるのです。つまり、子供のように叫ぶこと、あらゆる構造的な説明をふりきって叫びをあげることが必要なのです。「精神科医が何といおうとかまやしない。私たちの主体性が社会的につくられたものであろうが、かまやしない。これは私たちの叫びなんだ。私たちの痛みなんだ。私たちの涙なんだ。私たちは自分たちの怒りを現実のなかに薄めてしまおうとは思わない。むしろ、現実のほうが叫びに道を譲るべきなのだ。私たちを子供みたいだとか、若僧のようだとかいうがいい。私たちは叫ぶ。ここにこそ私たちの出発点があるんだ。」

そういわなければなりません。(3)

Ⅲ

「私たち」っていったいだれ？　重いテーマをあつかおうとしている本の冒頭で、いきなり、こんなにも強く自己主張している、この「私たち」ってだれのことなのでしょうか。

社会理論に関する重いテーマの本は、普通は三人称で始まるものです。はっきりと規定されていない「私たち」が主張しはじめるなどということはありません。「私たち」というのは危険な言葉です。無防備で、どこからでも攻撃を受けることがありうるからです。読者のなかには、もうすでにこういっている人がいるかもしれません。「叫びたければあんたが叫べよ、兄貴。俺を『私たち』のなかに入れるのはやめてくれよ。ほんとは『私』のことをいっているのに『私たち』なんていうなよ。あんたは、あんたの見方を読者に押しつけようとしているだけなんだよ」と。あるいは、この世界がいま生まれたばかりであるかのように見なして、罪のない「私たち」から始めていくことはまったく不当である、と反対する人もきっといることでしょう。ここで語られている「私たち」という主体は、それ自体がひとつの結果であり、始まりではないのだから、出発点として正当なものではない、というわけです。いきなり「私たちは叫ぶ」というところから始めるのは、その前に、その「私たち」を社会的につくりあげ、私たちの叫びを構成するようになるプロセスを理解することがまず必要なのだから、まちがいであるというわけです。

けれども、それ以外のどこから出発できるというのでしょうか。物を書き、物を読むことが創造的な行為である以上、それは「私たち」の行為にならざるをえないのです。三人称で始めるのは、中立の出発点だ、というわけではありません。三人称で始めることは、すでに、「私たち」と書いたり読んだりする主体を抑圧していることを前提にしているからです。「私たち」がここでは出発点としてあるのです。私たちが誠実であるかぎり、そこからしか出発できないからです。私たちは、自分たち自身の思想、自分たち自身の反応からしか出発することができません。「私たち」および「私たち」という観念自体が、主体を従属させてきた歴史全体によってもたらされたものであるという事実(4)をいいたてたとしても、同じことです。私たちは、自分たちがいまいる場所からしか出発できません。そして、その場所とは、私たちがいたくない場所、私たちが叫びをあげる場所なのです。

さしあたりは、ここでいっている、この「私たち」は、まだ混乱したままの「私たち」です。私たちというのは、漠然とした一人称複数で、書き手である「私」と読み手である「私」あるいは「私たち」との、ぼんやりとした混合、おそらくは不協和音がまざった混合にすぎません。しかし、私たちは「私」ではなく「私たち」から出発します。というのは、「私」は、すでに個人化、つまり思想と感情における個別性を主張することを前提にしているのに対して、書いたり読んだりする行為は、なんらかのかたちの共同体、たとえそれがいかに矛盾し混乱しているにしても、ひとつの共同体を想定することにもとづいているからです。私たちが出発点にする「私たち」というのは、何かの答えであるというよりも、むしろまさしくひとつの問いにほかなりません。それは、叫びがもっている社会的性格を主張し、その社会性がもつ本性を問うています。「それ」ではなく「私たち」を出発点とすることの長所は、そのことによって、あらゆる理論的主張の底になければならないにもかかわらず、めったに目を向けられることのない疑問にあからさまに直面させられることにあります。その疑問とは、その主張をしている私たちとはだれなのか、という問題なのです。

もちろん、この「私たち」は純粋で超越的な「主体」なんかではありません。私たちは男でも女でも労働者階級でもありません。少なくともさしあたりは、そういうものではないのです。そうした純粋なものであることはできない、もっとずっと雑然とした存在なのです。対立した社会から生まれ出てきた対立をはらんだ「私たち」なのです。私たちが感じることは、かならずしも正しいとはいえません。けれど、それが、その感情が尊重されながら批判されることが出発点なのであって、その感情をわきにおいて、客観性を重んじることから出発してはいけないのです。私たちがみずからの内に矛盾をはらんだ存在であることはまちがいありません。それは単に、読者は筆者と同じように考えるとはかぎらない（あるいは、読者といっても千差万別である）という意味だけではなくて、私たちの感情自体が矛盾をはらんでいるという意味でもあるのです。私たちが仕事をしているときや新聞を読んでいるときに感じる違和感は、食事をしたあとにくつろいでいれば満足感に変わってしまうようなものにすぎないかもしれません。しかし、違和感は、外面的な「私たち」と「世界」との間にあるのではありません。それはかならず私たちの内部にも達し、そこにおいて私たちと私たち自身とを分裂させるのです。だから、「私たち」というのは、この本全体を通じて引きずりつづけていく問いなのです。

私たちはクモの巣に捕らえられたハエです。私たちは、そのような、もつれあった、めちゃくちゃな状態から出発するのです。ほかに出発点などありはしないからです。私たち自身の体験している違和感の外に立っているかのように装って、そこから出発することはできないのです。だって、そんなことをしたら嘘になってしまうからです。思うようにはならない社会関係というクモの巣にとらえられたハエである私たちは、私たちを閉じこめている縄を断ち切ることによって自由になろうとすることしかできないのです。みずから自由になろうとして、私たちがいまいるところから外へ向かって否定的に、批判的に動いていくこと以外にはないのです。私たちが批判をおこなうのは、私たちが適応不全だからではありません。私たちが好んで気むずかしくなっているからではないのです。私たちがそのなかで生きている否定的な状況のために、ほかに選択肢がなくなっているのです。生きること、考えることとは、私たちができるやりかたで、私たちの生存の否定的なありかたを否定することなのです。「なんで、そう否定的なんだ?」とクモはハエにいいます。「客観的になれよ。偏見を捨てるんだ。」しかし、ハエが客観的になることなんてできはしないのです。いくらそうなりたいと思ったとしても、客観的になんかなれはしないのです。ハエは考えます。「クモの巣を外側から客観的に見るだって! そんなのまったくの夢だ。空っぽで偽りの夢だ」と。そのとおりであって、さしあたり、クモの巣について、それがハエの捕らえられている罠《わな》だというところから出発しないで研究してみても、まったく単純なインチキでしかありません。(5)

私たちはバランスを欠き、安定を欠いています。私たちが叫ぶのは、安楽椅子に深々と腰かけているからではなくて、崖の縁から落ちようとしているからです。安楽椅子の思想家は、自分のまわりの世界は安定していて、均衡の乱れは例外として説明すべきものだ、と考えています。だから、そうした思想家がだれかのことをバランスや安定を欠いているといったとしたら、それはその人を軽蔑した言い方になります。そういう人のいうことは不的確だと見なす言い方になります。私たち、崖の縁から落ちようとしている者にとっては（そして、この「私たち」はおそらく全人類を含むのでしょうが）、事態はまったく逆なのです。私たちにはすべてがぼうっとかすんだ状態でめちゃくちゃに動いているように見えます。この世界はバランスを欠いた世界であり、もし均衡がとれているとするなら、あるいは均衡がとれていると考えられているなら、それについてこそ、説明が必要になるのです。

Ⅳ

私たちの叫びは単なる恐怖の叫びではありません。クモの巣で死に直面しているから叫ぶのではありません。自由になることを夢見ているから叫ぶのです。私たちが崖から落ちようとして叫んでいるのは、もう下の岩にたたきつけられるしかないとあきらめたからではなく、まだほかの可能性があるという希望をもっているからです。

私たちの叫びは受け容れることを拒むしるしです。それは、クモに食べられてしまうこと、岩にたたきつけられて死ぬこと、およそ受け容れることができないものを受け容れることを拒むものなのです。不平等、悲惨、搾取、暴力がますますはびこっていくのはどうすることもできないと受け容れてしまうのを拒否すること、偽りの真理を受け容れるのを拒否すること、囲い込まれてしまうのを拒否することなのです。私たちの叫びは、抑圧の犠牲になってのたうつのを拒否するもの、そのうえで反体制思想に特徴的な「左翼のメランコリー」[6]に浸るのを拒否するものなのです。左翼知識人が採りがちなカッサンドラ［ギリシア神話に出てくる王女で予言をだれも信じないようにされた予言者］の役割を受け容れるのを拒否することなのです。つまり、世界の没落を予言しながら、それに対して私たちは手をこまねいているしかないという、そんな予言者にはならない、ということです。私たちの叫びは、窓を破る叫びであり、閉じこめられるのを拒むもの、囲いから溢《あふ》れ出し、囲いを乗り越えていくもの、行儀のよい社会の境界を越えていくものなのです。

私たちが受け容れることを拒否したからといって、その行為が未来について何かを語るわけではありません。何か特定の成果を生みだすのに有効だというわけでもありません。私たちが崖から落ちようとしながら叫んでいるという事実は、それによって、安全に着地できる保障をあたえるものではありませんし、ハッピーエンドにつながるものとして叫びを正当化するものでもありません。かつての革命家たちがもっていた確信、歴史（あるいは神）が私たちの味方をしているという確信は、もはや歴史的に命脈を絶ち、埋葬《まいそう》されてしまったのです。そうした確信は広島に落とされた原爆によって爆破され、墓に投げ入れられてしまいました。もはやハッピーエンドがかならず訪れるにちがいないという確信は存在しえません。しかし、そうした確信が失われたからといって、真っ逆さまに落ちていくときでさえ、あるいは真っ暗な絶望にとらわれる瞬間においてさえ、私たちは、そうしたハッピーエンドは不可能だとあきらめることを拒むのです。叫びは、可能性が開かれていることにあくまで執着し、根本的に違うものになる可能性が閉ざされていることを受け容れようとはしないのです。

ですから、私たちの叫びは、ふたつの次元から成り立っていることになります。怒りの叫びは現在の体験から起こってきますが、それそのものの内に希望が、違ったものになることができるという見通しが含まれているのです。叫びは、エクスタシーという言葉本来の意味、つまり自分自身の外に出て行って開かれた未来へ向かって立つという意味で、エクスタシー的〔脱自的〕なのです。(7)

叫んでいる私たちは、エクスタシー的になっているのです。自分自身を超えて立ち現れるのです。ですから、私たちは二つの次元に存在することになります。叫びはその内に緊張をはらんでいます。そこには、存在するものと存在するかもしれないものとの間の緊張、直説法（そうである）と仮定法（そうであるかもしれない）との間の緊張が含まれているのです。私たちは不正な社会に生きていますけれど、私たちは社会が不正なものでないことを願っています。この言い方のふたつの部分は切り離しがたく、おたがいの間につねに働いている緊張関係のなかにあります。叫びは、「そうであるかもしれない」ものが実現することによって正当化されることを求めているわけではありません。そうではなくて、単に現実が二つの次元から成っていることを認めているにすぎないのです。さきほどの言い方の第二の部分（世界が不正なものでないことを願う）は第一の部分と同じように現実的なのです。このふたつの部分の間にみなぎっている緊張関係こそが、叫びに意味をあたえているのです。もしも第二の部分（仮定法の上での願い）が第一の部分よりも現実性が薄いと見られるならば、叫びも妥当性を失ってしまいます。そうなってしまえば、現実的なものと見られるのは、私たちが不正な世界に生きているということだけになってしまい、私たちが願っていることは私事であり重要性があまりないということになってしまうわけです。そして、「不正な」という形容詞は、正しい社会が可能であるということとの相関関係においてこそはじめて現実的な意味をもってくるわけですから、それもまた抜け落ちてしまうなら、私たちは「xという社会に生きている」といえるだけになってしまいます。「xという社会に生きている」からという理由で叫ぶということになれば、私たちは、まちがいなく、頭がおかしいということにされてしまうでしょう。

　マキャベリの時代からこのかた、社会理論は、ふたつに分けることができない文を分けてしまうことに加担してきました。マキャベリは、自分は、物事が何であるかについてのみ関心があり、物事がこうなってほしいと願うことには関心がないといって、新現実主義の基礎を築きました。[8] 現実は、第一の部分すなわち「そうであるもの」にだけ関わるのです。第二の部分すなわち「そうであるべきもの」は、「そうであるもの」から明確に区別され、現実の一部分であるとは見なされないのです。「あるべき」は完全に捨て去られるわけではなくて、「規範的」社会理論のテーマになります。完全に破壊されてしまうのは、ふたつの部分の統一です。この段階をふむだけで、拒絶＝即＝願望という叫びの意味は奪い去られてしまうのです。

　私たちの叫びは、ふたつの次元を内に含み、ふたつの次元の間の緊張関係が結合されることを強く求めています。私たちは存在しています。しかし、私たちは存在していない、あるいはまだ存在していないということとの間に、ひきしぼった弓のように張りつめている緊張関係において、存在しているのです。社会は存在しています。しかし、社会は存在していない、あるいはまだ存在していないということとの間に張りつめている緊張関係において、存在しているのです。アイデンティティはあります。しかし、アイデンティティ（自分が自分であること）は、アイデンティティがないこと（自分が自分ではないこと）との間に張りつめている緊張関係において、存在しているのです。二重の次元は、「ある」のなかにある「まだない」、アイデンティティのなかにある非アイデンティティという対立するものとして（つまり運動として）目の前にあります。叫びは、そこにある緊張の爆発なのです。「ある」のなかに含まれ、そこからはじけ出ようとしている「まだない」の爆発、アイデンティティのなかに含まれ、そこからはじけ出ようとしている非アイデンティティの爆発です。叫びは、いまは否定されているものが現に実在していることの表現、「まだないもの」やアイデンティティがないことが現に実在していることの表現なのです。叫びが理論的な力をもちうるかどうかは、「まだないもの」（おたがいに尊厳を認め合うことのうえに成り立つ社会がありうるかどうかはだれにもわからないのです）が将来に存在するかどうかにかかっているのではなくて、可能性として現に実在しているかどうかにかかっているのです。叫びから出発するということは、端的にいって、弁証法が中心にあることを主張することであって、それは「非アイデンティティにあくまでこだわる感覚」（アドルノ『否定弁証法』Adorno 1990, p.5）にほかならないのです。

私たちの叫びは、恐怖＝即＝希望の叫びなのです。この叫びの両側が切り離されるなら、それはたいした意味もないものになってしまいます。恐怖は「歴史の苦さ」から生まれるものです(9)。しかし、その苦さを超越するものがどこにもないとしたら、ただひとつ残された次元である恐怖が、政治的沈滞と理論的閉塞《へいそく》に導くだけです。同じように、希望がこの歴史の苦さにしっかりと基盤をもつものでなかったとしたら、ただの一次元のもの、楽観主義を愚かに表明するだけのものになってしまいます。このように恐怖と希望が切り離されることについて正しく表現しているのは、よく引用されるグラムシの箴言《しんげん》「知性の悲観主義《ペシミズム》、意思の楽観主義《オプティミズム》」です。(10) 挑むべき課題は、むしろ、悲観主義と楽観主義、恐怖と希望とを、世界は二重の次元から成っているという理論的な理解のもとで、統一することなのです。精神の楽観主義だけではなく、知性の楽観主義がめざされるべきです。私たちが希望を学ばなくてはならないのは、まさしくこの世界にある恐怖のためなのです。(11)

V

この本の狙いは否定性を強めることです。それは、クモの巣に捕らえられたハエの味方をするためであり、その叫びをもっと耳障りなものにするためにほかなりません。私たちは、まったく意識的に主体から出発しました。あるいは、少なくとも、ある不確かな主体性から出発しました。そこに含まれているさまざまな問題を意識したうえで、そうしたのです。それ以外のどこから出発しても、端的に偽りになると思って、そうしたのです。達成すべき課題は、最初の否定的な立脚点の上に批判的に成長していく思考の方法を開発することであり、世界の偽りを否定する了解の方法を開発することです。これは、単に、物事を下から見るとか、ボトム・アップで考えるとかいう問題ではありません。そういう見方・考え方は、すでに出来上がっているカテゴリーをあてはめたり、マイナスとプラスをただひっくりかえしたりすることでしかない場合がほとんどだからです。対抗して闘うべきなのは、トップ・ダウンの見方だけではないのです。そうした見方から出てきて、そうした見方を擁護するあらゆる思考様式と対抗しなければならないのです。私たちを縛っている縄の一部である社会理論の分野で道を切り開こうとするなら、私たちを導いてくれるコンパスはひとつしかありません。それは、二次元から成っている全体を貫く私たち自身の「ノー！」の力です。現状を拒絶し、将来像を提示する力なのです。

否定の思想は、叫びと同じくらい昔からあるものです。否定の思想のうちでもっとも強力な潮流がマルクス主義の系統であることはまちがいありません。しかし、マルクス主義の系統の発展がつくりだしてきた枠組は、その発展の特殊な歴史のため、また、それを通じて否定の思想を既定の「イズム」に変形してしまったがために、否定の力を狭めてしまったり、ふさいでしまったりするものになっています。ですから、この本は、既定の枠組としてマルクス主義に依拠するという意味ではマルクス主義の本ではありません。また、この本が試みている議論の力は、それが「マルクス主義的」であるかどうかというところから判断されるべきものではありませんし、ましてや、ネオ・マルクス主義とかポスト・マルクス主義とかとはもっと無縁なものです。そうではなくて、むしろ逆に、「マルクス主義的」といわれることの多い問題を、否定の思想の問題設定《プロブレマティク》に置き直してみることが、この本の狙いなのです。そうすることによって、否定の思想を具体化し、資本主義に対するマルクス主義的批判をより鋭いものに研《と》ぎ澄《す》まそうと願っているのです。(12)

これは、資本主義の恐怖を描き出そうとした本ではありません。そういうことをやっている本はたくさんありますし、その上、そういうことを語ってくれる日常体験には事欠かないわけですから。ですから、ここでは、それはあたりまえのこととして取り扱います。もっと人間的な社会への希望がもてないのは、資本主義の恐怖を見ることができない結果なのではなくて、どこかほかのところに行こうと思ってもそこが見つからず、何かほかのものになろうと思ってもそれが見つからないからにほかならないのです。そういう状況の下では、いちばん分別のあるやりかたは、否定性なんて忘れて、そんなものは若者の夢にすぎないとして、捨ててしまうことだと思われます。しかし、それでもなお、世界はよりいっそう悪い方向に進んでいき、不平等はさらに我慢できないものになっていき、みずから招き寄せる人類の破滅はより差し迫ったものになっていくことでしょう。ですから、おそらく私たちにとって必要なのは、否定性を放棄することではなくて、反対に、叫びがもたらしてくれる見方から世界を理論化しようと努めてみることなのではないでしょうか。

　だけど、もし読者が世界になんの違和感ももっていないとしたら、どうなるのでしょうか。もし、あなたが、なんの否定性も感じず、「自分たちは自分たちであり、世界は世界である」といってありのままで満ち足りているとしたら、どうなるのでしょうか。だれもが世界に居心地のよさを感じていて、自分たちを取り巻いている飢餓や暴力や不平等になんの嫌悪も感じていないとは、ちょっと信じられません。嫌悪や違和感が意識的もしくは無意識的に抑えられている可能性のほうが大きいのではないでしょうか。どうして抑えられているかというと、平穏な生活を守るためであり、あるいはもっと単純に、世界の恐怖を見たり感じたりしないように装うことで直接の物質的利益がえられるということからです。職を守るため、滞在許可を守るため、利益を守るため、高い評価を受けるチャンスを守るため、みずからの穏健さを守るために、私たちは見て見ぬふりをするのです。苦痛を濾過《ろか》してしまい、そんなものはここにはなく、ずっと遠くにあるものだというふうに見せかけることによって、みずからの感じ方を健全化するのです。そういったものは、アフリカやロシアに、百年前に、自分とは無縁なところにあるのだとすることによって、私たち自身の否定的な体験は消毒されてしまうのです。そのようにして健全化された感じ方の上に、客観的で没価値《ぼっかち》的な「価値を問題にしない、中立的な」社会科学が構築されるのです。否定、搾取と暴力に対する嫌悪は、社会科学の礎石のコンクリートのなかに、完全に埋められて姿を没してしまいます。それはちょうど、世界のある地域でおこなわれているように、家や橋の礎石に犠牲の動物の屍体が建造者によって埋葬されるのと同じことです。そのような理論は、アドルノがいうように、「SS［ナチス親衛隊］が生《い》け贄《にえ》の悲鳴を消すために流した伴奏音楽と性格を同じくするもの」(『否定弁証法』Adorno 1990, p.365)なのです。この本がめざしていることは、そのような苦痛の抑圧をはねのけることです。

でも、いったい何のために？　私たちの叫びは、落胆の叫びであり、力をもたない者の不満の叫びです。けれど、もし私たちがほんとうに無力であるなら、できることは何もありません。そして、私たちが力を得ようとして、党をつくったり、武器を取ったり、選挙に勝ったりしようとするなら、歴史上これまで現れた、さまざまな強者たちと変わらないことになってしまいます。そうなれば、出口がなくなり、権力の堂々めぐりを破ることはできなくなります。どうしたらいいのでしょうか。

権力を取らずに世界を変えるのです。

えっ？　ハッハッ！　こりゃおかしいや。

2　国家を超える？

初めに叫びがあった。では、次は何か？

叫びは、世界を変えようとする怒りに満ちた熱い思いを、そのうちに含んでいます。しかし、どうすれば世界を変えることができるのでしょうか。どうすれば、世界をもっとよい、もっと人間的な場所にすることができるのでしょうか。どうすれば、あらゆる悲惨と搾取に終止符を打つことができるのでしょうか。

I

すでに用意されている答えがあります。国家を通じて世界を変えろ。これが既成の答えです。政党に加わって、その党が支配権力を取るのを助けなさい。それを通じて国を変えるのです。あるいは、そんな悠長なことはいっていられない、私はもっともっと頭にきているし、議会という手段を通じて実現できるものなど信じられないというなら、革命組織に加わりなさい。その組織が、暴力的な手段であれ、非暴力的な手段であれ、国家権力を奪取するのを助けなさい。そして、革命国家を使って社会を変えるのです。

国家を通じて世界を変える。これが一世紀以上にわたって革命思想を支配してきたパラダイムです。一〇〇年前にローザ・ルクセンブルクとエドゥアルト・ベルンシュタインの間で「改良か革命か」という問題をめぐって闘わされた論争が、(1)ほぼ二〇世紀全体を通じて革命に関する思考を支配することになる用語を確立しました。一方には改良が立てられ、他方には革命が立てられたわけです。改良は、社会主義に漸進的に移行していこうとするもので、それは選挙に勝って議会という手段を通じて変革をもたらすことで達成されるとされていました。それに対して、革命は、もっとずっと急速な移行をめざすもので、それは国家権力を奪取することを通じて、新しい国家によって根底的な変革を急速に導入することで達成されるとされていました。対立が激しかったために、基本的なところでは合意が成り立っていたことが隠れてしまう結果になりました。つまり、改良と革命、どちらのアプローチも、社会を変えるうえでの管制高地として国家に焦点を当てている点では同じなのです。さまざまな違いはあるものの、両方とも国家権力を勝ち取ることをめざしているのです。この点では、当然のことながら、相容れないものではないのです。革命的な見方からも、また比較的ラディカルな議会主義的アプローチからも、国家権力の獲得は社会的激動が盛り上がるなかで、その一部としておこなわれるものと見なされています。にもかかわらず、国家権力の獲得は、革命過程の中心、そこから革命的変革が放射されていく中心軸になるだろうと見られているのです。このように改良と革命に二分する見方からこぼれ落ちるアプローチに対しては、アナキズム的であるという烙印《らくいん》が押されました（このはっきりとした区分は、ベルンシュタイン・ルクセンブルク論争とほぼ同時に固められたものです）(2)。つい最近まで、少なくともマルクス主義の系列においては、理論的・政治的論争は、これら三つの類型分けに支配されていました。つまり、革命的か、改良主義的か、アナキズム的か、三つのうちのどれかだというわけです。

国家というパラダイム、つまり国家権力の獲得がラディカルな変革にとって中心問題であるということを前提にする考え方は、理論の分野を支配していただけではなくて、ほぼ二〇世紀全体を通じての革命の経験においても、支配的でした。それは、ソ連や中国の経験にかぎったものではなく、一九六〇年代から七〇年代の無数の民族解放運動やゲリラ運動の経験においてもそうだったのです。国家というパラダイムが、二〇世紀のほとんどを通じて希望をになうものであったとしたら、それに続く世紀においては、時が経てば経つほど、希望を殺すものに転化しました。二一世紀の初頭に、もはや革命が不可能であることがはっきりしたのは、実際には、ある特定の型の革命概念が歴史的に破綻したことの反映にほかならないのです。その特定の型とは、革命を国家のコントロールと同一視する革命概念です。

「改良派」的アプローチも、「革命派」的アプローチも、どちらも熱烈な支持者の期待にまったく応えられない結果に終わりました。ソ連や中国などにおける「共産主義」政権は、みずから管理している国家領域の内で、少なくとも一時的には、物質的な保障の水準を高め、社会的な不平等を減らしていくことはなしえたかもしれません。しかし、自己決定できる社会を創り出し、自由の統治を推し進めていくという、コミュニストがつねにもっとも中心的に熱望していた点においては、なしえたことはまことに少なかったのです[3]。社会民主主義政権や改良主義政権の場合も、それよりましだったとはいえないのが実態です。物質的な保障の点でよくなったことが認められる場合はありますが、そうした政権がおこなった施策は、実際のところは、公然と親資本主義を標榜《ひょうぼう》する政権とほとんど変わりがなかったのです。また社会民主主義政権のほとんどは、根本的な社会改良を実行しようとする装いすら、ずっと前から放棄していました。

一〇〇年以上の長きにわたって、若者たちの革命的情熱は、党を建設したり銃撃訓練をおこなったりする方向に導かれてきました。一〇〇年以上の長きにわたって、人間性に合致した世界を求める人たちの夢は、官僚化され軍事化されてきたのです。それらはすべて国家権力を獲得するためだったのですが、権力を獲得した政権は、みずからを生み出した運動を「裏切っている」という謗《そし》りを受けることにもなったのでした。「裏切り」は二〇世紀全体を通じて左翼のキーワードになっていました。できる政権、できる政権、みんな次々に支持者の理想を「裏切っている」と非難されてきたのです。裏切りという観念は、いまやあまりに使い古されたがために、「そりゃそうだろう」と肩をすくめる反応を引き出すだけのものに成り下がってしまっています[4]。それがどういうものなのか説明するために、たくさんある裏切りのほうに目を向けるよりは、むしろ、社会変革は国家権力獲得を通じてこそなしうるという観念そのものについて考えてみることのほうが求められているのではないでしょうか。

一見したところでは、国家のコントロールを獲得することが社会変革の鍵になるのは明らかであるかのように思えるでしょう。国家は、主権の行使、領域内における権力の行使をみずからの権利だと主張しています。民主主義とは、国家の領域内において、権力の行使を通じて構成員の意思を遂行するために、政府が選挙によって選ばれることである、というのが共通認識の中心になっています。このような考え方が、根底的な変革は立憲的な手段によって達成できるという社会民主主義の主張の基礎にもなっています。

　こうした見方に対する反論は、このような立憲的な見方においては国家が社会環境から切り離されて孤立したものとしてとらえられている、という点にあります。そうした見方は、国家が行動の自律性をもっていると考えるのですが、国家にはそういう自律性はまったくありません。国家がおこなうことは、国家というものが社会的諸関係の網の結び目のひとつとしてあるにすぎないという事実によって、実際には限定され、規定されているのです。非常に大事なことは、この社会的諸関係の網の目のありかたが、およそ仕事《ワーク》というものがどのように組織されているのかという点に中心をおいていることです。仕事《ワーク》が資本主義的な基盤の上に組織されているという事実は、国家がおこなうこと、おこないうることが、国家がその一部となっている資本主義の機構を維持する必要によって限定され、規定されているということを意味しています。もう少し具体的にいえば、国家が資本の利益に反する方向で重大な行動をおこなうなら、経済危機を招く結果となり、資本はその国家の領域から逃げていくことになるだろうということです。

マルクス主義にもとづく革命運動は、これまでつねに、国家の資本主義的性格を意識してきました。それでは、なぜ、社会変革の手段として国家権力の奪取に焦点を当ててきたのでしょうか。ひとつの答えは、こうした革命運動が、資本主義的な性質をもった国家に対して、これを道具と見なす見方をしていることが多かったことです。典型的な見方としては、国家は資本家階級の道具だと見なされてきました。「道具」という観念には、国家と資本家階級との関係は外的なものだという意味が含まれています。つまり、国家とはハンマーのようなものであって、現在、国家は資本家階級によって資本の利益のために使われているが、革命のあとには、労働者階級によって労働者の利益のために使われることになるだろう、というわけです。そうした見方をしていると、おそらくは無意識のうちに、国家を社会環境から孤立させて自律的なものとしてとらえることになってしまうのではないでしょうか。けれど、この社会環境に対する批判こそが、革命的政治の出発点なのです。あとで展開することになる概念を借りて表現すれば、こうした見方は国家を物神化《ぶっしんか》するものです。国家をそれが埋め込まれている権力関係の網の目から抽象化してしまうのです。これまでの数々の革命政府は、実際には、国家を労働者階級の利益のために使うのはむずかしいことだと経験を通して知ってきましたが、それは、国家が資本主義の社会関係に埋め込まれている状態が、道具的な見方をする場合に考えられているよりも、ずっと強力でずっと複雑なものだということを示しています。マルクス主義的革命運動の誤りは、国家の資本主義的性質を見なかったことではなくて、国家が資本主義的社会関係の網の目に統合されている度合を見誤ったことにあったのです。

この見誤りのなかで重要なのは、革命運動が（そして、改良運動ではなおさら）「社会」というものを国単位《くに》の（つまり国家と結びついた）社会としてとらえうると考えがちだという点です〔以下、stateを国家、nationを国《くに》・国民と訳し分けます〕。もし社会がイギリス社会、ロシア社会、メキシコ社会などといったものとしてとらえられるならば、国家こそが社会変革の中心点になりうるとする考え方にはっきりと傾いていくことになるでしょう。しかしながら、そのような想定は、あらかじめ国家と社会を周囲の環境から切り離して抽象化してしまうこと、したがって社会関係を観念的に国境で切断してしまうことを前提にしています。こうした見方からすると、世界はたくさんの国民社会から出来上がっていて、それぞれの国民社会がそれ自身の国家をもっており、それぞれの国家がほかのすべての国家と国＝際＝関係のネットワークにおいて関係を保っているということになります。そうすると、それぞれの国家がそれぞれの世界の中心であり、国民規模の革命を考えることができるし、国家を「それがもつ」社会を根底的に変革するための原動機と見なすことができる、ということになるわけです。

このような見方がはらんでいる問題点は、社会関係の範囲と国境とはけっして一致しないという点にあります。「グローバリゼーション」に関して現在おこなわれている議論は、これまでもつねに真実であったことに照明を当てただけのものなのです。すなわち、資本主義的社会関係は、その本性からして、いつも領域的な制約を越え出ていくものだということです。これに比べると、封建領主と農奴との間の関係は、いつも領域内での関係でした。資本主義の著しい特徴は、そのような領域的な制約を受けることなく搾取を展開させるところにあるのであって、それは資本家と労働者との間の関係が貨幣を通じて結ばれるからなのでした。社会関係が貨幣を通じて結ばれているということは、そうした関係が完全に領域化されないものになることを意味しています。雇用主と被雇用者が、生産者と消費者が、あるいは同一の生産過程において結合している労働者たちが同じ領域のなかに同居していなくてはならない理由は何もないのです。資本主義的社会関係が国境によって制約されるものであったことは一度もないのです。ですから、資本主義世界をいくつもの別々の国民社会の総和であると考えることは、つねに誤りだったのです（Braunmühl 1978 と Holloway 1995b を参照してください）。個々の国民国家がみんな絡《から》め取《と》られている社会関係の網の目は、（資本主義が生まれ出てからずっと）グローバルなクモの巣なのです。

ですから、革命を国家権力の獲得に絞り込むことは、国家が、みずからその一部として埋め込まれている社会関係から抽象化されていってしまうことを意味しているのです。概念的にいえば、国家はそれを取り囲んでいる社会関係のしがらみから切り離され、自律的に演技をしているものであるかのような外見をもって立ち現れてくることになります。自律性が国家にあたえられるのです。改良主義理論（あるいは自由主義理論）のいう絶対的な意味の自律性ではないにしても、少なくとも、国家は、それを取り囲んでいる資本主義的社会関係から潜在的に自律しているという意味において自律性をもっているとされるのです。

しかし、これは革命戦略に対する幼稚な誤解であるという反論があるかもしれません。マルクス主義にもとづく革命運動は、一般的に、国家権力の獲得について、あくまで社会変革のより広範な過程のなかの一要素にすぎないと見なしているのだ、というわけです。そのうえ、レーニンは、国家権力を勝ち取るというだけではなく、旧い国家を粉砕して労働者国家に置き換えるのだと語っていましたし、レーニンもトロツキーも、革命を成功させるためには世界革命を遂行しなければならないことを十分に意識していました。これらはすべて事実です。そして、幼稚な戯画化を避けなければならないというのは大事なことです。しかし、それにもかかわらず、国家の掌握ということが一般に特別に重要な要素、社会変革過程の焦点と見なされ、[5]社会変革に向けられるエネルギーをそこに集中するように要求されていたことも事実なのです。そのような絞《しぼ》り込《こ》みがなされれば、国家が権力の場として特別な地位をあたえられるのは避けられません。

国家権力の獲得を、社会変革の唯一の途と見なすにしても、あるいは単に行動の焦点と見なすにしても、そこには叛乱を導いていく水路が不可避的に姿を現してきます。いまとは別な社会をめざして闘う者の情熱は、集められて、ある特定の方向に向けられます。国家権力の獲得という方向に向けられるのです。そうすると、「われわれが国家を勝ち取ることができさえすれば（それが選挙によってであろうが、軍事的手段によってであろうが、それとはかかわりなく）、われわれは社会を変えることができるだろう。したがって、まず、われわれは中心目標に集中しなければならない。国家を勝ち取るのだ」というふうに議論は進んで、かくして、若者は国家権力を勝ち取る手段へと動員されることになるのです。そして、国家権力獲得の方法がどう考えられているかによって、あるいは兵士として、あるいは官僚として訓練されていくのです。「まず軍を建設せよ。まず党を建設せよ。それがわれわれを抑圧している権力を倒す途なのだ」ということで、党建設（あるいは軍建設）がほかのすべての活動を押しのけていくことになります。最初には否定的なもの（資本主義の拒否）だったのが、ある肯定的なもの（制度づくり、権力づくり）に変えられてしまうのです。権力獲得に導き入れられることが、避けがたく、権力そのものに導き入れられることになっていくのです。そこに新たに導き入れられた者は、権力の言葉と論理と打算を学びます。社会科学のカテゴリーを使うことを学びます。そうした社会科学のカテゴリーは、すべて権力への執着から形づくられてきたものなのです。組織内部での意見の相違は権力闘争を引き起こします。権力をめぐる打算と策略が生き様になっていくのです。

ナショナリズムは、権力の論理に不可避的に随伴《ずいはん》する補完物です。国家が権力の場だという観念は、個々の国家を権力関係のグローバルな脈絡から切り離して抽象化するとらえかたを内に含んでいます。革命的発想がいかに世界革命の観念に導かれていようとも、根底的社会変革をもたらす場として個別の国家をとらえて、そこに集中するなら、そこから、その国家が内包している世界の一部分が世界のほかの部分よりも優先権をもっているという考え方が生まれてこざるをえません。どんなに強く革命の国際主義を奉じていても、国家権力に向かう革命へと方向づけられてしまえば、ナショナリストがやるように、自国に他国よりも優先権をあたえたり、さらには実際に、革命を防衛するために、国民感情の操作をあからさまにおこなったりすることがほとんど避けがたくなっていきます。国家を通して社会を変えるという観念は、国家は至高のもの、すなわち主権であり、あるいはそうあるべきだという考え方にもとづいているのです。国家主権は、国家を通して社会を変えるうえでの前提条件です。ですから、社会変革のための闘争は国家主権を護るための闘いへと姿を変えていってしまうのです。そうすると、資本と対抗する闘いは、外国の支配に抗する反帝国主義の闘いになっていき、そこにおいては、ナショナリズムと反資本主義がないまぜになっていくのです。[6]そうすると、実際には、社会関係のひとつの形態としての国家という存在は、まさに自己決定の対極にあるものにほかならないのに、自己決定と国家主権が混同されてしまうのです。（この点については、のちにもっと議論を発展させてみるつもりです。）

運動とその重要性に対して、どんなに口先だけの賛美がなされたとしても、権力獲得の目標からすれば闘争が道具にされてしまうことは避けられません。闘争は目的をもっていることになります。政治権力を獲得するという目的です。闘争は、その目的を達成するための手段なのです。闘争のなかにあるこの目的の達成に役立たない要素は、二次的な重要性しか認められなかったり、あるいはまったく抑えられたりすることになります。これによって、闘争のなかに上下関係（ヒエラルキー）がもたらされます。道具化とヒエラルキー化は、たがいにあいまって、闘争の貧困化をもたらします。さまざまな闘争、資本主義を拒絶する意思のさまざまな表現方法、別の社会という夢のためのさまざまな闘いは、たちまちフィルターにかけられて取り除かれてしまいます。権力獲得というプリズムから世界が見られるようになると、そうしたものは目に入らなくなるのです。私たちは、そうしたものを抑圧するようになります。そして、そうすることによって自分たち自身を抑圧するのです。私たちの活動のうち「革命を建設する」ことに貢献する部分をヒエラルキーの頂点におくようになっていき、ヒエラルキーの底辺には、感情的な関係、官能、遊び、笑い、愛し合うといった個人的で取るに足りないことがおかれるようになります。階級闘争はピューリタン的なものになります。取るに足りないことは、目標達成に役立たないのだから、抑制されなければなりません。闘争の内にヒエラルキーをつくりあげることは、私たちの生の内に、したがって私たち自身の内にヒエラルキーをつくりあげることなのです。

党というのは、ヒエラルキー化をもっともはっきりと表現する組織形態です。党という形態は、その党が前衛的なものか議会的なものかにかかわりなく、国家を志向することを前提にするものであり、それ抜きにはあまり意味のないものなのです。党は、その実際の姿において、階級闘争を訓練する形態であり、階級闘争の無数の形態を国家の管理を掌握するという最優先の目的に従属させるものなのです。闘争のヒエラルキーが定着すると、それは通常は党綱領というかたちで表現されます。

闘争が道具にされることで貧しいものになっていくのは、（スターリニズム、トロツキズムなどといった）特定の党派や潮流にだけ特有の現象ではありません。それは、運動の目標が政治権力の獲得であるとする考え方のなかに本来そなわっているものなのです。その意味では、勝利した党や軍が国家権力を勝ち取り、そして約束を「裏切る」よりもずっと前、いってみれば最初から、闘争は損なわれていたのです。いったん権力そのものが運動のなかに浸みこんだなら、権力の論理が革命過程の論理になったなら、拒絶という否定的なものが権力構築という肯定的なものに転化されたなら、もうそのときに闘争は損なわれているのです。そして、そこに巻き込まれている者には、いつもそれが見えないのです。権力に加わった者には、自分たちが権力の論法と習性にどれだけ引き込まれてしまっているのかということさえ見えなくなってしまっているのです。私たちが資本主義に対して叛逆を企てているとするなら、それは別の権力組織を求めているからではなくて、権力関係が廃絶される社会を求めているからだということも、わからなくなってしまいます。権力の獲得によって非権力的関係の社会をつくることはできません。権力の論理がいったん適用されれば、反権力の闘争はもはや損なわれてしまうのです。

　権力の獲得を通じて社会を変えようという考え方は、こうして、もともと達成しようとして始めたものとは反対のものを達成することに帰結してしまいます。権力の獲得が権力関係廃絶にむけてのステップになる代わりに、権力獲得のもくろみが権力に対抗する闘争のなかに権力関係の場を拡大させていくのです。権力に対する、人間の非人間化に対する、人間を目的としてではなく手段としてあつかうことに対する抗議の叫びとして出発したものが、それとは反対のものに転化してしまいます。反権力の闘争の核心において、権力の論理と習性と論法を当然のものだとすることに転化してしまうのです[7]。世界の革命的な変革において問題なのは、だれが権力を手中にしているかではなくて、権力がまさしく現実に存在していることです。問題なのは、だれが権力を行使するかではなくて、人間の尊厳を相互に尊重することを基礎とした世界、権力関係ではない社会関係によって構成された世界を創造することなのです。

　社会を変えるうえでもっとも現実的な方法は、国家権力を獲得することに闘争を集中して、闘争全体をこの目的に従属させることだろうと思われます。まず国家権力を獲得し、しかるのちに人間性にふさわしい社会を創り出すのです。これはレーニンが、特に『何をなすべきか』で力強くリアルに論じたことですが、それだけでなく、ローザ・ルクセンブルク、トロツキー、グラムシ、毛沢東、ゲバラといった二〇世紀の主な革命運動指導者が共通して唱えた論理でした。にもかかわらず、彼らの闘争の経験は、彼らが受け容れた、こうした革命的伝統のリアリズムが深いところで非現実的なものだったことを示しているのです。(8) そのリアリズムは権力のリアリズムであって、権力を再生産することしかできないのです。権力のリアリズムは、目的に集中し、目的にむかって方向づけられます。反権力のリアリズムは、あるいは、もっと適切にいえば、反権力の反リアリズムは、世界を変革しようとするのなら、それとはまったく異なったものにならなければなりません。そして、私たちは世界を変革しなければならないのです。

3　権力を超える？

I

国家を通して世界を変えることはできない。理論的考察からしても、一世紀全体をかけた挫折の経験から見ても、そうなのです。そうすると、したり顔でこういうことをいう人がいます。「初めからずっとそういってたじゃないか。そんなことはばかげているって。だから、いったじゃないか。人間っていうのはもともとそんなもんじゃないんだよ。夢を見ることはやめるんだな。夢は捨てろよ！」

そうして、世界中の何百万もの人たちが、根本的にいまとは違う型の社会をつくる夢を捨てました。ソ連の崩壊と民族解放運動の失敗が、世界中で何百万もの人たちに幻滅をもたらしたのは疑うべくもありません。革命というものは国家の支配の獲得と同じことだという観念が根強くありましたから、国家の支配を獲得することを通じて世界を変えようとする試みが失敗したという事実は、多くの人々にとって、革命は不可能だという結論にそのままつながっていったのです。

期待は色褪《いろあ》せていきます。多くの人たちの間で、生活のなかから希望が消え失せていき、それに代わって、現実への苦くシニカルな順応が現れてきています。私たちが望んでいる自由で公正な社会を創り出すことは不可能かもしれません。けれど、私たちは、結局いつも中道政党か中道左派政党に投票して、そんなことをしてもなんの変わりもないのだけれど、少なくとも、それがフラストレーションの何らかのはけ口にはなるかもしれないと思うのです。「俺たちはいま、世界を変えることなんてできゃしないと悟ったんだ」とマルセラ・セラーノの小説の登場人物はいいます。「そいつは、俺たちの世代みんなにとって最大の打撃だった。俺たちは、まだまだ若くてエネルギーがあって物事を変えられるのに、道半ばで、目標を失ったんだ。……そのあとでできることっていえば、頭を垂れながら問うことだけだ。尊厳っていうのは、いったいどこにあるんだってね。[1]」

この小説の登場人物がいっていることはまちがっているのでしょうか。私たちが国家を通して世界を変えることができないなら、どうやったら変えることができるのでしょうか。国家は権力関係のクモの巣のひとつの結び目にすぎません。けれど、どこから出発しようと、私たちはいつも権力のクモの巣に捕らえられているのではないでしょうか。そこから逃れることを思い描くことができるのでしょうか。私たちは、限りなく続く権力の輪のなかに捕らえられたままなのではないのでしょうか。世界全体がクモの巣であって、ここにいようがあそこにいようが大差ないのではないのでしょうか。あるいは、おそらく、こうも考えられます。世界全体がたくさんのクモの巣から出来ていて、ひとつのクモの巣を破れば別のクモの巣にひっかけられる、というふうになっているのではないでしょうか。宗教で自らを慰める人たち、この憂き世を生きていく代償として天国の夢を懐いて生きていく人たちだけに、まったく別の解決策があたえられている、ということなのでしょうか。

慎ましい私生活に退いて尊厳を維持し、「手に入るものだけで我慢しよう」とすることが考えられますが、そこには大きな問題があります。それは、世界がこのまま続いていくわけではないということです。資本主義の存在は、ダイナミックな発展がもたらされつづけることを意味しており、そうした発展は私たちを絶え間なく攻撃し、私たちの生活をますます金銭に従属させ、ますます大きな貧困、ますます大きな不平等、ますます大きな暴力を生みだしていきます。尊厳は私的な事柄ではありません。私たちの生活はほかの人たちの生活と非常に複雑に絡《から》み合《あ》っていますから、私的に尊厳を維持するのは不可能なのです。私たちが個人として尊厳をもって生きることを追求するならば、逆に、私たちは革命が差し迫って必要であるという事実に直面するにちがいないのです(2)。

革命の理念を維持するために唯一可能な途は、賭け金をもっと引き上げることです。伝統的な革命概念に含まれていた問題は、それが高いところをねらいすぎたところにあるのではなくて、反対に低いところをねらいすぎていたところにあったのです。それが政府権力であれ、社会のなかにもっと分散して存在するさまざまな権力であれ、権力の座を奪い取ろうという考え方は、そもそも革命の目的が権力関係を解体して、個人の尊厳の相互承認にもとづく社会を創り出すことにあるということを見落としているのです。失敗に終わったのは、革命というのは権力の廃絶のために権力を獲得することだという考え方だったのです(3)。いま課題になっているのは、権力関係を直接克服していくという、はるかに困難な考え方なのです。いま革命を思い描くことができる唯一の途は、権力の獲得としての革命ではなくて、権力の解体としての革命をめざす途なのです。ソ連の崩壊は、数百万の人々に幻滅をもたらしただけではありませんでした。革命思想の解放をももたらしたのです。革命を権力の獲得と同一視する考え方からの解放です。

ですから、二一世紀の初めにおいて革命が挑もうとしている課題は、権力を取らずに世界を変えることなのです。この課題をもっともはっきりと定式化したのは、メキシコ南東部で起こったサパティスタの蜂起でした。サパティスタは、世界を新しいものにつくりかえ、尊厳のある世界、人間的な世界を創ることをめざしているけれど、ただそれを、権力を取ることなしに実現するのだ、と主張しています(4)［サパティスタは一九九四年元旦に蜂起した先住民農民の叛乱組織で構造的差別・搾取反対を掲げています］。

権力を取らずに世界を新しいものにつくりかえるというサパティスタの主張は、非常に大きな反響を呼び起こしました。そうした大きな反響は、反権力《アンチパワー》の領域と呼ばれているものが近年拡大していることに関係しているにちがいありません。それは、不満が国家に集中されるプロセスが弱まっていることに対応しています。このようなプロセスが弱まっていることは、特に自称革命政党においてはっきりと現れています。こうした政党は、かつてはそなえていた、不満を権力獲得闘争に向かって導いていく能力をもはや失っているのです。それは社会民主主義政党の場合も同じです。選挙民の投票を集められるか否かにかかわりなく、これらの政党も政治的闘争力の焦点となるような重要さをもはや失っています。社会的な不満を表現する方法は、ずっと分散的なものになり、NGOに参加したり、個別の課題ごとにキャンペーンをおこなったり、あるいは、人々を運動の対象としてあつかうことなく、さまざまな自治的なコミュニティ活動の発展のなかで運動していこうとしている教師、医師などのワーカーたちが個人的あるいは集団的なコミットメントをおこなったり、チアパス州［メキシコ南東部、サパティスタが活動している地方］に見られるような長期にわたる大衆的な叛乱を起こしたりするようなかたちでも現れています。そのようなやりかたで、国家を活動の焦点にせず、権力の座に就こうとせずに世界を変えることに向けておこなわれている活動は、非常に広い領域にわたっています。こうした活動領域がひどく矛盾した性質をもっているのは明らかなことです。そして、革命集団から「プチブルジョア的」とか「ロマンティック」とか形容されるような活動を多く含んでいることも確かです。革命を単純明快な目的をもったものとしてとらえるなら、そうした活動は、革命的だとはとうていいえません。しかし、根本的に異なる何かを表明しているということが、しばしばそうした活動の重要な要素になっています。そこには、いわゆる「自治《オートノミー》」の領域と呼ばれるものが、ときとして含まれています。しかし、それは「自治《オートノミー》」という言葉が普通指しているものよりずっとずっと広い内容を含むものです。そこには、いつもそうだというわけではありませんが、ときとして資本主義への公然たる敵意が表れてくることがあります。しかし、かつて革命政党や改良政党がおこなっていたような活動にはっきりと焦点をしぼったり、そこに活動を集中したりするようなことはしません。これは、混沌とした活動領域であって、そこにサパティスタの主張が反響しているのであり、またそこから反権力の力が成長してきているのです(5)。そこは、改良と革命とアナキズムという旧来の区別がもはや意味をもたない領域です。なぜかといえば、そこでは、国家の支配を誰がおこなうかという問題が関心の焦点にはならないからです。

革命の焦点が失われたのは、人々がもう異なった型の社会を求めようとしなくなったからではなくて、旧来の焦点が幻影だったことが明らかになったからなのです。サパティスタが提起した課題とは、国家という幻想が崩壊し、権力という幻想が崩壊した状況の下で、革命を救い出すという課題なのです。

しかし、どのようにすれば、権力を取らずに世界を変えることができるのでしょうか。ただ問題を提出するだけにとどまるなら、鼻を鳴らして嘲笑《あざわら》われたり、バカにしたように眉を上げたり、肩をすくめたりされるだけです。

「どうしてそう無邪気《ナイーヴ》なんだい」という人がいます。「社会を根本的に変革するなんてできゃしないのがわからないのかい？　この三〇年間に起こったことから何も学んでないのかい？　革命について話したりするのはばかげたことだってことがわからないのか？　それとも、あんたはまだ、あの一九六八年の青春の夢に浸っているのかい？　俺たちは、いまここにある世界とともに生きていかなくちゃならないんだし、この世界と折り合っていかなくちゃならないんだよ。」

「どうしてそう無邪気《ナイーヴ》なんだい」と別の人がいいます。「もちろん、世界は革命を必要としている。だけど、権力を取らずに変革がもたらされるなんて、本気で考えているのかい？　選挙とか、ほかの手段とかを取るわけか？　おれたちが直面し対決している暴力装置、軍隊とか警察とか準軍事的《パラミリタリー》な殺人集団とかが目に入らないのか？　あいつらが唯一理解できる言語は暴力だってことがわからないのかい？　みんなで腕を組んで『みんなに必要なのは愛だ』って歌えば資本主義は崩れてしまうっていうのかい？　リアルに考えろよ。」

リアリティと権力とはおたがいに重なり合っていますから、権力を無力化していくという問題を提起するだけで、リアリティを踏み外すものだと見なされてしまいます。私たちの思考のあらゆるカテゴリー、リアリティとは何か、政治とは何か、経済とは何か、さらには、私たちはどこで生きているのかといった問題について前提になるあらゆるもの、そうしたものに権力が深く浸透しているので、権力に対して「ノー!」といえば、目がまわるような世界に突き落とされてしまうのです。そこでは、私たちがつかまることのできる拠《よ》り所《どころ》は、自分たち自身の「ノー!」という叫びがもつ力だけなのです。権力と社会理論とは、密接な共生関係にありますから、権力は、理論が世界を見るためのレンズとなり、世界を聞くためのヘッドフォンとなっているのです。反権力の理論を求めることは、見えないものを見ようとすることです。聞こえないものを聞こうとすることです。反権力の理論化をおこなおうとするのは、ほとんど未踏の世界をさまようのと同じことなのです。

どのようにすれば、権力を取らずに世界を変えることができるのでしょうか。答えははっきりしています。「わからない」ということです。そうであるからこそ、その答えに実践的、理論的に取り組むことが非常に重要になっているのです。ここがロードスだ、ここで跳べ［いまこそ跳躍のときだ］。しかし、その跳躍は、ますます危険なものになってきていますし、跳躍なんてするなという圧力はますます強くなってきており、不条理の海に落ちてしまう危険を避けることはますますむずかしくなってきています。

「嘲笑《あざわら》われるのを恐れる」ことはやめましょう。[6] そして、問いかけるのです。どうすれば、権力を取らずに世界を変えることを考えはじめることができるのだろうか、と。

権力を取らずに世界を変えることを考えるためには、権力の概念が激しい矛盾をはらんでいることを知る必要があります。しかし、この点を議論するためには、最初のところに帰る必要があります。

すでに見たように、始まりにあるのは叫びです。二つの次元をもつ叫びです。単に怒りの叫びではなく、希望の叫びでもある叫びです。そして、そのときの希望とは、神の介入というかたちでの救いを待ち望むような希望ではありません。それは能動的な希望、私たちは物事を変えることができるのだという希望であり、能動的な拒絶の叫び、行為を指し示す希望なのです。行為を指し示すことをしない叫び、みずからに返ってきてしまう叫び、永遠に続く絶望の叫び、あるいはもっとよくあることとして、際限のないシニカルな不平の呟《つぶや》き、こういったものはみずからを裏切る叫びなのです。そうした叫びは、否定の力を失い、自己肯定の終わることのない円環のなかに入っていってしまいます。シニシズム――私は世界を憎悪する、けれどできることは何もない――とは不毛なものとなった叫び、みずからの内にある自己否定を抑圧している叫びなのです。

叫びは行為を含んでいます。「初めに行いありき」とゲーテのファウストはいいました。(7) けれど、結果としての行いの前に、ともかくなすこととしての行為があります。初めに行為ありき。しかし、抑圧的な社会においては、行為は無垢《むく》な肯定される行為ではありません。否定性をはらんだ行為になってしまうのです。そうなってしまうのは、それが否定され挫《くじ》かれた行為だからであり、またみずからに対する否定を否定する行為だからです。行為の前に叫びが来ます。最初に来るのは唯物論ではなくて否定性なのです(8)。

行為は実践的な否定なのです。行為は変化をもたらし、事物のいまある状態を否定します。行為は乗り越えていき、超越していくのです。叫びは、私たちを否定してくる世界――私たちが知っている唯一の世界――における出発点であり、それが私たちを行為へと押しやるのです。私たちがもつ唯物論《マテリアリズム》――という言葉が当てはまるとするなら――は、行為に根をもつ唯物論、否定する行為、否定的な実践、乗り越えていく企てに根をもつ唯物論なのです。私たちが基盤――という言葉が当てはまるとするなら――としているのは、抽象的に精神より物質を優先することではなく、叫び、すなわち現存するものの否定なのです。

行為は、言葉を換えれば、私たちの関心の中心にあるものですが、それは単に行為が生きていくことの物質的《マテリアル》な［実質における］前提条件であるからだけではなく(9)、私たちの中心的な関心が世界を変えること、現存するものを否定することにあるからです。叫びの視点から世界を見渡して考えることは、行為の視点から考えることなのです。

だから、使徒ヨハネは「初めに言《ことば》ありき」［ヨハネによる福音書1:1］といったとき、二重の意味でまちがっていました。二重の意味でというのは、伝統的な用語を用いれば、その言明が肯定的でかつ理想主義的であったからです。叫びが否定をおこなうものであるのに対して、言葉は否定をおこないません。叫びが行為を含むものであるのに対して、言葉は行為を含みません。言葉の世界は安定した世界で、安楽椅子に座っておしゃべりをする世界、机の前に座って書き物をする世界、満ち足りた世界であって、すべてを変えようとする叫びの世界、否定をおこなう行為の世界とは大きく懸け離れています。[10] 言葉の世界では、行為は語ることとは切り離されていますし、行為、実践は理論とは切り離されています。言葉の世界における理論とは、「考える人」によって考えられたものです。手を顎《あご》にあてて、肘《ひじ》を膝《ひざ》にのせ、落ち着いた思索にふけっている、あの〔ロダンの〕「考える人」です。マルクスは、有名な「フォイエルバッハに関するテーゼ」の第一一項でいっています。「哲学者たちは世界をさまざまに解釈してきただけである。しかし、重要なのは世界を変革することである」と。

マルクスのこのテーゼは、実践のための理論を捨てるべきだということを意味しているのではありません。むしろ、理論を実践の一部として、世界を変えるための苦闘の一部として理解すべきだということを意味しているのです。理論も行為も、否定の実践運動の一部なのです。このことが示しているのは、行為というものは広い意味で理解されなければならないということです。行為は、仕事《ワーク》としてだけではなく、また肉体的活動としてだけではなく、実践的な否定性の運動全体として理解されなければなりません。行為が中心にあることを強調するのは、思想や言語の重要性を否定するためではなく、それらを実践的否定性という運動全体の一部として見るためにすぎません。その運動は、現実に存在する世界を超えて、根底において異なる世界へと実践的に投企《とうき》していく運動なのです。行為に焦点を当てるということは、端的にいって、世界を闘いとして見るということなのです。

ある程度の影響力をもつ議論として、社会変革は行為において考えられるべきではなくて、非行為において、すなわち怠惰《たいだ》、労働拒否、享楽において考えられるべきだという意見が成り立ちうると思います。「すべてに怠惰になろう。愛することと酒を飲むこと、怠けることを除いて。」ラファルグは、古典的な著作『怠ける権利』をこの引用で始めています（Lafargue 1999, p.3）。この言葉には、資本主義の搾取ともっとも相容れないものとしては、レッシングが唱えた怠惰にまさるものはない、という意味がこめられています。しかし、資本主義社会における怠惰は、ある行為を拒絶し、何か代わりのやりかたを積極的に主張することを含んでいるのです。私たちがここで理解している意味での行為には、怠惰と快楽の追求が含まれています。そして、怠惰と快楽の追求は両方とも、それらの否定に基礎をおいている社会では非常に否定的な活動ということになります。行為を労働に変換することに基礎をおいている世界においては、行為しないということは効果的なかたちの抵抗と見なすことができます。

人間の行為は、乗り越えていく企てを含んでおり、したがって理論と実践の統一を含んでいます。マルクスは、乗り越えていく企てが人間の行為の顕著な特徴であると見ています。

> クモは織物師と同じような作業をおこない、ミツバチは建築家を恥じ入らせるような巣の建設をおこなっている。しかし、どんなに腕の悪い建築家でも、どんな優秀なミツバチよりも優越しているのは、建築家が、建物を現実に建てる前に、それを想像のなかで建築しているという点にある。すべての労働過程の終わりには、その初めにあたってすでに労働者の想像のうちに存在していたものが結果としてえられるのである。［『資本論』Marx 1965, p.178］

労働者の想像は、脱自的《エクスタティック》なもの［みずからを乗り越え出ていくもの］です。労働過程の初めにおいて、想像によって、現実に存在するものを超え出て、可能性としてありうる違ったものへと、みずからが超え出ていくのです。その違ったものは、それが創り出されたときに存在するだけではなく、すでに労働者の企図のなかに現実的に主体的に存在していたのです。そして、そのことこそが労働者を人間にするものなのです。建築家の行為は、結果においてだけではなく、全過程を通して否定的なものです。それは、現実に存在するものを否定することに始まり、否定することに終わるのです。たとえ腕の悪い建築家であったとしても、その行為は創造的な行為なのです。

ミツバチは、私たちが知っているかぎりでは、叫びません。「いやだ！　女王蜂なんてもうたくさんだ！　ごくつぶしの雄蜂《オスバチ》はもうごめんだ！　われわれは、労働者だけでできている社会を創るんだ。自分たちを解放するんだ！」とはいいません［ミツバチの群れのなかで働くのは働き蜂だけで、女王蜂・雄蜂は働きません］。ミツバチの行為は否定する行為ではありません。ただ再生産するだけです。しかし、私たちは叫びます。私たちの叫びは、乗り越えていく企てであり、可能性としてありうる違ったものを表わすものです。もし私たちの叫びが、自惚《うぬぼ》れあがった「おれがどんなに叛逆者か見てみろよ」という叫び（それはそもそも叫びなんかではありませんが）にとどまるものでないなら、そこには投企された行為、叫びを向けている対象を変革する何らかの行為の企図が含まれているにちがいありません。[11] 叫びと、乗り越えていこうとする行為とが、人間を動物と分かつのです。人間は、動物とちがって、脱自的《エクスタティック》なのです。自分自身のなかにあるだけではなくて、自分自身と対立しながら、それを乗り越えていく存在でもあるのです。

なぜそうなのか。乗り越えていくことが私たち人間の本性の一部だからではありません。そうではなくて、ただ単に、私たちが叫ぶからなのです。否定は、私たち人間の本性から来るのではなくて、私たちを取り囲んでいる状況から来るのです。私たちが叫び、あえて乗り越えていこうとするのは、それが人間の本性だからではなくて、反対に、私たちが、みずから人間性だと見なしているものから引き裂かれているからなのです。私たちの否定性は、私たちの人間性から生じているのではなくて、私たちの人間性が否定されていることから、人間性というものがまだ獲得されていないものであり、闘い取られるべきものだという感情から生じているのです。私たちが行為に焦点を合わせざるをえないのは、人間の本性のためではなくて、私たちの出発点における叫びのためなのです(12)。

「である」ことや「話す」こと、「考える」ことではなく、「する」ことを思想の焦点にすることには、いろいろな意味が含まれています。「する」こと、すなわち行為は、運動を内に含んでいます。乗り越えていく行為(働き蜂の再生産としての行為ではなく)から出発するということは、すべてが(あるいは少なくともすべての人間的なものが)運動状態にあること、すべてが生成していること、「である」ことなどはないこと、あるいはそうした「である」ことは単に生成が押しとどめられた状態にすぎないことを意味しています。叫んでいる行為から見ると、その見方は、必然的に歴史的な見方になります。なぜなら、人間の経験はつねに乗り越えて動いていくこと(あるいは、なんとかして乗り越えて動いていこうとして押しとどめられたこと)としてのみ理解できるからです。このことは重要です。というのは、もし出発点が叫んでいる行為(否定としての行為)ではなくて、言葉や言説や(再生産としての）行為の肯定的な理解であったとしたら、社会を歴史的に理解する可能性は失われてしまうからです。そうなれば、歴史の運動はばらばらにされて、スナップショットの連なり、時の流れに沿って並べられたもの、単なる年表になってしまいます。生成すなわち「生まれ出ていく」ことは、解体されて、「である」状態のつながりに変えられてしまうのです。[13]

ポイントになっている点を別の言葉でいえば、人間は主体であり、動物は主体ではない、ということです。主体性というのは、存在しているものを超えておこなわれていく意識的な投企、つまり存在しているものを否定し、まだ存在していない何かを創り出す能力に関わるものです。主体性、叫ぶ行為がおこす運動は、限界に抗する運動、封じ込めにあらがい、囲い込みにあらがう運動を内に含んでいます。行為者は「ある」のではないのです。むしろ、そこでの行為は、「である」ことに抗する運動、「である」ものに抗する運動なのです。ですから、そういうものである主体を定義づけることは、どんな場合でも、矛盾したものとなり、暴力的なものになってしまうのです。定着されることに抗する運動であるものを、定義によって定着させようとするのですから。人々が主体であるという主張から出発できるという考え方は、最近、特にポストモダニズムと結びついた理論家による批判をはじめとして、多くの批判にさらされてきました。主体としての人間というとらえかたは歴史的につくられたものだ、といわれるわけです。それは、そうかもしれません。しかし、私たちの出発点、資本主義社会の悲惨を容認することを断固として拒否する叫びというところから展開していけば、主体性という考え方にゆきつかざるをえないのです。人間の主体性を否定することは、叫びを否定することになります。あるいは、結局同じことになりますが、叫びを絶望の叫びに変えてしまうことになります。「ハッハッハッ！」と嘲《あざけ》りの笑いが響きます。「おまえたちは、社会を根底から変えることができるかのように叫んでいる。だけど、根底的な変革の可能性なんてないんだ。出口なんてないんだよ。」私たちの出発点は、こうした考え方を封じるものなのです。私たちの「ノー！」の鋭さは、刃《やいば》となって、こんぐらがった理論の結び目を断ち切っていくのです。

行為というのは、もともと社会的なものです。私がすることは、いつも、行為の社会的な流れの一部であり、その流れのなかでは、私の行為の前提は、ほかの人たちの行為（あるいは行為から生まれたもの）なのであり、そこではほかの人たちの行為が、私が行為するための手段となっているのです。行為というのは、もともと複数のもの、集団的なもの、合唱のようなもの、共同のものなのです。このことは、すべての行為が集団的になされる（あるいはおこなわれるべきだ）ということを意味しているわけではありません。そうではなくて、ほかの人たちの行為を前提にしていない行為というものを考えるのはむずかしいということを意味しているにすぎません。私はいまコンピュータの前に座って、この文章を書いています。これが孤独な個人的行動であることは明らかです。しかし、書くという私の行為は、社会的な過程の一部となっているのです。その社会的な過程とは、私が書いたこととほかの人たちが書いたこと（註で言及した人たちとか、さらに無数のほかの人たちが書いたこと）とを組み合わせて編み上げ、またコンピュータをデザインし組み立て包装し輸送した人たち、さらには電気設備を家の中に敷設した人たち、発電に従事している人たち、私に書くためのエネルギーをあたえてくれている食糧を生産している人たち、などなど、そうした無数の人たちの行為と私の行為とを紡《つむ》いでいく過程のことです。そこには行為の共同体があるのです。それは行為者の集合であり、時空を貫く行為の流れです。（私たち自身とほかの人たちとの）過去の行為が現在おこなわれている行為の手段になっているのです。どんな行動も、たとえそれが個人的なものに見えても、人類全体が聖歌隊となっている合唱（合唱といっても多分に無秩序で不調和なものではありますが）のパートなのです。私たちの行為は、非常に複雑にからみあっているので、どこが発端でどこが終端なのか見分けることができなくなっています。確かに、ほかの人たちの行為の前提にたがいになりあっているわけではない行為、全体としての行為の社会的流れにフィードバックしていかない行為というのはたくさんあります。たとえば、私がいま書いているものをだれも読まないということは、まったくありうることです。しかし、行為の社会的流れにもどされていかない行為も、そうであるからといって社会的でなくなったとはいえないのです。これをだれかが読むかどうかにかかわりなく、私の活動は社会的なものです。社会的であることと実用に役立つこととを混同しないことが大事です。

行為の社会的な流れについて語ることは、行為が生みだすものが物質的なものだということを否定するものではありません。私が椅子をつくるなら、椅子は物質的に実在します。私が本を書くなら、本は対象として実在します。それは私から独立した存在であり、私が存在しなくなってもおそらくまだ存在するでしょう。そういう意味では、私の主体的な行為の客体化というものはある、行為が生みだすものはその行為から離れた存在になりうる、行為が生みだすものが行為の社会的な流れからみずからを分離する、というふうにいえるかもしれません。しかし、これが真実であるのは、私の行為を個人的な行動として見るかぎりにおいての話なのです。行為の社会的な流れから見るならば、私の主体的な行為の客体化は、せいぜいのところ束の間になしとげられている客体化にすぎません。椅子の椅子としての実在は、だれかそこに座る人がいなければあらわれてきませんし、そういう人がいることによって行為の社会的流れにふたたび合体することになるのです。本の本としての実在は、あなたがその本を読むことによってあらわれてくるのであって、あなたのその行為（読むこと）と私の行為（書くこと）とが組み合わされることを通じて、私の書くという行為が生みだしたもの（その本）は、行為の社会的流れにふたたび統合されるのです(14)。

私たちが「われわれは叫ぶ」ということを物質的《マテリアル》な［実質における］「われわれは叫ぶ」として、つまり叫んでいる行為として理解するときに、「私たちであること」（この本の底に響きつづけている問題）が力を獲得するのです。言葉を換えていえば、行為とは「私たち」というものの物質的《マテリアル》な構成なのです。意識的なものと無意識的なものとの間で、計画されたものと自然に生まれてきたものとの間で、時を貫いて私たちの生を紡いでいくことなのです。この私たちの生を紡いでいくこと、この集合的行為には、そこに行為の集合的な流れを認めるならば、行為者おたがいが能動的な主体として認め合うことが含まれています。私たちの個人的な行為は、この社会的流れの一部としての相互承認［社会にとって役立つという証《あか》し］を通して、社会的な認証を受けるのです。

Ⅲ

権力というものと権力を取らずに（あるいはほかの手段で）世界を変えることとについて考えはじめるとき、行為から出発する必要があります。

行為（「する」こと）は「することができる」ということを暗に示しています。叫びは、行為がなければ何の意味もありませんが、行為は、私たちが「することができる」のでなければ、そもそも考えることができません。もし「することができる」能力を奪われていれば、あるいはもっと適切な言い方をすれば、「超えて企て行為する」能力、すなわち否定的に、みずからを超え出て行為する能力を奪われていれば、そのとき、私たちは人間性を奪われているのであり、私たちの行為は（そして私たち自身は）ミツバチの水準に落とし込まれてしまいます。もし「する」能力が奪われていれば、そのとき、私たちの叫びは絶望の叫びになっていくのです。

力とは、まずもって、端的に「できる」こと、「する」能力、物事をなしうる能力です(15)。行為は、力、「する」力を内に含んだものです。この意味で、私たちは通常、「力」という言葉を、何かよいことをいうのに使います。力に満ちていると感ずるというのは、気分がよいということです。童話の小さな汽車は、山の頂上めがけて登ろうとしながら、「できると思う。できると思う」といいます（パイパー『やりとげた小さな汽車』Piper 1978）。そのとき、小さな汽車は、自分の力がどんどん大きくなるのを感じているのです。私たちはすばらしい政治集会に出かければ、自分自身の力が強められたという感覚をもって帰ってきます。よい本を読めば、力をあたえられた気がします。女性運動は、女性たちの間に自分たちの力がだんだん大きくなっていくという感覚を培《つちか》ってきました。この意味での力とは、「する」力、「することができる」力のことをいっているのです。

この点はあらためて強調しておかなければなりませんが、「する」力はいつでも社会的な力です。見かけはそうは思えない場合でも、社会的なのです。さきほどの小さな汽車の話は、「する」力を個人的な決意の問題として描いています。けれど、実際には、こういうことは絶対にないのです。私たちの行為は、たとえ個人的な行動のように見える場合でさえも、いつでも行為の社会的流れの一部なのです。私たちが何かをすることができる能力というのは、いつでも、私たち自身の活動と、ほかの人たちが以前におこなった、あるいはいまおこなっている活動とがからみあって成り立っているものなのです。私たちが何かをすることができる能力は、いつでも、ほかの人たちの行為の結果なのです。

ですから、「する」力は、けっして個人的なものではありません。いつでも社会的なものなのです。でも、それが何か純粋無垢《むく》な状態で存在していると考えることはできません。なぜなら、「する」力というのは、いつでも、社会性というものの組み立てられ方、行為というものの組織されかたの一部をなしているものだからです。行為（そして「する」力）は、いつでも、社会的流れの一部なのですが、その流れはさまざまなかたちを取っています。

行為の社会的流れが壊されると、「する」力は反対のもの、「させる」力＝支配する力に形を変えられてしまいます。

行為そのものが壊されると、社会的流れが壊されてしまいます。[16] だれかが行為における超える企て（構想）を横取りして私物化し、その企ての中身を実行するよう別の者に命令するとき、超える企てとしての行為は、壊されてしまうのです。[17]「力をもった者」が構想しても実行せず、ほかの者が実行はしても構想しないとき、行為は壊されてしまうのです。行為が壊されてしまうのは、「力をもった者」が、行為が生みだすものを行為する者から切り離し、それを自分のものとして所有してしまうからなのです。〔その所有を通じて「力」が権力に、「力をもった者」が「権力者」になることによって〕そうした「力をもった者」が、個人としての行為者であるかのように立ち現れてきて、ほかの者たちがまったく視界から消されてしまうとき、社会的流れは壊されてしまうのです。歴史上の「力をもった者」すなわち権力者、たとえばジュリアス・シーザー、ナポレオン、ヒットラーのことを考えてみると、力は個人に属するものであるかのように見えてきます。しかし、もちろん、そのとき彼らがもっている物事をなす力は、彼らが自分でそれをすることができる能力ではありません。そうではなくて、他人に命令して自分がやりたいと思っていることをやらせる能力なのです。行為をする者である「私たち」が、「私」あるいは「彼」(「彼女」である場合より「彼」である場合のほうがずっと多いと思います)という姿をとってあらわれてくるのです。こうして、シーザーがこれをやった、シーザーがあれをやったということになるわけです。そうすると、いまや「私たち」は対立し合う「私たち」になってしまい、支配者(目に見える主体)と被支配者(目に見えない、非＝主体化された主体)とに分けられてしまうのです。「する」力は、もはや「させる」力、すなわち他者に支配をおよぼす力の関係になってしまうのです。この他者には力がありません(というか、力がないように見えます)。自分自身が企てることを実現する能力を奪われてしまうからです。それが奪われてしまうのは、「させる」力を行使する者たちが企てたことを実現するために毎日の時間を使わなければならなくなるからにほかならないのです。

私たちのほとんどにとって、こうして、力は反対のものに変わってしまいます。力は、私たちが何かをすることができる能力ではなくて、何かをすることができない能力を意味することになってしまうのです。私たちの主体性の行使を意味するものではなくて、私たちの主体性の破壊を意味するものになるのです。権力に転化した力の関係〔権力関係〕が存在しているということは、未来のよきものを手にすることができる能力を意味するのではなくて、反対のものを意味しているのです。すなわち、未来のよきものを手にすることができる能力が失われているということ、自分たち自身が企てたこと、自分たち自身が夢見たことを実現できる能力が失われているということを意味しているのです。[18] それは、私たちが企てることをやめ、夢見ることをやめるということではありません。ただ、企てや夢が権力関係の「現実」に合うように切り縮められないとしたら（仮に切り縮められるなら苦い経験を通じてであるのが普通でしょうが）、その企てや夢は挫折に陥るしかない、ということです。他人に命令する手段をもたない人たちにとって、力とはすなわち挫折なのです。「する」力が「させる」力として存在してしまうということは、圧倒的大多数の行為者が、「させられる」者に変えられてしまい、その活動が受動的なものへ、主体性が客体性へと性格を変えられてしまうことを意味しているのです。[19]

「する」力が、私の行為をほかの人たちの行為と結びつけ、いっしょにするものであるのに対して、「させる」力を使うことは切り離すことです。「させる」力が使われれば、心に懐かれたもの（構想）がそれを現実のものにすること（実現）と切り離されます。「なされた」ことが「なす」ことと切り離され、個人の行為が別の個人の行為と切り離され、主体が客体と切り離されます。「させる」力を使うものは分離者です。[20] 行為が生みだすものを行為から、行為者を行為の手段から切り離す分離者なのです。

「させる」力は、行為の社会的流れの破壊です。他者の行為を支配する力を行使する者は、そうした他者の主体性を否定し、彼らが行為の流れのなかで果たす役割を否定し、彼らを歴史から閉め出すのです。「させる」力は、おたがいに認め合う関係すなわち相互承認の関係を壊します。「させる」力をおよぼされる人たちは、認められた者になるわけではありません。（そして、その力をおよぼす人たちは、その人たちを認められてしかるべき者だと認めている人たちから認められるわけではありません。）[21] 行為者の行為に対して社会的正当化がなされないのです。私たちと私たちの行為は見えないものになってしまいます。歴史は、力をもった者たちの歴史、ほかの人たちにこれこれのことをやれと命ずる者たちの歴史になってしまいます。行為の流れは、対立をはらむプロセスになってしまい、そこではほとんどの人たちの行為はなかったもののようにされ、少数者に私的に所有されることになるのです。行為の流れは破壊されたプロセスになってしまいます。

行為の破壊は、つねに物理的強制力あるいは物理的強制力の脅しをはらんでいます。いつでも、こんな脅しがなされています。「おれたちのために働け。さもないと死ぬか、痛い目にあうかだぞ。」もし支配が行為者から行為が生みだすものを奪い取ることであるとしたら、その盗みは強盗になるしかないのです。しかし、物理的強制力を使ったり、使うぞと脅したりすることができるのは、その力の行使がさまざまな方法を通じて安定したもの、制度的なものになっていることによるのです。このことが、「させる」力の力強さと弱さを理解するうえで決定的に重要です。

資本主義以前の社会では、「させる」力は、支配者と被支配者との間の人格的な関係を基盤にして安定をえていました。奴隷制社会では、「させる」力の行使が、ある人たちは（人格性を否定されて）ほかの人たちの所有物であるという考え方を軸に、ひとつの制度となっていました。封建制社会では、それに代わるものとして、神が定めた個々の人格性の位階秩序《ヒエラルキー》によって、ある者からほかの者への命令に形があたえられているという考え方がありました。このように、「させる」力の関係すなわち権力関係が人格的な性格をもっていたということは、物理的強制力あるいは物理的強制力の脅しが、支配関係そのもののなかに、つねに直接的にあらわれていたということを意味しています。働くのを拒むことは、つねにみずからの所有者や領主に対する人格的な叛逆を意味していて、その所有者や領主はこれを罰することができたのです。

資本主義社会で（この社会のことに私たちはいちばん関心があります。私たちが生きている社会、叫びをぶつけている社会だからです）、ある人々がほかの人々をこき使うことが「権利」として固定化されるようになったのは、〈支配者〉と〈行為者〉との直接の関係にもとづいてではなく、〈支配者〉と〈行為が生みだしたもの〉との間の関係を通じてだったのです。そこでは、行為者は支配者への人格的な依存からはもう解放されていますが、行為の集合的流れがばらばらにされたために、服従しなければならない位置にいまだにおかれています。資本というのは、人々の過去の行為を凝固して所有物にすることにもとづいています。そして、過去の行為は現在の行為の前提条件になっており、過去の行為が凝固されて所有物にされていれば、現在の行為の前提条件は過去の行為から切り離されてしまうことになり、それと特定することのできるような「行為の手段」（もっとなじみのある言葉でいえば「生産手段」）に変えられてしまうのです。このようにして、解放された農奴や奴隷は、解放された世界に入っていくわけですが、その世界では、行為の手段（そして、それは生活の手段でもあります）にありつくには、自分のもつ何かをすることができる能力を売るしかないのです（その売ることを通じて、「する」力は「労働する」力に、いわゆる労働力に変えられていくのです）。売る相手は、行為の手段を「所有」している者です。労働力を売る者たちは自由だといっても、自分たちの行為をほかの者の指図に従属させることからは逃れられないのです。

資本とはどういうものなのでしょうか。資本とは、もともと行為が生みだしたものである行為の手段を「所有」することを基礎にして、ほかの人たち（行為する者たち）に対して命令し支配することを権利として主張するものなのです。「所有」された行為の手段は、命令された者が行為するときの前提条件になります。階級社会ならどんな社会においても、行為が生みだしたもの（あるいはその一部）が行為や行為者から切り離されてしまうということが起きています。しかし、資本主義社会においては、単に切り離されるだけでなく、そうやって切り離すことが支配のための唯一の軸になっているのです。ですから、そこでは、行為が生みだしたものを独特のやりかたで凝固することと、独特のやりかたで徹底して行為から分離することがおこなわれるのです。行為の社会的流れの観点から見るならば、行為が生みだしたものが客体化されるのは、ほんのつかのまのことであって、すぐにそれが行為の流れに合体されてしまうことを通じて、客体化が克服されていくのです。これに対して、資本主義は、その客体化を持続的な客体化にしようとします。つまり、行為が生みだしたものをひとつの対象、独立したモノ、所有物として規定できる何かに変えてしまい、そこに依拠していくのです。したがって、資本主義は、「主体」と「客体」についての新しい規定を含むものになっていきます。その規定においては、「客体」は持続的に厳格に主体の行為から切り離されるのです[22]。

だからといって、主体と客体は資本主義によって構成されたものだということにはなりません。主体性は否定性（叫び）にもともとそなわっているものです。そして、否定性はどんな社会にも（もちろん行為がほかの者に従属させられている社会では、ということですが）もともとそなわっているものです。しかし、主体と客体とが切り離され、行為者と行為の結果（つまり何かのためになされたこと）とが切り離されることが、資本主義のもとでは、新たな意味をもってきます。そして、そこから、主体性と客体性に対する新たな規定と新たな意識、主体と客体との間の新たな距離と新たな対立が生まれてくるのです。ですから、主体が近代の産物であるというよりも、主体と客体との新たな分離を近代的なものが意識として表現しているということなのです。そして、その新たな分離は、社会的支配の焦点が〈行為の結果〉すなわち〈行為が生みだしたもの〉にしぼられるという事態にもともと含まれているのです[23]。

同じことを別の形で定式化してみますと、次のようにもいえます。客体の構成［「にする」こと］がその存在［「である」こと］から切り離されているということです。〈行為の結果〉すなわち〈行為が生みだしたもの〉は、それを成り立たせた行為から持続的に自立することによって存在しているのです。一方で、行為の社会的流れの観点から見れば、客体が存在するのは、主体による構成（あるいは行為）の流れにおけるほんのつかのまのことにすぎません。ところが、他方で、資本主義は、そのつかのまの瞬間を持続的な客体化へと変換することによって存立しているのです。もちろん、この持続的な自立性は幻覚にすぎません。しかし、非常にリアルな幻覚なのです。行為の結果が行為から切り離されるのはリアルな幻覚です。そして、それにもかかわらず、現実のプロセスにおいては、行為の結果が行為に依存する関係が途切れることなく続くのです。同じように、存在〔「である」こと〕が構成〔「にする」こと〕から切り離されるのはリアルな幻覚です。そして、それにもかかわらず、現実のプロセスにおいては、存在が構成に依存する関係は途切れることなく続くのです。行為の結果を私有財産として規定することは行為が社会的であることの否定です。しかし、これはまたリアルな幻覚でもあり、同時に現実のプロセスにおいては、私有財産が行為の社会性に依存している関係が途切れることなく続くのです。行為がこのように破断されても、行為が社会的なものでなくなるわけではありません。ただ、行為は間接的に社会的なものとなるのです。

資本は人間に対する所有権の上に成り立っているのではなくて、行為が生みだすものに対する所有権の上に成り立っているのです。そして、それをもとにして、人々の「する」力をくりかえし買い入れる権能をもっていることに基礎をおいているのです。人々は所有されているわけではありませんから、仕事をすることをごく簡単に拒否することができ、そうしても、すぐに何か罰を受けるわけではありません。罰は、むしろ、行為の手段（そしてそれは生存の手段でもあります）から切り離されることを通じて下されます。それから、強制力の行使は、資本家と労働者との間の直接の関係の一部としておこなわれるのではありません。強制力は、最初にまず、行為者の上にではなく、行為によって生じたものの上に集中されます。それは、財産の保護、行為によって生じたものに対する所有権の保護に集中されるのです。そうした強制力は、行為によって生じたものを所有している者が個々に行使するのではありません。そのようなかたちで強制力を行使することは、資本家と労働者との間の関係がもともと自由なものであるということと相容れないからです。そこで、それとは別個の、財産保護に責任をもつほかの機関、すなわち国家がこれをおこないます。したがって、経済的なものと政治的なものとの分離（この分離による「経済的なもの」と「政治的なもの」とが並立する構成）は、資本主義のもとで支配をおこなっていくうえで中心的な役割を果たすことになります。もし支配というものがいつでも強盗行為の過程だとするなら、資本主義の独自性は、武装した人間が窃盗をおこなう人間とは別のところで監督していて、その窃盗が法に合致することを認めさせているというところにあるにすぎないのです。このような分離がおこなわれていなければ、行為の結果を（単に一時的に占有するのではなくて）財産として所有することは不可能になり、したがって資本主義そのものの成立が不可能になることでしょう。このことは、権力を論ずるうえで大事な点です。というのは、経済的なものと政治的なものとの分離は、次のことを明らかにしたからです。すなわち、この分離において、政治的なものが権力行使の領域である（その結果、経済的なものは疑いをさしはさむ余地なく「自然」の領域ということになる）のだけれど、その一方で、実際には、権力の行使（「する」力の「させる」力への変換）はすでに行為の結果を行為から切り離すことの内に、したがってまた、経済的なものと政治的なものとを社会関係の別個の形態として構成することそのものの内に内在していたということです（パシュカーニスの議論──『法の一般理論とマルクス主義』Pashukanis 1978──、およびホロウェイとピッチオットの議論──Holloway and Picciotto 1977, 1978b──を参照してください）。

「する」力の「させる」力への変換は、つねに行為の流れをばらばらにすることを内に含んでいます。しかし、資本主義においては、それまでのどんな社会に比べてもはるかに深く、行為の流れの破砕が社会を組み立てる原理になるという事態が進んでいるのです。資本主義社会では、行為が生みだしたものを財産として所有することが、他人に行為を命令する権利の軸になっているわけですが、このことによって、行為の流れを壊すことが社会関係のあらゆる面の中心におかれることになるのです。

行為の社会的流れを壊すことは、すべてを壊すことです。[24] 非常にはっきりしているのは、行為を断絶させることが集合的な「私たち」を壊すということです。「私たち」という集合体は、ふたつの階級に分割されます。ひとつは、行為の手段を所有しているおかげで、ほかの人たちに命令を下す人たち。もうひとつは、行為の手段に接近するのを阻まれているがために、他人にいわれたことを実行するしかない人たち。このふたつの階級に分けられることになるのです。人間をミツバチと区別するものだった「企てる」という働きは、前者の階級すなわち行為の手段の所有者に独占されることになります。何をやるのか命令される側の人たちにとっては、いちばん腕の悪い建築家をもミツバチに優越させるものであった「企てて＝する」ことの統一は壊されてしまうのです。言い換えれば、そういう人たちの人間性（人間であること）が壊され、拒まれることになるのです。主体性（「企てて＝する」こと）は資本家のものになってしまいます（資本家自身にというよりは、むしろ、よこしまな資本関係のものになるというほうがいいでしょう）。行為者は、「企てて＝する」ことの統一を奪われ、主体性を失い、ミツバチのレヴェルに落とされてしまいます。客体化された主体になってしまうのです。同時に、集団性を失い、「私たち」であることができなくなります。「私たち」は個々ばらばらにされてしまって、たくさんの「私」が集まっただけのもの、あるいは、もっと悪いことに、たくさんの「私」「あなた」「彼」「彼女」「彼ら」が集まったものにされてしまうのです。行為の社会的流れがいったん壊されてしまえば、その流れを紡《つむ》いでいた「私たち」というものもまた壊されてしまうのです。

「企てる」ことと「する」ことが分裂することは、行為者と行為が分裂することでもあります。行為は非行為者（行為の命令者）によって定められ、そのため、行為は行為をおこなう者にとってよそよそしいもの（外から押しつけられたもの）になってしまいます。そこでは、もともと能動的な行為であったものが、受動的で苦しく、自分とは疎遠な行為に変えられてしまうのです。ここで、行為は労働になります。[25]ほかの人から直接命令されてやるわけではない行為は、労働とは別扱いされ、あまり重要ではないものとされます。「何の仕事をしていますか?」「ああ、私は何もやってません。ただの主婦です。」こういうことになるのです。

行為者と行為との分離、行為と行為の結果との分離は、どんどん進んでいきます。行為の結果に対する資本家のコントロール（したがって行為の手段に対するコントロール）はどんどん大きくなっていき、どんどん蓄積されていくのです。資本家の支配が行為者ではなくて行為の結果に集中されるという事実は、資本主義の支配が、その方法において際限なく貪欲なものだということを示すものです。行為者に対する支配を中心とする支配（奴隷制、封建制）はこれほどまでに貪欲ではなかったのです。「蓄積せよ! 蓄積せよ! それがモーセの言葉であり、預言者の言葉だ!」（『資本論』Marx 1965, p.595）行為の結果の量的蓄積（それは「死んだ労働」であり、それが資本なのです）を増加させていこうとする無限の衝動は、行為のリズムをどんどん速いものにしていき、行為の結果を所有する者が生産物を私的に所有する勢いをますます死にものぐるいのものにしていきます。こうして、行為の結果は、行為と行為者をますます支配していくことになるのです。

「すでになされたこと」を「モノ」に結晶させることは、行為の流れを無数の断片に分解してしまいます。モノであるということは、「する」ことの優位を否定するもの（したがって人間性を否定するもの）なのです。コンピュータを使うとき、私たちはそれをただのモノだと考え、コンピュータをつくりだした行為の流れと、自分の書くという行為とを結びつけるものだと考えたりはしません。モノであることは記憶喪失を結晶させるのです。(26) モノをつくりだした行為（単にひとつひとつの行為ではなくて、それらの行為がその一部をなしている全体としての行為の流れ）は忘れられてしまいます。モノは、そのときもう、それ自体で商品として独立して存在しています。売られるための、それ固有の価値をもった商品としてあるのです。商品の価値というのは、商品が行為から自立したという宣言なのです。そして、その商品をつくりだした行為は忘れられ、その行為が加わっていた行為の集合された流れは、地下に追いやられ、地下水脈に変わってしまっているのです。価値はみずから生命を獲得しました。行為の流れが壊されたことは、その影響を最大限にまで広げます。行為は水面下に沈められ、それとともに行為者も水面下に没してしまいます。しかし、さらに、それ以上のことが起こるのです。「させる」力を行使する者もまた、その「させる」力が基礎をおいている断片化の作用によって、わきへ押しやられていくのです。資本主義社会の主体は資本家ではありません。決定をおこない、何をなすべきかを定めるのは、資本家ではないのです。それをおこなうのは、価値です。資本すなわち蓄積された価値なのです。資本家が「所有」しているもの——資本——が資本家自身をわきに押しやってしまうのです。資本家が資本家でありうるのは、資本の忠実な召使いであるかぎりにおいてのことなのです。所有権そのものの意義は後景に退いてしまいます。そうなれば、資本はそれ自体で動くダイナミズムをえて、社会の指導層は、単に資本のもっとも忠実な召使い、もっとも卑屈な廷臣になるしかありません。それは、資本家だけではなくて、政治家にも、役人にも、大学教授などにも、同じようにあてはまることです。行為の流れの破砕は、もっとも不条理な結果を引き起こすところまでいっています。「させる」力は、その力をもつ者から離れているのです。「する」ことは拒まれ、みずからを否定するものに結晶しています。その結晶が価値であり、それが世界を支配しているのです。

行為が私たちの生を紡いでいくのではなくて、その代わりに、いまや行為の否定――価値――が、その目に見える普遍的な形態――貨幣――というかたちをとって、私たちの生を編み上げているのです。というよりも、編み上げるのではなく、私たちの生を引き裂き、その破片をもう一度くっつけ合わせ、寄せ集めているといったほうがいいのです。

Ⅳ

「する」力は、もともと社会的なものなのですが、この社会性の形態が変化することによって、反対のものである「させる」力に変えられてしまいます。私たちの「する」ことができる能力は、逃れようもなく行為の社会的な流れの一部になっているのですが、しかし、この流れがばらばらにされてしまった結果、この「する」ことができる能力は、私たちがコントロールできない強制力に従属することになっているのです。

こうして、行為は、対立的なかたちで存在することになります。行為がみずからに対立するようになり、行為が行為から生まれたものに支配されるようになり、行為が行為者にとってよそよそしいものになるのです。行為が対立的なかたちで存在していることは、いろいろなやりかたで定式化することができます。それは、「する」力と「させる」力との対立であり、行為と労働との対立、行為の結果と資本との対立、有用性（使用価値）と価値との対立、行為の社会的流れとその破砕との対立なのです。どの場合にも、前者と後者との間に対になった対立があります。しかし、それは外部的な対立なのではありません。どの場合にも、前者は後者の形態をとって存在しているのです。後者は前者の存在様式ないしは形態なのです。どの場合にも、後者は前者を否認します。ですから、前者は否認された様式において存在することになります。(27) どの場合にも、内容（前者）はその形態によって支配されています。しかし、同時に、この形態との対立の緊張関係のなかに存在しているのです。この内容に対する形態の支配（行為に対する労働の支配、行為の結果に対する資本の支配などなど）が、私たちが叫びをあげる対象である、あの恐怖の源泉になっているのです。

しかし、否認された形態において存在しているというのは、いったいどんな状態なのでしょうか。それは、そもそも存在しているといえるのでしょうか。「する」力はどこにあるのでしょうか。疎外されていない行為はどこにあるのでしょうか。行為の社会的流れはどこにあるのでしょうか。そういったものは、それらがいまある形態から離れた、なんらかのかたちで存在しているのでしょうか。単なる理念、想像上の黄金時代から響いてくるロマンティックな木霊《こだま》にすぎないのではないでしょうか。

しょうか。しかし、いまこれらのものについて論じているのは、過去の時代へロマンティックにもどっていくためではありません。かつて自由な行為の黄金時代（原始共産主義）が存在したのかどうかは、いまの私たちにとって実際にはたいした問題ではありません。「する」力や疎外されていない行為や行為の社会的流れは、過去ではなくて、可能な未来に向かうものであり、その未来の可能性は、いま現に存在しているものにかかっているのです。否認された形態において存在しているものは、したがって、この否認に対する叛乱というかたちをとって存在するしかありません。疎外されない行為が過去に存在したわけではありませんし、また現在も存在できません。牧歌的な環境をいまつくってヒッピーのように生きる、というわけにはいかないのです。そうであるにもかかわらず、それは存在するのです。自らを否認するものへの反作用として、「否認を超えて、別の世界へ向かう企て」として、現在において存在する「まだないもの」として、厳《げん》として存在するのです。[28] 否認された形態において存在しているものは、脱自的なものの実体であり、叫びの素材をなすものであり、「現存する世界は真実のものではない」と私たちに語らせる真実なのです。

しかし、ここにはそれ以上のものがあります。「させる」力として現存している「する」力、したがって否認された形態において存在している「する」力は、ただ単にそうした否認に対する反抗としてあるだけではなく、その否認自体の基層をなしている素材となっているのです。その否認は、否認されるものなしには存在することができないのです。[29] 行為の結果は行為に依存しているのです。行為の結果を所有する者は行為者に依存しているのです。価値の場合のように、また資本の場合のように、行為の結果がどんなに行為の存在を否認しようとも、行為なしに行為の結果が存在することはありえないのです。行為の結果がどんなに行為を支配しようが、行為の結果が存在するためには、行為がどうしても必要なのです。言い方を換えれば、支配者は、つねに支配される者に依存しているのです。資本は絶対的に労働に依存しているのです。労働が資本をつくるのですから。（したがってまた、資本は、それに先だって行為が労働へ転化することにも依存しているのです。）そのようなかたちで存在しているものは、みずからが存在しつづけるために、ただ否認された形態においてのみ存在しているものに依存しているのです。それこそが、あらゆる支配体制の弱みであり、またその支配の力学を理解する鍵なのです。そして、それこそが希望の基礎になるのです。

「力」［power］というのはややこしい用語で、対立を押し隠してしまいます。（そして、その押し隠し方は、権力としての力をもっている者［権力者］の力を反映するものなのです。）「力」［power］というのは、まったく違うふたつの意味で、つまり「する」力と「させる」力という意味で使われているのです。この問題は、英語においては、時としてほかの言語から用語を借りてきて、それによって違いを明らかにするというかたちであつかわれます。つまり［語源であるラテン語の］potentia《ポテンティア》（力能：「する」力）とpotestas《ポテスタス》（権能：「させる」力）の違いとして説明するのです。[30] しかし、こうした用語を使って違いを提示すると、単に違いを指摘しているにすぎないように見えます。ところが、問題なのは違いではなくて対立なのです。あるいは、もう少し正確にいえば、対立物への姿態転換《メタモルフォーゼ》、つまり、みずからと対立するものに姿を変えることなのです。このように姿を変えることで、「する」力は「させる」力として存在することになります。しかし、「する」力は、「させる」力に従属しながら、それと対立し、それを覆そうとするのです。そして、「させる」力は、「する」力が姿を変えたものにほかならず、したがって、「する」力に絶対的に依存しているのです。

　叫びがおこなう闘いは、「させる」力から「する」力を解放する闘いです。行為を労働から解放し、主体性を客体化から解放する闘いです。この闘いにおいて決定的に重要なのは、これが力に対する力の問題ではなく、似たもの同士の闘いではないと知ることです。対称的な性質の闘いではないのです。「させる」力から「する」力を解放する闘いは、行為の社会的流れがばらばらにされ拒まれているのに対して、それをあらためて復権させようとするものです。一方の側には、行為の社会的流れへの参加をおたがいに確認し合うことを通じて、私たちの生を編成し直していこうとする闘いがあります。また、もう一方の側には、その社会的流れに対して断片化あるいは再断片化を、つまり私たちの行為に対する否認を押しつけようとする試みがあるわけです。叫びから見ていく観点からすれば、レーニン主義者が警句的にいう「権力《パワー》の問題とはだれがだれに権力《パワー》を振るうかという問題だ」という言葉はまったくの誤りです。これと同じように、毛沢東主義者がいう「権力《パワー》は銃口から生まれる」というのも誤りです。「させる」力は銃口から生まれるかもしれませんが、「する」力はそこから生まれるものではありません。「する」力を解放する闘いは、対抗権力《カウンターパワー》［counter-power］をつくりあげる闘いではありません。むしろ、反権力《アンチパワー》［anti-power］の闘い、「させる」力とは根本的にちがうものをつくる闘いなのです。権力を取ることに焦点を当てる革命観は、典型的に対抗権力という観念を中心にするものです。その戦略は、対抗権力をつくりあげること、支配権力と対抗しうる権力をつくりあげることにあります。革命運動が権力の鏡像［鏡に映った姿］として、軍に対する軍、党に対する党というようなかたちでつくりあげられることがこれまでよくありましたが、その結果は、革命自体のうちに権力が再生産されることにしかならなかったのです。しかし、反権力は、対抗権力とはちがいます。もっとずっとラディカルなものです。「させる」力を解体し、「する」力を解放するものなのです。これは、コミュニストの夢が掲げた、偉大な、不条理にさえ見える、しかし挑戦することを避けられない課題です。「させる」力を解体することを通じて、権力関係のない社会を創り出そうというのです。この企ては、権力の獲得に基礎をおく革命観よりも、ずっとラディカルで、同時にずっと現実的なものなのです。

反権力が「させる」力とまったく正反対なものであるというのは、それが原理的に異なる企図であるという意味においてだけではなくて、それがつねに「させる」力と相剋《そうこく》するかたちで存在している事実によるものです。他者に対して支配する力をおよぼすことをともなわないかたちで「する」力を行使しようと試みるなら、「させる」力と相剋する関係に入らざるをえないのです。力能[potentia]は権能[potestas]の代替物ではありません。それらが簡単に平和的に共存することはありえないのです。一見、私たちはただ自分の庭を耕せばいいのであって、私たち自身の愛する関係の世界を創って、権力の汚物に手を触れることを拒めばいいのだ、というように思われるかもしれません。しかし、それは幻想です。無垢《むく》の状態なんてないんです。このことはますます激しい勢いで真実であることが証されつつあります。「する」力を価値増殖に絞り上げるやりかたではなく使っていこうとするなら、「させる」力と敵対すること、闘いとして敵対することが必要とされるのです。それは「する」力にそなわっている本来的性格（それは本来敵対的なものではありません）によるものではありません。そうではなくて、「させる」力にそなわっている貪欲《どんよく》な本性、「狼男の飢餓」

（『資本論』Marx 1965, p.243）によるものなのです。「する」力は、「させる」力によって取り込まれているのでなければ、表だってであれ、裏に隠れてであれ、反対する力として、反権力としてのみ存在することができるのです。

「する」力が資本主義のもとでは「反」という性格をもっているのを強調するのは大事なことです。なぜなら、社会理論の主流の議論は、たいていの場合、人が自分の潜在力を発展させていく営みが、本来的に敵対性をはらむ性格をもっていることを見落としているからです。力というものの敵対的性格が見落とされ、資本主義社会は人間の潜在力（「する」力）を全面的に発展させる機会を提供しているかのように見なしてしまっているのです。お金の問題というのが関係しているとされる場合でも（驚くべきことに、権力について議論するとき、この問題には触れないのが普通です。というのは、おそらくは、基本において、金銭は経済学、権力は社会学という区分ができているからだと思われます）、金銭の問題は支配の問題というよりは、不平等の問題（たとえば資源へのアクセスをめぐる不平等とか）として見られるのが一般的です。「する」力はすでに解放されているということが前提になっているのです。

同じことを主体性との関連でも指摘することができます。「する」力は「させる」力に敵対するものとして（つまり反権力として）のみ存在することができるのだという事実は、主体性はそれ自体が客体化されることに抗して、客体化と敵対するかたちでしか存在できないということを、当然にも意味しています。たいがいの主流理論がそうであるように、主体をすでに解放されたものであるかのようにあつかうならば、現在おこなわれている主体の客体化を主体性として、自由として是認することになります。構造主義者やポストモダニストは、主体性に対する攻撃をいろいろとおこないましたが、その批判は、おそらくこの意味において理解することができるものでしょう。つまり、それは解放された主体性（したがって、自律し首尾一貫した主体性）という誤った観念に対する攻撃だったということです。[31] ここで、私たちの出発点として主体性というものをもってくることが避けられないと私が論じるのは、首尾一貫した自律的な主体性のことを論じようというのではありません。それとは逆に、主体性はそれ自身が客体化されることに抗し、それと敵対するかたちでしか存在できないという事実は、主体性がその客体化によって引き裂かれ、また客体化に対する闘いによっても引き裂かれているということを意味しているのです。

この本は、反権力の非合理な影の世界を探究するものです。それが影の世界、非合理な世界になってしまっているのは、ひとえに、正統な社会科学（社会学、政治学、経済学などなど）の世界においては、権力というものがまったく当然の前提とされているために、ほかのものが見えなくなっているからです。あるがままのものとして世界を説明し、世界がどのように動いていくのかを示そうとしている社会科学においては、権力がすべてのカテゴリーの根本原理になっているために、中立な立場を宣言しているにもかかわらず（というか、実際には、宣言しているがために）、この社会科学は、権力の本質をなしている主体と客体との分離にみずから積極的に荷担《かたん》しているのです。私たちにとって権力は、私たちが挑む反権力の課題がどこにあるのかを理解するうえで助けになるかぎりにおいてのみ、関心の対象になるのです。権力それ自体についての研究、反権力の課題への取り組みや企てから分離された抽象的な意味での権力を研究することは、権力を積極的に再生産することにしかならないのです。

V

私たちは、権力の問題を、対になった対立関係という観点から提出してきました。つまり、行為と行為の結果との対立関係のなかで、行為の結果は、資本という形態で存在しながら（表面的には資本家によって支配されて――といっても実際には、資本家は単に資本を管理しているにすぎないのですが）、どこまでも貪欲に、資本みずからを増やしていく（資本の自己増殖）という唯一の目的に向けて、すべての行為を従属させていくのです。

だけど、これは単純すぎるのではないでしょうか。私たちが叫びをあげている相手というのは、もっともっと複雑なのではないでしょうか。医者が患者をあつかうやりかたというのは、これと同じなのでしょうか？　先生が学生をあつかうやりかたは？　親が子供をあつかうやりかたは？　白人が黒人に対する態度はどうでしょう？　女性の男性に対する従属の問題は？　そういうことを考えれば、権力とは資本であり、資本とは権力であるというような言い方は、あまりに割り切りすぎた、還元主義とでもいうべきものなのではないでしょうか。もっといろいろな異なった型の権力があるのではないでしょうか。

特にフーコーが提起した議論は、権力を対になった対立関係という観点から考えるのはまちがっていること、むしろ、「多様な権力関係」の観点からとらえられるべきだと主張するものでした（『性の歴史』Foucault 1990, p.92）。つまり、多様な権力関係に対応して、多様な抵抗が存在することになります。フーコーは、次のようにいっています。

これらの抵抗は権力の網の目のいたるところに姿を現している。だから、偉大な拒絶をおこなうべきただひとつの場所、あらゆる叛乱の源泉、革命的なものの純粋な法則というようなものがあるわけではない。そうではなくて、多様な抵抗があるのであって、それらひとつひとつがそれぞれ特別な事例になっているのだ。それらは可能なものだったり、必然的なものだったり、あるいは起こりそうにないものだったりする。その一方で、自発的なものだったり、粗野なものだったり、孤独なものだったり、関係し合っているものだったり、荒々しい暴力的なものだったりする。にもかかわらず、すぐに妥協するものだったり、利害に敏《さと》いかと思えば、自己犠牲をいとわないものだったりする。定義づけるかたちでいえば、抵抗は権力関係の戦略的な場においてのみ存在する。〔『性の歴史』Foucault 1990, pp.95-6〕

私たちが取り上げてきた叫びという観点からいうならば、これは、無限に多様な叫びということを考えさせるものです。そして、実際にそうなのです。私たちが叫びをあげるのにはいろいろな場合がありますし、いろいろな理由があります。本書の議論の始めで、「私たちは叫ぶ」というときの「私たちというもの」が本書の中心的な問題なのだということ、そしてそれは単にアイデンティティを主張しているのではないのだということを強調しました。それでは、なぜ、行為と行為の結果との間にある最も基本的な対立が二項対立の性格をもっていることを主張するのでしょうか。それは、マルクス主義的アプローチを抽象的なかたちで擁護しようとしているというようなことではありません。そんなことをしても無意味でしょう。また、いかなる意味においても、はっきりと多様なかたちをとっている抵抗に対して、ただひとつのアイデンティティもしくは統一を押しつけて、さまざまに変化に富んだ抵抗を、もともとアプリオリに前提にされている労働者階級の統一に従属させようと企てているというわけでもないのです。また、現実に経験されている労働者階級の役割とその重要性を、「ほかの闘争形態」に比してとりわけ強調しようとしている、ということでもありません。

私たちがなぜ、力をめぐる対立関係が二項対立の性格をもっていることを強調しているのか（あるいは、もっと旧来の用語でいえば、階級分析に固執しているのか）、それを説明するには、これまでのべてきたことをふりかえってみる必要があります。ここでなされている議論は、社会を理解したい、社会がどういうふうな働きをするのか説明したいという願望から出発したものではありません。私たちの出発点は、もっと鋭いものです。それは叫びであり、社会を根本的に変えたいという衝動なのです。私たちが、社会がどういうふうな働きをするのかという問いを立てるのは、そういう観点からなのです。そうした出発点に立ったために、私たちは、行為の問題を議論の中心におくことになったのです。そして、そのために、次には、行為と行為の結果との敵対的な対立関係へと導かれていくことになったわけです。

もちろん、ほかの見方がいろいろとありうるのは明らかです。もっと普通におこなわれているのは、肯定的なかたちで、社会はどのように働くのかという問いから出発することでしょう。そのような観点から見ていくなら、行為に焦点を当てたり、行為がどのように組み立てられるかに焦点を当てたりすることにはかならずしもならないでしょう。フーコーの場合には、「する」こと、行為よりも、むしろ「語る」こと、言語に焦点が当てられていきます。そのような観点を取ったために、フーコーは、現代社会における権力関係がいかに内容豊富で複雑なものかを、そして私たちの観点からすると、それより大事なこととして、権力への抵抗がいかに内容豊富で複雑なものかを解明することができたのです。しかし、その内容豊富さ、複雑さは、いまだに静止画像の、あるいは絵画の内容豊富さと複雑さにすぎないのです[32]。フーコーが分析する社会には運動がないのです。静止画から静止画への変化はありますが、運動がありません。行為とそれに対立する存在に焦点が当てられていないと、そういうふうにしかならないのです。だから、フーコーの分析には、権力にはかならずともなうものである数多くの抵抗が出てきますが、解放の可能性が出てこないのです。ただひとつの可能性といえば、権力と抵抗とが取る布陣が絶え間なく変わっていくことでしかありません。

この章でおこなった議論は、ふたつの重要な結論に導かれました。その二点は、あらためてくりかえしておくに値するものです。第一に、行為に焦点を当てることによって、「させる」力の弱みが浮かび上がってきたことです。行為の結果は行為者に依存しており、資本は労働に依存していま す。そこに、隙間から差し込む光があり、希望のきらめきがあります。そこが議論の転換点なので す。「力のある者」が「力のない者」に依存しているという事実を認識し現実化していくなら[33]、叫びを怒りの叫びから希望の叫びに、反権力の確信の叫びに変えていくことができるのです（Holloway 1995a を参照）。この認識と現実化によって、私たちは、権力に対する絶え間のない闘いという単なるラディカル・デモクラシー［討議民主主義・参加型民主主義など民主主義の徹底化によって大衆民主主義の欠陥を不断に乗り越えていこうとする立場］の展望を乗り越えて、資本の脆弱《ぜいじゃく》さと社会変革の現実的な可能性という問題を提起できる位置にまで到達できるのです。こうした見方からするならば、私たちは、どんな理論に対しても、どうやって現在を照らし出すかということよりも、支配の弱さにいかなる光を当てるかということを要求しなければならないのです。私たちが望むのは、支配の理論ではなくて、私たち自身の（反権力としての）力を表現する支配の脆弱性の理論、支配の危機の理論なのです。権力を「多様な権力関係」の観点から理解することを強調しても、この問題を提起するうえでの基礎が私たちのものになるわけではありません。反対に、このような観点は、そのような問題を実際取り上げようとしないのです。というのは、一方で、フーコーのアプローチにとって（少なくとも、後期のフーコーにおいては）抵抗は中心的な問題ではありますが、そこにおいても、解放という考え方は、非合理なものとして除外されているのです。なぜ除外されたかというと、フーコーが正しくも指摘しているように、解放という考え方は、様々な権力関係は単一であるという仮定を前提にしているからです。

したがって、権力の弱さという問題を提起するには、ふたつの段階を踏むことが必要になってきます。第一段階は、権力というカテゴリーを開いて、その矛盾した性格を明らかにすることです。その矛盾した性格とは、ここで「する」力と「させる」力との間の対立関係の問題としてのべたものです。第二段階は、この対立関係を内的な関係として理解することです。「する」力は「させる」力として存在しています。「させる」力は「する」力のひとつの形態、「する」力の本質を否定する形態なのです。「させる」力は、「する」力が姿を変えたものとしてしか存在することができません。資本は、行為（労働）が姿を変えたものとしてしか存在することができません。それこそが資本の弱さの鍵なのです。形態の問題はマルクスの資本主義論にとって中心的な位置を占めていましたが、この形態の問題こそが、支配の脆弱さを理解するために決定的に重要な点なのです。ネグリが設けた（そして、見事に発展させた）区分、すなわち構成する権力［構成的権力］と構成された権力との区別は、いまのべたふたつの段階のうち第一段階にあたるもので、この区別によって、権力がそのものの内で自己と対立する性格をもっていることが解明され、そこから革命的な姿態転換について語るための前提がつくられるのです（Negri 1999を参照）。しかし、構成的権力と構成された権力との関係は、まだ外的な関係にとどまっています。構成（構成的権力が構成された権力に姿を変えること）は、多数者《マルチチュード》の民主的な構成力に対する反動としてとらえられています。しかし、このようなとらえかたにおいては、権力を構成する過程に含まれている弱みについては何も語られていません。そこでは、「させる」力（構成された力）に直接あい対するかたちで、多数者《マルチチュード》の決定的な闘いがあらゆるところに満ち、力をもっていることが告げられてはいますが、「させる」力（構成された権力）が「する」力（構成的権力）に依存しているという決定的な連結関係については、何も語られていないのです。この意味では、ネグリがいっていることは、大変な力をもった見事なものではありますが、いまだにラディカル・デモクラシー理論の域にとどまっているといわなければならないのです。(34)

　しかし、叫びから見る見方を重視することは、貧しく狭い社会観につながってしまうのでしょうか。つまり、いまのべてきたような議論から見るならば、叫びから見る見方をしていると、行為と行為の結果との二項対立という見方に行き着き、そこには、フーコーが権力論にとって本質的な問題であると考えた「多様な権力関係」が入る余地がなくなってしまう、ということになるのではないか、とも思われてくるわけです。ここから浮かび上がってくるのは、社会に対する革命的もしくは否定的な見方と、社会は豊かさと複雑さをまちがいなく増しているととらえる見方との分裂です。これは、実際に問題になりうることです（そして、私たちの議論にとってひとつの主要問題になるかもしれません）。けれど、叫びから見る見方が貧しく狭い社会観につながってしまうのは、先ほどちょっとふれた、この章でおこなった議論から導かれるふたつの重要な結論のうちの第二の結論をふまえないからなのです。その結論とは何か。行為と行為の結果との間に対立関係が現れるのは、そして特に行為の流れが根底から壊されてしまうのは、もともと行為の結果が所有されるという事実にもとづくものであったのです。そして、それは行為が（そしてまた社会関係が）多様なかたちで細分化されてしまっていることを意味しているということです。言い換えると、社会関係を行為と行為の結果とが二項対立の関係にあることによって特徴づけられるものとして理解するなら、それはまさしく、この対立関係が多様な対立関係、すなわち拮抗《きっこう》・闘争が非常に異種混合された形態で存在していることになるということです。実際に、無数の形態の抵抗があり、そこにはきわめて錯綜した対立関係からなる世界が広がっています。このようなものを、経験的な観点から統一された資本と労働の間の拮抗・闘争に還元してしまったり、経験的に理解されたかたちでの労働者階級の闘争がヘゲモニーを取るべきだと唱えたり、非階級的に見えるような抵抗は階級闘争に包摂されるべきだと主張したりすることは、ばかげた乱暴なことだというべきでしょう。これとはまったく反対の方向で論じられるべきです。資本主義社会の特徴が行為と行為の結果とが対になった対立関係にあることに求められるとするなら、それは、その対立関係自体が多様な対立関係としてあることを意味しているのです。力の本性が（「する」力と「させる」力との対立関係として）二元的な対をなすところにあるからこそ、力は「多様な権力関係」として現れるのです。だから、私たちは、多様性から出発するよりも、それに先行して多様性を生みだす多様化から出発する必要があります。多様なアイデンティティ（女性だとか、黒人だとか、ゲイだとか、バスク人だとか、アイルランド人だとかいうような）から出発するよりも、そうしたアイデンティティを生みだすアイデンティティ化から出発する必要があるのです。こうした観点からフーコーの非常に刺激的な著作全体を見渡すと、注目すべきなのは、フーコーの考察が――そのような言い方で表現されているわけではありませんが――行為の流れの細分化についての私たちの理解、私たちが次章で物神化の過程として特徴づけるような歴史的理解を大いに豊かなものにしてくれるということです。

いまのべた最後の点をめぐって、物神崇拝《ぶっしんすうはい》についての議論に移る前に、取り上げておくべきことがあります。フーコーの考察のなかで重要なのは、権力というものをまったく否定的なものとして見るべきではなく、権力がどのようにして現実を構成し、また私たちというものを構成していくのか、そのやりかたを理解しなければならない、といっている点です。まったくそのとおりです。私たちが胎《はら》まれ生みだされるのは、権力のない真空のなかではなくて、権力が隅々まで浸透した社会のなかなのです。私たち自身は、そうした社会の産物なのです。しかし、フーコーは、権力のカテゴリーをすっかり明るみに出して、その特徴になっている根本的な対立関係を示すことができていません。たとえば、私たちは資本の産物である、あるいは私たちが消費するものはすべて商品である、ということはできるでしょう。それはまったくそのとおりですが、しかし人を惑わせるところでもあります。私たちが資本、商品といったこれらのカテゴリーの中身をすっかり明るみに出すことができたときにはじめて、そのとおりだということができるのです。たとえば、商品というものの特徴は価値と使用価値（有用性）との間の対立関係にあること、使用価値は価値という形態において、またこの形態への叛逆というありかたにおいて存在すること、私たちの人間としての潜在力を全面的に発展させるためには、この叛逆に私たちが参加することが前提になること、などなどといったことを明らかにしてはじめて、そういえるのです。そのときはじめて、私たちが消費するものはすべて商品であるという言い方が何を意味しているのか、はっきりさせることができるのです。権力についても同様です。私たちが力というカテゴリーの中身をすっかり明るみに出すことができたとき、そして「させる」力を「する」力の敵対的形態として理解することができたとき、そのときにはじめて、権力が私たちというものを構成しているというのがどういう意味なのか、はっきりさせることができるのです。私たちを構成している権力というのは、それ自体が対立関係なのです。私たちで深いところで不可避的にその一方をなしている対立関係なのです。

4 物神崇拝——痛ましいディレンマ

I

前の章で、私たちは、「する」力〔力能〕が「させる」力〔権能〕へと転換されてしまうのは、もっぱら行為の社会的な流れが断ち切られてしまうことに原因があるという点について論じました。資本主義においては、「なされた」ことは「する」ことそのものから切り離されて、それと対立するようになるのです。このように、行為が生みだしたものを行為から切り離すことが、生活のあらゆる面がばらばらにされてしまうことの核心にあるのです。

そういうふうに呼ばないままに、私たちはすでに物神崇拝《フェティシズム》に関する議論に入っていたのです。物神崇拝というのは、マルクスが行為の分断を言い表すのに使った用語です。物神崇拝は、マルクスの権力論の核になっていたもので、世界変革に関する議論の中心にあるものです。それは、この本で議論していることの中心でもあります。〔物神崇拝とは、一般的な意味としては、石や金属でつくった物を拝む呪物《じゅぶつ》崇拝のように、物がもつと考えられた神秘的な力をあがめうやまうことですが、マルクスは、この言葉を、これから説明するような特別な意味で用いています」

物神崇拝というのは、普通のアカデミックな論説に適合しやすいカテゴリーではありません。なぜかというと、ひとつには、マルクス主義を普通とは違う別の型の学問分野だとして、そこにマルクスのいったことを押し込めてしまおうとしてきた人たちが、このカテゴリーを無視しがちだったからです。物神崇拝は、マルクスの『資本論』の中心的なカテゴリーなのに、マルクス主義経済学者と自称する人たちは、それをほとんどまったく無視してきたのです(1)。また、マルクス主義社会学者やマルクス主義政治学者も、同じように、このカテゴリーを見過ごしてきました。こうした学者たちは、いつも階級というカテゴリーから始めて、物神崇拝のカテゴリーを自分たちの学説の枠組に適合させてきました。物神崇拝がともかくも論じられる場合でも、しばしば哲学と文化批判の領域に落ち込んだものと見なされています。そういうところに追いやられ、分類されてしまうことで、物神崇拝という概念はその破砕力を失ってしまうのです。

物神崇拝という概念の力は、それが、耐えられない恐怖、すなわち行為の自己否定に関わるものだというところにあるのです。

Ⅱ

若いころのマルクスは、自己を否定してしまう行為を物神崇拝という用語ではなく、「外化」あるいは「疎外」［英語では alienation あるいは estrangement、マルクスのドイツ語原文では Entäußerung あるいは

Entfremdung。本来は区別されるべきものなので訳し分けますが、ここではほぼ同じような意味として考えてさしつかえありません」という用語で論じていました。疎外という言葉は、いまでは一般的な社会の病弊《びょうへい》のことをいうのに使われることが多いのですが、マルクスの議論のなかでは、資本制生産組織の特徴である行為の分断を意味するものなのです。

一八四四年に書かれた『経済学・哲学草稿』で論じられている「疎外された労働」において、マルクスは生産過程から出発して、資本制の下では生産は単に対象の生産であるだけではなくて、生産者にとって疎遠な［つまり、その人にとってよそよそしい］対象の生産であると論じています。

労働者が自分の生産物の中にみずからを外化するということは、ただ単にその労働がひとつの対象に、外的な存在になるということを意味するだけではなく、その労働がその労働者の外に、独立した疎遠なものとして存在するようになり、しかもその労働者と対立する自立した力となるということを意味しているのである。それは、労働者がその対象にあたえた生命が、自分に対して敵対的で疎遠なものとして対立してくるということを意味している。［Marx 1975, p.272 以下、傍点は原文のまま］

行為が生みだしたものが行為をした者から引き離され、別の者に引き渡されてしまうということは、とりもなおさず、行為者自身が引き離され、引き渡されてしまうということになります(2)。疎遠な対象を生産するということは、とりもなおさず、自己疎外がおこなわれていく過程なのです。

仮に労働者が生産という行為そのもののなかで自分自身から疎外されないとしたら、彼はどのようにして自分の活動が生みだした生産物に対して疎遠なものとして対立するようになることができようか。……労働の生産物が外化であるならば、生産そのものが活動的な外化、活動の外化、外化の活動であるにちがいない。［Marx 1975, p.274］

人間が自分自身の活動から外化されることが自己疎外ということです。自分自身の疎外を自らの活動を通じてつくりだしているのは労働者自身なのです。

行為が生みだしたものから行為者が切り離されるということは、行為者のもつ「する」力を否定することです。行為をなした人が犠牲者になってしまうのです。積極的に働きかけることが受動的に働きを受けることに変わってしまい、行為することが苦しみを受けることに変わってしまうのです。行為が行為者のほうに立ち向かってくるのです。

この関係が、労働者が彼自身に属していない疎遠な活動としての自分自身の活動との間に結ぶ関係なのである。それは苦しみとしての活動であり、無力としての力であり、去勢としての生殖であり、労働者自身の肉体的・精神的エネルギー、つまりは——活動でない生命などありえないから——彼の人格に属する生命でありながら彼自身に対立し彼自身から独立し彼自身に属さないものになってしまっている活動なのである。［Marx 1975, p.275］

外化とは、損傷を受け、畸形化《きけい》されてしまい、人間性を失った人間をつくりだすことなのです。

疎外された労働は、人間から彼の生産の対象を引き剥《は》がすことによって、人間からその類的生活を、類に属するものとしての現実的な対象性を奪い取り、それによって、動物に対する長所であったものを、人間の非有機的身体である自然が取り去られてしまうという短所に変えてしまうのである。〔Marx 1975, p.277〕

この「人間から彼の生産の対象を引き剥がすこと」によって、その人間は集合的な人間性すなわち「類的存在」から外に出されて別の疎遠なものにされてしまうのです。「疎外された労働は、人間の類的存在を……彼にとって疎遠な存在、彼の個人的生存の手段に変化させてしまう。」〔p.277〕このことは、集合的な人間主体がばらばらにされてしまうこと、「人間からの人間の疎外」〔p.277以上、傍点は原文にもとづく〕を意味しています。支配する者と支配される者との間ではなく、働く者自身の間でおたがいに認め合う関係が壊されていくのです。

人間の自分の労働に対する関係、自分の労働の生産物に対する関係、自分自身に対する関係についてあてはまることは、人間がほかの人間に対する関係、ほかの人間の労働および労働の対象に対する関係についてもあてはまる。そもそも人間の類的存在が人間から疎外されているという命題は、人間がほかの人間から疎外されているということ、それぞれの人間が人間的本質

から疎外されているということを意味しているのである。［p.277］

「類的生活」とか「類的存在」とかいう用語は、人間の行為の社会的な流れ、おたがいに認め合う「われわれ」を素材にして編み上げたものを指している言葉にほかなりません。

この人間からの人間の疎外は、労働者の間の疎外だけではなくて、労働しない人間すなわち支配者を生みだすことでもあります。「労働の生産物が労働者のものにならず、疎遠な力として労働者に対立しているとするなら、そのことはただ、この生産物が労働者以外のほかの人間のものになることによってのみ可能になる。」［p.278］疎外された労働は、その活動を通じて支配をつくりだすものであり、「する」力を「させる」力に転化するものなのです。

> 彼が彼自身の生産を彼の現実性剥奪《はくだつ》に、彼の懲罰《ちょうばつ》に変えてしまうのと同じように、また彼が彼自身の生産物を喪失に、自分に帰属しない生産物に変えてしまうのと同じように、彼は生産をしない人間がこの生産や生産物に対しておよぼす支配を生みだすのである。彼は彼自身の活動を自分自身から疎外するのと同じように、自分とは疎遠な人間にその人間のものではない活動を獲得させるのである。(3)［p.279］

外化という概念は、このように、行為の社会的な流れが壊されること、行為がそれ自身と反するものに転換されることに関わるものです。これは運命の結果でもなければ、神の介入によるものでもありません。人間の行為こそが唯一の根拠になりうるものであり、それのみが構成力をもつものなのです。私たちこそが唯一の神なのであり、唯一の創造者なのです。創造者としての私たちがかかえている問題は、私たちがおこなう創造が私たち自身の破壊になってしまうということなのです。私たちは、私たち自身の創造を否定するものを創造してしまうのです。行為が行為自体の否定になってしまうのです。積極的に働きかけることが受動的に働きを受けることに変わってしまい、「する」ことが「しない」ことに、「である」ことに変わってしまうのです。外化は、私たちが非人間化されること、そして私たち自身の非人間化を自分でつくりだしているのだという事実の両方を指しています。しかし、畸形化され、非人間化され、疎外された人間が解放された人間的な社会を創り出すことは、いったいどのようにして可能になるのでしょうか。疎外は、状況が差し迫っていることを告げているとともに、革命的変革が不可能なことをも告げているかのように見えます。

Ⅲ

行為と行為が生みだしたものとが切断され対立させられるという観点は、『資本論』の最初のところに取り入れられています。一八四四年の草稿の言葉（「労働者が自分の生産物の中にみずからを外化するということは、……その労働がその労働者の外に、独立した疎遠なものとして存在するようになり、しかもその労働者と対立する自立した力となるということを意味している」）と響きあうかたちで、マルクスは『資本論』の冒頭から二つめの段落を「商品は、さしあたり、われわれの外にある対象である」（『資本論』Marx 1965, p.35）という言葉から始めています。商品は、私たちが生産する対象ですが、私たちの外にあるものです。商品はそれ自身の生命を宿すようになるのですが、その生命の内では、人間労働のなかに含まれていたその生命の社会的起源は消し去られてしまっているのです。商品は、生産物であるというみずからに固有な性格を否定している生産物であり、行為とのみずからの関係を否定している行為の産物なのです。

商品は行為の社会的流れの破断点です。交換のために生産された生産物として、商品は社会的行為の蝶番《ちょうつがい》が外される、あるいは関節が外される地点に立っているのです。商品は、もちろん、社会的な行為によってつくりだされたものなのですが、市場で交換されるためにつくられるものだという事実が行為の流れを断ち切ってしまい、モノは行為が生みだしたものであり、かつ行為の前提をなすものであるのに、そのモノを行為から切り離してしまうのです。商品は、市場で売られるものとして自立し、その商品を生産した労働は忘れ去られてしまいます。商品を生産した労働は社会的なもの（他者のための労働）です。しかし、それは間接的なかたちで社会的なのです。つまり、その労働は他者のための労働なのですが、自分のための労働という形態で存在しているのです。そのため、行為がもっている社会的性格が破られて砕かれ、それとともに、相互承認と社会的承認のプロセスも破られ砕かれてしまいます。人々がおたがいの存在を認め合う相互承認という要素は、生産者の間から取り上げられて生産物のなかへ移し換えられてしまいます。社会的なものとして承認されるのは生産物であり、その承認は交換過程を通しておこなわれるのです。行為の承認は生産物の価値として表現されます。そうなると、もうそれは量的なもの、価値を貨幣によって計るもの（価格）になってしまいます。そうしたものによって、人々の行為の社会的評価がおこなわれることになるのです。あなたがおこなったことが社会的に役に立つものかどうかは、お金が判断するというわけです。
そうすると、商品は額面どおりにあつかわれるものではなくなります。分析をおこなっていけば、商品を生産した労働が識別できるようになり、労働こそが商品の価値の実体であることがわかるのです。しかし、そうしたことがわかると、はるかに大きな問題へと導かれていくことになります。その大きな問題とは、なぜ商品を生産した行為は無視されてしまうのか、という疑問です。

経済学は、不充分にではあっても、価値と価値の大きさを分析して、これらの形態のもとに隠されているものを見つけ出した。しかし、経済学が、なぜ労働は生産物の価値によって表されるのか、労働時間はその価値の大きさによって表されるのかを問題にしたことは一度もなかった。〔『資本論』第一巻 Marx 1965, p.80〕

『資本論』は、行為の自己否定についての研究です。マルクスは、商品から価値、貨幣、資本、利潤、地代、利子などといったものへと考察を移していきます。それらは、行為を覆い隠してよりいっそう不明瞭なものにしていく形態であり、よりいっそう洗練されたかたちで「する」力を抑圧していく形態なのです。行為（人間の活動）は視界からどんどん遠ざかっていきます。モノが支配していきます。モノが支配していくこの世界、人間創造性の新たな源泉が消え失せていくこの世界、この「魔法をかけられて倒錯《とうさく》し逆さまになった世界」（『資本論』第三巻 Marx 1972a, p.830）においてこそ、「資本主義的発展の法則」について語ることができるようになるのです。この異常さを批判することを基礎にしてこそ、経済学者のカテゴリーを批判し、彼らが非合理で倒錯した世界を分析して立てた経済的合理性や法則を批判することができるようになるのです。

こうした問題すべての核心にあるのは、行為が生みだしたものが行為から分離されることです。これは商品に受け継がれ、その充分に発展した形態を資本に見ることになります。その形態とは、かつてなされた行為が生みだしたものの所有者が、新たになされた行為が生みだしたものを所有すること（したがってまた、行為の手段［生産手段］を所有すること）であり、行為が生みだしたものを次々に蓄積していくこと、つまり資本の蓄積です。「蓄積せよ！　蓄積せよ！　それがモーセの言葉であり、預言者の言葉だ！」蓄積とは、まさしく、行為が生みだしたものを行為から分離していく貪欲で容赦のない過程、行為が（行為の手段として）生みだしたものを行為者と対立するものに転化して、現在なされている行為をさらなる蓄積というただひとつの目標に従わせていく過程にほかならないのです。蓄積は、つねに更新されていく過程であり、その過程を通して、行為に（抽象的労働、どんな特定の内容からも抽象された労働、価値の生産、剰余価値の生産といった）特定の形態があたえられていき、また行為が生みだしたものに（価値、商品、貨幣、資本といった）特定の形態があたえられていくのです。そして、これらすべてが、行為の社会的流れが際限なくくりかえし破られ砕かれていく過程のさまざまな相にほかならないのです。

マルクスは、この段階では、こうした分断のプロセスを、外化ないし疎外としてではなく、「物神崇拝」として言及しています。『資本論』第一巻第一章の終わりのほうでなされている、この物神崇拝をめぐる議論において、マルクスは次のような説明をおこなっています。

これと類似のものを見いだすためには……われわれは宗教的世界の薄靄《うすもや》のかかった領域に頼らなければならない。その世界では、人間の頭脳の産物が、独自の生命をあたえられて、おたがいの間に、また人間との間に関係を取り結ぶ自立したものとして見えてくるのである。[1965, p.72]

商品というのは、「形而上学的な繊細さと神学的な意地悪さとに満ちた、まことに奇怪なもの」(1965, p.71) です。マルクスは、「商品の神秘的性格」は、その使用価値から来るのではなくて、商品形態そのものから、つまり労働の生産物が商品という形態をとるという事実から来ているのだ、といっています。

さまざまな種類の人間の労働がすべて同等であることは、労働による生産物がみな等しく価値をもっているということに対象的に表現されている。次に、労働力の支出の度量は、その支出の時間的な継続によって計られて、労働の生産物の価値の量という形態をとる。最後に、生産者たちの相互関係は、それによって彼らの労働が社会的性格をもっていることが証《あか》されているものなのであるが、諸生産物の間の社会的関係という形態をとる。だから、商品が神秘的なものだというのは、ひとえに、商品において、人間の労働がもつ社会的性格が、労働の生産物の上に刻印された対象的な性格として人間の眼に映ずるからであり、また、総労働に対する生産者の関係が、生産者たち自身の社会的関係としてではなく、労働の生産物の間に存在する社会的関係として現されてくるからなのである。［1965, p.72］

マルクスは、自己疎外を疎外された労働の産物として理解したのと同じように、商品に特有の性格が「商品を生産した労働に特有の社会的性格」［1965, p.72］に起源をもっていることを強調しています。商品生産は、間接的なかたちで社会的労働なのです。ここで間接的というのは、生産物は社会的に役立てるために生産されるのに、生産の形態は私的なものだからです。

生産者たちは、自分たちの生産物を交換することを通じて初めて、おたがいに社会的接触を結ぶのであるから、それぞれの生産者の私的労働の独自な社会的性格もまた、この交換という行為のなかにおいて初めて現れてくるのである。言い換えれば、個人の労働が社会の労働の一部であることを主張できるのは、交換という行為がもろもろの生産物の間に直接の関係をつくりだすことを通じて、生産者相互の間の関係を間接的につくりだすことによってなのである。したがって、生産者たちにとっては、個々人の労働とほかの生産者の労働とを結びつける関係は、労働の場における諸個人の間の直接の関係としてではなく、あるがままのかたちで、すなわち人と人との間の物を通じた関係および物と物との間の社会的な関係として現れてくるのである。

［1965, p.73　傍点は引用者］

問題は、単に社会的関係が物と物との関係として現れるということにとどまりません。社会的関係がそのようなかたちで現れるということは、行為と行為が生みだしたものとが現実に分離され、行為の社会性が現実に断ち切られているという事態を反映したものなのです。行為者たち相互の関係は、物と物との関係（それは、行為が生みだしたものが、行為がもともと社会的なものだったことを否定してしまうことによってできあがる関係です）を通して屈折させられるのです。こうしたさまざまな物［以下、この「さまざまな物」を総括的・抽象的にいうときは「物象」と表現します］は、生産者たちの間の関係が物神化［関係における働きを物がもともともつ力によるものととらえること］された形態であり、そういう形態をとることを通じて、生産者たちの関係がもっている社会的関係としての性格を否定するのです。商品、価値、貨幣という形態は、「私的労働の社会的性格を、したがってまた個々の生産者たちの社会的関係を、明示するのではなく、押し隠すものとなる」（1965, p.76）のです。

そうした社会的関係の分断は、ブルジョア的思想によって固定化されます。というのは、そうした考え方が、いまのべたような物神化された形態を、もともとの関係とは違うとして批判するのではなく、そのままみずからの考え方の基礎としてしまうからです。

> ブルジョア経済学のカテゴリーは、このような［物神化された］形態から構成されている。そうしたカテゴリーは、商品生産という歴史的に限定された生産様式がもつもろもろの条件や関係を社会的に妥当なものとして表現する思想形態なのである。［1965, p.76］

ですから、そこでは、思想と現実との間の、また理論と実践との間のはっきりした区別がなくなってしまいます。ここでは、理論は、実践の要素なのです。理論は、行為と行為が生みだしたものとが分離されてしまう事態をつくりだしつづけることを積極的に助けるものになるのです。

私たちの考察の出発点は、私たちの前に立ちはだかる物神化された世界にあります。私たちは、行為の共同体が破られ砕かれた世界に生まれたのです。行為と行為が生みだしたものが分離されてしまう事態は、私たちの世界に対する関係全体、周囲に対する関係全体に広がり浸みこんでいます。私たちが世界を批判的にとらえ直そうとする前に、すでに世界像があらかじめ形づくられてしまっているのです。「させる」力、行為と行為が生みだしたものとの分離が（それは市場に向けた商品の生産にもともとそなわっているものなのですが）ここに非人格的なかたちで現れてくるのです。マルクスは、物神崇拝という概念を、商品の生産と交換という文脈のなかに導入しています。しかし、それは、資本主義以前の局面を論じたものではありません。なぜなら、商品生産の普遍化は、商品としての労働力（労働力商品）が存在することを、つまり資本主義社会が存在することをあらかじめ前提としているからです。(4) ですから、商品物神崇拝は、資本主義の「させる」力が私たちの存在の核心にまで、つまり私たちの思考の習慣、私たちの他者に対する関係にまで浸透していることを意味しているのです。

物神化された世界に直面させられている私たちができることは、批判することです。たとえば、価値というものは……

……それが何であるかというラベルをつけてまかり歩いてなどいない。そうではなくて、むしろ価値のほうが、すべての生産物を社会的な象形文字に変えてしまうのだ。あとになってから、われわれは、われわれ自身がつくりだした社会的生産物の秘密の背後にまわって、この象形文字を解読しようとする。使用する対象に価値という刻印を押すことは、社会的生産物を言語として扱うのと同じことなのである。……社会生活の形態に関する反省は、したがってまたそれらの科学的な分析は、そうした社会生活形態の現実の歴史的発展とは反対の道をたどるものである。反省と分析は、後から、つまりすでに目の前にある発展過程の結果から始められる。

[1965, pp.74-5]

ブルジョア的思想は、それが最上のものである場合には、そうした社会的な象形文字の一部を解読しようと努めます。「なるほど、経済学はたとえ不充分にではあっても、価値と価値の大きさを分析して、これらの形態のもとに隠されているものを見つけ出した。」(1965, p.80) しかし、そこにはブルジョア的批判の限界というものがあります。主体と客体との分離、行為と行為の結果との分離が、現状の実体化、現状の固定化を招くのを避けることができないのです。主体と客体との分離が問題にされていないかぎり、また社会組織の資本主義的形態が一時的なものだと見なされていないかぎり、いくら批判をしても、批判の対象である現象が歴史的な性格をもつものであることを見抜けないのです。行為の社会性が破砕されていることが、自然なこと、永遠に続くことであるかのように見なされてしまうのです。言い換えれば、ブルジョア的な(物神化された)思想は、形態の問題に目を向けることができないのです。形態の問題（社会関係の形態としての価値形態、貨幣形態、あるいは資本形態の問題）が浮かび上がってくるのは、ブルジョア的な社会関係の歴史性、つまり、資本主義自体が人々を結びつける組織的関係の特定の歴史的形態にすぎないという事実に気づいているかぎりにおいてなのです。

> もし……この生産様式を社会の諸段階にかかわりなく自然によって永遠に固定されたものとしてあつかうならば、われわれは不可避的に価値形態の、したがってまた商品形態の、さらに進んでは貨幣形態、資本形態等々のそれぞれに固有の違いを見誤ることになる。［1965, p.81］

その結果、ブルジョア的な批判は、批判の対象である現象が発生するところを見ようとせず、社会関係がなぜこのような形態で成り立っているのかを問おうとしないのです。

形態というカテゴリーは、『資本論』におけるマルクスの議論の中心におかれているものです。マルクスは、「貨幣形態」「商品形態」「資本形態」等々について語っています。これらの形態というカテゴリーは、種とか属とかいう区別（貨幣を何かほかのもののひとつの「型」であるとか「種」であるとかいうようにとらえること）という意味で理解されてはなりません。そうではなくて、端的に存在様式なのです。貨幣、商品、資本は、社会関係の存在様式、現在にあっては社会関係がいまそのもとに存在している形態なのです。[5] 人々の間に成り立っている関係が凍結され凝固《ぎょうこ》されることによってできあがった存在様式なのです。ですから、「形態」は叫びの反響であり、希望のメッセージなのです。私たちは、あるがままの物象に対して叫びを発します。そうすると、「そうだ」とこだまが返ってきます。しかし、あるがままのものは永遠に続くものではありません。単に社会関係が歴史的に固定化された形態にすぎないのです。

> ある社会状態――生産過程が人間によって統御されているのではなくて、生産過程が人間を支配しているような社会状態――に属していることが紛《まぎ》れもない文字で書き記されているような公式が、ブルジョア的な知性にとっては、生産労働そのものと同じように自明で自然的な必然性をもったものであるかのように見えてくるのである。［1965, pp.80-1］

しかし、私たちのように叫びを上げるものにとっては、それは自明でもなければ永遠なものでもありません。

物神崇拝という概念が革命的な理論のなかでどんなに中心的な役割を果たすものであるかは、すでに明らかだというべきでしょう。この概念は、一方でブルジョア社会の批判でありブルジョア理論の批判であると同時に、他方でブルジョア社会の安定性を説明するものでもあるのです。それは、一方で人間の非人間化を示し、私たち自身が権力の再生産の共犯者であることを示していると同時に、他方で革命を起こすのが困難であること（あるいは一見したところ不可能であるかのように見えること）を示しているのです。

物神崇拝という概念は、マルクスの資本主義社会批判の中心におかれています。[6] 非人間化というテーマは、『資本論』をはじめそのほかの著作のなかで、マルクスの議論にいつも登場してきます。資本主義においては、ヒトとモノとの間、主体と客体との間の関係に転倒が生じているのです。主体が客体化し、客体が主体化しているのです。モノ（貨幣、資本、機械）が社会の主体になり、その反面、ヒト（労働者）が社会の客体になっています。社会関係は、外観だけでなく実質においても、モノの間の（貨幣と国家との間の、あなたのお金と私のお金との間の）関係になっています。その一方で、人間は社会性を奪い取られ、商品交換のためになくてはならない補足物である「個人」にかたちを変えてしまっているのです。（「この外化が相互的であるためには、人々は、暗黙の了解の下に、おたがいを私的な所有者として、またそこに言外に含まれている意味で独立した個人としてあつかいさえすればいいのである。」（1965, p.87））工場における、また搾取の過程における諸条件を長く詳しく検討する議論を通じて、つねに力点がおかれているのは、主体と客体の転倒という問題なのです。

あらゆる種類の資本制生産は、それが単に労働過程であるだけでなく、剰余価値をつくりだす過程であるかぎりにおいて、労働者が労働手段を使用しているのではなくて、労働手段が労働者を使用しているという点において共通している。しかし、この転倒が技術的に明確なリアリティを最初に獲得したのは、工場制システムにおいてであった。［1965, p.423］

マルクスが資本主義を告発する理由は、資本主義が物質的な悲惨な状態をもたらすからというだけではなく、とりわけモノとヒトとの関係の転倒を生むというところにこそあります。これを別の言葉でいえば、社会関係の物神化ということになります。

　ブルジョア社会における主体と客体との転倒に対する告発と分かちがたく結びついて、この転倒を当然のことと見なし、思考の基礎になるカテゴリーを――国家、貨幣、資本、個人、利潤、賃金、地代などといった――社会関係の物神化された形態におくブルジョア的思想が批判されています。こうしたカテゴリーは、社会の表層、循環の領域から導き出されたものですが、そうした領域においては、生産者という主体の主体性は完全に視野から消し去られ、見えるものといったらさまざまなモノとそのモノの担い手である個人個人との間の交渉だけなのです。社会的な主体性が視野から隠されてしまったこの場に、自由主義理論が花開くのです。この循環の領域は、「まさしく天賦《てんぷ》の人権のエデンの園である。そこを支配しているのは、自由、平等、財産、そしてベンサム〔功利主義原理〕のみである。」(1965, p.176) 三巻からなる『資本論』全体が経済学批判に向けられています。つまり、そこでは、経済学の諸概念が社会関係の物神化された外見からどのようにして生じてくるのか、が示されているのです。経済学は（そしてブルジョア理論一般は）社会関係がそのようなものとして存在している形態（商品形態、価値形態、貨幣形態、資本形態等々）を当然のものとしてあつかいます。言い換えれば、ブルジョア的理論は、形態の問題を見ることができないのです。そこでは、商品や貨幣等々が、社会関係がその時点で採っている形態あるいは存在様式として考えられてさえいないのです。ブルジョア的理論は、社会関係の現在の形態がもともと一時的なものであることを見ることができず、資本主義的な社会関係が基本において不変（つねに「……である」という恒常存在）だと当然のことのように思いこんでいるのです。

しかしながら、ブルジョア的思想は、ブルジョアだけの思想でもなければ、資本主義を積極的に支持する者だけの思想でもありません。それは、むしろ、資本主義社会における行為と行為の結果との（主体と客体との）分断・対立関係によって生みだされた思想の形態に関わるものなのです。ブルジョア的理論の批判とは、単に「やつら」を批判することではないということを認識することが決定的に重要です。それは、同時に、そして何よりも「われら」を批判すること、私たち自身がもっている前提やカテゴリーのブルジョア的本性を批判すること、あるいは、もっと具体的にいえば、資本主義的権力関係が再生産されていくうえで私たちが果たしている共犯関係を批判することなのです。ブルジョア的思想を批判することは、私たち自身の思想のなかにある主体と客体との分離を批判することにほかならないのです。

経済学者やそのほかのブルジョア的理論家の理論活動のなかで高度に洗練されるにいたった物神崇拝は、等しく資本主義社会における日常的な「常識」の考え方の基礎になっているものにほかなりません。資本主義が永遠に続くという思い込みは、この社会のなかに生きている人々の日常的な思想と実践に組み込まれているのです。モノの間のばらばらにされた関係として外見においても現実においても現れてきている社会関係が、そうした関係の底にある対立関係を覆い隠し、また世界が変革される可能性を覆い隠しているのです。物神崇拝という概念は（「イデオロギー」とか「ヘゲモニー」とかいうほかの概念よりも）、古くからある疑問、つまり「なぜ人々は資本主義の悲惨や暴力、搾取を受け容れているのか」という疑問に対する解答の基礎を提供しています。物神崇拝という概念は、人々がどのようにして資本主義の悲惨さを受け容れ、それだけでなく、そうした悲惨さの再生産に積極的に参加していくのかという問題に私たちの目を向けさせるのです。そしてまた、資本主義に反対する革命がむずかしいものであること、あるいは不可能であるかのように見えることを強調します。物神崇拝は、いかなる革命理論であれ、それが対決すべき中心的な理論的問題を提起するものなのです。革命的な理論と実践は、反物神崇拝的でなければなりません。資本主義による非人間化から人間を解放することをめざす思想と実践は、物神崇拝に立ち向かう方向をめざさなければならないのです。

Ⅳ

革命的変革をめぐる痛ましいディレンマ、つまり、変革が差し迫っていることと、それが不可能に見えることとが同じ過程のふたつの側面として同時に進んでいるという事態は、社会関係における物神崇拝がますます浸透し広まっていくとともに強められていきます。

マルクスが『資本論』で展開した議論から明らかなように、行為と行為の結果との分離、主体と客体との分離は、搾取階級によって「生産をしたヒトからその生産物というモノが引き離され引き渡されてしまう」という直接的な事態をもさらに超えていくものです。単に、労働者が生産した物が資本家の手によって労働者から引き離されてしまう、ということだけではないのです。行為がもつ社会性が市場（商品の売買）によって（いったん壊されたのち破片のままくっつけられるというかたちで）媒介されているということは、行為と行為の結果との分断が、けっして搾取の直接的なプロセスに限定されるものではなく、社会全体に広がっていくものだということを意味しています。マルクスは『資本論』において経済学の批判に的をしぼっていますが、にもかかわらず、物神崇拝が広まっているのは経済学によって概念化された領域だけだと考えるべき理由はどこにもありません。むしろ、マルクスの議論は、物神崇拝は社会全体に浸透するということ、資本主義全体が「魔法をかけられて倒錯し逆さまになった世界」(7)（『資本論』第三巻 Marx 1972a,p.830）であること、客体の主体化、主体の客体化が生のあらゆる局面において特徴的であることを暗に示しています。マルクスは、「分離は資本の現実的な生成過程である」（『剰余価値学説史』Marx 1972b, p.422）とのべています。

物神崇拝がすべてに浸透していく性格をもっているという問題については、マルクス主義の系譜のたくさんの論者が取り上げています。これについての議論が広く発展すればするほど、革命をめぐる痛ましいディレンマはますます強まっていきます。革命的変革の必要性が差し迫ったものであることが明らかになればなるほど、それはますます不可能なもののように見えてくるのです。物象化（ルカーチ）、道具的理性（ホルクハイマー）、一次元性（マルクーゼ）、アイデンティティ（アドルノ）、規律（フーコー）(8)といった用語を通じて、それぞれの論者がそれぞれのやりかたで、私たちの存在のあらゆる領域に権力の働きが貫き通されていること、私たちの存在がますます資本主義のもとに閉じ込められていっていることを強調しています。彼らの理論的追究は、革命のディレンマを、私たちを責め苛むところまで強めるものになっているのです。

ここでは、こうしたさまざまな理論家たちが、この問題をめぐって、それぞれどういう貢献をおこなったかをのべるよりは、彼らの労作を足場として、第3章で提出した問題点のいくつかを発展させてみることにしたいと思います。そのためには、これまでおこなってきた議論にあらためて立ち帰ってみる必要があります。

出発点は行為と行為が生みだしたもの（行為の結果）とが切り離されることにあります。ここには、行為する者と行為の結果を所有する者とが切り離されて対立するという意味が含まれています。行為の結果を所有する者（資本の所有者）は、行為の結果に対する支配を用いて、行為の結果を行為の手段［生産手段］にして、行為者を働かせ、自分が所有している行為の結果［資本］を増殖させるのです。言い換えれば、資本家は労働者を搾取するわけです。資本家は労働者に対して生存に必要なもの（労働力の価値）を支払い、労働者がつくりだしたそれ以上のもの（剰余価値）を自分のものにするのです。行為者と行為の結果との分離は、このように資本と労働者階級との対立という二階級の対立から見た分析をともなっていくのです。これは根本的に重要な点で、議論はすべてこの見地から理解されなければなりません。

マルクス主義や社会主義の系譜のなかで、ここでのべたような階級対立が外部的な関係として理解されていることが、少なくありません。そこでは、労働者階級と資本との対立は、外的な対立関係であって、両者は根本において関わり合いをもたないままである、と考えられてしまうのです。そうすると、対立関係のふたつの側は、善い側（労働者階級）と悪い側（資本家階級）というふうにとらえられます。このような見方からすれば、革命の問題は、組織化をどうするかという実践的な問題にほとんど帰着してしまうでしょうから、かなり単純なものになってしまうとも考えられるでしょう。それでは、こんな簡単な問題なのに、どうして共産主義革命はこれまで成功しなかったのでしょうか。この疑問に対する解答は、イデオロギー、ヘゲモニー、あるいは虚偽意識の問題として答えられるのが普通です。労働者階級は、市場というイデオロギーを吹き込まれているから起ち上がろうとしないのだ、というわけです。階級社会では支配階級がヘゲモニーをにぎっており、労働者階級は虚偽意識にとらわれているのだ、というのです。いずれの場合でも、イデオロギー、ヘゲモニー、虚偽意識の問題は、行為と行為の結果との分断とは関係のないこととしてあつかわれ、イデオロギーの領域は「経済領域」とは別のものと見られているのです。労働者階級の理解不足を重視する見方は、労働者階級を「彼ら」としてとらえる立場を前提にしているのが普通(というか、避けられない?)です。「彼ら」はまちがった考え方をもっている、だから「われわれ」(正しい考え方をもっているわれわれ)の役割は彼らを啓蒙することだ、その無知を正して、まちがいのない意識をもたせることだ、ということになるのです(9)。このようなアプローチにもともとはらまれている政治的な問題点をはっきりさせる必要があります。

このようなアプローチがもつ第二の問題点は、単純に、これでは世界の複雑さを説明することができないという点にあります。線引きがあまりにも粗雑におこなわれていて、社会的連関の複雑さが短絡的に跳び越えられてしまっているので、マルクス主義は説得力を失うことになってしまうというわけです。この点は、最近起こっている社会的対立の形態変化——たとえばジェンダーや環境をめぐる対立——に関する議論に特にはっきりしたかたちであらわれています。既存のアプローチでは、このような対立をめぐる闘争をあらかじめ考えられた階級闘争の型に押し込んでしまうか、あるいはそれらを「非階級闘争」として語るか、どちらかになっています。そして、「非階級闘争」として語る場合でも、そこでは、階級闘争は重要性を失いつつあるという見方か、あるいは、とにもかくにも、資本と労働との間の対立は依然としてそのもっとも重要な対立の形態であるという見方か、どちらかの見方がされているわけです。資本と労働との間の対立が外部的なものとして理解され、両者は根本において関わり合いをもたないままにされている場合、この対立関係は直接的なものであって、両者は無媒介に経験的にそこにあるというふうに概念的に把握されることになります。そうなると、次のような問題が出てきます。ヴェトナム反戦闘争において、あるいは反核闘争において、労働者階級はどこにいるのか。労働者階級が数の上で減少傾向にあるとき、労働者階級の革命をどのように語ることができるのか。……などなど。もちろん、こうした問いのすべてに対して答えることはできるにしても、経験の上からこれが「労働者階級」だといえるような集団としての「労働者階級」のありかたが、非常にはっきりとそれとわかる形態の叛逆とどんどん懸け離れていっているために、資本主義は基本的な階級矛盾から把握されるべきだという考え方が徐々に衰微《すいび》してきているのです。

ここでいいたいのは、資本主義の階級的把握は基本であるにしても、階級対立を外部的な関係として理解することはできないし、階級自体をこのように無媒介的に把握することもできないということにあります。前章とこの章の前半ですでに見てきたように、行為と行為の結果とを切り離すことは、単に、行為する者と行為の結果を所有する者との間の対立関係だけを意味するものではありません。資本主義の「させる」力、行為と行為の結果との分離は、恐ろしい最新式の砲弾のようなもので、ただ弾に当たった者の肉を貫くだけではなくて、身体のなかで爆発して無数の破片に分解するのです。あるいは、もう少し恐ろしくない比喩を使いますと、資本主義の力は、空に打ち上げられて爆発して、いろいろな色のいくつもの炎に変わるロケットのようなものなのです。いろいろな炎や破片に着目して、ロケットや砲弾の弾道を見ないのが、多くのポストモダン理論が（あるいは、実際には、一般的にブルジョア理論が）やっていることなのです。[10] それに対して、砲弾やロケットの最初の運動にだけ着目して、炎や破片を外部的なもの（非階級闘争）と見なすのは、政治的に役に立たず、理論的に説得力のない、未熟な考え方なのです。

物神崇拝の概念は、私たちの内部における力の爆発に関係したものです。行為と行為の結果との分離からは区別されたものとして（「イデオロギー」や「ヘゲモニー」の概念において）とらえられるべきものではありません。そうではなくて、行為と行為の結果との分離と不可分に関連したものとしてとらえられるべきなのです。その分離は、ただ単に資本家と労働者とを分離するだけではありません。私たちの内部で爆発するのです。そして、私たちがすること、私たちが考えることをあらゆる面で形づくる働きをし、私たちの生のあらゆる息吹《いぶき》を階級闘争の契機に変えていくのです。なぜ革命が起こらないのかという問題は、「彼ら」の問題ではなくて、分解されてしまった「私たち」の問題なのです。

ですから、私たちは「魔法をかけられて倒錯し逆さまになった世界」に生きているのです。その世界では、ヒトとヒトとの関係がモノとモノとの関係という形態を取って存在しています。社会関係が「モノ化」あるいは「物象化」されているのです。「物象化」という言葉は、一九二三年に刊行された『歴史と階級意識』でルカーチが使った言葉です。この「物象化」という言葉そのものが示しているように、ルカーチは、これが社会生活のすべての局面に関わるものだと主張しています。[11]

物象化は、直接的な労働過程にのみ関連したものではありませんし、また「労働者」に影響をあたえる何かというようなものでもなく、「労働者の運命が社会全体の運命となる」（『歴史と階級意識』Lukács 1971, p.91）ようなものなのです。そして、

商品関係が「幻想的客体性」を帯びたものに姿態転換されることは……人間の全意識に刻印される。……そして、人間関係が自然な形態を取ること、人間の肉体的・精神的「質」を作動させるような自然な形態を取ることは不可能になり、ただ、この物象化の過程にいよいよ従属させられていくしかなくなるのである。[Lukács 1971, p.100]

V

行為が行為の結果と切り離されると（そして、行為の結果に従属することになると）、「である」ことの支配、あるいはアイデンティティの支配が確立されます。アイデンティティというのは、おそらく物神崇拝あるいは物象化のもっとも濃縮された（そして非常に興味をかきたてる）表現でしょう。行為の流れが分断されると、行為から運動が奪われてしまいます。現在の行為が過去になされた行為に従属するようになります。生きた労働が死んだ労働に従属するようになります。「する」ことはその途中で凍結されて、「である」ことに姿を変えてしまいます。魔女の呪いの針に刺された美女は、動かなくなって、美を失います。「眠れる森の美女」というのは言葉として矛盾しています。凍結といっても完全なものではありません（それと同様に、行為の分断も完全なものではありません）。すべて

が静止しているというわけではないのです。しかし、すべては永遠の持続のなかに閉じ込められているのです。すべてがくりかえされ、同じ軌道の上を前進していくのです。

世界を「する」観点、行為の観点から見るなら、「世界は……である」とか「物事は……である」とか「私は……である」とかいうことができないことははっきりしています。行為の観点からすれば、すべてが運動であることは明らかなことです。世界は、こうであると同時にこうでないし、物事はこうであると同時にこうでないし、私はこうであると同時にこうでないのです。こういう言い方をすると、そこにはもともと矛盾が含まれているように聞こえますが、行為の問題として考えれば、その矛盾は問題ではなくなります。行為をおこなうことで、私は自分を超えていきます。世界は世界自体を超えていきます。そのほかの場合も同じです。私が何か行為をおこなったときに、その行為にともなって私のなかに起きた変化には、私は私であり、同時に私は私ではない、という意味が両方とも含まれているのです。しかし、いったん行為の流れが分断されて、行為が行為の結果に従属するようになると、運動が停止され、私は私であり、同時に私は私ではない、という言い方はつじつまの合わないものになってしまいます。行為の流れがいったん分断されてしまえば、もはや行為と矛盾が当たり前に存在する状態はなくなるのです。アイデンティティが支配し、矛盾は平定されてしまいます。世界は、物事があるがままのものであるように、あるのです。「世界はこうであると同時にこうでない。それは物事がこうであると同時にこうでないのと同じだ」などといおうものなら、それは意味のない、論理に合わない戯言《たわごと》だと見なされてしまいます。

アイデンティティには、時間の均質化という意味が含まれています。行為の流れが分断されて、行為が行為の結果とその量的な蓄積とに従属するようになると、行為はある一定の軌道の上を行くことを強いられ、ある一定の媒介変数《パラメータ》［変数と変数との間の関数関係を表すために用いられる変数。ここでは量として量りうる労働のことを指している］の範囲内に閉じ込められてしまいます。行為は労働に還元され、資本の増殖に奉仕する行為に限定されてしまいます。これらによって、行為の内容が制限されるとともに、ある一定の（どんどん昂進していく）リズムが行為の上に課されることになります。行為が労働になってしまうと、それは量として量られるようになります。ある一定の長さの時間の労働、ある価格で売られるものをつくりだす労働、価値をつくりだす労働、賃金としてのお金で量的に報いられる労働になるのです。人々の行為は、すでに出来上がっている線路の上を、どんどん速力を増しながら走っていく列車に変えられてしまうのです。「時間は、質的、可変的、流動的本性を失う。量的にあつかいうる『物象』に満たされた、厳密に限定され、量的に量りうる連続体に凍結されるのである。……つまり、時間は空間になる。」（ルカーチ『歴史と階級意識』Lukács 1971, p.90）時間は時計の時間、チクタクと時を刻む時間、一回のチクタクという刻みがみんな同じであるような時間になるのです。それは、動いてはいるけれど止まっている時間、足踏車《トレッドミル》の時間です。(12)生きた時間、熱情と幸福と苦痛を含んだ時間がもつ強弱の変化と流動は、時計のチクタクという時の刻みに従属させられてしまうのです。

均質化された時間は、その軸を現在においています。といっても、過去と未来がまったく拒まれているわけではありません。そうではなくて、過去と、特に未来は、現在のもとに服属させられているのです。過去は現在の前史として理解されています。未来は現在が予見できるかたちで延長されたものと考えられています。時間というのは、過去と未来との間の直線的な運動なのです。未来に対する根底的に異なった別の可能性は、虚構として退けられることになります。チクタクと時を刻む時間の軌道から外れたところにあるもの、あるいはあるかもしれないものは、すべて抑圧されます。現在とは根底的に異なったものをめざした過去の闘争は忘れられます。ホルクハイマーとアドルノがいったように、「すべての物象化は忘却である」（『啓蒙の弁証法』 Horkheimer and Adorno 1972, p.230）ということになるのです。アイデンティティの支配とは健忘症の支配なのです。[13]記憶と、それにともなった希望とが、どこに行き着くこともない時計の容赦のない運動に従属させられてしまうのです。「閉じられた、静的な存在概念と訣別《けつべつ》したとき、はじめて、希望の現実的次元が開ける。」（『希望の原理』 Bloch 1986, p.18）

アイデンティティの支配は、ある種の言語上のヒエラルキーを含んでいます。たとえば、「である」という動詞が、ほかのすべてを支配するというようなことが言語上のヒエラルキーということです。[14]そのようなかたちで限定づけられた世界では、ほかの動詞は活性力を失います。「である」ということによって、力を限定されてしまうのです。「する」ことは、「である」ことによって限定されるだけではなくて、「である」ことに浸潤《しんじゅん》されてしまいます。私たちの日常の活動は、「である」ことに服属させられ、浸潤されているのです。[15]言い方を変えれば、「である」こととは、動詞に対する名詞の支配を意味しています。そうして、あるものすべてが名詞のかたちに結晶させられ、統合され、硬直化されていきます。名詞においては、運動は抑圧されるか、あるいは抑制されるのです。時間がチクタクと時を刻む時間になってしまうにつれて、運動も同じようにチクタクと時を刻む運動になるのです。主体なき客体の運動、それ自体がモノになった運動、動詞的な「動く」ことではなくて名詞的な「運動」になるのです。

行為を行為の結果から切り離すことは、構成もしくは生成を存在から切り離すことです。なされたことが、それをなした行為から切り離されるのです。そうすると、みずからを生み出した行為とは区別される別の独立した存在が獲得されたことになるわけです。私が椅子を造るとします。行為の社会的流れの観点からすれば、そこには椅子のつかのまの客体化があることになります。このとき、椅子は、使うということを通じて(行為を通じて)、集合的な流れにたちまち統合されるのです(行為の観点からすれば、使われないときには、椅子ではなくなるわけです)。しかし、資本主義のもとでは、客体化はつかのまのものではなく持続的なものです。そこでは、私が造った椅子は、いまや私の雇い主の所有物としてあることになります。販売することができる商品なのです。その椅子という存在は、それがどのようにして出来上がったのかということとは、まったく切り離されているのです。実際に、その構成ないし生成(それを造った行為)は、商品としての存在によって否定されているわけです。そんなことは、椅子という存在にとってはどうでもいいこととして忘れられているのです。椅子を買った人は、その椅子を使って、その使うということを通じて、それを行為とふたたび合体させるのです。しかし、そのとき、流れ自体は(実際にも、見た目の上でも)壊されています。使う者の行為と造った者の行為との間には、直接の関係はまったくないのです。存在は持続するものとなっています。椅子として存在している時間は持続の時間です。いまやそれは椅子「である」のであって、それが椅子「でない」ものであったことはすっかり忘れられているのです。構成「にする」

こと」と存在〔「である」こと〕とは隔てられているのです。構成されたものは構成することを否定し、「つくられた」ものは「つくる」ことを否定し、客体は主体を否定するのです。かくして、構成されたた客体は、持続的なアイデンティティを獲得します。見たところ自律した構築物に見えるものになるのです。このような〔実際にも、見た目の上でも認められる〕隔絶が資本主義を安定させるうえで決定的に重要なのです。「それが事物のあるがままの姿だ」という言い方は、その隔絶を前提にしたものなのです。物事の成り立ちとその存在とを分け隔てることによって、事物が根底において別のありかたをする途が閉ざされてしまいます(16)。

VI

行為と行為が生みだすものとを切り離すこと、そして、そのことの内にすでに含まれていることですが、「する」ことを「である」こと〔アイデンティティ〕に変えてしまうこと、これらは、ただ単に時間を型にはめてしまうだけではなく、社会関係のあらゆる相を分解してしまう作用の核心にあるものです。行為の社会的流れというものが、人々の生を出会わせて紡いでいくものであり、「私たち」というものを物質的《マテリアル》に〔実質において〕編成していくものであるとするなら、資本主義のなかに含まれている、あの集合的な行為を壊してしまう作用が、そうやって紡いだものをばらばらにし、縒《よ》り合わせた糸を引き裂いてしまうのです。行為の社会的流れというものが共同体を、時空を超えた共同体を内に含むものだとするなら、その流れを壊すことは、共同体のあらゆる可能性をもぎ取ることにほかなりません。

行為の集合的流れを壊すことは、それとともに、行為をする者を個人に分解することにつながります。商品交換がおこなわれると、商品も商品生産者も、ともに行為の集合的なありかたから引き離されて抽象化されなければならなくなるからです。

この［商品の］外化が相互的であるためには、人々は、暗黙の了解の下に、おたがいを私的な所有者として、またそこに言外に含まれている意味で独立した個人としてあつかいさえすればいいのである。しかし、こうしたおたがいに他者である関係は、共有財産を基礎にした原始的共同体においては存在しえないのであって……（『資本論』 Marx 1965, p.87）

考え方の出発点が、共同体の一部である人格ではなくて、はっきりと識別できる彼自身のアイデンティティ[17]をもった人格としての個人になるのです。このときから、共同体を、個別に分離された諸個人の集合体として、つまり行為の流れではなく「である」存在を集めたものとしてイメージすることができるようになります。

こうして、個人は集団をなしている状態から独立します。若きマルクスが使った表現によれば、個人は類的存在もしくは類的生活から分離されるのです。ブルジョア的な科学概念つまり資本主義社会を永遠のものとして前提にする科学の概念では、個人を共同体から隔てるのはよいこととして賞賛されます。社会科学者の立っているところが、研究の対象である社会から離れれば離れるほど、ますますよいのです。理想的な科学者は、月にいる観察者なのでしょう。そこからなら、ほんとうの客観性をもって社会を分析できるというわけです。集団性も社会も、それ自体が客体になり、主体からできるだけ遠いところに分離されるのです。

　このような思考方法では、科学と客観性とは同じ意味をもつものとされます。何かを科学的に研究するということは、それを客観的に研究するということなのです。それが不可能だということが認められる場合には、客観性に近づくために、研究対象からできるだけ距離をおくように、最大限の努力をおこなわなければなりません。ここでいう客観性とは、私たち自身の主体性をできるだけ抑制することを意味します。主体的な物の言い方は、もともと非科学的なものなのだと考えられます。このように見てくると、何が科学的かという考え方が、明らかにまちがった基礎の上に立てられていることがわかります。つまり、それは、考える人を排除したところで考えたことを表現することができるという理念を基礎にしているのです。(もちろん、だからといって、はっきり主体的にいわれたことがすべて正しく科学的だ、というわけではありません。)

　こうして、アイデンティティというものは、三人称で話すことでえられるということになります。科学的に書こうと思ったら、事物について「それ」とか「彼ら」とかいう三人称で書くのがいいのです。政党はかくかくだとか、マルクス主義はしかじかだとか、イギリスはこうだああだとかいう具合に書くのです。一人称で話すこと(私は政党にうんざりしているとか、私たちはよりよい生活を求めているとか、あるいは特に、私たちは叫ぶとか)は非科学的だと見なされます。ですから、研究あるいは理論は、何かを対象とする研究、何かについての理論ということになります。社会理論は社会を対象とする理論であり、それはマルクス主義についての本であり、今日私たちは一九世紀のメキシコについて学ぶのだ、という具合です。どの場合にも、「を対象とする」［of］とか、「についての」［about］とかいう前置詞は、学生や理論家と研究対象との間に分離あるいは距離があるということを示す印です。[18]「……についての知識」というのは、まったくのところ、「させる」力の別の面を表しているものにほかなりません。社会を研究対象としている学生や理論家のうちでももっとも出来がいいのはどういう人たちかというと、社会に対して、自分がまるで社会の外に立っているかのように観察することができる人たちなのです。（こういうふりがうまくできない学生は、自分の業績を認めてもらうことがなかなかできないという問題をかかえている場合が少なくありません。でも、もう一度念を押しておきますと、だからといって一人称で書けば正しいというわけではないのです。）だから、理論は、「理論」［theory］という言葉が表すとおりのもの（theoryの語源はギリシア語のΘεω、「私は観る」です）なのです。つまり、外にある対象を眺めること、あるいは見つめることが理論なのです。そこでは、主体は現実に存在しています。しかし、それは、眺める者として、能動的な主体ではなく受動的な主体として、脱主体化された主体として、つまり客体化された主体として存在しているのです。私たちが「それ」について書くとしたとき、私たちが科学的だと見られるためには、眺める者（voyeur［フランス語で「覗き屋」の意味］）[19]として書くしかないのです。こうして、理論というものは理論家から分離されたものとして存在していると見られているのであって、むしろ、そうだからこそ、それを世界に「適用する」ことができるのだと見なされているわけです。

私たちがいまここで三人称といっているのは、三人称直説法現在形（「それは…である」という言い方）のことです。アイデンティティを基礎にして構成される思想において重要なのは、「ありのまま」の事物のありかたであって、「あるかもしれない」と思われる、あるいは「あってほしい」と願われる事物のありかたではありません。アイデンティティを求める思想が採る科学的な言い方に仮定法〔「もし〜なら…」という言い方〕が入ってくる余地はありません。「私たち」が排除されてしまうなら、私たちの夢や願いや恐れも排除されてしまいます。仮定法の話法、すなわち不確実、不安、願い、可能性に関する話法、「まだないもの」に関する話法が、この客観性の世界に入れてもらえる場所はないのです。「それが事物のありのままのありかたなのだ」という世界の言語は、直説法でしかありえないのです。

ですから、行為の社会的流れを壊すということは、私（もはや曖昧な「私たち」ではありません）が、社会科学者として、私の感情と社会的位置を度外視して、社会をあるがままに理解するように努める、ということを意味しているのです。社会は、私に対して、さまざまな特殊な事物の集まりとして、個々別々の現象の集積として、姿を現してきます。私は、自分が研究しようと思う個別の現象を規定しようと努める方向に進み、それらの規定された現象の間に結びつきを探そうとします。

アイデンティティは、その内に定義を含んでいます。いったん行為の流れが分断され、社会関係が個々の事物の間の関係としてばらばらなものにされてしまうと、そうした分断された状況を当然のことと受け取る認識は、個々の事物、個々の現象、個々の人格や個々の人間集団のそれぞれについて、それらを定義づけ、範囲を定めていくことを通じてしか、前に進んでいくことができなくなるのです。認識は定義を通じて前に進んでいきます。定義ができれば、何かがわかったということになるのです。政治とは何か？　社会学とは何か？　経済学とは何か？　政党とは何か？　マルクス主義とは何か？　学校や大学で学ぶとき入門の段階で出される問題は、典型的な定義問題です。大学院での研究テーマは、通例、研究対象の定義あるいは範囲確定から始まります。定義とは、アイデンティティがほかのアイデンティティとの区別をはっきりさせるためにおこなう記述のことです。定義は、アイデンティティの範囲を矛盾のないかたちで確定することをめざします。私が x を定義するとき、定義という観点からは、x が x であって同時に x でないというようなことはまったく無意味です。定義によって、社会関係は、静的で断片的でモノ化された「である」ことに固定されてしまうのです。定義の世界はクリーンな世界です。区別がはっきりした世界、排除の世界、異なるものは異なるものとして明確に分けられる世界です。定義こそが、「別のものであること」を成立させるのです。x を定義することによって、非 x が「ほかのものである」ことになるのです。私が自分をイギリス人であると定義したなら、私はアイルランド人ではありません。私が自分を白人であると定義したなら、私は黒人ではありません。私が自分をアーリア人であると定義したなら、私はユダヤ人ではありません。アイルランド人、黒人、ユダヤ人は、よそ者です。私たちではない者です。［アイルランド紛争、黒人差別、ユダヤ人虐殺などの］数々のおぞましい出来事はすべて、こうした定義の過程に含まれているのです。

定義は、能動的な主体としての「私たち」を排除します。この本の初めに出てきた「私たち」、まだ探究されていない「私たち」、世界を変えようと思っている「私たち」、そういう「私たち」は、定義によって世界を見る見方からは排除されてしまいます。私たちが何かを定義するとき、定義する対象を私たちから分離されたものとして定義するのが普通です。定義というのは、定義されるものを客体として、その定義によって主体から分離される客体として成り立たせることになるのです。それは、「私たちは女性である」「私たちは労働者階級である」というふうに、「私たち」が定義される場合でも同じことです。この場合にも、定義は私たちの範囲を確定し、私たちの能動的な主体性は否定され（少なくとも、定義されるものとの関係においては否定され）、私たちは客体化されます。「世界を変えようとしている私たち」というようなものは定義することが不可能なのです。(20)

アイデンティティの世界は、個別化され原子化された個別特殊なものの世界です。テーブルはテーブルであり、椅子は椅子、イギリスはイギリスであり、メキシコはメキシコである、というわけです。細分化は、アイデンティティ化思考の根底にある傾向なのです。その世界は細分化された世界なのです。ですから、絶対的アイデンティティの世界とは、絶対的差異の世界なのです。世界認識もまた同じように細分化され、個別の専門学科に分解されます。社会を対象とする研究は、社会学、政治学、経済学、歴史学、人類学などなどといった形を採ります。そして、さらに、それよりも下位のさまざまな専門学科に分化して、果てしなく専門化されていきます。そして、空間（イギリス、メキシコ、スペイン）、時間（一九世紀、一九九〇年代）、社会活動（経済、政治制度）などの概念に応じて、順々に細分化されていくのです。

Ⅶ

しかし、この細片化は何をもって超えられるのでしょうか。純粋に個別特殊なものだけで構成された世界は、そもそも概念化ということができない世界でしょうし、住むこともできない世界でしょう。行為の分断は社会性の分断にほかなりませんが、ある種の社会性は、概念の上からも実践の上からも、どうしても必要とされるものです。しかし、そこでの社会性というのは、もはやおたがいの行為を共同で紡ぐことでないばかりか、個別特殊なものを同じ袋にひとまとめにして詰め込むようなものでさえあるのです。マルクスが階級としての農民を表現するのに用いた有名な比喩を借りれば、それはちょうど、袋に詰められたジャガイモがひとつの集団性を形成しているというようなものです[21]。集団であることは、アイデンティティを基礎にしています。つまり、「する」ことである運動を基礎にするのではなく、「である」ことを基礎にしているのです。これは分類の過程です。でも、行為自体が分類の過程の一部になっているのではないか、といわれるかもしれません。しかし、その一部になっている行為というのは、死んだ行為、アイデンティティのなかに封じ込まれた行為、役割あるいは配役の仮面のなかに封じ込まれてしまっている行為なのです。たとえば、医者を医師集団として分類するのは、医者たちの行為を互いに織り上げていくことにもとづくのではなくて、医者たちをある一定の型の行為者として規定すること、医者という配役の仮面を押しつけることにもとづいているのです。こういう意味で分類された集団というのは、多かれ少なかれ恣意的な性格をもっています。どんなアイデンティティの集まりだって、それに合致するものを集めていっしょにして袋に投げ入れることでつくることができます。あるいは、もっと小さな袋にさらに分けて入れたり、それを大きな容器にまとめて入れたり、いろいろなことができます。

定義と分類を通じて集団のアイデンティティを形づくっていくのは、行為の分断の作用によるものです。行為の分断の作用は、人々がこれこれのものであるという観念――医者だとか、教授だとか、ユダヤ人だとか、黒人だとか、女性だとか、なんでもいいのです——をつくりだし、そういうものであることが同時にそういうものではないということを許さないかのような関係をつくりだすのです。つまり、こういうことです。行為の社会的流れの観点から見れば、人々は、医者であって同時に医者でない、ユダヤ人であって同時にユダヤ人でない、女性であって同時に女性でない、といった関係にあります。その理由は簡単なことで、私たちは、行為をおこなうとき、その行為を通じて、いまある自分のありかたが何であろうが、それに立ち向かいながら超えていくという運動をつねにおこなうものだからです。行為の社会的流れの観点から見れば、定義というのはアイデンティティを一時的に据える以上のことではなく、それはたちまちのうちにはかなく超えられてゆくものにすぎないのです[22]。ですから、人がこれこれのものであるということと、これこれのものではないということとの間を隔てる壁、集団としての自己と集団としての他者との間を隔てる壁は、固定された絶対のものだと見なすことはできないのです。自分の立場としてアイデンティティを選択する場合においてだけ、また行為の流れの分断を受け入れるところから出発せざるをえない場合においてだけ、「黒人」「ユダヤ人」「アイルランド人」などなどといったラベルがある固定された性質を示すことになるのです。そうしたラベルを既定のものとして受け入れる「アイデンティティ」ポリティクス［アイデンティティにもとづく集団の利益を守ろうとする政治的活動］は、アイデンティティの固定化を助けるものとなってしまいます。「である」こと、アイデンティティ、これこれのものであることを訴えようとすることは、つねに、アイデンティティの固定化、したがってまた行為の流れの分断の強化、つまりは資本の強化を意味してしまうのです[23]。

アイデンティティという観念のうちにとどまるかぎり、そこで考えられているのが女性としてのアイデンティティか男性としてのアイデンティティか、黒人としてのか白人としてのか、ゲイとしてのか異性愛者としてのか、アイルランド人としてのかイギリス人としてのか、といった違いは、あまり重要ではありません。しかし、だからといって、こうしたカテゴリーが対称的だ〔おたがいに入れ替わっても同じだ〕というわけではありません。つまり、黒人としての闘争を、白人としての闘争と単純に等価なもの、同等のものとして取り扱うことができるというわけではなく、また、女性運動が男性運動と同じだ、というわけではないということです。アイデンティティを基礎にして、この違いをとらえることはできないのであって、善いアイデンティティと悪いアイデンティティがあるなどというのは馬鹿げた考え方です。そうではなくて、見かけは肯定的でアイデンティティ志向を表しているような言い方が、否定的な反アイデンティティ志向の意味をともなっているようなさまざまな状況があるという事実こそが、こうした違いの基礎になっているのです。黒人に対する差別を特徴とする社会で「私は黒人だ」ということは、その社会に挑戦することです。その同じ社会において、「私は白人だ」といっても、それはなんの挑戦にもならないことははっきりしています。このように、肯定的でアイデンティティを志向する形を採っているのに、それが否定的な反アイデンティティ志向を表明することになっている場合があるのです。先住民の尊厳が組織的にふみにじられている社会で「私たちは先住民だ」ということは、尊厳を主張する途であり、尊厳の否定を否定していく途なのです。それは、「私たちは先住民であり、同時に、それ以上のものだ」といっていることにほかならないのです。しかし、このような言い方に含まれている否定的な意味合いを、固定的に理解してはいけません。それは、特定の状況に立脚しており、その状況はつねに変わりやすいものなのです。ナチス・ドイツで「私はユダヤ人だ」ということは、現代のイスラエルで「私はユダヤ人だ」というのとは違います。アパルトヘイト時代の南アフリカで「私は黒人だ」というのは、アパルトヘイトが終わったあとの南アフリカで「私は黒人だ」というのとは違います。このような肯定的＝即＝否定的な言葉には緊張がみなぎっています。そこには、肯定的なものがいつも否定的なものを飲み込んでしまおうとしている、そんな脅威をはらんだ緊張があるのです。ですから、たとえば被抑圧民族のナショナリズム（反帝国主義のナショナリズム）は、たとえそれがラディカルな社会変革をめざしているとしても、そうした広範な目的から、「やつらの」資本家を「われらの」資本家に交替させようというようなところにたやすく転換してしまうことがあるのです。このことは、反植民地運動の歴史がはっきりと示しています。もちろん、これとは逆に、肯定＝即＝否定の緊張が反対の方向で爆発することもありえます。明確に反アイデンティティ志向をもった運動になっていくのです。最近の例では、メキシコのサパティスタ運動がそうでした。

分類すること、すなわち定義にもとづいて集団のアイデンティティを構成することは、もちろん、ただちに直接、政治的な意味合いをもつわけではありません。そうした分類や構成は、資本主義社会で考えられているような科学的手続の基礎をなすやりかたなのです[24]。形式による抽象化の核にあるものなのです。それは、運動と矛盾を基礎にした概念化（実質による、すなわち限定的な抽象化）ではなく、静的で矛盾のないカテゴリーを基礎にして世界を概念化していく試みです（Gunn 1987b, 1992 ; Bonefeld 1987, 1992 参照）。形式による抽象化、別の言葉でいえばアイデンティティを基礎にした抽象化は、私たちの教育機関において、科学的として認められている方法と手続すべての基礎にあるものなのです。

分類を通じて、概念の階層構造《ヒエラルキー》がつくられます。特殊なものは普遍的なものの下に秩序づけられ、普遍的なものはより高度の普遍的なものの下に秩序づけられるという具合です。これは机用の椅子です。机用の椅子は直立型椅子です。直立型椅子は椅子です。椅子は家具のひとつです。このように、種と属のヒエラルキーが確立されます。机用の椅子というのは、直立型椅子のひとつの種であり型です。あるいはその型であり種類です。概念の階層秩序化は、同時に形式化の過程でもあります。その過程において、椅子（あるいは家具）という概念は、どんどん、それぞれの個別の内容から離れていきます。唇は、キスするとき、おたがいにふれあいます。弾丸は撃たれる者へ向かって飛びます。唇のふれあいと弾丸の飛行は、どちらも運動という形を採ります。これらのふたつの運動は、キスすることと殺すことという異なった内容から完全に抽象したかたちで語ることができます。

形式化、内容から離れていく抽象は、研究対象を量的なもの、数学的なものに変えることができるようにします。(25) いったん、唇にふれることと弾丸が飛ぶことを運動の形態としてひとつのものに分類してしまえば、別々の対象が動く速度を比べることを通じて、それぞれの運動を量的に比較することができるようになります。量的なものに変換してしまえば、すべての内容は置き去りにされます。唇も弾丸も、いっしょにされて、1＝1、2＝2、3＝3……という侵すべからざる前提のもとに取り込まれてしまうのです。

しかし、量的なものに変換することは、同一化というもの［アイデンティティとは、もともと「同一であること」という意味でもあります」にもともと含まれている形式的な抽象化というやりかたを、数学がさまざまに発展させていく、そのひとつの相にすぎません。xがxであり、yがyであるとするなら、それらをおたがいに関係づけるためにできる唯一の方法は、形式的には、それらの個別の内容から離れて抽象化をおこなっていくことです。もしジョンとジェーンを人として分類するなら、ふたりの個別のアイデンティティを否定することによってではなく（ジョンはジョンのままだし、ジェーンはジェーンのままです）、それはそのままにして抽象化をほどこし、ふたりそれぞれの、ジョンはジョンとしての、ジェーンはジェーンとしての個別的な内容は置き去りにして、人としては同じであるという形式的な同一性にだけ焦点を当てるのです。形式的な抽象化は、同時に、均質化なのです。アイデンティティ思考においては、ひとりの人間はもうひとりの人間と同等なのですが、それを同等のものとしてとらえるやりかたは、時間の一刻みをみんな同じだとするような方法、一平方メートルのスペースをみんな同じだとするような方法と同じ均質化するやりかたなのです。それぞれの個別の特殊なありかたを置き去りにしてしまえば、形式的な推論を展開することができるようになり、それを通じて、同一化と分類の構造全体を、可能なかぎり厳密で、秩序だった、矛盾のないものに仕立て上げていく方向をめざしていくことができるのです。形式論理学と数学は、$x=x$という単純な等式から始まり、そこに含まれているものをできるかぎり高度なところまで展開していきます。(26) xがxではない、xがxでもあり非xでもある、ということになったら、数学の基礎は掘り崩されてしまいます。xと非xがおたがいに排除し合う関係は、二進法論理（ブール代数）にもっとも明確に表現されています。この二進法論理では、すべてが0か1、真か偽、イエスかノーかとして表されるのです。そこには、「イエスでもありノーでもある」とか「多分」とかいうような、みんな共通に経験していることが入る余地はないのです[27]。

このように、物神崇拝とか物象化とかの基礎にある、行為と行為が生みだすものとの分離は、その内に、どんどん進んでいく社会関係の形式化と、それに対応する思考の形式化とを含んでいます。資本主義的社会関係が確立されていくのにともなって、啓蒙主義が哲学として発展していった過程で、理性はいよいよ形式化されていきました。それより前には、理性は善なるものと真なるものとを追求していくことと関わっていたのに、いまやもう、理性の目的は形式的な正しさを打ち立てていくことだけに限定されるように、どんどんなってきたのです。真理は、「形式的な正しさ」に還元されてしまいます。さらには、それを超えて、真理というのは主観的な判断の問題だと見なされるようになります。何が形式的に正しいのかということは、事物の内容から完全に抽象された数学的問題だと見なされるのです。理論は、「いろいろなシンボルを純然たるかたちで組織した数学的システムへむかって」いく傾向が現れるのです（ホルクハイマー「伝統的理論と批判的理論」Horkheimer 1972, p.190）。

……このますます形式化されていく理性の普遍性においては……価値判断は、理性と科学とは何の関係ももたない。自由か服従か、民主主義かファシズムか、啓蒙か権威か、大衆文化か真理か、どちらかを決定するのは、主観的な選好の問題にすぎないと見なされるのである。
［Horkheimer 1978b, p.31］

理性は了解から切り離され、思考は存在から切り離されます。理性は効率の問題になり、「目標に対する手段の最適な適用」〔Horkheimer 1978b, p.28〕の問題になってしまいます。言葉を換えれば、理性は道具的理性、目標そのものを吟味したり批判したりするのではなく、ともかく目標に到達するための道具になってしまうのです。物象化には、意味の喪失が含まれています。というよりも、意味というものが、目標へ向かう手段を測る、完全に形式的なプロセスになってしまうのです。核兵器による破壊は、合理的思考が生み出した結果です。私たちの叫びが非合理的に見えるのは、そのような合理性の判定によるものなのです。

理性の形式化は、同時に、「である」ことから「あるべき」ことを引き離すことでもあります。というのは、合理的思考は、「である」こととその合理的（効率的）配列にもっぱら関わっています。ということは、「あるべき」ことを消し去ってしまうということではなくて、それを「である」ことから引き離してしまうということなのです。「である」ことと「あるべき」こととは別のこととして区別されるのです。ストリート・チルドレン「である」ことを強いられているなんて、「あるべき」ことではない、と多くの人は認めるでしょうが、（議論はそうであっても）現実は別だというのです。社会の研究は、社会学であろうが、政治学であろうが、経済学であろうが、その他社会科学のどんな学問分野であろうが、「である」ことの研究なのです。どう「あるべき」かという問題も、おもしろいかもしれないけれど、このふたつの間の区別を曖昧にしてはならない、現実と夢を混同してはならない、というわけです。どう「あるべき」かをめぐる道徳的な議論は、「である」ことを掘り崩さないどころか、実際には、むしろそれを強めるものなのです。

「あるべき」ということは、その「あるべき」というカテゴリーを原理として適用することが不可能な現存する現実を前提としている。主体が経験の上であたえられた存在を受け入れることを単純に拒絶する態度が「あるべき」という形を採るとき、このことは、直接的にあたえられた経験的な現実が、哲学の手によって肯定命題と化され神聖化されることを意味している。それは、哲学的に不死のものとされるのである。［ルカーチ『歴史と階級意識』Lukács 1971, p.160］

実際に社会関係の形式的な抽象化がおこなわれている範囲に応じて、その範囲内の関係は法則によって支配されているものとして理解され、「資本主義発展の法則」をうんぬんすることができるようになります。資本の所有者が資本主義社会をコントロールしているわけではありません。むしろ、彼ら資本家も資本主義発展の法則に服従しているのです。その発展の法則は、行為者の行為からの分離、行為の自律性を反映したものなのです。人間ができることといえば、せいぜい、自分がコントロールできないこの法則に自分を適応させるぐらいのことなのです。

資本主義社会の中にいる人間は、みずからが（階級としての自分たちが）「つくった」現実に直面しているのだが、その現実は、その人間にとっては疎遠な自然現象として現れるのである。彼は、その自然現象の「法則」のなすがままである。彼の活動といっても、自分自身の（利己的な）利害を統《す》べる個別の法則を懸命に満たそうと努めることでしかない。しかし、そのように「活動している」間も、彼は必然的に事態の主体ではなくて客体にとどまっているのである。

〔ルカーチ『歴史と階級意識』Lukács 1971, p.135〕

この文脈から見ると、自由とは、ただ単に、そうした法則を認識し、それに従うこと、すなわち必然性を受け入れることにすぎないわけなのです(28)。ですから、資本主義社会が法則に縛られたものであること、そのために、こうした法則の研究が可能であるということは、行為者が自分の行為をコントロールできていないという事実を表現しているものにすぎず、また「人間関係のすべてが……ますます、自然科学の概念構成の抽象的要素、自然法則の抽象的基層のような対象化された形態を取るようになる」〔ルカーチ『歴史と階級意識』Lukács 1971, p.131〕ということを表しているにすぎないのです。

Ⅷ

議論はまだまだ続きます。肝腎な点は、どこまでも複雑な社会構造の基礎には単純な原理――アイデンティティ――があるということです。アイデンティティの原理は、資本主義社会の組織にとって欠かせないものなので、その重要さをあらためて強調したりするのはまったく無意味に思われるほどです。だって、そうであることはあまりにも明らかだから、というわけです。しかし、ちょっと待ってください。それほど明らかなことでしょうか。これこれのものがxであること、しかも、それが同時に非xであることが認識されないままに、ただxであること、それは、明らかとはとてもいえないところに根ざしているのです。それが根ざしているのは、日々くりかえされている分離――行為が生みだしたものが行為から引き離されること――、日々くりかえされる取り上げ――行為者から行為が生み出した生産物が取り上げられること――、そして、それらがだれかの私有物として確定されることなのです。これは、非常にリアルで、非常に物質的なアイデンティティの同定（この物は私のものであって、おまえのものではない）であり、それが、私たちの社会組織のあらゆる相、そして私たちの意識のあらゆる相に、ひび割れのように広がっているのです。

アイデンティティは相互承認、共同体、友情、愛の反対命題《アンチテーゼ》です。[29] 私が「私はxである」といったとすると、そこには、私がxであることはだれにも依存していない、ほかのだれの承認も必要としていない、という意味が含まれています。私はひとりで独立しています。他人に対する関係は私の存在にとってさほど重要なものではありません。社会で認知されるということは、私の外にあるものであって、私が自分の生産物を売ったり、私自身の何かをする能力をいままでより高い値段で売ったりすること（つまり、たとえば昇進するといったことです）によって、市場を通じてこちらにもたらされるものです。ほかの人たちというのは、それ以上のものではありません。アイデンティティのプリズムから見れば、人の間の関係は外的なものにすぎないのです。ブブリッツがアリストテレスを論じながら指摘しているように（Bublitz 1998, pp.34ff）、アイデンティティの形式論理をもとにして友情と愛を概念化することは不可能なのです。そこには、相互承認というものが存在しえません。他者のなかに私たち自身を認め、私たち自身の中に他者を認めるということができないのです。アイデンティティ志向の観点からすると、私たちが出発点に置いた「私たち」は、でたらめにジャガイモを放り込んだジャガイモ袋か、あるいはなんの現実的な基礎ももたない偽りの（そして危なっかしい）仲良しでしかありえないのです。私たちが友情や愛をいだくときには、そこで相手との間でおたがいに存在が浸透し合うような経験をしますが、ここにはそういうものが成り立つ余地はないのです。そのかわりに、むしろ憎悪のほうが認められやすいのです。所詮、他人は他人、他者は私たちの一部ではないし、私たちは他者の一部ではない、というわけです。(30)

アイデンティティのプロセスが私たちにとって外的なものでないことは明らかです。アイデンティティを確立していく過程、あるいは社会関係を物象化していく過程において、私たちは能動的に働いているのです。それは、私たちが行為をおこなって、やがてその行為と対立するものに転換されてしまうものをつくりだしていく過程において、能動的に働いているのと同じことです。純粋無垢な主体というようなものがあるわけではないのです。「させる」力は、私たちの内部に達し、「させる」力の再生産に能動的に参加させることを通じて、私たちを変えていってしまうのです。私たちの叫びが直面している社会関係の硬直化、「それが事物のありのままのありかたなのだ」という存在様式、それは、単に私たちの外（社会の中）にあるものではなく、同時に、私たちの内部に到達して、私たちの考え方、行動のしかた、私たちのありかた、私たちが私たちであるという事実のなかにまで入り込んでくるのです。私たちが自分たちの行為が生みだしたものから、そして自分たちの行為そのものから引き離される過程で、私たち自身が傷つけられるのです。私たちの能動性は受動性に変えられてしまいます。物事をなそうという意思は金銭欲に変えられてしまいます。

いっしょに働く仲間との間の協働は、金銭や競争を通じた道具的な関係に変えられてしまうのです。私たちの行為、私たちの「する」力は無垢のものであったはずなのに、「させる」力の行使に参加することを通じて、責めを負うべきものになっていくのです。行為からの疎外は、自己疎外なのです。ここには純粋の熱烈な革命的主体はありません。傷つけられた人間性があるだけです。私たちはみな、アイデンティティ志向の現実をつくりだす作業に深く巻き込まれてしまっているのです。そして、その作業の過程が私たち自身をつくりだすのです。

私たちが向かい合っている現実は、私たちの内部にまで入り込んでいます。私たちが叫びをあげる対象は、私たちの外にあるだけではなくて、私たちの内にもあるのです。それは、私たちのすべてに侵入し、私たち自身になっているのです。だからこそ、私たちの叫びは、こんなにも苦悩に満ち、こんなにも死にものぐるいのものになるのです。また、だからこそ、私たちの叫びは、こんなにも希望のないものになるのです。ときには、私たちの叫びそのものが、希望の裂け目になっているだけなのではないかと思われることすらあります。現実、資本の現実は、どのようにしても逃れられないものだと感じられるのです。マルクーゼは、次のようにのべています。

……自由を失った個人は、支配者とその命令を自分自身の心理装置のなかに取り入れる。自由に対する闘いは、抑圧された個人の自己抑圧として、人間の心のなかでくりかえされ、その自己抑圧が、今度は逆に支配者と支配制度を支持するようになる。［『エロス的文明』Marcuse 1998, p.16］

この支配者の取り込みは、アイデンティティを志向する疎外された現実の取り込みでもあります（この取り込みをフロイトは理論化しましたが、それは歴史的に特定の形態を取った現実としてではなく、無条件に生物学的に決定された現実として理論化されています）。そして、その取り込まれた疎外された現実に、快楽の追求を従属させるのです(31)。

ですから、物象化は、ただ単に客体の支配に関わるだけではなくて、独特のかたちで位置を狂わされた主体を生みだすことにも関わっているのです。行為者が行為と行為が生みだしたものから切り離されることによって、行為者は行為からさまよい出て、行為の結果に従属するようになるのですが、ところが、そうでありながら、行為者は行為の結果からまったく自立しているかのように見えるのです。人間は、行為の社会的綴れ織り《タピストリー》から引き離されることによって、自由な個人になるのです。ここでいう自由とは、単に、マルクスが示した二重の意味での自由、つまり人格的な拘束から自由であり、かつ生存手段への接近から自由である〔生産手段を奪われているという意味で自由である〕ということだけではなくて、共同体に対する責任から自由であり、集団的な行為への参加には意義があるという感覚から自由であるということでもあるのです。私たちがこれまで議論してきたように、行為の分断は、主体も分断される（疎外され、苦悶させられ、傷つけられる）ことを意味しているわけですが、これに反して、ブルジョア理論が立てる主体というのは、無邪気で、健全で、自由に自己決定ができる個人なのです。精神的な問題をかかえている個人がいることは広く認められていることですが、しかし、それは個人的な問題なのであって、人間存在のあらゆる相を切り裂いている社会的統合失調症などというようなものとは、いっさい関わりがないのです。行為の結果への従属が当然のことだと思われれば思われるほど、個人としての主体はますます自由であるかのように見えてくるのです、アイデンティティによる同定が徹底していって、そんなことを問題にしたり考えたりする必要はないと思われれば思われるほど、社会はますます自由であるかのように見えてくるのです。私たちが自由を失っている度合が大きくなればなるほど、ますます解放されているように見えてくるのです。幻想の市民的自由は、幻想の国家共同体に対応しています。私たちは自由な社会に暮らしているんじゃないのか？　私たちの叫びがこんなにも激しいものになるのも当たり前です。

このように、私たちはふたつの主体概念をもっていることになります、ブルジョア理論のいう主体は自由な個人です。それに対して、私たちがのべてきたことの中心にある主体性は集合的な主体性なのです。この主体性は、行為の結果から行為を切り離すことを通じて、ばらばらなものにされ、深いところまで傷つけられ、原子化された主体にされてしまっています。ブルジョア理論のいう主体は叫びません。それに対して、私たちのいう主体は、天まで届けとばかりに叫びます。叫ぶのは、特別の理由からではなく、私たちの主体性がばらばらに切断されているからにほかなりません。ブルジョア理論にとっては、主体性とはアイデンティティのことです。それに対して、私たちの議論においては、主体性とはアイデンティティの否定のことなのです。

最初に挙げた主体概念、つまり汚れのない健全な主体というのが、マルクス主義のいくつかの潮流において、労働者階級の概念に移し換えて使われていることが多いのは、疑うべくもない事実です。英雄的労働者階級というソヴィエトのイメージが頭に浮かんできますが、しかし、英雄的な革命家というイメージはソヴィエトの経験からははるかに懸け離れたものです。この文脈から見てみると、ある種の理論家たち（構造主義者、ポスト構造主義者、ポストモダニスト）が、なぜ主体概念を攻撃することに関心を払っているのかが理解できるようになります。主体性に対する攻撃と見られているものの多くは、単なるアイデンティティに対する攻撃、ブルジョア理論が主体性と同じものだとしたアイデンティティに対する攻撃なのです。ですから、たとえば、フーコーが次のようにいっている（そして、詳細に分析している）のは、このことについてなのです。フーコーは、「西洋世界がそれを生みだすために幾世代もが膨大な作業を費やしてきたもの……人間を臣下《サブジェクト》＝主体にすること［フランス語原文の assujettissement（英語の subjection）にフーコーは「臣下」化・「主体」化のふたつの意味を重ねて含ませている］。その成立を私は、言葉の二重の意味においてとらえている」（『性の歴史』Foucault 1990, p.60）といっていますが、これは確かに、資本主義社会の「自由な」主体の成立に関するかぎり、的を射ています。確かに、それは言葉の二重の意味における臣下《サブジェクト》＝主体だったのです。しかし、ブルジョア的な主体と全体としての主体とを同一のものととらえることは、「産湯《うぶゆ》とともに赤児を流す」ような殺人行為ともいうべきものなのです。主体性をアイデンティティと混同して、アイデンティティを攻撃するもくろみから主体性を攻撃するというようなことをしても、まったくの袋小路に行き着くしかありません。なぜなら、運動としての主体性、「である」ことの否定としての主体性を基礎にしてこそ、はじめて、アイデンティティを超えて、したがってまたブルジョア的主体を超えていくことが可能になるのだからです(32)。

物神的なものはリアルな幻想です。すでに見たように、マルクスは、商品生産社会では、「個々人の労働とほかの者の労働とを結びつける関係は、労働の場における諸個人の間の直接の関係としてではなく、あるがままのかたちで、すなわち人と人との間の物を通じた関係および物と物との間の社会的な関係として現れてくるのである」（『資本論』1965, p.73）と論じていました。物神化された思考カテゴリーは、現実に物神化されたもののリアリティを表現しているのです。理論を実践の契機として、思考を行為の契機として見るならば、思考の物神化と実践の物神化とは連続しています。物神化は（したがってまた疎外、物象化、アイデンティティ化、などなどは）、思考のプロセスだけではなく、行為から行為の結果が物質的《マテリアル》に［形式ではなく実質において］引き離されるプロセスに関わっており、概念の上でのプロセスは、その物質的《マテリアル》なプロセスの一部をなしているのです。ですから、物神化を思想だけで克服することはできない、ということになります。物神化の克服とは、行為と行為の結果との分離を克服することを意味しているのです。

この点が重要なのは、物神崇拝（あるいは疎外その他）の概念が、もともとその基礎にあった行為と行為の結果との物質的《マテリアル》な分離から切り離されてしまうと、その力を失うからなのです。物神崇拝こそが、行為の結果が行為者から引き裂かれる物質的《マテリアル》なプロセスにおいて、中心的な役割を果たしているのです。もし搾取の物質的《マテリアル》なプロセスと思想の上での物神化とが切り離されてしまうなら、疎外とか物神化とかいうものは、文化的批判の道具、洗練された嘆きの表現にすぎないことになってしまいます。この点については、アドルノが、まさしく、「批判理論を支配的意識と集合的無意識にとって観念論的に受け容れやすくする」ものだ、と指摘したところです(『否定弁証法』Adorno 1990, p.190)[33]。このように切り離してしまうことは、物神崇拝の概念そのものにおいて、「経済的」なものと「文化的」なものとのあの分離を再生産するものにほかなりません。もともと物神崇拝という概念は、そのような分離をこそ批判していたのです。

ですから、アイデンティティ化の暴力というのは、けっして概念上のものではないのです。アイデンティティ思考の科学的方法は、「させる」力の行使なのです。その力は、人間たちを効果的にアイデンティティ化することを通じて、彼らの上に行使されるのです[34]。ですから、資本主義的生産は、「これは私のものだ」というアイデンティティ化にもとづいています。法もアイデンティティにもとづくもので、裁判にかけられた人は、何らかのかたちで共同責任を負っていると考えうる他人たちすべてから切り離されて、おまえはおまえであるというふうにアイデンティティを付与されるのです。このようなアイデンティティ化は、非常に身体的なかたちで表現されます。手錠につながれることによって、被告犯罪人としてのアイデンティティがあたえられ、それによって、特定された個人としてあつかわれます。刑務所や独房に身体を拘束されます。ことによると、死刑が執行されます。死刑というのは、アイデンティティ化の最高の行為で、こう言い渡されるのです。「おまえは、いま現にこう『であり』、これまでずっとこう『であり』つづけてきた。そして、これからは何者『になる』こともない」と。「である」こと、アイデンティティ、そして「になる」ことの否認、それが死なのです。

アイデンティティ化、定義づけ、分類は、いずれも、精神的なプロセスであると同時に身体的なプロセスでもあります。強制収容所でユダヤ人としてアイデンティティ化され分類され、番号をつけられた者は、精神的な措置以上のものをほどこされる対象としてあります。アイデンティティ化、定義づけ、分類は、軍隊、病院、学校その他の制度において、身体的、空間的、時間的な組織化をおこなう際の基礎になっています。そして、これこそが、フーコーが規律、権力の微細物理学、細部の経済学などとして言及したものの核にあるのです（特に『性の歴史』［Foucault 1990］を参照）。官僚制権力も、これと同じアイデンティティ化と分類のプロセスにもとづいており、国家の作用全体がそこに基礎をおいているのです。国家は、国民にアイデンティティをあたえ、定義をあたえ、分類をほどこします。国家というものは、その国家に属する市民を確定し、同時に非市民を排除することなしには、考えることができないのです。この半年間で八五万六〇〇〇人のメキシコ人がアメリカ合衆国との国境で拘留されています。(35) これは大規模なかたちでのアイデンティティ化、定義づけ、分類なのです。

X

この章の議論を通じて、私たちは権力の理解に関しては前進することができましたが、憂鬱《ゆううつ》なディレンマは残されたままです。

いまや権力を取ることはできないということをはっきりさせなければなりません。その理由は簡単で、権力は特定の人間や機関が所有しているものではないからです。権力というのは、むしろ、社会関係の細片化の中にあるのです。それは、行為から行為の結果を切り離すというつねにくりかえされている作用を核としています。これは物的な細片化です。そこには、物を通じて現実におこなわれている社会関係の媒介、現実におこなわれている人と人の関係の物と物の関係への姿態転換が含まれています。私たちの実践的な交わりは細片化されており、それとともに、またその一部として、私たちの思考パターン、社会関係をどう考え、どう語るかが、やはり細片化の作用を受けます。思想と実践のいずれにおいても、あの行為の暖かな織物、私たちをつくりあげている愛と憎しみと願いを織り合わせた織物は、ばらばらにされて、それぞれが独立している無数のアイデンティティ、存在の無数の冷たい原子に分解されてしまうのです。「させる」力は、私たちの叫びをうつろにこだまさせ、ラディカルな変革を考えることさえむずかしくしていますが、その力は、この破砕に、このアイデンティティ化に根ざしているのです。

そうなると、国家というのは、見かけと違って、権力の場ではないということになるのです。国家は、社会関係をばらばらにするうえでの一要素にすぎないのです。国家は、というより諸国家は、私たちを「国民」と非「国民」とに分けて規定し、国民としてのアイデンティティを賦与《ふよ》しますが、それはアイデンティティ化のさまざまなプロセスのなかでも、もっとも直接的に残忍な様相を呈するものになっているのです。二〇世紀において、何百万の人間が、ある特定の国家の国民であると規定されたという理由だけで、殺されたことでしょうか。何百万の人間が、同じ理由で、殺人をおこなったことでしょうか。抑圧に抗する叫びが、民族解放運動のなかで民族のアイデンティティの主張にすりかえられてしまうことが、いったい何度あったことでしょうか。そうやってすりかえられた結果、もともと叫びが抵抗しようとしていた抑圧を、自分たちで再生産するのとあまり変わらないことがおこなわれてきたのです。国家というのは、その言葉自体が暗示しているように「国家を表わすstateという言葉には、「身分」「地位」という意味があります」、まさしく、変化に対する、行為の流れに対する防波堤であり、アイデンティティの化身なのです。(36)

権力とは社会関係の細片化のことであると理解したとなると、私たちは、権力の二項的な性格という考え方に対してフーコーがおこなった論難、そしてフーコーが権力の多様性という性格に固執していることに立ち帰っていくことになります。権力に対する二項性の見方と多様性の見方とを対立的に二分してとらえるのは誤りだということについて、ここで明らかにしておくべきでしょう。権力関係が多様に分かれていることは、行為と行為の結果との二項対立からはっきりと導き出せることなのです。しかし、この複雑さを、資本家階級とプロレタリアートとの単純な二項対立関係に還元してしまうことが、これまでしばしばおこなわれてきたわけですが、そういうことをするから、理論的にも政治的にも問題が生じてきてしまうのです。これと同じように、さまざまな権力関係の根底に横たわる統一を見過ごして、多様性にばかり焦点を絞ってしまうと、政治的展望が失われることになっていきます。フーコーが苦労の末に示したように、解放を考えることすらできなくなってしまうのです。それだけではなく、アイデンティティが多様であることに焦点を絞って、それらのさまざまなアイデンティティを生みだしているアイデンティティ化のプロセスを問わないならば、そうしたアイデンティティを再生産し、アイデンティティ化のプロセスに積極的に参加することになってしまうことは避けられないのです。ですから、ここでは、二項性と多数性との間に区別における統一、統一における区別を強調することがきわめて重要になってくるわけなのです。

私たちはディレンマに直面したままです。資本の力は全面的に貫徹されています。資本の力は、私たちがどう世界を知覚するか、その知覚のしかたに形をあたえます。そして、そのことを通じて、私たちの性的欲望《セクシュアリティ》、個人的主体としての構成、「私」と言う能力を形づくるのです。そこから逃れる途はないように見えます。「絶対的な物象化は……いまや私たちの精神を全面的に吸収しようとしているかのように見える」(『プリズム』Adorno 1967, p.34) とアドルノがいっているとおりです[37]。絶対的な物象化とは絶対的な死です。アイデンティティは可能性を否定し、ほかの生に向かって開かれていることを否定します。アイデンティティは、人間を殺します。比喩的な意味でも、またまったく言葉通りの意味でも、殺すのです。アイデンティティについての私たちの考察のすべては、アドルノから次のような恐ろしい警告を受けることになるのです。「アウシュヴィッツは純粋なアイデンティティの哲学が死であることを証した。」(『否定弁証法』Adorno 1990, p.362)

資本主義社会における権力について考えれば考えるほど、私たちの叫びはますます苦悩に満ちたものになります。そして、苦悩に満ちたものになればなるほど、その叫びは、ますます絶望的なものとなり、ますます自分ではどうすることもできないものになっていきます。「させる」力が、その「させる」力に服している人たちの核心を貫いているということこそ、革命理論が論じなければならない中心的な問題なのです。行為と行為の結果との分離が行為者自身の内奥にまで達していること、このことのゆえに、革命が死活問題になるほど切迫しているのであり、また同時に、その切迫した革命を考えることさえむずかしい状況になっているのです。「させる」力が存在の深奥まで貫き通されることによって、主体の活動が麻痺させられるならば、憤りと諦めが同時にかきたてられます。非人間化された社会でどうやって生きていくことができるのでしょうか。生きていけないとしたら、だけど、どうやったら、人間がそんなふうに非人間化される社会を変革することができるのでしょうか。これが、差し迫っているけれど、同時に実現不可能な革命のディレンマなのです。

このディレンマから逃れ出る途として三つの可能性があります。

第一の途は、希望を捨てることです。搾取のない社会、戦争のない社会、暴力のない社会、相互承認の上に立った解放された社会、そうした社会を創り出すことができるかもしれないなどと考えずに、世界を根底から変革することなどできないということを受け入れて、できるだけよい生活を送ること、どんな小さな変化でもいいからよりよい方向にできるだけ変えていくことだけに集中しようというアプローチをおこなうのです。疎外は、おそらく感じられるでしょうが、そういうものは永遠に存在するものなのだと受けとめるのです。(38) そこでは、革命と解放という概念は捨てられて、「微小政治《マイクロ＝ポリティクス》」という理念に置き換えられています。権力の多様性は、個別の問題や個別のアイデンティティにそれぞれ焦点をしぼった諸闘争の多様性を支えるものとして見られるようになっていきます。そのような多様な闘争は、権力関係を配置換えしていくことをめざしてはしているものの、権力関係を克服することをめざすものではありません。

幻滅ということは、普通、ポストモダンの思想と政治にもっともよく結びついているものとされますが、(39) それだけではなく、それよりもずっと大きな広がりをもっています。別の場合を考えてみれば、革命という概念は、たちもどって考えてみるべき参照ポイントとしての地位をまだまだ保っているかもしれません。しかし、左翼の言辞は、ますます鬱屈《うっくつ》したものとなり、一方でますます力をこめて資本主義の恐ろしい弊害を説きながら、他方、解決の可能性を熟考することからはどんどん遠ざかろうとしているのです。左翼知識人は、カッサンドラの境遇を引き継いでいるのです。来るべき運命を予言しながら、それを聞き入れてもらえる望みがほとんどないという境遇を——。

憂鬱なカッサンドラも、ポストモダニストも、どちらも、もちろん、たぶんまったく正しいのでしょう。あるいは、希望はないのかもしれません。あるいは、搾取と非人間化ではない基盤の上に新しい社会をつくることは不可能なのかもしれません。こんなことが起こっても不思議ではないのかもしれません。——人類がとうとう核爆発か何かで自己破滅にいたったとき、最後に残ったポストモダニストが、満面に笑みを浮かべながら、最後まで望みを捨てなかったマルクス主義者にこう言うかもしれないのです。「ほら、言ったとおりだろ。私のアプローチが科学的に正しかったことが、いま、あんたにもわかっただろ」と。それはもっともなことかもしれません。しかし、私たちにはあまり大きな助けになりません。私たちは叫びから出発しましたが、その叫びは、希望を捨てることをかたくなに拒み、資本主義がもたらす悲惨と非人間化を避けられないものとして受け入れるのを拒む、と言いつづけてきました。ですから、叫びというところから見るなら、希望を捨てるというこの選択を取ることはできないのです。

ありうる第二の選択肢は微妙な問題は忘れて、プロレタリアートと資本家階級との間の二項対立関係に問題を集中することです。そうすると、権力の問題は、レーニン主義者の言い回しのように、「だれが、だれを［支配するか］」という問題に単純化されるのです。

正統派マルクス主義の系譜においては、物神崇拝というカテゴリーは、ずっと、どちらかというと胡散臭《うさんくさ》いものであり、異端の印でした。物神崇拝のカテゴリーは、つねに、正統派マルクス主義を規定していた「科学性」に対する批判として現れてきました。そして、この「科学性」こそ、二〇世紀が三分の二すぎるまで、ずっと共産党が掲げつづけてきたものでしたし、いまだに、それが今日のマルクス主義をめぐる論議を支配しつづけているのです。特に、共産党の支配下においては、物神崇拝の問題を強調することは、つねに何か「反マルクス主義的マルクス主義」というようなものとして性格づけられてきましたし、そこには、政治的に排除される恐れ、あるいは端的に肉体的に排除される恐れがつきまとっていたのでした。ルカーチの著作『歴史と階級意識』は、一九二三年の刊行当時、共産党内部で深刻な政治問題を引き起こしました。ルカーチの場合、その著作のなかには、すでにあらかじめ、批判の一貫性と党への忠誠との間の緊張関係が含まれていたのですが、実際には、結局ルカーチは党を優先することになり、その著作を自己批判したのです。マルクスが重視した物神崇拝と形態の問題に立ち帰って、その試みのためにルカーチよりもっと深刻な体験をしたのが、I・I・ルービンとエフゲニー・パシュカーニスでした。二人とも、革命直後のロシアで仕事をした人たちです。ルービンは、一九二四年に初版が出た『マルクス価値論概説』で、マルクスの経済学批判にとって、商品物神崇拝と形態概念が中心的な位置を占めていると主張しました。形態問題をめぐるこの主張には、価値関係にこそ資本主義の性格が特によく現れているという点を強調する意味が含まれていました。そして、その結果、一九三〇年代の粛清期に、ルービンは姿を消してしまったのです。同じ運命に見舞われたのが、パシュカーニスでした。パシュカーニスは、

『法の一般理論とマルクス主義』という著作で、マルクスが古典派経済学に対しておこなった批判を法律と国家の批判にまで発展させなければならない、そして、法律と国家は、価値や資本などの経済学のカテゴリーと同じように、社会関係の物神化された形態として理解されなければならない、と論じたのです。ということは、法律と国家は、価値と同じように、社会関係の資本主義的形態である、ということになります。ソヴィエト国家が基盤を固める段階にいたったとき、このような議論は党機関から好感をもたれませんでした。

正統派マルクス主義は、概して、権力については、国家権力の奪取が革命的変革の概念にとって中心的な問題であるというような、より単純な図式を好むものです。この正統派マルクス主義の伝統とそれに関連したいくつかの問題については、後の章でもっとくわしく検討することにしたいと思います。

革命が差し迫って必要なのに、それが不可能であるというディレンマを解決するために、ありうるであろう第三のアプローチは、ハッピーエンドが訪れる見通しが絶対に確かだということはまったくないけれど、それにもかかわらず、資本主義の力そのものの本性に希望を見つけ出そうとすることです。遍在する権力は、遍在する抵抗を内包しています。遍在するイエスは、遍在するノーを内包しています。すでに見てきたように、「させる」力は、「する」力の否定、行為の社会的流れの拒否です。「する」力は、みずからの否定という形態で、すなわち「させる」力として存在します。行為の社会的流れは、みずからの否定という形態で、すなわち個人的な遂行《パフォーマンス》として存在します。行為は、労働という形態で、共同体は個人の寄り集まりという形態で、非アイデンティティはアイデンティティという形態で、人間関係は物の間の関係という形態で、生きた時間は時計の時間という形態で、仮定法は直説法という形態で、人間性は非人間性という形態で存在します。これら、人間的解放をさまざまに違ったかたちで表現したもの、人間の尊厳をおたがいに認め合うことの上に築かれる社会のイメージは、すべて、それを否定する形態でのみ存在しているのです。しかし、それらは存在しています。このように、否認された形態において存在するものがもっている力にこそ、私たちは希望を求めていかなければならないのです。そういう態度こそが、弁証法というものの中身なのです。弁証法というのは、「首尾一貫した非アイデンティティ感覚」、否認されているものがもつ爆発力に依拠する感覚にほかならないのです。

それでは、否認された形態でのみ存在するこれらすべてのカテゴリーは、どんな状態にあるのでしょうか。確かなのは、主流の社会科学は、それを認識していない、ということです。主流の社会科学には、否認された形態で存在するものが入り込む余地はまったくないのです。そんなものは、単なるキマイラ［ギリシア神話に出てくる頭はライオン、胴はヤギ、尾はヘビという怪物］じゃないのか？不満ばかりいうインテリの幻想なんじゃないか？　それとも、神話の黄金時代への回帰かい？　というわけです。でも、そのどれでもありません。それは、人間的な社会への希望として、それを求める願いとして、その社会の姿をあらかじめ描いてみる想像としてあるものなのです。しかし、そのような力をもつことを望むためには、私たちはこれらの希望、願い、想像を、それなしには、それらを否認することもありえず、したがって、その否認によって生まれた形態がそこに依拠せざるをえない、基底にある実体としてつかまなければならないのです。

第三のアプローチとは、このように非和解的対立関係のもとで拒絶された形態で存在するすべてのもの、それらがもつ力を理解し、そうすることによって、その力に合流しようとすることにほかならないのです。

5　物神崇拝と物神化

I

物神崇拝に焦点を合わせても、それだけですべての理論的・政治的問題が解決されるというわけではありません。前章で見たように、物神崇拝は、革命が差し迫って必要になっているが、同時に革命は不可能であるというディレンマのなかに私たちを置き去りにするのです。

物神崇拝というのは、私たちのもつ「する」力の否定に関する理論です。物神崇拝は、その否定のプロセスと否定されるものとを同時に関心の的にします。しかし、ほとんどの場合、物神崇拝をめぐる論議は、否定されているものが現にそこにあるということよりも、否定そのものに焦点を合わせてきました。私たちが直面している理論的袋小路から逃れ出る途を見つけるためには、物神崇拝という概念を切開して、その概念そのものの内に、その概念が否定しているものを見つけだす努力をしなければなりません。

否定することと否定されるものとの間の非和解的対立関係のどちらのモメントを重視するかは、物神崇拝のとらえかたの違いと関連しています。言葉を換えれば、物神崇拝にはふたつの異なったとらえかたがあって、そのひとつは「堅固《ハード》な物神崇拝」、もうひとつは「過程《プロセス》としての物神崇拝」と呼ぶことができるでしょう。前者の「堅固《ハード》な物神崇拝」理解は、物神崇拝を確定された事実として、また資本主義社会の変わらぬ、ますます強化されていく特徴としてとらえます。後者の「過程《プロセス》としての物神崇拝」理解は、物神崇拝を不断の闘争、いつも争点になっているものとしてとらえます。これらふたつのアプローチが理論的・政治的にもつ意味は、たがいに大きく異なっています。

Ⅱ

これらふたつのうちで、物神崇拝という概念を強調する論者たちの間で優勢なアプローチは、「堅固《ハード》な物神崇拝」理解です。そのようなアプローチでは、物神崇拝は、確定された事実と見なされます。資本主義社会においては、社会関係は現実には物と物との関係として存在します。主体と主体との間の関係は、現実には客体と客体との関係として存在します。人間は、その類的な特性においては、実践的で創造的な存在なのですが、資本主義のもとにおいては、客体として、非人間化され、主体性を奪われたものとして存在するのです。

ここでは、資本主義的社会関係の構成ないし生成は、歴史的に成立したものとして、つまり過去に起こった出来事としてとらえられています。暗黙のうちに、資本主義の起源と確立された資本制生産様式とが区別されているのです。つまり、資本主義の起源とは、資本主義的社会関係が（マルクスが原始的蓄積ないし本源的蓄積と呼んでいる）せめぎあいを通じて確立されたときのことをいっているのですし、資本主義的生産様式とは、そのような資本主義的社会関係が定着した状態のことをいっているわけです。この後のほうの定着した状態においては、物神崇拝が安定したかたちで確立されていると見なされているのです。このような見方からすれば、マルクスが形態の問題を強調したのは、単に資本主義的社会関係が歴史的なものであることを示そうとしたためにすぎないということになってしまいます。このような歴史的なものの内部、資本制生産様式の内部においては、物神化された社会関係は基本的に安定したものと見なすことができるというわけです。そうすると、たとえば、封建制から資本制への移行には、価値関係を課すること［すべてを使用価値とは違う共通の価値からとらえるようにさせること］をめぐる争いがともなうけれども、いったんその移行が成し遂げられてしまえば、価値は社会関係の安定した形態だと見なされるということになります。価値が争いの対象として見られるのは、移行期にかぎった話であって、移行期が過ぎてしまえば、価値は単に支配するもの、あるいは資本主義社会の再生産を規定する法則の一部と見なされるのです[1]。

　ほかのすべてのカテゴリーについても、これと同様です。社会関係の物象化が安定したものとしてとらえられるならば、そうした社会関係（および、それら相互の関係）のあらゆる存在形態もまた、安定したものとしてとらえられ、そうした存在形態の展開も、内に閉じこめられていた論理が外に開かれていくものとしてとらえられることになるでしょう。このようにして、貨幣、資本、国家などは、社会関係の物象化されてしまった諸形態としてとらえられはするものの、いま生きて働いている物象化の諸形態とは見なされないことになってしまうのです。これらのカテゴリーは、みずからの内に含まれている論理に従って展開していくという意味での、「閉じられた」カテゴリーとしてとらえられるのです。

ここで起こっているのは、私たちがアイデンティティをようやく取り除くことができたと思ったら、まさにそのときに、アイデンティティが裏口からそっと忍び入ってきたという事態なのです。物神崇拝について語ることがなぜ重要なのかといえば、そうすることによって、とうてい克服できないように見える、資本主義のもとでの硬直した社会関係を掘り崩すことができるからです。どのように掘り崩すのでしょうか。このような（貨幣、国家などなどの）硬直した関係が社会関係の歴史的に特有な形態にすぎず、社会的な行為の産物であって、社会的な行為によって変えることができるものだということを示すことによって掘り崩すのです。しかし、ただそれだけにとどまって、このような歴史的に特有な形態が、資本主義の黎明《れいめい》期に確立され、資本主義が克服されるまで存続するものだと見なされるならば、硬直性がふたたび導き入れられることになってしまいます。「資本制生産様式」は天空を覆うアーチ、自己完結した円環になってしまうのです。資本制生産様式が歴史的に過ぎ去りゆくものだということはわかっています。しかし、そのように限定された範囲内においては、私たちにとって関係はすっかり物象化されているわけです。そうすると、そうした物象化された関係は、物神化された諸現象が法則に規定されて相互作用をおこなうというかたちで展開するものであるかのようにとらえられてしまうのです。不安定性は、暗黙のうちに、資本主義の外縁へ、時間的・空間的・社会的境界領域へと追いやられてしまうことになります。その外縁、境界領域とは、原始的蓄積の時期、あるいは世界のなかで資本主義がいまだに確立されていない数少ない地域、または生産の社会的過程から取り残された人たちなどのことを指しているのです。資本主義の核になっているのはますます物象化されていく世界であり、境界領域から離れた中心にこそ、資本主義があるというわけです。

「堅固《ハード》な物神崇拝」アプローチには、物神崇拝の物神化が含まれています。物神崇拝そのものが硬直化された、また硬直化する概念になってしまうのです。社会的諸関係の物神化は資本主義が発生したときに起こったのだという考え方、すなわち価値・資本などといった社会関係がとる諸形態は、数百年前に堅固な基盤の上に確立されたものだという変え方の基礎には、構成［「にする」こと］と存在［「である」こと］との分離があることはまちがいありません。資本は数百年前に構成され、いま存在し、いつの日にか崩壊する、というわけです。成立から崩壊までの時間は持続する時間であり、アイデンティティの時間であり、均質化された時間です。物神崇拝をすでに出来上がった事実としてとらえる見方には、物神化された形態をアイデンティティ化する［変化のなかでも変わらないものを見つけだして立てる］とらえかたが含まれています。[2] それは、ちょうど、時間の均質化を批判する人が、物神崇拝をすでに出来上がった事実として前提にすることによって、みずからその均質化に落ち込んでしまっているのと同じことです。

物神崇拝をすでに出来上がった事実としてとらえる人たちにとって、ひとつの根本的な問題があります。それは、社会関係が物神化されているとするなら、それをどうやって批判することができるのか、という問題です。批判するわれわれというのは、いったい何者なのでしょうか。そのわれわれは、境界に追いやられたインテリであるがゆえに、境界領域に立って洞察力を働かせることができる特権をあたえられているということなのでしょうか。「堅固《ハード》な物神崇拝」理解には、われわれにはどこか特別なところがある、社会のほかの部分より優越した点をあたえられる何かがそなわっている、という意味がこめられています。〈彼らは疎外され、物神化と物象化に冒され、虚偽意識に悩まされている。けれど、われわれは総体性の見地から、あるいは真正の意識によって、優れた理解力をもって、世界を見ることができる。われわれの批判は、そうした特別の位置、あるいは経験、知的能力といったものに由来するのであって、そのために、彼ら（大衆）がどのように支配されているのかがよくわかるのだ〉――というわけです。このわれわれというのは、インテリのエリートであり、ある種の前衛である、ということが暗黙のうちに語られています。社会変革を可能にする唯一の途は、彼らに対してわれわれが指導権をにぎること、彼らをわれわれが啓蒙することを通じて切り開かれるというわけです。物神崇拝が資本主義の内部においては安定し固定されたものであるとするならば、どうやって物神化にとらわれた大衆を革命へ導いていくか、というレーニン主義の問題設定にもどるしかありません。ここで、「堅固《ハード》な物神崇拝」理解は、明白なディレンマに導かれていきます。人間が資本主義のもとでは客体として存在しているとするなら、どのようにして革命を心に描くことができるのでしょうか。批判はどのようにして可能になるのでしょうか。

Ⅲ

批判的・革命的主体の問題にもっとも決然として取り組んだのは、『歴史と階級意識』におけるルカーチでした。

ルカーチが、この主体の問題を解決するために、最初に基礎をおいたのは、ブルジョアジーとプロレタリアートとの間の階級の差異でした。ブルジョアジーもプロレタリアートも、ともに物象化された世界のなかに存在していますが、ブルジョアジーはそこから逃れるすべをもっていないのです。ブルジョアジーの階級的立場には、物象化された世界を乗り越えていくようにうながす要素はいっさい含まれていません。なぜなら、総体性の見地——それはそのまま歴史的な観点につながらざるをえません——を採ることは、ブルジョアジーにとっては、自殺を意味するのです。その立場は、自分たちの階級が過ぎ去りゆく本質をもったものであることを明らかにすることにつながるからです。

物象化との関連において、労働者階級の立場は、さしあたっては、ブルジョアジーの立場と異なるところはありません。

> プロレタリアートは資本主義的社会秩序の産物として立ち現れるからである。プロレタリアートの存在形態は……物象化によってもっとも鋭く、もっとも悲惨なかたちで浸食され、もっとも極端な非人間化に立ち至るものとなる。だから、プロレタリアートも、ブルジョアジーと同じように、生活のあらゆる局面において物象化されているのである。［ルカーチ『歴史と階級意識』Lukács 1971, p.149］

ブルジョアジーとプロレタリアートとの差異は、ブルジョアジーの階級利害が物象化にとらわれたままであるのに対して、プロレタリアートは、それを乗り越える方向に向けられていくというところにあります。

この同じ現実性が、階級利害という原動力を通じて、ブルジョアジーの場合には、この直接性［資本主義社会の社会的存在はブルジョアジーにとってもプロレタリアートにとっても直接的には同一だということ］にとらわれたままにさせるのに対して、プロレタリアートの場合には、この直接性を乗り越える方向に向けさせていく。……プロレタリアートにとって、みずからの存在がもともと弁証法的な性格をもっていることを認識するようになるかどうかが、死活の問題なのである。……［p.167］

労働力を商品として売るという経験をしてきたがために、プロレタリアートは、社会関係の物神化された外見を突破することができるようになるのです。

……資本主義的生産様式によって、労働者が客観的には生産過程の単なる客体に転化されてしまうことは確かである。……それは、労働者がみずからの人格総体に反するかたちで労働力を客体化し、それを商品として売ることを強いられるという事実によって実現されるのである。しかし、みずからを商品として客体化することを強いられることによって、その人間のなかで

主体性と客体性との分裂が引き起こされるために、そうした転化の状態が意識できるものとなるのだ。〔pp.167-8〕

あるいは、言葉を換えていえば、

……労働者が物象化され商品化される過程は――労働者がこれに対して意識的に反抗しないかぎり――、労働者を非人間化し、その「魂」を不具化し、頽廃させることになるが、しかし、その場合でも、労働者の人間性と魂までをも商品に変えてしまうことはできないのである。〔p.172〕

こうして、労働者は「みずからを商品として意識する」ようになり、それにともなって、「商品機構の物神的形態が崩壊しはじめる。すなわち、労働者が商品のなかで自己を認識し、資本と労働者自身との関係を認識するのである」（p.168）ということになります。

ルカーチの物神崇拝論は、ここで、物神崇拝が本来不完全なものであること、あるいはもっといえば自己矛盾しているものであることを指摘しているわけです。客体化のプロセスは、労働者の主体性と客体性との分裂、労働者の人間性と非人間化との分裂を生みだしているのです。労働者の経験は、物神化と脱物神化とを同時に含んでいるのです。ルカーチは、この点にこそ、労働者の自己解放としての革命の礎石をおいているように思われます。

しかし、ルカーチは、この発端における脱物神化では不充分だと主張しています。労働者が自分自身を商品として意識しても、問題が解決するわけではありません。

この点において、この物象化の全過程が、多くの労働者の群れを大工場に統合したり、労働過程を機械化したり標準化したり、労働者の生活水準を低下させたりすることから「不可避的に」生じてくる結果であるといった見かけが容易に成立するのである。だが、そうであるからこそ、このように一面的に描きだされたもののなかに隠されている真実を見極めることが決定的に重要なのである。……この労働力商品という商品が、みずからの存在を商品として意識することができるようになるという事実だけでは、問題解決には充分ではない。なぜならば、商品であることを無媒介的に意識しても、それは、商品がみずからを表明する単純な形態に対応しているだけで、まさしく、抽象的に個別に分離されているという自覚にすぎず、また、そうした商品を社会的につくりだす諸要因に対する——意識にとっては外的な——単なる抽象的な関係の自覚にすぎないからである。〔p.173〕

プロレタリアが物神崇拝を乗り越えていかなければならないのに、そうするのが不可能であるという問題を解くために、ルカーチは、経験的あるいは心理学的なプロレタリアート意識と、「帰属的な」プロレタリアート意識との区別を導入します。経験的あるいは心理学的なプロレタリアート意識は、個別のプロレタリアの意識ないしはある一定の瞬間に全体として存在しているプロレタリアートの意識に対応しています。この意識は、物象化されたものであって、プロレタリアートの階級的立場をほんとうに表現するものではありません。そのとき、「プロレタリアの事実の上での心理学的意識状態を、プロレタリアートの階級意識と取り違えている」のが日和見主義の意識の特徴なのです［p.74　傍点は原文のまま］。真の階級意識は、「階級を構成している個々人が考えたり感じたりしているものの総計でもなければ、平均でもない」［p.51］のです。階級意識というものは、むしろ、階級に「帰属」させることができるような「適切で合理的な反応」から成り立っているものなのです。

> 意識を社会全体と関連づけることによって、特定の状況と、その状況から生みだされてくる利害との両方を、直接的な行動と社会の全体的構造との両方にあたえる影響において評価することができるならば、人間がその特定の状況においてもつだろうと思われる思想や感情を推し量ることができるようになる。言い換えれば、その人間がおかれている客観的状況に適合するような思想や感情を推し量ることもできるようになるだろう。［p.51］

このようにして示された脱物象化の階級意識という観念あるいは総体性の観点という観念は、私たちがもともと立てていた問題、すなわち批判的・革命的主体とはだれのことかという問題に立ちもどらせるものであることは明らかです。プロレタリアートの心理学的意識とは区別される、この「帰属的な」プロレタリアート意識をもっているのはいったい何者なのでしょうか。ルカーチは、この問題を解くにあたって、まるで手品のような技を使います。機械仕掛けの神《デウス・エキス・マキーナ》［古代演劇に出てくる急場に突然現れて問題を解決する神］をもってくるのです。「プロレタリアートの正しい階級意識」をもつものとは、その組織形態としての共産党なのです［p.75］。別のところでは、こういっています。「プロレタリアートの階級意識がとるこのような形態が党なのである。……党は、プロレタリアートの階級意識の担い手にして、その歴史的使命意識の担い手であるという崇高な役割をあたえられているのである。」（p.41 傍点は原文のまま）

党は、まるで手品師の帽子から出てくるように、登場します。この『歴史と階級意識』という論文集全体を特徴づけている緊密で厳格な議論の運びとはまったく異なっていて、どのようにして党が物象化を乗り越えて、総体性の観点を体現できるのかという点については、何の説明もないのです。ブルジョアジーとプロレタリアートの意識については、長く立ち入った議論がされているのに、それとは対照的に、「階級意識の担い手」としての党の「崇高な役割」については、ただそう断言されているだけなのです。これではまるで、ルカーチの推論が、彼自身がブルジョア的合理性の限界と見なした「暗黒と空虚」の空間に、まさしくぶちあたってしまったかのようです。

党が手品師の帽子から出てきたとするならば、それは初めから帽子の中に入っていたはずです。党という解答は、すでに理論上の問題が設定されたときに、その設定のしかたのなかに潜在的に含まれていたのです。最初から、弁証法に関する、物象化の克服に関する、そして階級意識と革命に関する設問全体が、総体性のカテゴリーとの関連において提起されていました。「……社会的過程としての現実が理解しうるものになるのは、総体性の弁証法的概念においてのみである。この概念のみが、資本制生産様式が不可避的につくりだした物象的な形態を溶解することができるのである。……」（p.13）しかし、総体性を強調すれば、そこからただちに、全知なる者の問題が提起されてくることになります。総体性を認識することができる者というのは、いったい何者なのでしょうか。物象化された世界において、それがプロレタリアート自身ではありえないことは、はっきりしています。ですから、それはプロレタリアート自身に代わって総体性を認識する認識者であるということになります。総体性のカテゴリーには、党というものの問題性が（かならずしも解答というかたちではないにしても）すでにあらかじめ含まれていたのです。理論的構成全体において、すでに、なんらかの英雄像、なんらかの機械仕掛けの神《デウス・エキス・マキーナ》を導入することによってしか、その問題の解決ができないようなかたちで、問題設定がおこなわれていたのです。物神崇拝と闘おうとする試みは、物神崇拝のとらえかたそのものが原因となって、新しい物神崇拝の創造（あるいは強化）に導かれるようになっていたのです。英雄（党）という観念は、物象化された社会関係を超越して立っているかのようでありながら、しかし、そうした社会関係の一部であることから逃れることができないのです。

ルカーチの論文は、ラディカルな性格をもったものですが、それにもかかわらず、すでに事前に構成されている理論的・政治的コンテクストから議論を展開しているのです。ルカーチのアプローチは、エンゲルス＝レーニン主義の系譜(3)の生硬な「科学的マルクス主義」からはまったく縁遠いものですが、そのアプローチが展開される理論的・政治的世界は科学的マルクス主義の世界と同じものなのです。そうした系譜においては、科学的マルクス主義（あるいは史的唯物論）こそが実在「外界に存在しているすべての対象」に関する認識を提供するのだという主張は、政治的には、「認識者としての党」という観念とあいまって成長してきたものです。ルカーチが生涯をかけてやってきたように、党のなかで政治的に活動するということは、反射的に、実在認識としてのマルクス主義という観念をもたらすのです。政治的コンテクストと「実在の自己認識」としての理論という観念とは、おたがいに強め合う関係にあるのです（党の正統性は、党がみずから宣言している「実在認識」に依拠しているのに対し、一方で、実在認識としての理論という観念は、「認識者としての党」というものがなければならないということを示している、という関係にあります）。このようなコンテクストの内に、ルカーチはみずからの議論の場を定めたのです。奇妙なことに、ルカーチは「総体性」をあれほどラディカルに強調しているのにもかかわらず、議論全体をある種の媒介変数《パラメータ》の内に、党・プロレタリアート・経済状態・マルクス主義・権力奪取といった、その根拠を問われることのない特定のカテゴリーの枠組の内に据えているのです。こうして、ルカーチは、すべての物事は過程として理解されなければならないと主張し、「歴史の本性は、まさしく、すべての定義は幻影へと退化するというところにある」（p.186）と主張しているのにもかかわらず、定義づけの問題から出発します。『歴史と階級意識』の第一論文の表題は「正統的マルクス主義とは何か」なのです。この論文でルカーチは確かにエンゲルス的弁証法概念に対する批判（したがって、エンゲルス的系譜の弁証法概念に対する批判という意味をも含んでいます）から始めていますが、にもかかわらず、エンゲルスの実在的問題構成、マルクス主義理論は実在に関する認識をあたえてくれるものであるという考え方の内にとどまっているのです。それにともなって、正しさと誤りとの区別という考え方が入ってきて、それとともに、正しさを護る者としての党という考え方が出てくるわけです。

この問題に対する解答はおろか、問題設定さえもが、現在の私たちにとっては、無縁のものとなっています。かつて「党」という観点から革命的変革を考えることが意味をもっていることがあったのかなかったのかは別にして、そのような観点から問題を提起すること自体がもはや問題になりえなくなっているのです。現在では、党がプロレタリアの階級意識の担い手であるなどということは、まったく何の意味ももたなくなっています。何の党？　もはや、そうした「党」をつくる社会的基盤すら存在しなくなっているのです。

しかし、ルカーチがやったことがこれほど魅力的なのは、そこに緊張が張りつめているからです。ルカーチが物象化に問題の焦点を合わせたことによって、まさしく、最初から私たちは緊張のみなぎった場に逃れがたく導かれていくのです。というのは、物象化について語るならば、そこには、暗黙のうちに、物象化とそれに対する反対命題《アンチテーゼ》（脱物象化あるいは反物象化）との共存という問題、それらふたつの間の非和解的対立と緊張関係という問題が提起されているからです。この緊張は、しばしば、「総体性への渇望」というかたちで、総体性のカテゴリーそのもののなかに忍び入ってきます。総体性の観点を絶対的に要求するという立場を修正するかのように、ルカーチは、こう書いています。

総体性のカテゴリーは、全面的に多種多様な、さまざまな対象がこのカテゴリーによって解明されうるようになるずっと以前から、働きはじめていたのである。内容においても意識においても個々の客体にのみ閉じこもっているように見える行動であっても、その内部には総体性への渇望が確実に保たれているのである。つまり、行動は、客観的に見て、いつでも総体性へと姿を変える方向を志向しているのである。[p.175]

また、こうもいっています。

……総体性との関係が明確になっていることはかならずしも必要ではないし、総体性が充溢《じゅういつ》して、それが行動の動機と行動の対象へと意識的にまとめあげられていくことが必要だとも、かならずしもいえない。決定的に重要なのは、総体性への渇望があるべきだということであり、行動が、行動過程の総体性のなかにおいて、すでにのべたような目標に役立つものになるべきだ、という点にある。[p.198]

「総体性への渇望」という観念は、その内に潜在的に、「全知の党」という問題を消し去ってしまうものを含んでいます。つまり、総体性を渇望するためには真正の意識の担い手にならなければならないわけではおそらくないのです。(4) しかしながら、議論は、そのような方向には発展させられていません。

「総体性への渇望」という考え方を導入し、プロレタリアートの意識の物象化が本来矛盾した性格をもっていることを強調することによって、それまでとはかなり異なった政治が、そのなかではプロレタリアートが自己解放において、それまでよりもっと積極的な役割を果たすような政治が、示唆されることになるのです。ルカーチが、党の枠組のなかにとどまりつづけていたにもかかわらず、もっとラディカルな、自己解放をめざす政治という概念に向かって、懸命の努力を傾けていたことは確かです。だからこそ、ルカーチは、エンゲルスが掲げた「必然性の王国から自由の王国への跳躍」という革命観を非弁証法的だとして批判したのです。

もし「自由の王国」を、それを生みだす過程から截然《せつぜん》と分離してしまうなら、そして、それによって、すべての弁証法的な移行を排除してしまうなら、そうすることで、終局目標とそこへ向かう運動とを分離することをめぐってすでに分析したときに論じたのと同じようなユートピア的な見解に転落することになってしまうのではないだろうか。[p.313]

ルカーチが党を組織形態として擁護したのは、党には全人格を賭けるという積極的態度が含まれているという理由によるものでした。

……こうした類型と訣別《けつべつ》した人間関係、人間の総体的人格からの抽象や抽象的な視点のもとへの包摂と訣別した人間関係は、すべて、人間の意識の物象化に終止符を打つ方向へ歩を進めるものである。そのような歩みは、しかしながら、全人格を賭けるという積極的態度を前提としている。[p.319]

このような態度を抜きにするならば、党の「規律は、権利と義務の物象化された抽象的な体系に堕していき、また、党はブルジョア的な政党によく見られるような状態に陥ってしまうであろう。」(p.320) こういうふうに見てくれば、この著作が一九二四年のコミンテルン第五回大会でソヴィエト当局により非難の対象になったのも、さほど驚くべきことではないでしょう。そしてまた、ルカーチが、党の規律を守る観点から、自分自身の論を自己批判したのも、それほど不思議ではありません。

ルカーチの物象化論は、物象化を単なる理論的な問題としてではなく、政治的な問題としてあつかったこと、支配をどうとらえるかという問題としてだけではなく、革命をどう考えるかという問題としてあつかったことにおいて、大きな価値をもつものでした。ルカーチは、「革命の必要性は差し迫っているが、同時に革命は不可能である」という革命のディレンマに対して、理論的・政治的解答をあたえようと試みながら、それに成功しませんでした。しかし、少なくとも、その問題に焦点を当てることだけはしたのです。ルカーチ以後、歴史的な崩壊がありました。党のなかに批判的マルクス主義が発展する余地はないことがはっきりしてきました。その結果として、マルクス主義は、全体として革命の問題からますます遠ざかり、すべてにしみわたっていく性格をもっている資本主義的支配を単に批判することだけに関わっていくようになっていったのです。

フランクフルト学派に関係している理論家の著述は、プロレタリアートの経験的な意識あるいは心理学的な意識状態から批判的に距離をおく点で共通しています。そうした意識にこそ、物神崇拝の概念が含みこまれているのです。ホルクハイマーは、次のようにのべています。

……この社会においてプロレタリアートがおかれている状況は、正しい認識を保証するものではない。プロレタリアートは、実際に、みずからの生活のなかで、悲惨さと不正義がなくならず、いや増していくだけだというかたちで、無意味さを経験しているかもしれない。しかし、こうしたことに気づいたとしても、それが社会的な力になることは阻まれている。それを阻んでいるのは、依然として上からプロレタリアートに押しつけられている社会構造の分化であり、また個人の利害と階級の利害――階級の利害が優先されるのはきわめて特殊な場合でしかない――との対立なのである。プロレタリアートにとっても、外面的にとらえられた世界は、現実の世界とはまったく異なったもののように見えるのである。〔ホルクハイマー「伝統的理論と批判的理論」Horkheimer 1972, pp.213-14〕

しかし、党は、もはや意義ある存在ではなくなったし、ルカーチが論じたような役割を果たすことはもうできません。その結果、「後期資本主義の状況のもとにおいて、そして、労働者が権威主義的国家の抑圧装置の前に無力化された状況のもとにおいては、真実は卓越した人間の小グループの内に避難しようとするのである。」〔Horkheimer 1972, p.237〕というような事態、あるいは、アドルノがのべているように、「特権に対する批判それ自体が特権になる」〔『否定弁証法』Adorno 1990, p.41〕というような事態になるのです。特権と責任について、アドルノは、こうのべています。

もし、ある種の個人が、その精神構造において現行の規範に不完全にしか適合しえない状態を保ちうるという過分の幸運を授かったとしたなら——その幸運の苦い代償を、周囲との関係において、しばしばいやというほど味わわなければならないのだけど——、こうした人たちは、いわば、そういうことはわからないといっているほとんどの人たちが言明することができないでいることを、彼らに代わって自分が代弁する努力をおこなうべきだという道徳をみずからに課して、そういった人たちには見ることが許されていない現実に対して正義をおこなう義務を負っているのである。［『否定弁証法』Adorno 1990, p.41］

マルクーゼの著述では、物神崇拝の勝利は、そのもっとも有名な著作『一次元的人間』のタイトルそのものによくとらえられています。現状肯定思考と道具的理性が社会にあまりにも完全に浸透してしまっているので、社会が一次元になってしまっているというのです。意味をもちうる抵抗が生じうるのは、境界領域、「追放された者とアウトサイダー、異民族、異種族の被搾取者と被迫害者、失業者と雇用不適格者からなる下層」（『一次元的人間』Marcuse 1968, p.200）からのみだというわけです。それは、こうした「下層」が革命的意識をもっているからではなくて、「意識がない場合でも、その反抗が革命的であり、その反抗が体制の外からおこなわれるものであるがゆえに、体制によって屈折させられることがない」（p.200）からなのです。境界領域に押し込められた人間たちの無意識の政治行為は、アカデミーの境界領域にいる批判的理論家たちの意識的な理論行為と、ある意味で照応するというふうに理解されているわけです。

これらの論者の間にはいろいろな違いがありますが、私たちがおこなっている議論との関係で重要なのは、物神崇拝を確立された事実とする（現代資本主義においては物神崇拝が全面的に浸透する性格をもっていると強調する）とらえかたからは、反物神崇拝の唯一可能な源泉は日常性の外部にあるという結論が導かれるという点です。その日常性の外部にある源泉が、党（ルカーチ）であるか、特権的知識人（ホルクハイマー、アドルノ）であるか、「追放された者とアウトサイダーからなる下層」（マルクーゼ）であるかという違いがあるだけです。物神崇拝は反物神崇拝をともなっていますが、そのふたつは切り離されているのです。物神崇拝が、正常な日常生活を支配しているのに対して、反物神崇拝は別の場所に、境界領域に位置を占めているのです。ルカーチの党信仰を少なくとも現在では歴史的に時代遅れのものとして退けるならば、その結果は、物神崇拝の力を（あるいは資本主義の力の奥深さを）強調して、深い悲観主義《ペシミズム》へと導かれたり、革命が差し迫って必要なのに不可能であるという感覚をただ強めたりするだけに終わりかねないのです。この悲観主義《ペシミズム》を打破するためには、物神崇拝と反物神崇拝とを切り離さないような概念構成が必要とされます。今日において物神崇拝の概念を発展させるには、少なくともこの点において、従来の物神崇拝論者を超える試みがなされることがどうしても必要になっているわけです。

Ⅳ

「過程《プロセス》としての物神崇拝」と呼んだ第二のアプローチは、私たちの資本主義批判には何の特別のものもない、私たちの叫び、私たちの批判はまったく普通のものだ、知識人として私たちができることは、何よりも、声なき人たちに声をもたらすことだ、と主張します。(5) でも、そこが出発点になるとするなら、物神崇拝を「堅固《ハード》な物神崇拝」として理解することはできなくなるはずです。もし物神崇拝が確立された事実であるとするなら、もし資本主義が主体の全面的な客体化を特徴とするものであるとするなら、私たち普通の人間が物神崇拝を批判するということなど、そもそもできなくなってしまいます。

私たちが物神崇拝を批判しているという事実そのものが、物神崇拝がもっている矛盾した本性を（そしてまた、私たち自身がもっている矛盾した本性を）示しています。そして、それは（物神崇拝に対して批判が向けられているという意味で）反物神崇拝が現在において実在する証拠になっているのです。エルンスト・ブロッホは、この点について、こうのべています。

……疎外というものを見ることができ、それが人々から自由を剥奪し、世界から魂を奪ってしまうものだと非難することができるのは、疎外の対極にあるものがある程度まで存在しているから、つまり、疎外に対抗して、自分自身に帰ること、自分自身のもとにあることがある程度まで可能であり、それによって疎外の度合いが測れるからにほかならない。［『チュービンゲン哲学入門』Bloch 1964 (2), p.113］(6)

言い換えれば、疎外ないし物神崇拝の概念には、それと反対のものが含まれているということです。その反対のものとは、私たちの心の奥底にある本質的に疎外されていない「故郷」のようなものとしてではなくて、私たちが日常の活動のなかでくりひろげている疎外に対する抵抗、拒否、拒絶としてあるものなのです。非疎外（もっとよい場合には反疎外）あるいは非物神崇拝（もっとよい場合には反物神崇拝）という概念が基礎にあって、はじめて、私たちは疎外あるいは物神崇拝について考えることができるのです。物神崇拝と反物神崇拝が共存しているとすれば、それは非和解的対立関係をはらんだ過程でしかありえません。物神崇拝は、物神化の過程、すなわち主体と客体とが、行為と行為が生みだすものとが分離される過程であるとともに、その過程を通じて、つねに、その分離過程に対抗する反物神化の運動、すなわち主体と客体とを再統合し行為と行為が生みだすものとを再構成しようとする反物神化の闘争が、対立関係を保ちながら展開していく、そうしたひとつの過程なのです。

私たちがあげる叫びは、前衛の叫びではなくて、資本主義社会で生きていくことと切り離せないかたちで結びついている対立関係から発せられる叫びであり、普遍的な（あるいはほとんど普遍的といっていい）叫びであるというところに、私たちの出発点があるとするならば、「堅固《ハード》な物神崇拝」は溶解して、物神崇拝とは「過程《プロセス》としての物神崇拝」にほかならないことが明らかになっていきます。それとともに、すべてのカテゴリーの硬直性が取り除かれ、（商品、価値、貨幣、国家などのような）物あるいは確立された事実であるかのように見えていた現象もやはり過程にほかならなかったことが明らかになっていくのです。それによって、形態という考え方が生きかえってきます。さまざまなカテゴリーが開かれ、(7)その中身が争いに満たされていることが明らかにされます。

いったん物神崇拝が物神化として理解されるならば、社会関係の資本主義的形態の生成は純粋に歴史的な関心の対象ではなくなります。価値形態、貨幣形態、資本形態、国家形態などの諸形態は、資本主義の起源においていったん確立されてそのまま存続してきたというようなものではないのです。そうではなくて、それらの諸形態は、つねに争点になっていて、つねに社会関係の形態として問題にされているのであって、つねに争いを通じて確立されたり、再確立されたり、されなかったりしてきたものなのです。社会関係のさまざまな形態は、社会関係を「形態にする」過程でもあるのです。小さな子供が、お金を払わなければならないことがはっきりわからないままに、お店からお菓子をもっていってしまうとき、労働者が、市場の意思によって働く場所が閉鎖されたり、職が奪われたりするのを拒もうとするとき、サンパウロの商店主たちが、財産を守るためにストリートチルドレンの殺害を進めようとするとき、私たちが自分の自転車や車や家に鍵をかけるとき——そんなときにはいつでも、おたがいの関係がとる形態としての価値が問題とされ、いつでも争いの対象となり、いつでも途絶えては、ふたたびつくりあげられ、そしてまた途絶えるというプロセスのなかにおかれるのです(8)。私たちは「眠れる森の美女」ではないのです。疎外のなかに人間性を凍結され、党という王子様がやってきてキスしてくれるのを待っているのではないのです。そうではなくて、私たちは、みずからを魔女の呪いから解き放つためにつねに闘っているのです。

ですから、私たちの存在は、社会関係の物神化された形態のなかに閉じ込められてしまっているような単純な存在ではないのです。私たちは、単に資本主義の生贄《いけにえ》として客体化されて存在しているわけではありません。また、私たちは資本主義の諸形態の外に存在しているわけでもありません。資本主義から自由な存在空間があるわけではありませんし、物神化されていない生活を送れる特権的な領域があるわけではありません。私たちは、つねに、他者との関係を形づくり、またそれによって形づくられながら生きていくしかないからです。というより、もともと、私たちの論議の出発点であったもの——叫び——が、すでに指し示していたではありませんか。私たちは、資本に立ち向かいながら、同時にその内部にある存在なのです。私たちが資本に立ち向かって存在しているというのは、私たちの意識的選択の問題ではありません。そうではなくて、抑圧と疎外をもたらしてくる社会に生きている私たちが取らざるをえない生の表現なのです。ガンは、この点を巧みなことばでこう表現しています。「不自由は、抑圧された者の（自己矛盾的な）反抗としてのみ存続する」（Gunn 1992, p.29）と。資本に対抗する存在（対‐資本‐存在）としての私たちは、資本の内部にある存在（資本‐内‐存在）としての私たちをつねに否定しつづけなければならないのです。逆にいえば、資本の内部にある存在としての私たちは（あるいは、もっとはっきりいえば、資本の内部に包摂されている私たちは）、資本に対抗し反抗している私たちをつねに否定していることになるのです。私たちが資本に包摂されていく過程は、私たちの社会関係を絶えず物神化し「形態にする」過程であり、絶えざる争いを含んだものにほかならないのです。

こうした見かけの上では固定されて見える現象を私たちは、しばしば当たり前のこととして受け取ってきました（貨幣、国家、権力……そういうものは、いまそこにあり、これまでもずっとあり、これからもずっとあるだろう。それが人間の本性っていうものなんじゃないか）。しかし、その当たり前のことが、実は激しい血まみれの戦場であることがいま明らかになってきたのです。無害に見える汚れのしみを選んで、それを顕微鏡で見てみたら、その汚れのしみの「無害さ」の外観のもとに、何百万という微細な有機体が生きては死ぬ生存競争をずっとくりかえしている微細世界の全貌が隠されていたことがわかってきた、というのと、それは似ています。しかし、貨幣の場合、そこに隠されている闘いが見えないのは、物理的な大きさのせいではありません。貨幣を見るときに私たちが使う概念がそうさせているのです。私たちが手にする紙幣は無害なものに見えますが、それをもっとよく見てみれば、そこに生存のために闘っている人たちの世界の全貌が見えてくるのです。そこには、お金を追い求めて一生を費やす人たちもいますし、明日の暮らしのために生存の手段としてお金をえようと懸命に努力している人たちも(たくさん)います。また、お金という手段を使わないで求めているものをえようとしたり、市場や貨幣形態を通さない生産形態をつくりだしたりして、お金を使うことを避けようとしている人たちもいます。お金のために人殺しをする人もいますし、お金がないために死んでいく人たちも毎日たくさん見られます。このような血まみれの戦場では、「する」力が貨幣の形態で存在しているわけですが、そのような戦場は、語られることのない悲惨、病、死をもたらし、いつも問題となり、闘いの対象となり、しばしば暴力をともなって押しつけられてくるものとして存在しているのです。貨幣というものは、貨幣化と反貨幣化との間の激しい闘いとして存在しているのです。

こうした観点から見ると、貨幣は貨幣化に、価値は価値化に、商品は商品化に、資本は資本化に、権力は権力化に、国家は国家化になる(いずれもかなり不格好な新造語ですが)という関係になっているのです。それぞれの過程が、その反対を含んでいます。社会関係の貨幣化は、その過程が、同時に、その反対の方向への絶えざる運動、貨幣を基礎にしない社会関係の創造を含んでいることを見ないならば、あまり意味がありません。たとえば、新自由主義《ネオリベラリズム》は、社会関係の貨幣化を拡大し強化する推進力になっていると見ることができますが、それは同時に、戦後期における貨幣化過程の緩和と、一九六〇年代から七〇年代におけるその危機に対する反動と見ることもできるのです。こうした社会関係の諸形態（商品形態、価値形態、貨幣形態、資本形態など）は、おたがいに結びついていま す。もちろん、そのすべてが主体と客体との資本主義的分離にもとづいているのですが、静的な、完成された、「眠れる森の美女」的な形態としてではなく、生きた争いにつらぬかれた形態として、それらはおたがいに結びついているのです。言い換えれば、社会関係の諸形態の存在［「である」こと］は、その形態の構成［「にする」こと］と切り離すことができないのです。それらにとって、存在が構成であり、それがそれとして存在しているということは、それを覆そうとしている力との間で絶えず新たな闘いがおこなわれているということなのです。

V

たとえば、国家を例に取ってみましょう。形態というものを形態過程《フォームプロセス》［過程としての形態］、形態化の過程としてとらえたとき、社会関係の形態としての国家について批判的解剖をおこなうことはどのような意味をもってくるのでしょうか。

国家というのは、「である」ことの固定された領域の一部です。国家は、見たところ人間の営みを秩序づけるうえで欠くことのできない制度のように思えますし、国家を研究するための専門分野である政治学から見れば、国家が存在することはまったく自明のことと思われている、そんな現象なのです。マルクス主義の系譜からする国家批判は、多くの場合、国家がもつ資本主義的性格に焦点を当ててきました。つまり、国家は、外見とは裏腹に、資本家階級の利益のために働いているのだということを示してきたのです。ここから容易に引き出されてくるのは、なんらかの方法で国家を獲得することが必要であって、そうすれば、国家を労働者階級の利益のために機能させることができるという考え方です。

物神崇拝が中心的な位置にあると考え、国家を社会関係の物神化の相として理解するという観点から出発するならば、事はおのずからちがった様相を見せてくることになります。国家批判が意味するところは、まずもって、国家が自律性をもっているかのような外見をひきはがすこと、国家をそのもの自体としてではなく、社会関係として、社会関係の形態としてとらえることにあります。物理学において、外見とはちがって、絶対的な分離は存在しないこと、エネルギーは質量に、質量はエネルギーに変換されうることが受け入れられなければならなかったのとちょうど同じように、社会においても、絶対的な分離は存在しないこと、固定的で不変なカテゴリーというものはないということが受け入れられなければなりません。科学的に考えるということは、思考のカテゴリーを流動的なものにすることであり、社会の諸現象をまさしくそのようなものとして、つまり社会関係の諸形態として理解することなのです。社会関係、人と人との間の関係は、流動的で、予測がつかず、変わりやすく、激しく変転することの多いものですが、そうした社会関係がある形態に固定され、その形態がみずからの自律性、みずからの原動力を獲得して、社会の安定のために決定的に重要な役割を果たす形態になることがあるのです。さまざまな学問分野が、(国家、貨幣、家族などの)

こうした形態を、あらかじめあたえられたものとして取り上げて、外見上の固定化に貢献し、そうすることによって資本主義社会を安定させることに貢献しています。科学的に考えるということは、こうした学問を批判し、事象をあらかじめあたえられたものではなく流動的なものとして、形態としてとらえることなのです。自由にふるまうということは、こうした形態を壊すことなのです。

そうすると、国家というのは、社会関係が固定化された形態、あるいは物神化された形態であるということになります。それは、人と人との間の関係としてあらわれることのなくなった人と人との間の関係であり、社会的諸関係の外になんらかの形態としてあるような社会関係なのです。

しかし、社会関係は、なぜこのようなかたちで固定化されるのでしょうか。また、そのことが国家の発展を理解するうえでどのような助けになるのでしょうか。これは、いわゆる「国家導出論争」が提起した問題でした。この論争は、いささか特殊な論争ではありましたが、一九七〇年代に西ドイツから始まって各国に広がったもので、とても重要な議論を含んでいました（Holloway and Picciotto 1978a；Clarke 1991 参照）。この論争が特殊だというのは、非常に抽象的な言葉を使っておこなわれたからであり、また、議論に含まれている政治的・理論的意味を明らかにすることなしにおこなわれる場合が多かったからです。使われた言葉が曖昧だったこと、論争参加者が論争のはらんでいた意味を展開することがなかった（あるいは意識すらしていなかった）ことから、この論争は外からは誤解されたままに終わってしまいましたし、そのアプローチは、しばしば、国家の「経済」理論あるいは「資本の論理」アプローチとして退けられてきました。つまり、このアプローチは、政治的な展開を資本の論理という機能主義的な表現でとらえようとしているというのです。このような批判がなんらかのかたちで寄与するところがありえたことは確かですが、この論争が全体としてもっていた重要性は、むしろ、経済決定論と機能主義から脱却していく基礎をつくろうとしたことにあったのです。この経済決定論と機能主義こそが、国家と資本主義社会との関係についての議論に多くの弊害をもたらし、国家を資本主義社会の社会関係総体の一要素、あるいはもっというならば、ひとつのモメントとしてとらえて議論することを妨げてきたものなのです。

この論争が社会関係の独特な形態としての国家に焦点を合わせたことによって、たとえば下部構造・上部構造モデル（あるいは構造主義によるその変種）のような範型に含まれていた経済決定論から訣別《けつべつ》する決定的な一歩が踏み出されていたのです。下部構造・上部構造モデルにおいては、国家がおこなうこと、すなわち国家の機能は経済的な土台によって決定される（もちろん最終的にはということですが）とされます。国家の機能に焦点を絞ってしまえば、国家の存在を当然のこととして前提にすることになります。ですから、下部構造・上部構造モデルには、国家という形態について問いを発し、そもそもなぜ社会関係が国家という外見上自律的な形態に固定化される必要があるのかを問う余地がないのです。国家という形態について問いを発するということは、国家がもつ特定の歴史的な性格を問題にすることです。国家が社会から分離されたものとして存在し、それと同時に、「経済的なもの」がむきだしの強制による階級関係とは区別されたかたちで存在するのは、資本主義社会に特有なことです（Gerstenberger 1990 参照）。だとすると、問題は、経済がどのようにして政治的上部構造を決定するか、ということにあるのではありません。そうではなくて、問題は、社会関係が国家という形態に固定化（あるいは特殊化）されるようになった根拠は、資本主義の社会関係のいかなる特性に求められるべきかという点にこそあるのです。この問題設定から派生してくるのは、経済的なものと政治的なものとを同一の社会関係の異なるモメントとして構成するもとをつくったのは何なのか、という問題です。答えは、資本主義の基礎にある社会的な敵対関係には（ほかの階級社会とくらべて）何か独特なところがある、ということに求められるのはまちがいありません。資本主義のもとでは、（階級相互の関係のような）社会的敵対関係は、搾取にもとづくものですが、その搾取の形態は、公然たるかたちを採るのではなくて、市場で労働力を商品として「自由に」売り買いするというかたちを採るのです。階級関係のこのような形態は、労働の「自由」に基礎をおいた搾取の直接的なプロセスと、強制力の行使を必然的に含んだ搾取社会の秩序維持プロセスとを切り離すことを前提にしているのです（Hirsch 1978 参照）。

国家を社会関係の形態として見ることが、国家の発展は社会関係総体の発展のモメントとしてのみとらえられるものだということを意味しているのは明らかです。国家の発展は、非和解的な対立関係と危機を深く宿した資本主義社会の発展の一部なのです。資本主義的社会関係の形態として、国家の存在は、そのような社会関係の再生産に依存しています。ですから、そのような国家は、単に資本主義社会のなかにある［中性的な］国家にすぎないのではなくて、まさしく資本主義国家なのです。なぜなら、この国家が持続的に存在しつづけるためには、総体としての資本主義的社会関係の再生産をうながしつづけることが必要不可欠だからです。しかし、そういうものである資本主義国家が社会関係の独特の固定化された形態として存在するということは、国家と資本主義の再生産との間の関係が入り組んだものであることを意味しています。その関係を機能主義的に考えることはできません。つまり、国家がおこなうすべてのことが資本の利益にそのまま奉仕するわけではありませんし、国家が資本主義社会の再生産を保障するのに必要なことをすべて成し遂げることができるわけでもないのです。国家と資本主義的社会関係の再生産との間の関係は、試行錯誤の関係なのです。

国家を社会関係の形態として批判することは、国家と資本の再生産一般との相互関係と、人間の営みを組織していく形態として国家がもつ特有の歴史的性格との双方を指摘することになります。これは、将来、別のかたちで生が組織化されうることを当然示唆していますが、そのようなとらえかたは、国家の現在における存在を問題にすることにはなりません。国家が現在このようなかたちであることは、ごく当然のこととされます。批判が批判の対象から離れたところでおこなわれているのです。

しかし、国家を単なる社会関係の形態としてではなく、社会関係を形成していく過程としてとらえるならば、いま国家と資本の再生産との関係についてのべたことはすべてそのまま成り立ちますが、再生産という概念も、国家の存在ということも、ともに絶えず批判にさらされることになります(9)。国家が存在するということは、社会関係のある側面が分離されて「政治的」なものと規定され、それが「経済的」なものから引き離される過程がつねに進行していることを意味しています。このようにして、社会の基礎にある非和解的対立関係は、ばらばらの細片にされます。そこにあった格闘は、政治的形態と経済的形態の回路にそれぞれ導かれていくのですが、それらふたつの回路のどちらでも、社会構造全体の問題が提起される余地はありません。社会的な格闘をそのように規定してしまうプロセスは、同時に、国家によって自己を規定していくプロセスでもあります。社会関係の固定化された形態としての国家は、同時に、社会関係を固定化していく過程でもあるのです。そして、この過程を通じて、社会から分離されたものとしての国家が、いわばつねに再構成されていくのです。

国家は、社会的葛藤《コンフリクト》を国家化していく過程なのです。いったん「政治的」なものとして規定された葛藤は、私的所有という「経済的」な領域を問題にするすべての要素から分離されます。つまり、「させる」力の基本的構造から分離されるのです。葛藤は、まず規定され、続いてその規定の下でさらに細かく規定され、そうされることによって、適切な回路を通り抜けられるようになり、それによって（管理を通じて、あるいは公然たる抑圧を通じて）社会関係を組織するものとしての資本の存在が問題にならないようなかたちで、葛藤を処理することができるようになるのです。初めは人々が自分たちの生活をコントロールする要求としてあらわれてきた「する」力が、国家を通じて、「させる」力の押しつけに姿を変えられていくのです。その変形は、あるときはあからさまな抑圧を通じて、あるときは要求に応える改革を「提供する」ことを通じて、またあるときは最初にあった自己組織化の形態を国家管理と国家財政の構造のなかに統合する（従属させる）ような新しい管理構造を発展させることを通じて、おこなわれていきます。しかし、このようにして葛藤を回路に導き入れていく過程は完全なものにはなりえません。国家は新しい葛藤につねに対応しなければなりませんし、規定づけられることに対して新たに起こってくる人間的な反抗につねに対応しなければならないからです。

国家を国家化の過程として理解するうえで中心的な重要性をもつ問題が、「国家導出論争」のなかでは概して見落とされていました。その問題とは、国家が多数の諸国家として存在しているということです。多くの場合、国家と社会との関係に関する議論のなかで、（マルクス主義者も非マルクス主義者も）国家と社会は範囲を同じくして重なり合っている、つまり、国家はその国家の社会に関係しており、社会はその社会の国家に関係しているというふうに考えているのです。国民国家、国民経済、国民社会という概念はまったく自明のこととされています。この基礎の上においてはじめて、国家機構の支配を手中にすることが権力の獲得であると考えることができるのです。権力の奪取を通じた革命という考え方は、国家がみずから押し出している「国家は、その領域内において主権をもち自律している」という主張を額面通りに受け取ることになります。

国家と社会は範囲を同じくして重なり合っているという考えは、支配形態としての資本とそれ以前の階級支配の形態とはどこが異なっているのか、その違いをまったく見落としています。つまり、資本が自由に動けるという本質をもっていることを見過ごしているのです。資本は、封建領主とちがって、特定の労働者集団、特定の場所に縛られているということがありません。封建制から資本制への移行によって、「させる」力を領域に縛られずに行使できるようになったのです。封建領主は自分の領地のなかでしか労働者に命令することができませんでしたが、ロンドンの資本家は、ブエノスアイレスの労働者にも、ソウルの労働者にも、スウィンドン［イングランド南部、ロンドンに近い都市］の労働者に対するのと同じように簡単に命令することができます。社会関係の資本主義的構成は、本質的にグローバルなのです。領域に縛られないのは資本の本質であって、なにも最近の

「グローバリゼーション」の局面で生みだされたものではないのです。

国家は多数の諸国家の一つとして存在しているということが、こうして、社会関係のグローバルな構成を覆い隠す結果になっているのです。そして、このために、資本主義の「させる」力の行使というのが、そもそもどういう性格のものであるのかも覆い隠されてしまっています。国家は、何かをおこなう前に、警察や官僚や政治家が動く前に、まず細片化し、その細片を分類し、分類したものを規定し、それぞれを物神化するのです。国家の存在そのものが、「その」領域、「その」社会、「その」国民を領域的に規定することから成り立っています。国家の存在そのものが、国民でない者を「外国人」として差別することなのです。国家の存在そのものは、しかしながら、単にあたえられたものではありません。自己を構成し、自己を規定する絶えざる過程であって、いったん国境が設定されればすぐに出来上がるようなものではないのです。逆に、すべての国民国家は、くりかえし、くりかえしグローバルな社会関係を細片化する過程に、つねに携わっているのです。それは、国家主権を主張することを通じて、「国民」に訴えかけることを通じて、国旗を掲げた儀式を通じて、国歌の演奏を通じて、「外国人」に対する差別的管理を通じて、パスポート管理を通じて、軍隊の維持を通じて、戦争を通じて、おこなわれていくのです。国単位でおこなわれるこの社会の細片化の社会的基盤が弱ければ弱いほど——たとえばラテンアメリカのように——その表現形態はますますどぎついものになります。このような細片化の形態、分類ないしアイデンティティ化の形態は、資本の支配をもっとも野蛮で獰猛《どうもう》なかたちで表現しています。それは、二〇世紀を通じて積み上げられた屍体《したい》の山がはっきりと示しているところです。

しかし、左翼の議論のほとんどは、国家が存立するために必要なこの暴力を見落としています。たとえば、権力を取るという考え方、それによって国家機構に対するコントロールをかちとるのだという考え方をすれば、社会関係を国民的形式で（国家に縛られたかたちで）構成することを提起せざるをえないわけですが、そうすることによって、社会を国民単位に細片化することに荷担することになるのです。国家を志向する政治が「国民」と「外国人」とを進んで差別することに荷担しないとか、何らかのかたちでナショナリズムに染まることがないとかは、考えにくいのです。スターリンの「一国社会主義」戦略は、しばしばボリシェヴィキの大義への裏切りとして描かれてきましたが、実際には、国家を中心にすえた社会変革という概念の論理的帰結にほかならないのです。

国家の実体は、規定づけ排除する運動にあります。「国民」が規定され、「外国人」が排除されます。主流の議論では、通常、「国家」と「国民」との関係に焦点が当てられていますが、実際には、国民であるということ〔市民権・国籍〕には、非「国民」あるいは外国人というものを規定して排除することが含まれているのです。労働力を売るためや、そのほかの理由で外国に渡ったり移民したりする人たちがどんどん増えている今日の世界にあって、外国人を排除することは、みずからの潜在能力、みずから何かを「する」力を発揮することを抑えられるのを恐れながら暮らしている人々がどんどん増えていくことを意味しています。包摂された者、規定された者、つまり国民にとって国籍というものは、国家という存在、特に民主主義国家という存在が立脚している虚構のひとつの要素なのです。民主主義という観念においては、社会関係は国という（国家によって限定された）基盤の上に構成されている、あるいは構成されるべきであり、権力は国家におかれていると考えられているのです。こうした虚構が、社会関係（ということは、つまり権力関係）がグローバルなレヴェルで構成されているという事実と齟齬《そご》をきたすようになると、人々が民主主義を通して表明した願望（「人々」とは「国民」を意味しています）と国家の行動との間に裂け目が生じるようになるわけですが、その裂け目は、もっぱら（世界経済とか金融市場とかいう）外部の力、あるいは（アメリカ帝国主義とか「チューリッヒの小鬼ども」［投機的銀行家の俗称］とかいう）外国勢力の介入によって説明されるようになるのです。このようにして、国籍・市民権という観念は、（次の選挙まで待とうという）民主主義の幻影を再生産することを助け、街頭での人種差別にもとづく襲撃から入国管理当局による何百万もの家族の強制隔離にいたるまで、さまざまなかたちでふるわれる外国人に対する日常的な暴力を助けているのです。

こういう議論をすると、それは国家にあまりにも責任を押しつけすぎるもので、人種差別やナショナリズムは社会そのものに深く根ざしているものではないか、という反論がなされるかもしれません。確かにそのとおりです。人が「私はアイルランド人だ」「私はイギリス人だ」などというようになるまでには、非常に複雑な過程があるもので、その過程が社会における全般的なアイデンティティ化の過程の一部をなしていることは明らかです。国家という存在は、物神化のひとつの形態にすぎません。国家を通じてのアイデンティティ化は、ほかのさまざまなアイデンティティ化と混ざり合っています。そして、これらのアイデンティティ化は、生産と創造の過程における主体と客体との根本的な分離と分かちがたく結びついています。国家はひとりで立っているのではありません。資本主義的社会関係の諸形態のひとつなのです。つまり、社会関係を形づくっていく過程、

「する」力を「させる」力という形態につくりかえていく過程、そうしたたがいに連結し合い、混じり合った諸過程のひとつなのです。

国家の運動とは（社会関係のほかの諸形態と同様に）形態を形づくっていく過程として、手に負えない現実に型を押しつけていく運動なのです。物神化の運動は、反運動、反物神化の運動の観点から見たときにはじめて理解されます。もっともはっきりしているのは、国家が国籍規定を押しつけようとするときで、そうした規定づけに反する過去の経験や公然たる反対運動に直面することになります。そのような反抗の動きは、「だれもが非合法ではない」というスローガンやフランスにおける「身分証なし《サン・パピエ》」運動〔非合法滞在外国人の合法化を要求する運動〕や一九六八年にフランスの学生が叫んだ「僕らはみんなドイツ系ユダヤ人だ」という言葉〔学生運動の指導者コーン＝ベンディットがドイツ系ユダヤ人留学生であったことをとらえて反学生運動側が排外主義的キャンペーンをおこなったのに対して学生たちがこう反撃した〕に表現されています。もう少し微妙なところでは、人々を国民にしていく過程は、「する」力の運動を規定し直していく過程なのです。自分自身の生活を自分でコントロールできるようにしようという要求は、民主主義として規定し直されるのです。ここでいう民主主義とは、物事の決定は選挙によって左右されるのだという国家が規定した決定過程として理解されている民主主義のことです。「する」力によって自分たち自身の生活を形づくろうと主張する運動は、さまざまな形態の社会的活動や組織の形をとっていますが、こうした運動も、民主主義のための運動、市民の運動と規定し直されることによって、そこに取り込まれてしまうのです。そして、このことは、この取り込みを通じて、社会関係の形成を自分たちでコントロールする可能性が運動からすべて奪い取られてしまうことを意味しているのです。しかし、それでも、「する」力の運動は取り込まれていながら、取り込まれていないのです。というのは、いくら取り込まれても、つねにまた新しい形でふたたび生まれてくるからです。国家の運動というのは、全体としての社会の運動と同じように、物神化と反物神化との間の非和解的対立関係の運動なのです。反権力を見つけだすために、支配の運動の外を見まわす必要はありません。反権力、反物神化は、支配の運動に対抗しながら、そのなかに、それを乗り越えるかたちで存在しているのです。それは、経済的な力として、あるいは客観的矛盾として、未来としてあるのではなく、現在そのものとして、私たち自身として、いまそこにあるのです。

VI

物神崇拝を物神化［の過程］としてとらえ、したがって、資本主義社会における私たちのありかたを資本と対抗しながら資本を乗り越えようとする存在としてとらえる——このような理解のしかたは、思考のあらゆるカテゴリーに関する理解に影響をあたえます。もし（古典派経済学のカテゴリーにおいて表現された）社会関係を社会関係が形づくられていく過程として、したがってそれにともなうせめぎあいとしてとらえるならば、そうしたカテゴリーが開かれたカテゴリーとして理解されるべきなのは明らかです。たとえば、価値を経済的カテゴリーとしてではなく、また支配の形態としてでもなく、せめぎあいの形態としてとらえるならば、価値というカテゴリーが現実にもつ意味は、せめぎあいの進行によって変わってくることになるでしょう。思考のカテゴリーを客体化された社会関係の表現としてではなく、そうした社会関係を客体化することをめぐるせめぎあいの表現としてとらえるならば、それらのカテゴリーの間に予測不可能性という大嵐が吹き荒れることになります。貨幣、資本、国家といったものが、それらそのものを形づくり、まとめあげようともがいているものにすぎないならば、そうしたものの展開は実践として、事前には勝敗の決まっていないせめぎあいとしてのみ理解できることは明らかです（Bonefeld et al. 1992 参照）。マルクス主義というのは、闘争の理論ですから、当然のこととして不確実性の理論だということになります。物神崇拝というのは（偽りの）確実性であり、反物神崇拝は不確実性なのです。せめぎあいという観念は、否定の否定によってハッピーエンドが保証されているというような考え方とは一致しません。弁証法というものは否定弁証法としてのみ理解しうるものなのです（アドルノ『否定弁証法』Adorno 1990 参照）。否定弁証法とは、無制限な虚偽の否定、不自由への反抗なのです。

　ですから、批判というのは、「外に立っているだれか」の声ではなくて、物神崇拝に対して日常的におこなわれている闘いの一部であり、まさしく人間的な基盤の上に社会関係を打ち立てていこうとする日常的な闘いの一部なのです。批判は、世界に接吻して生き返らせる望みをたずさえて、白い馬に乗ってくるものではないのです。批判そのものが世界のいのちなのです。批判は、私たち自身の内から外へ向かって動いていくものでしかありえません。クモの巣に捕まったハエのように、囚われの私たちを縛っている物象化の縄を私たち自身で断ち切るのです。そうしないで、クモの巣の外に出て、物事を囚われない目で見ることなどできません。クモの巣に捕らえられているかぎり、すべてをわきまえていることなどありえないのです。私たちは、けっして現実そのものを知ることはできませんし、全体を知ることはできません。ルカーチが私たちに受け入れさせようとしたようなかたちで総体性の観点を受け入れることはできないのです。[10] せいぜいできることは総体性を切に求めることだけです。総体性は、そこにだれも立つことができないという簡単な理由から、立脚点になることはできません。総体性は、批判のカテゴリーでしかありえません。つまり、総体性とは行為の社会的流れそのものなのです。黄昏はまだ来ていません。ミネルヴァのフクロウは、まだ羽をばたつかせて、地を離れようともがいているところなのです。[11] 私たちが真理をのべつたえることができるとするならば、それはただひとつ、虚偽の否定としてだけなのです。私たちがそれにしがみつきさえすれば安心の保証をえられるような固定されたものは、なにひとつないのです。階級でもだめ、マルクスでもだめ、革命でもだめ、つねに動いている虚偽に対する否定、それだけしかないのです。批判は、縛られたプロメテウスのように、安らぐことなく、「変転極まりない生命」(ヘーゲル『精神現象学』Hegel 1977, p.27)「生成の絶対運動」(マルクス『経済学批判要綱』Marx 1973, p.488)に直面しているのです〔プロメテウスは人間のために火を盗んだ罰として岩に鎖で縛られ毎日ワシに肝臓を食われつづけました〕。私たちの批判は眩暈《めまい》を誘うものなのです。眩暈《めまい》を誘う世界についての眩暈《めまい》を誘う理論なのです。[12]

ほんとうに眩暈《めまい》を誘われます。物神崇拝を物神化の過程として見るべきだという主張は、そのままアイデンティティに対する攻撃につながります。アイデンティティは、すでにのべたように、構成「「にする」こと」と存在「「である」こと」を切り離すことであり、行為と行為が生みだすものを切り離すことです。アイデンティティとは、「である」ことの空間であり、持続の時間であり、行為が生みだしたものが、それをつくりだした行為と関わりなく存在する領域であり、見せかけの安息の地です。物神崇拝が過程として理解されるべきだということは、構成と存在とのいかなる分離をも拒否するということです。貨幣が貨幣化の過程であるのは、社会関係の形態としての貨幣の構成と貨幣の存在とを切り離すことができないからです。貨幣の存在は、貨幣が構成されていく過程であり、それは激しいせめぎあいなのです。その激しいせめぎあいには、ひとときの休止もありません。貨幣が月桂冠を戴《いただ》いて立ち止まり、「貨幣関係が確立されたのであるから、私はここに存在し、資本主義が廃絶されるまで存在しつづけるであろう」と独り宣言するなどというときは、一瞬たりともないのです。それは、そのように見えるかもしれません。しかし、そのように見えるのは、現在おこなわれている行為と現在おこなわれているせめぎあいとを否定しているからです。気持ちよさそうに座ってご馳走を食べているように見える資本家が資本家でありうるのは、まさにその瞬間にも搾取のための激しい闘いをおこなっているからなのです。

　ということは、アイデンティティなどというものはないということになります。アイデンティティを確立するための絶えざるもがき、行為と行為が生みだすものとを引き離すときにどうしても沸き起こってくる暴力の上に安定した皮膜をかぶせようとする絶えざるもがき、そうしたもの以外にアイデンティティなどないのです。資本は、安定したものとしてみずからを押し出します。階級闘争なんて君たちから生まれてくるものだ、と彼らはいい、私たちもそれは認めます。確かに、下から勃興《ぼっこう》してくる階級闘争が資本主義の安定を乱しているかのように見えます。なんというナンセンス！　ほとんどのマルクス主義者がいっているように、階級闘争というものをまず下から興ってくるものだと理解するなら、そのようなとらえかたはまさしく世界を逆立ちさせてしまいます。資本が存在するということは、行為が生みだすものを行為から引き離すための暴力的なもがきがおこなわれているということにほかなりません。しかし、このもがきにともなう暴力そのもの、行為が生みだすものを行為から引き剥《は》がすこと、存在を構成から引き離すこと、それこそが、資本主義の外見上の安定性、アイデンティティをつくりだしているのです。外見上の安定性は、せめぎあいそのものの性格にあらかじめそなわっているものなのです。行為が生みだすものと行為との分離は、行為が生みだすものを行為から引き離そうとする終わりのないもがきの産物なのです。ただ、それが成功しているかぎりにおいて、もがきの痕跡が消されて見えなくなっているにすぎないのです。アイデンティティというのは、まったく同じではないものを同じであることにしようとする努力によって現実に生みだされてきた幻想なのです。私たち、おたがいにまったく同じではありえない者は、このアイデンティティ化と闘います。資本に対する闘いは、アイデンティティ化に対する闘いなのであって、もうひとつのアイデンティティを確立するための闘いではないのです。

物神崇拝を物神化［の過程］としてとらえることは、存在の移ろいやすさを強調することにつながります。社会関係の諸形態が形態化の過程であるということは、それらの諸形態がせめぎあいの形態であるということを意味しているだけではなく、それらが形態として存在するにはつねに再構成されることが必要だということをも意味しているのです。資本が存在するには、行為が生みだすものと行為との分離を通じて、資本が絶えず再構成されることが必要なのです。ですから、資本の存在は、つねに争いの焦点になりえます。つねに闘いの対象なのです。もし、ある日、資本が行為を労働に変換することができなくなり、別の言葉でいえば、労働を搾取することができなくなったなら、そこで資本は存在しなくなるのです。資本の存在はいつでも不安定です。だから、それを構成するためのものがきが猛烈なものになるのです。

資本主義は二つの顔をもっています。（行為が生みだすものを行為から分離することにともなう）不安定であるという本性が、まさに（行為が生みだすものが行為から分離されているという）安定している外見を生みだすのです。資本主義のアイデンティティ（「［資本主義］である」こと）はリアルな幻想なのです。生産過程（それは行為が生みだすものが行為から分離される過程です）によって生みだされた、力をもった幻想なのです。存在（「である」こと）から構成（「にする」こと）が分離されているのはリアルな幻想です。生産過程（それは存在が構成から分離される過程です）によって生みだされた、力をもった幻想なのです。その幻想が力をもつのは、それが資本主義の脆《もろ》さを覆い隠すからです。資本主義は「［資本主義］である」かのように見えます。しかし、資本主義はけっして「である」のではないのです。資本主義とは、つねにみずからを構成しようとする格闘にほかならないのです。資本主義を生産様式「である」とあつかうこと、あるいは同じことですが、階級闘争を資本主義の安定性に対する下からの闘争として考えることは、物神崇拝の汚れきった泥沼にまっさかさまに飛び込むのと同じことです。資本は、その本性からして、「である」ように見えます。しかし、けっして「である」のではないのです。その点が大事なのは、それによって資本の暴力（マルクスが「本源的蓄積」と呼んだものが持続して現にいまもあること）を理解することができるからであり、また同時に、資本主義の脆さを理解することができるからです。こうして、革命が差し迫って必要になっているが、同時に革命は不可能であるというディレンマは、革命は差し迫っていて、しかも可能であるという方向に開かれはじめるのです。

しかし、構成と再構成を区別することは必要だと反論されるかもしれません。資本が存在するのは不断に更新されるせめぎあいによるものであるということは認めたとしても、もともとの資本の構成と、社会関係の資本主義的形態を存続させていくために必要とされる資本の再構成とでは違いがあるのではないか、というわけです。恋愛関係はつねにつくりなおされてこそ、日々新たに恋に落ちてこそ、はじめて続くというけれど、そうであるとしても、最初に恋に落ちたときの恋と、毎日くりかえされる恋とでは、やっぱりちがうのではないか。貨幣関係がずっと続くためには、その関係が日々新たに構成されなければならないのだとしても、最初に貨幣というものが社会関係として通用させられるようになったことと、それを毎日くりかえすこととでは、やっぱりちがうのではないか。お店に行ってお金を払うときにはいつも、カネというものの暴力を意識するけれど、しかし、社会関係の貨幣化というものを何百回となく同じように体験してくると、われわれの行動を貨幣化するために必要な（資本の側からする）もがきの強さも、事実として前よりは弱くなっているのではないか。構成と再構成を区別することを拒むなら、記憶喪失の世界に落ちていって、経験の蓄積ができなくなってしまう危険を冒すことになるのではないか。……そんな反論が考えられます。

そうなんです。資本を構成するための（行為が生みだすものを行為から引き離すための）せめぎあいがおこなわれる場の条件は、毎回ちがいます。搾取の過程がくりかえされることが、搾取のためのせめぎあいがおこなわれる場の条件を変えるのです。それは、搾取を阻止するための（あるいは、実際には、搾取を強めるための労働過程の加速化を阻止するための）工場占拠の波が、これまた、搾取をおこなうためのせめぎあいがおこなわれる場の条件を変えるのと同じことです。確かに、せめぎあいの両側において、それぞれに経験の蓄積があります（といっても、それぞれ一定の方向にのみ積み重ねられていく蓄積ではありませんけれど）。しかし、それは基本的な議論を少しも揺るがすものではありません。基本的な議論とは、資本は「である」ものではけっしてないのであって、資本の存在は持続する存在ではなくて、つねにみずからを再構成するためのせめぎあいにその存在がかかっているのだ、ということです。そして、その再構成は、できるときめてかかることはできないものなのです。(13)

しかし、さらに、それはマルクスの物神崇拝理解とはちがうのではないか、という反論があるかもしれません。マルクスは、社会関係の資本主義的形態を、『資本論』においては、安定した形態としてあつかっています。これは、確かに、『資本論』の伝統的な読み方です。しかし、まずいっておくべきなのは、マルクスがどう考えていたかということをいっても反駁《はんばく》にはならない（問題なのは、マルクスがどう考えたかではなくて、私たちがどう考えるかだ）ということです。次に、『資本論』の伝統的な読み方は、『資本論』が批判という性格をもっていたことを見落としている、ということを指摘しておかなければなりません。マルクスのこの著述は、古典派経済学の批判であり、古典派経済学者が彼らの提示したカテゴリーを実体としてとらえてしまっていることに対する批判なのです。『資本論』のなかでマルクスは社会関係をすでに構成された形態として語っていますが、それはそうした形態をリアルな幻想として批判するためです。マルクスは、それらの形態が単に歴史的に生みだされたものであることを示すだけではなくて、生産過程のなかで、具体的労働と抽象労働とが敵対的に存在することを通して絶えず創造されているものであることを示すことによって、そうした形態を批判したのです。これらの形態が絶えず創造されているものであることを示すことによってマルクスが、それとははっきりいわないままに示しているのは、社会関係の諸形態を安定したものととらえることはできないということ、物神崇拝をできあがった事実としてとらえることはできないということだったのです。社会関係の形態とは形態過程《フォームプロセス》であり、社会関係を形態化する過程なのです（Holloway 1991b, p.239；ゾーン゠レーテル『精神労働と肉体労働』Sohn-Rethel 1978, p.17 参照）。

しかし、まだ、次のような反論がなされるかもしれません。資本と対抗する闘いを反アイデンティティの方向で考えるのは、理論的にも実践的にも成り立たないような立場に私たちをおくことになるのではないか、という反論です。あらゆる概念化にはアイデンティティ化［変化のなかでも変わらないものを見つけだして立てること］が含まれているのだから、アイデンティティを立てなくては思考をすることができないのであって、すべての闘いにはアイデンティティ化が含まれている――というふうに論じられるわけです。そして、そもそも、黒人の差別反対闘争を忘れたのか、女性運動やインディヘーナ［先住民］の運動を忘れたのか、というのです。

アイデンティティ化したときにそこで止まってしまうアイデンティティ化と、そのアイデンティティ化の過程でみずからを否定するようになるアイデンティティ化とでは違いがあります。その違いは、「である」ことを基盤にして概念化するか、「する」ことを基盤にして概念化するかにあります。「する」こと、すなわち行為こそが、これまで論じてきたように、アイデンティティと非アイデンティティとの間の非和解的対立の運動をはらんでいるのです。行為者は「ある」と同時に「ない」のであって、それは行為によって生みだされたものが「ある」と同時に「ない」のと同じことです。つかのまの間客体化されて、すぐに行為の社会的流れのうちにふたたび統合されていくのです。「である」ことを基盤に考えることはアイデンティティを立てることにすぎません。「する」ことを基盤に考えることは、アイデンティティを立て、そしてたちまちのうちに、そのアイデンティティ化を否定することなのです。これは、概念というものが、概念化されるものに対して十全に［まったくぴったりと］一致することなど、もともとありえないということにほかなりません。「弁証法という名称は、さしあたっては、対象は概念化されても何らかそこに吸収されないものを残すということ、そしてその対象は十全という伝統的な基準と矛盾するようになるということをいっているだけである。」（アドルノ『否定弁証法』Adorno 1990, p.5）［「十全」とはアドルノの原著ではラテン語で adaequatio と書かれているスコラ哲学由来の言葉で、対象と概念、事物と思惟とが完全に照応することです］「する」ことを基盤にして考えることは、私たち自身の思考に対抗し、それを超えながら考えていくことを意味しています。「われわれはわれわれの思考に反して考えることができる。もし弁証法というものを定義することができるとするなら、これはひとつの定義として示唆的である。」（アドルノ『否定弁証法』Adorno 1990, p.141）

同じことは、せめぎあいにも当てはまります。ただ単なるアイデンティティ確立をめぐってせめぎあうこと（「われわれは黒人だ」「われわれはアイルランド人だ」「われわれはバスク人だ」と、それがせめぎあいの契機というよりは固定されたアイデンティティであるかのようにいう場合）と、アイデンティティを立てるのだけれど、アイデンティティ化がなされるのとまったく同時に、そのアイデンティティを否定するかたちでせめぎあうこと（私たちは先住民だけれど、それ以上のものであり、私たちは女性だけれど、それ以上のものであるという関係）とでは、世界が違うのです。後者が、アイデンティティを主張しているまさにその過程でアイデンティティに対抗する動きをおこなうのに対して、前者は、細片化されたアイデンティティの世界にやすやすと吸収されていってしまいます。資本主義の安定にとって問題なのは、（黒人は白人と同じであり、バスク人はスペイン人と同じであり、女性は男性と同じであるというような）アイデンティティの特定の構成のしかたではなくて、アイデンティティを立てながらアイデンティティに立ち向かう動きをおこなうようなアイデンティティなのです。アイデンティティに立ち向かう動きをおこなわないアイデンティティは、資本主義の支配が布《し》いた陣形と簡単に混ざり合ってしまいます。たとえば、サパティスタ運動が力強く、また大きな反響をえているのは、その運動が先住民の運動であるからではなくて、そうした運動であることを超えて、人間性のために闘う運動、多様な世界からなる単一の世界のために闘う運動として自己を表現しているからなのです[14]。

　しかし、まだ反論があるかもしれません。私たちの闘いが思想と実践において反アイデンティティの性格をもったり、構成と存在（「にする」ことと「である」こと）との分離に立ち向かうものであったりするなら、私たちの生活は厳しさが張りつめた耐えがたいものになってしまうのではないか、といわれるかもしれないのです。そのとおりです。アイデンティティは生活を耐えられるものにするのです[15]。アイデンティティは苦痛を消します。アイデンティティは感覚を麻痺させます。アフリカでエイズが蔓延しても、毎日数千人の子どもたちが治癒できる病で死んでいっても、私たちが平然と生きていられるのは、ひとえに、それは「よその人たち」のことだというアイデンティティティのおかげなのです。私たちの感覚を麻痺させることを土台にしなければ、資本主義は存続していられないでしょう。これは麻薬の問題（それも非常に重要ですが）ではなくて、何よりもアイデンティティの問題、まわりに私的な道徳の壁をはりめぐらせて、世界の苦痛が入ってこられないようにしている、あの細片化の問題なのです。叫びとは、社会の苦痛を感じ取り、それと向き合うものです。コミュニズムとは、感覚の麻痺《まひ》に抗して精神を厳しく保とうとする運動なのです。感覚が麻痺しているから資本主義の恐怖に平気でいられるのです。

　ありとあらゆる反論が起こりつづけるとしたら、それはここでしている議論に欠陥があるからではなくて、私たちが可能性の崖縁を歩いているからなのです。（権力を取らずに世界を変えるという問題提起自体が、すでに、正常ならざる不可能の深淵の縁をふらふらと歩いているに等しいのです。）だけど、ほかに選択肢はないのです。物神化を過程としてとらえることが、権力を取らずに世界を変えることを考えるうえでの鍵になっています。過程《プロセス》としての物神化という考え方を捨てるなら、自己解放としての革命という考え方も捨てなければなりません。物神崇拝を「堅固《ハード》な物神崇拝」としてとらえるならば、被抑圧者のために世界を変えることとして革命をとらえるところに導かれるしかありませんし、そうなれば、権力を取ることに焦点が絞られていかざるをえません。権力奪取という政治目標が、「だれかのための」革命という発想に意味をあたえるのです。「だれかのための」革命ではなくて、自分自身が求めて動いていく革命には、「権力を取る」ことを考える必要がないのです。

　その一方で、物神崇拝を完全に見過ごしてしまうならば、私たちは英雄としての主体という考え方にもどっていってしまいます。もし、権力が私たちを貫いて、私たちを引き裂くことがないならば、また逆にもし、病んだ社会に健《すこ》やかな主体が存在できるなら、その主体は健全な主体、健康で正常な主体としてあつかうことができます。悪しき世界と闘う善き英雄です。このような見方は、さまざまに違ったかたちをとって現れますが、おそらく、それらは最初の見かけほどはおたがいに隔たってはいないように思われます。正統派マルクス主義の理論（単に共産党の理論だけではなく、それを越えてもっと広い範囲のもの）では、英雄は労働者階級ではなくて、党として現れます。自治運動《アウトノミア》[16]理論では、正統派理論を批判してはいるものの、その結論にすべて批判を貫いているわけではなく、健全な英雄が労働者階級の戦闘分子《ミリタント》として現れてきます。悪しき世界と闘う善き英雄というのは、リベラル理論、ハリウッド型理論においても主役です。そこでは、英雄が階級とか党ではなくて個人であるところがちがうだけです。しかし、問題は個人主義にあるのではありません。問題は、それもやはり英雄としての主体だというところにあるのです。

　英雄なんていないのです。なかでも、理論家は英雄なんかではけっしてありえません。理論家は認識我［世界から独立して世界を認識する主体］ではないのです。理論は、争いを超越して立つことはできません。むしろ、日常的に格闘している私たちという存在をはっきりと表現する役割をになっているのです。社会を高みの見物のように見下ろすのではなく、私たちの主体性を否定する形態にいどみかかって、解放を求める日常の闘いの一部となるのが理論なのです。理論が実践的だというのは、それが生活実践の一部だからです。理論が実践の一部になるために、深淵を跳びこす必要はありません。物神崇拝を、社会全体に浸透しきった状態としてではなく、物神化と反物神化との間の非和解的対立の運動としてとらえるならば、そして、批判理論を、物神化に対する反物神化の運動の一部、行為の集合的な流れを守り、とりもどし、創り出す闘いの一部としてとらえるならば、私たちがその運動に加わっているかぎり、私たちすべてが、さまざまなかたちで、批判理論の主体であるのは明らかなことではないでしょうか。批判の主体というのは、リベラルで民主主義的な理論や党マルクス主義の担い手のように、無垢《むく》で、個人的で、見たところ物神崇拝に汚染されていないような主体なんかではないのです。私が主体なのではなくて、私たちが主体なのです。その私たちとは、無垢な「私」の単なる集合としての私たちではなくて、不具にされ、壊され、堕《お》とされながら、「私たちであること」を求めて、もがき闘っている「私」の集合としての私たちなのです。批判とは、このような意味での「私たちであること」をめざす闘いの一部であり、「私であること」がそのまま私たち全体を創り上げるような「私たちであること」を切に求めていく、そうした希求の一部なのです。

物神崇拝は絶対的なものではなく、物神化と反物神化との間の絶え間ない闘争なのだというのと、物神崇拝が浸透しても、ある種の領域、ある種の人間（党、知識人、境界領域にある者）は物神崇拝に冒されないのだというのとでは、およそ世界が違うのです。私たちは、物神崇拝に冒されていない人間ではありません。私たちは、物神化に立ち向かい非和解的に対立する運動の一部をなすものです。物神崇拝に立ち向かう闘いがその内に含んでいるのは、私たちを細片化するものに打ち勝とうとする闘い、「私たちであること」に明確な表現をあたえる適切な形態を探し求める闘い、それぞれに異なった尊厳をになった者たちが、それぞれの尊厳をおたがいに認め合いながら結びついていく途を見いだそうとする闘いなのです。このとき、それらの者たちの尊厳とは、みずからの尊厳が否定されていることを認識し、そのように否定されていることを否定しようとすることのうちに存在しているのです。これは、民主主義的な闘争ではありません。民主主義的な闘争というのが（普通そう考えられているように）あらゆる個人が全体として寄り集まることだととらえられているなら、私たちの闘いは民主主義的な闘争ではないのです。そうではなくて、物神化に対抗する闘いは、私たちがみんな個人であるからという理由ではなく、私たちがみんな、私たちを不具にし貶《おとし》めている過程に立ち向かう運動の一部であるからという理由で、おたがいに尊重し合っている、そういう人間たちの闘いなのです。だからこそ、この闘いは、つねに社会関係の新たな形態、「私であり、かつ私たちであること」をはっきりと表現するための方法を生みだすのです。それは、ブルジョア民主主義に特有な、個人がばらばらなまま塊になるというのとは共通するところがあまりないものなのです。マルクスが論じたパリコミューン、パンネクックが理論化した労働者評議会、サパティスタの村落評議会などなど、これらはすべて反物神崇拝の運動、行為の集合的な流れのための闘い、自己決定のための闘いの実験にほかならないのです。

6　反物神崇拝と批判

Ⅰ

理論は、尊厳をもって生きるための日常的な闘いの一部にすぎません。尊厳とは、行為を解放するための闘い、否認された形態で存在しているものを自由にするための闘いを意味しています。理論的にいえば、これは、行為を回復するために批判を通じて闘うということになります。これが、マルクスがいう科学なのです。

Ⅱ

批判とは、アイデンティティに対する攻撃です。物事のありかたに対してあげられる叫びは、「なぜ?」という疑問のかたちを採ります。この世界にこんなにもたくさんの不平等があるのはなぜ?　こんなにもたくさん働き過ぎの人たちがいるのに、失業者がこんなにたくさんいるのは、なぜ？　こんなに食べ物が豊富なのに、飢餓がこんなにも広がっているのは、なぜ？　こんなにもたくさんのストリート・チルドレンがいるのは、なぜ？

まるで好奇心でいっぱいの三歳の子供のような聞き分けのなさで、私たちは世界を責め立てます。三歳の子との違いといえば、私たちが「なぜ？」と問うときには、その疑問が怒りをもって発せられることでしょう。私たちの「なぜ？」は理由を尋ねます。私たちの「なぜ？」は、現実に存在しているものを理性の審判にかけるのです。なぜ、治るはずの病気で死ぬ子供がこんなにたくさんいるのでしょうか？　なぜ、こんなに暴力がはびこっているのでしょうか？　私たちの「なぜ？」は、現実にあるものにたちむかっていって、釈明を求めるのです。最初に、少なくとも、私たちの「なぜ？」は、まずその物事のアイデンティティを問題にし、それがどのようにしていまあるようなかたちになったのかを問います。「最初に、少なくとも」といいましたが、なぜそういったかというと、私たちの「なぜ？」は、すぐに、三歳児の好奇心を満足させようとすればかならず出くわす問題につきあたるからです。その問題とは、無限の遡及《そきゅう》［答えが出るたびに「それじゃ、それはどうして？」というふうに問いつづけていけばきりがないこと］という問題です。

この無限の遡及というのは、アイデンティティ思考の核心にある問題です。これはアイデンティティにもともと内在している問題なのです。個々別々のアイデンティティによって出来上がっている世界において、それらのアイデンティティを概念として立てることができているのは、どうしてなのでしょうか。答えは、すでにまえに見たように、分類ということの内にあります。それぞれのアイデンティティをもつと考えられるもの［第一の階層］を、それぞれの類［第二の階層］にまとめていくのです。[1] 問題は、この分類がおこなわれたとき分類の基準となった概念が、新たに第三の階層の論理によって証明され、さらに、今度はそれが第四の階層の論理によって証明され、という具合に、どんどんさかのぼって正しいものとされていかないかぎり、その分類基準概念は恣《し》意的なものにとどまる、というところにあります。そうすると、分類の理論的な基礎づけをおこなうには、もしかすると無限にさかのぼっていくことが必要であるかもしれないのです（Gunn,1991 参照）。

「x が x なのはあたりまえじゃないか（卵が卵であるくらい確かなことだよ）」という常識の見方にもとづいているように思われているアイデンティティ思考が、しっかりとした基礎づけを示すことができないとは、皮肉なことです。分類というシステムが合理的な基礎にもとづいていることを示そうとする試みが何度となくおこなわれてきましたが、そのたびに、そのようなしっかりとした基礎を示すことができないという事態につきあたってしまうのです。アイデンティティ思考の合理的な基礎づけを探し求めていくと、必然的に非合理的な所与《しょよ》［あらかじめあたえられたもの］に到達していくことになります。説明することのできない物自体（カント）、経済の働きの背後にある「見えざる手」（アダム・スミス）、「暗黒で空虚」な空間（フィヒテ）といったものがそれです。二〇世紀の初めにヒルベルトは、数学が首尾一貫していて矛盾のない体系であることを証明しようとしましたが、そのような企てを成し遂げることは不可能であることをゲーデルが明らかにしてしまいました。こうして、当然のことながら、アイデンティティ思考は、全体として、みずからが立っている基盤が合理的であるかどうかをめぐって思いわずらうよりは、そんなことは放っておいて、むしろみずから細分化した各専門分野の「精密さ」の度合を上げていくことに専念していく結果になっていったわけです。

これらの諸個別科学が「精密」なものであることは、このような状況［みずからの合理的基盤がどこにあるかを考えなくていいことにされている状況］にまったく依存しているのである。根底にある実質の基礎が侵されることもなく、乱されることもなく、その非合理性（「非産出性」「所与性」［どこからどのように生みだされたものであるかを問われないこと］）のままに存続することが許されているがために、その結果として現れる方法的に純化された世界において、問題にされることのない悟性的なカテゴリーをもって作業をおこなっていくことができているわけなのだ。したがって、こうしたカテゴリーは、現実の実質的な基層に適用されるのではなく（また、個別科学の基層に適用されるのでさえなく）、「叡智的な」［知性によってのみ知ることができるような］素材に適用されるのである。［ルカーチ『歴史と階級意識』Lukács 1971, p.120］

これは、私たちの「なぜ?」が明るみに出した問題なのです。私たちの「なぜ?」に面と向かうと、アイデンティティは、打撃を最小限にとどめて立ち直りを図ろうとして、自分たちに都合のいいように質問の矛先《ほこさき》をずらし、攻撃をアイデンティティの枠組の内で処理できるものに包み込んでしまおうと努めます。それは、私たちがさんざん経験してきたことです。「こんなにもたくさんのストリート・チルドレンがいるのは、なぜ?」と執拗《しつよう》に問うていくと、結局のところは、「私的所有」という答えに行き当たることになります。つまり、私的所有は侵すべからざるものだというとらえかたにもとづいて、ここに答えを見いだすのです。あるいは、場合によっては、「神様がそのようになさったのだ」という答えに行き当たることもあります。つまり、最後のところにいるのは神だというとらえかたです。もっとも単純で直接的な答えとして、「世の中はそういうふうになるようになってるんだよ」とか「あるがままにあるのが定めなんだよ」とかいう答えに行き当たることもあります。

私たちはたいてい、そういうふうな限界があると認めてしまうのです。こうして、私たちの「なぜ?」が内に含んでいる闘いには越えられない限界があることを受け容れてしまうのです。私たちは大学の内部でよりよい条件を求めて闘いますが、大学制度の存在は問題にしないわけです。私たちはよりよい住まいを求めて闘いますが、住まいをつくる根本的な条件として私的所有というものがあることはかならずしも問題にしないのです。そうすると、私たちの闘いは、「物事はそういうものなんだよ」とみんなが認める枠のなかでおこなわれることになります。このような枠を認めるなら、私たちが手にすることができたかもしれないものを限定してしまうか、部分的に無効にしてしまうか、いずれにしても損なってしまうことを知ってはいますが、しかし、具体的なかたちで成果を獲得するほうがいいと考えて、そうした枠を認めるのです。私たちはアイデンティティが制限してくる範囲を受け容れ、そうすることを通じて、そうした壁を補強することになってしまうのです。

だけど、もしそうした限界を認めなかったら、どうなるのでしょうか。もし私たちの「なぜ?」を、三歳児ならではの聞き分けのなさをそのまま発揮して、あくまで貫き通したら、どうなるのでしょうか。無限の遡及を解決するには、「である」ことを「する」ことにふたたび転換するしかありません。「それは神様がなさったことだ」というのは、ほんとうに「である」ことを「する」ことに転換するものではありません。なぜなら、神様は変わることなく永久に「である」ことのなかに閉じ込められているからです。「われはありてあるものなり」〔出エジプト記3-14　旧約聖書の神の名ヤハウェとは「私はある」という意味なのです〕というわけです。創造主を変わることのないものではなく、創造の過程でみずからをも創り出すものとして指し示す、そうした答えを提出することによって、はじめて、私たちはアイデンティティの円環の外に出ることが可能になるのです。その答えは恐ろしいものです。しかし、希望の唯一の基礎になりうるものなのです。無数のストリート・チルドレンがいるのは、私たち人間がそうしたからなのです。私たちこそ唯一の創造主であり、唯一の神なのです。罪深い神、否定された神、損なわれ、分裂症になった神なのですが、にもかかわらず、何よりも自己変革する神なのです。そして、このような答えが世界全体を逆転させるのです。私たちの行為こそが、すべての理解を逆転させる旋回軸となるのです。

マルクスは、『資本論』の最初の何ページかで、この「なぜ?」の初めの動き、つまり批判的分析の動きを、外見の背後にまわろうとする動きを、さっそく論じています。マルクスは、そこで、商品から始め、役に立つ物としての商品（使用価値）と交換のためにつくられた物としての商品（交換価値）の矛盾した性格から展開して、この矛盾の背後に、労働というものが、有用労働もしくは具体的労働（それが使用価値をつくりだします）と抽象的労働（それが、交換の際に交換価値として現れる価値をつくりだします）との二面的な性格をもっていることを見つけだすのです。「商品のなかに含まれている労働のこうした二面的な性格こそが……経済学を明確に理解するための旋回軸となるものである。」(『資本論』Marx 1965, p.41) 商品「である」ことは、「する」こと[労働]に、そしてそれがそれぞれ具体的労働と抽象的労働としてあることに素速くひきもどされているのです。商品が商品であるのは、私たちがそのようにつくったからなのです。旋回軸は人間の行為であり、行為がどのように組織されているかにあるのです。

しかし、ここから、私たちの「なぜ?」は方向転換します。私たちが唯一の創造主であるとすれば、なぜ私たちはこんなにも無力なのでしょうか。私たちが力をもっているのだとするなら、私たちがつくりだした事物が独立したいのちをもって私たちを支配するようになるのは、どうしてなのでしょうか。私たちが自分たち自身の奴隷状態をつくりだしてしまうのは、なぜなのでしょうか。いったいなぜ(「神様のためですから」[for God's sake「後生だから」という意味]教えてくださいといいたくなりますが、私たち以外に神はいないのです)私たちは何百万もの子どもたちに路上生活を強いるような社会をつくりだしてしまったのでしょうか。

最初に事物が現す外見の背後にまわってその起源を見つけだそうとした「なぜ?」が、今度は、その事物の現れを再構成して、その起源(人間の行為)が、それ自体の自己否定をどのように生みだしていくのかを見ようとするのです。批判は二重の運動を獲得します。分析の運動と生成の運動との二重の運動、そして、外見の背後にまわる運動と批判の対象になっている現象の起源あるいは生成を跡づける運動との二重の運動です。

物事を理解するには生成の批判も必要であるという考え方は、マルクスから始まったものではありません。ホッブズの時代以降、哲学者たちは、事物を理解するには現象が組み立てられてきた過程を跡づけることが必要だという議論をしてきましたし、証明を「組み立てる」ことが、数学が発展するうえでの基礎になってきたのです。一八世紀の哲学者ジャンバティスタ・ヴィコは、理解することと作り上げることとは特別の力でつながれているという考え方を定式化して、中心的な原理として「真なるものと作られたものとはたがいに入れ替えることができる」（*verum et factum convertuntur*）という命題を立てましたが、それによるならば、私たちが確実なものとして知ることができるのは、私たちがつくりだしたものだけだということになります。私たちの認識の対象は、知覚の主体が創造した範囲においてのみ充分に知ることができるということになります。認識と創造とが結びついているというのは、ヘーゲル哲学の中心にあった考え方です。ヘーゲルにとって、〈認識＝創造〉の〈主体＝客体〉が絶対精神の運動なのです。しかし、ヴィコの「真なるもの―作られたもの」原理が批判の力を充分に獲得するのはマルクスにおいてなのです。

このような見方からするならば、認識とは、主体が客体を自分のものにし直すこと、「する」力をとりもどすことなのです。客体は、私たちから離れたもの、私たちの外にあるものとして、こちらに立ち向かってきます。ですから、認識の過程は、批判というかたちを取るのです。私たちは、客体が「外にあるということ」を拒み、私たちすなわち主体がそれをどのように創り出したのか、を示そうと努めます。たとえば、貨幣を見ると、貨幣は外にある力として私たちに立ち向かってきますが、そのような貨幣を理解するためには、貨幣が私たちの「外にあるということ」を批判して、私たち自身が実際にどのようにして貨幣を創り出したのかを示そうとするわけです。このようなかたちの批判は、かならずしも告発を含むものではありません。告発ではなくて、むしろもっとずっと深いところまで進んでいくのです。客体が客体としてあるということそのものを問題にしていくのです。客体が客体であることを根底から揺さぶるのです。その意味では、こうした批判は、反権力《アンチパワー》のきざしであり、主体と客体との再統合の始まりなのです。[2]

マルクスにとって、こうした意味での批判は、研究方法全体のなかで中心的な役割を果たしています。マルクスは、初期の著作『ヘーゲル法哲学批判序説』のなかで、この点をはっきりとのべています。「宗教に反対する批判の根底は、人間が宗教をつくるのであって、宗教が人間をつくるのではないというところにある。」（Marx 1975, p.175 傍点は原文のまま）宗教に対する批判とは、宗教が悪いことをしたり、悪い影響をあたえたりすることに対する批判なのではありません。宗教が宗教として存在することそのものに対する批判なのです。それは、人間というものが唯一の主体として自己主張するところから発する批判です。批判のポイントは、失われた主体性をとりもどすこと、否認されたものを回復することにあります。宗教においては、神は、私たちが創ったものではなくて、逆に私たちを（客体として）創った独立した主体として立ち現れてきます。それに対する批判がめざしているのは、この主体性を裏返して、主体性をあるべきところにもどすことにあります。そして、こういうのです。「私たちが主体なのだ。神を創ったのは私たちだ。」こうして、神の主体性とは、人間の主体性が自己疎外されたものにほかならないことが明らかにされます。批判とは、主体と客体とを合体させ、人間の創造性こそが中心にあることを主張するものなのです。

宗教に対する批判は、人間の幻想を破り、幻想から覚めて理性をもつようになった人間らしく考え、行動し、みずからの現実を形づくるようにさせるが、それによって、人間は自分のまわりを、つまりは自分のほんとうの太陽のまわりをまわるようになる。宗教は、人間が自分のまわりをまわるようにならないかぎりにおいて、人間のまわりをまわる幻想の太陽なのである。

〔マルクス『ヘーゲル法哲学批判序説』Marx 1975, p.176〕

批判の目的は、人間をしかるべき場所に、私たち自身にとってほんとうの太陽である座にもどすことにあるのです。若きマルクスにとって本質的に重要だったのは、人間の自己疎外の「神聖な形態」〔宗教〕から移動して、「神聖ではない形態の自己疎外〔疎外された社会関係〕の仮面を剥ぎ、かくして、天上の批判を地上の批判に、宗教の批判を法の批判に、神学の批判を政治の批判に転化する」(『ヘーゲル法哲学批判序説』Marx 1975, p.176 傍点は原文のまま)ことにあったのです。

マルクスは、もともとみずからが設定した企てに忠実でありつづけました。マルクスにとって、科学とは正確で客観的な認識ではなくて、批判の運動であり、したがってまた反権力の運動だったのです。批判は、現象の背後にまわりこんで、それを分析するだけではなく、何よりも、その現象がどのようにしてつくりあげられてきたのかを見ようとするものだったのです。

実在的で具体的なものから、現実的な前提から始めること、したがって、たとえば経済学では、すべての社会的生産行為の基礎であり主体である人口から始めるのは、一見正しいことのように思われる。しかしながら、さらに立ち入って考察してみると、これはまちがっていることがわかる。たとえば、人口は、もしそれを成り立たせている階級を捨象《しゃしょう》するなら、ひとつの抽象である。これらの階級というのも、たとえば賃労働、資本といった、階級の基礎になっている要素のことを知らなければ、これまた空疎な名辞になってしまう。その賃労働、資本などは、今度は、交換、分業、価格といったものを前提にしている。たとえば、資本は賃労働がなければ無であり、価値、貨幣、価格などなどがなければ無である。したがって、もし人口から始めたならば、それは全体の混沌とした表象になってしまう。そこで、よりくわしい規定をしていくことによって、分析的に、もっともっと単純な概念を見つけだす方向に動いていくことになるだろう。つまり、表象された具体的なものから、より稀薄な抽象的なものへと進んでいって、ついには、もっとも単純な諸規定に到達することになるだろう。そこから、今度は後にもどってたどりなおしていく旅が始められるべきであって、たどりなおした果てにふたたび人口に到達することになるだろう。しかし、そこで到達された人口という概念は、今度は、先ほどのような全体の混沌とした表象としての人口ではなくて、さまざまな規定と関係から成り立っている豊富な総体としての人口なのである。……この後のほうの方法「まず具体的なものを分析しつくしたのち、その分析によってえられた抽象的な要素を総合してもとの具体的なものにもどっていく方法」が、明らかに科学的に正しい方法である。具体的なものは、それがさまざまな規定が統合されたものであり、したがって多様なものの統合であるからこそ、具体的なのである。だから、思考においては、具体的なものは統合の過程として、結果として現れるのであって、現実に出発点で

> あり、したがってまた直観と表象の出発点でありながら、思考そのものの出発点としては現れないのである。第一の方法〔具体的なものを分析して抽象的な要素に到達して終わる方法〕の道程では、完全な表象が蒸発させられて抽象的な諸規定を生みだし、第二の方法〔分析された要素から逆に総合してもとにもどる方法〕の道程では、抽象的な諸規定が思考の道程を通じて具体的なものの再生産へと導かれることになる。……だが、それはけっして具体的なもの自体が出来上がっていく過程ではないのである。〔マルクス『経済学批判要綱』Marx 1973, pp.100-1 傍点は引用者による〕

ここで「もっとも単純な諸規定」といわれているものは、行為（あるいは二面的な性格をもっている労働）としてのみ理解することができます。これがまさしく旋回軸、後にもどってたどりなおしていく旅に意味をあたえる転換点なのです。

同じ論点が、『資本論』でくりかえされています。たとえば、マルクスが技術の批判から始めて、宗教の批判へと移っていくところで、脚注に簡潔に記された次のような言葉があります。

> 実際には、分析を通じて宗教の霧のかかった幻像の地上的な核心を見いだすことのほうが、逆に、日常的な現実的諸関係からそれらの諸関係に対応する天上的な形態を展開していくことよりずっとやさしいのである。後者の方法こそが唯一の唯物論的方法であり、したがってまた唯一の科学的方法なのである。〔Marx 1965, pp.372-3〕

なぜマルクスは、これが唯一の科学的方法だと主張しているのでしょうか。それが理論的にずっと大きな労力の要るものであることは確かですが、それがどう関係しているというのでしょうか。また、生成との関係をどう理解したらいいのでしょうか。宗教批判についてのべられていることが答えのヒントになります。そこでは「分析を通じて宗教の霧のかかった幻像の地上的な核心を見いだす」ことがのべられていますが、これはフォイエルバッハと彼の宗教論に関連しています。フォイエルバッハは、神の存在を信じているということは人間の自己疎外の表現であり、人間の自己疎外とは、言葉を換えれば、宗教の「地上的な核心」であると論じていたのです。そして、マルクスの文章の後半でのべられている「日常的な現実的諸関係からそれらの諸関係に対応する天上的な形態を展開していく」ことは、マルクス自身のフォイエルバッハ批判に関わっています。マルクスは、自己疎外は〔フォイエルバッハのとらえかたのような〕抽象的な意味においてではなく、実践的な（したがって歴史的な）意味においてとらえられなければならないということをのべているのです。神は人間の創造物である（そして、その逆ではない）ということを指摘した点ではフォイエルバッハは正しかったけれど、その創造の過程は実践的、感覚的にとらえられなければならない、とマルクスはいうのです。「神」という概念は人間の思考の産物として理解されなければならないけれど、そうした思考は、個人的で非歴史的な行為なのではなく、ある歴史的条件のもとでの社会的実践の一局面なのだ、というのです。

フォイエルバッハによる批判は重要な政治的意味をもっていました。宗教は、人間を客体として、神によって創造されたものとして、提示していました。神は、唯一の創造主であり、万物の創造主であり、すべての力の源、唯一の主体とされていたのです。これに対して、フォイエルバッハの宗教批判は、人間を世界の中心に置くものでした。しかし、フォイエルバッハのいう人間は、時間を超えた自己疎外に囚われたものだったのです。人間は、一面において神化されると同時に、他面において無力なものにされていたのです。しかし、いったん、神を創り出すという行為が人間による社会的で歴史的な実践としてとらえられれば、人間はもはや時間を超えた無力の真空状態に囚われているものではなくなります。そうすると、疎外のない時代を考えることができるようになります。社会歴史的な条件が異なる時代、そこでは人間が神を創り出すことはもはやなく、自分自身の客体化をおこなうこともない時代を考えることができるようになるのです。

マルクスの経済学批判は、フォイエルバッハの宗教批判と同じパターンを踏襲しています。『資本論』のなかで、マルクスの関心は宗教の神よりももっとずっと強力な神に惹きつけられています。その神とは貨幣（価値）という神なのです。日常的な思考のなかで、貨幣は世界の支配者として、力の唯一の源として立ち現れてきます。リカードは（フォイエルバッハと同じような位置を占めて）、そうではないということを示したのです。リカードは「分析」を通じて経済（すなわち貨幣の宗教）における「霧のかかった幻像の地上的な核心」は人間の労働であり、それこそが価値の実体であることを見いだしたのです。しかしながら、リカードは、価値というものをフォイエルバッハが神をあつかったのと同じようなやりかたであつかってしまいました。つまり、人間が置かれた条件がもつ時間を超えた非歴史的特徴によるものとしてとらえたのです。

なるほど、経済学はたとえ不充分にではあっても、価値と価値の大きさを分析して、これらの形態のもとに隠されているものを見つけ出した。しかし、経済学が、なぜ労働は生産物の価値によって表されるのか、なぜ労働時間はその価値の大きさによって表されるのかを問題にしたことは一度もなかった。ある社会状態——生産過程が人間によって統御されているのではなくて、生産過程が人間を支配しているような社会状態——に属していることが紛《まぎ》れもない文字で書き記されているような公式が、ブルジョア的な知性にとっては、生産労働そのものと同じように自明で自然的な必然性をもったものであるかのように現れてくるのである。〔マルクス『資本論』Marx 1965, pp.80-1〕

結論としては、リカードは、フォイエルバッハと同じように、人間を世界の中心に置きながらも、人間性を、時間を超えて変わることのない無力の真空状態のなかに囚われたままにしたのです。価値と貨幣が社会的で歴史的な人間の実践を通じてつくりだされていく過程を跡づけることによってはじめて、貨幣の権力（そして人間の無力）に対する批判が人間の反権力の理論、人間的実践の反権力の理論となるのです。

ですから、現実に存在する現象を歴史的に特定の、したがって変革することのできる社会関係の形態としてとらえるうえで、生成に対する批判が決定的に重要なのです。いま引用した『資本論』の文章につけられた脚注で、マルクスは次のようにのべています。

古典派経済学のもっともすぐれた代表者であるアダム・スミスやリカードでさえ、価値形態を何の重要性ももたないもの、商品そのものの本性とは結びついていないものとしてあつかっている。その理由は、価値の大きさについての分析にすっかり注意を奪われているというところだけにあるのではない。理由は、もっと深いところに根ざしている。生産物の価値形態というものは、ブルジョア的生産様式のなかで生産物がとる、もっとも抽象的であるだけでなく、もっとも普遍的な形態であって、ブルジョア的生産様式は、これによって、社会的生産の特殊な一種類として性格づけられ、したがってまた特殊な歴史的性格を帯びるのである。もしこの生産様式を社会の諸段階にかかわりなく自然によって永遠に固定されたものとしてあつかうならば、われわれは不可避的に価値形態の、したがってまた商品形態の、さらに進んでは貨幣形態、資本形態等々のそれぞれに固有な違いを見誤ることになる。［Marx 1965, p.81］

生成に対する批判がおこなわれることによって、形態の問題が開示され、私たちの「する」力が否認された形態で存在していることに関する理解が助けられて、否認された形態で存在しているものがもつリアリティと力に関するきわめて重要な問題が指摘されてくることになるのです。

このような実例から明らかになるのは、生成を問題にする方法は、より優れた論理を適用しているというようなことではない、ということです。(3) マルクスの方法は、カテゴリーの論理的「導出」（たとえば、価値から貨幣を、貨幣から資本を、という具合にカテゴリーを導き出すこと）に基礎をおいたものだと評されることがあります。これは正しいのですが、この導出あるいは生成のつながりを純粋に論理的な問題だととらえるならば、マルクスのアプローチの核心を誤解してしまうことになります。マルクスの方法が科学的だというのは、その論理が論理として優れているというところ、より厳密な論理だというところにあるのではなくて、それが行為の過程の運動を思考において追体験している（したがってまた、その過程に意識的に参加している）ところにあるのです。生成は、人間による生成として、人間の「する」力としてのみ理解することができるのです。ですから、マルクスの方法は、何よりも政治的に重要性をもっていることになるのです。

Ⅲ

分析と生成の運動としてとらえられた批判は、物神化から脱却しようとする運動であり、叫びの理論的な声ともいうべきものなのです。批判は、破壊と再生の両方をおこなうものです。批判は、「である」ものすべてに対して仮借ない破壊をおこないます。「である」ことそのものを破壊するのです。何々は何々であるというアイデンティティの表明や（「左」であれ「右」であれ「中道」であれ）何かが何か「である」という主張は、批判による破壊を免れません。しかし、批判は単に破壊をおこなうだけではありません。「である」ことに対する破壊は、同時に、「する」ことの回復、人間の「する」力の復元なのです。批判は、否認するものを破壊するかぎりにおいて、否認されたものを解放するのです。批判は、それが破壊的である度合に応じて、解放の力をふるうのです。

　こうした「する」ことの回復は、もちろん、理論的な回復にすぎません。私たちが批判する存在、私たちが批判する客体性は、単なる幻想ではありません。リアルな幻想なのです。行為と行為が生みだしたもの、主体と客体とは現実的に分離されているのです。私たちがつくりだした対象は、実際に、私たちの前に疎遠なものとして、「である」ものとして立ちはだかっているのです。生成に対する批判は、その内に、私たちの失われた主体性の回復を含んでおり、そうした疎遠な対象が私たち自身の自己疎外に陥った主体性によって生みだされたものであることを理解させてくれますが、そのように批判されたからといって、それだけで、その対象が疎遠な対象でなくなるわけではありません。それらの対象が客体としてあるのは、私たちの理解不足のせいではなくて、その対象をつくりだした仕事の過程が自己疎外に陥っていたからです。こういったからといって、理論の重要性を過小評価するものではまったくなくて、理論は、行為を現実にとりもどそうとするより普遍的な闘いの一部としてとらえられたとき、はじめて意味をもってくるのだということを明らかにするためなのです。

この闘いとの関連において重要なのは、回復されるべきなのは個人的な行為ではなくて社会的な行為だということです。現象が生まれてくる過程をとらえようとすると、あるいは物神化された外見の起源をとらえようとすると、私たちはつねに社会的行為とそれが現実に存在する形態へと引き戻されていきます。たとえば、貨幣の起源を理解することは、「xが貨幣をつくった」という問題ではなくて、人間の行為が市場にむかって商品をつくりだす労働として組織されることによって貨幣がつくりだされるというふうに見ることなのです。マルクスが明らかにしたように、貨幣は、価値と同様に、国家と同様に、資本と同様に、社会関係がとる形態ですが、しかしその場合、社会関係が行為者の関係であり、活動的な主体の関係であると理解することがきわめて重要です。生成に対する批判を通じて回復される行為は社会的行為であり、私たちが行為の社会的流れと呼ぶものなのです。

この社会的行為は、過去にあった何かではなく、現在の基層です。私たちの叫びの力を理解することは、実に大事なことです。否認されたもの、社会的行為は、行為を否認する「である」ことの起源であるばかりでなく、避けることのできない現在の基層なのです。貨幣の生成に対する批判(『資本論』第一章)は単に貨幣の歴史的起源を明らかにしただけのものではなく、むしろ社会的行為が商品生産労働として存在することを通じて、貨幣が継続的に再生成されていることを暴いています。貨幣は行為が抽象的労働として存在しなければ存在することができません。

物神崇拝を物神化[の過程]としてとらえれば、生成を歴史的な生成としてだけではなく、何よりも現在における生成として理解しなければならないことがはっきりしてきます。単に「価値、貨幣、国家が社会関係の形態として、かつてどのように生まれたのか」を問うだけではなくて、「価値、貨幣、国家が社会関係の形態として、いまどのように生まれてくるのか」を問わなければならないのです。「こうした形態は、日々どのようにして崩壊し、ふたたび創造されているのか」「こうした形態を、私たちは日々どのようにして崩壊させ、ふたたび創造しているのか」を問わなければならないのです。私たちの叫びから出て、私たちは固定された世界、「である」ことの世界に直面しています。まずは、すべての現象が形態であり、社会関係が歴史的な存在様式であることを明らかにすることを通じて、続いては、こうした形態が極度に移ろいやすいものであり、極度に不安定で、つねに変えようとする動きにさらされ、崩れてはふたたび形づくられ、形づくられてはふたたび変えようとする動きにさらされるくりかえしなのだということを明らかにすることを通じて、批判は、そうした固定された状態を壊すのです。

生成に対する批判は、そこで取り上げられた行為が「純粋な主体性」によるものではないことを暴き出します。純粋な主体性ではなくて、損なわれた主体性なのです。それが、私たちが知っている唯一の主体性です。批判は、人間の創造性とその創造性がその内に存在している形態という観点から、社会現象をとらえていこうとします。宗教を創り出した人間(4)は、全体的人間ではありません。それは、病み、損なわれ、自己疎外に陥った人間なのです。

宗教は、いまだ自己を見いだしていないか、あるいはすでに自己を失ってしまった人間の自己意識であり自己評価である。……宗教は抑圧された者の溜め息であり、心なき世界の心であり、まさしく精神なき状況における精神なのである。［マルクス『経済学批判要綱』Marx 1973, p.175］

これと同じように、『資本論』において、マルクスは、経済学のすべてのカテゴリーを、人間の創造性そのものから導き出しているのではなくて、むしろ、人間の創造性が抽象的労働と具体的労働とに自己分裂し自己対立して二重になっている、そうした存在のしかたから導き出しているのです。生成に対する批判は、人類の主体性が唯一の主体性であることを指し示します。その意味で、それは、「する」力が胸をたたいてあげている大きな叫びなのです。「社会を創ったのはわれわれだ。神ではないし、資本でもないし、偶然でもない。だから、われわれは社会を変えることができるのだ。」そう叫んでいるのです。ここにおいて、私たちが最初にあげた落胆の叫びは、反権力の叫びになりはじめます。しかし、その一方で、私たちが社会を私たちの前に疎遠なものとして立ちはだかってくるような社会としてつくるなら、私たち主体が客体を私たち自身の主体性の表現として認めることができないようなものとしてつくるなら、それは、私たち自身が自己疎外、自己外化にさらされて、自分たち自身と対立するようになっているからなのです。

ところが、資本主義に対する左翼的批判のなかにはひとつの傾向が、つまり、道徳的に一段高い場所を設定し、この社会を超越した場所に自分自身をおこうとする傾向があるように思われます。社会は病んでいるが、自分たちは健《すこ》やかだ、というわけです。自分たちは、何がまちがっているのかわかっているけれど、社会が病んでいるので、ほかの人たちにはそれがわからない、というのです。われわれは正しい。われわれはまちがいのない意識をもっている。われわれが正しいということがわからない人間は病んだ世界にだまされて、まちがった意識にとらわれているのだ。——このようにして、私たちの出発点であった怒りの叫びは、たやすく、自分は正しいといって社会を告発する道徳的エリート主義になっていってしまうのです。

現実をそのまま認める人たちが、私たちの叫びを私たちに押し返してきて、あなたたちこそが病んでいて、理性を欠き、未熟で、分裂症的だ、と言い返してくるなら、私たちは、それに耳を傾けるべきではないでしょうか。どうして、私たちは、社会は病んでいるけれど自分たちは病んでいないということができるのでしょうか。いうことができるとすれば、なんという傲慢《ごうまん》さでしょう！なんというナンセンスでしょう！　社会が病気なら、私たちも病気なのは当然のことです。私たちは社会の外に立っていることはできないのですから。私たちの叫びは、社会の病である私たちの病に対する叫びであり、私たちの病である社会の病に対する叫びなのです。私たちの叫びは、単に「外にある」社会に対する叫びではないのです。同時に、私たち自身に対する叫びなのです。なぜなら、「外にある」社会によって、「支配しようとして対立しながら立っている」現実によってこそ、私たち自身が形づくられているからです。主体が客体に対して「こっちのほうがそっちより損なわれていないぞ」というような批判をするのは、主体が批判の対象である客体の一部であり（同時に一部でないともいえるのですが）、いずれにせよ、客体から分離されることによって（同時に分離されていないともいえるのですが）つくりだされたものである場合には、意味がないのです。そういう「こっちのほうがそっちより損なわれていないぞ」式の批判は、主体と客体との分離を前提にしており、したがって、その分離を補強することになってしまうのです。そして、その分離こそが、そもそも主体と客体双方の病のもとなのです。ですから、社会に対する批判は同時に自分自身に対する批判でなければならないし、資本主義に対する闘いは同時に、資本主義と対立しているだけでなく資本主義の内部にいる者でもある「私たち」に対する闘いでもあるということを、最初から前提にしたほうがいいのです。批判することは、私たちが自己分裂していることを認めることなのです。社会を批判することは、そのような社会を再生産しつづけている共犯者である私たちを批判することなのです。

その点を充分に理解することは、いかなる意味においても、私たちの叫びを弱めるものではありません。反対に、叫びをより強め、より切迫したものにするのです。

7　科学的マルクス主義の伝統

I

物神崇拝という概念には、科学に関する否定的な概念が含まれています。人と人との関係が物と物との関係としてあるというなら、社会関係をとらえようという試みは、否定的なかたちでしか、つまり社会関係が現象してくる形態（そして、そのように実在しているわけでもあるのですが）に対して、それと対抗しながら、それを超えていくかたちでしか進めることができません。こうして、科学は批判的なものになるのです。

したがって、物神崇拝という概念には、「ブルジョア」科学と批判的・革命的科学とは根本的に区別される、という考え方が含まれています。「ブルジョア」科学は、資本主義的社会関係は永遠に続くと考え、アイデンティティを当然のこととしてとらえ、矛盾というのは論理が一貫していないことを示すものだとしてあつかいます。このような見方からすれば、科学とは現実を理解しようとする試みだということになります。批判的・革命的科学の場合には、科学は否定的なもの、実在する現実がもつ虚偽を批判するものとしてしかありえないのです。そこにおいては、目的は現実を理解することにあるのではなくて、世界を変革する闘いの一部として現実がもつ矛盾をとらえる（そして、そのようにとらえることによって、矛盾を激化させる）ことにあるのです。物象化が浸透している度合が強いと考えれば考えるほど、科学の否定的な性格も度合を強めていきます。もしすべてが物象化に浸されているのならば、あらゆるものが行為の断絶を押しつけようとする動きと行為を回復しようとする批判的・実践的な動きとがせめぎあう場になるのです。そこには中立的なカテゴリーはありません。

マルクスにとって、科学とは否定的なものです。科学の真理とは、偽りの現象の虚偽を否定することです。しかし、ポスト・マルクスのマルクス主義の系譜において、科学の概念が、否定的なものから肯定的なものに転換されました。物神崇拝という概念は、マルクスにとってはきわめて中心的な位置を占めていたものでしたが、マルクス主義主流の系譜においては、ほとんど完全に忘れ去られてしまいます。科学とは、物神崇拝の虚偽と闘うことであったのが、実在するものを認識することであるととらえられるようになってしまいました。このように科学が肯定的なものにされるにともなって、「させる」力が革命理論に浸透してきて、革命組織を掘り崩すようになってきます。それは、政府の秘密工作員が革命組織に潜入するよりも、ずっと効果的に革命組織を掘り崩してきたのです。

マルクス主義の系譜のなかで、このように科学が肯定的なものとされるようになってきたのは、もともとエンゲルスによるものだと見ると、なかなか都合がいいのです。しかし、マルクスとエンゲルスとの違いを過大評価するのが危険なのはもちろんです。すべての責めをエンゲルスに帰させてしまうと、マルクス自身の著作に明らかに含まれていた矛盾から目をそらすことになってしまいます(1)。

マルクス主義主流の系譜において、マルクス主義がもつ科学的性格を主張している古典的な著作は、エンゲルスのパンフレット『ユートピアから科学への社会主義の発展』〔日本語訳では従来は『空想から科学へ…』と題されていたもの〕です。「マルクス主義」と呼ばれるものを定義するうえでは、おそらくこの著作がもっとも大きな影響をあたえてきたといっていいでしょう。マルクス主義の系譜における科学主義の批判は、多くの場合、エンゲルス批判というかたちを取ってきましたが、実際には、マルクス主義を「科学的」なものとしてとらえる伝統は、そこでいわれているよりももっと深いところに根ざしているのです。そのようなとらえかたは、マルクス自身の著作のいくつか（もっとも有名なのは一八五九年に書かれた『経済学批判序言』です）に確かに表現されていますし、その見方は、マルクス主義の「古典」期にカウツキー、レーニン、ルクセンブルク、パンネクックなどさまざまな論者によって発展させられています。エンゲルスのこの著作をはっきりと擁護する論者は、今日ではおそらく比較的少数になっているように思われますが、エンゲルスが代表する伝統は、マルクス主義の多くの議論において、依然として暗黙のうちに不問のまま前提にされています。これからのべることのうちで主要な関心は、だれがどういったということではなくて、科学的マルクス主義の伝統の主要な構成要素を引き出すことにおかれています。

マルクス主義を「科学的」だとするにあたって、エンゲルスがいおうとしているのは、社会の発展を自然の発展の科学的理解とまったく同じようなものとして理解するのが「科学的」なのだということです。自然の発展と社会の発展の進行は、いずれも同じ恒常的な運動によって特徴づけられています。

われわれが自然一般、あるいは人間の歴史、ないしわれわれ自身の精神活動について考察し反省する場合に、まずわれわれが目にするのは、さまざまな関係と反応、変換と結合が限りなくからみあい、そのからみあいのなかでは、どんなものも、もとのまま、もとのところにとどまっていることがなく、すべてのものが運動し、変化し、生成し、消滅している姿である。……こうした原始的で素朴ではあるが本質において正しい世界観が、古代ギリシア哲学の世界観であり、それを最初に明確に定式化したのはヘラクレイトスであった。ヘラクレイトスがいうには、万物は存在し、かつ存在しない。というのは、万物は流動しており、つねに変化し、つねに生成しては消滅しているからである。［エンゲルス『ユートピアから科学への社会主義の発展』Engels 1968, p.43］

つねに運動しつづけている自然と社会を概念化したのが弁証法なのです。

弁証法は、事物とその表象、観念を、本質的なものである連関、連鎖、運動、生成と消滅においてとらえる。……自然は弁証法の試金石である。そして、現代の科学は、日々積み重ねられていく豊富な材料を提供することによって、このことを証明し、結局のところ、自然は形而上学的にではなく弁証法的に動いていることを示したのだといわなければならない。〔同上 Engels 1968, p.45〕

弁証法を通じてこそ、私たちは自然と社会の発展に関する正確な理解に到達することができるのです。

世界全体とその展開、人類の発展、そしてこうしたものの展開・発展の人間精神への反映を正確に表象するには、弁証法の方法によるしかないのである。すなわち、その正確な表象は、生成と消滅、前進的変化と後退的変化が織りなす無数の作用と反作用に絶えず注目することによって、はじめて獲得できるのである。〔同上 Engels 1968, p.46〕

エンゲルスにとって弁証法とは、自然と社会の客観的運動、主体からは独立した運動を把握するものなのです。

ですから、科学の課題は、自然と社会双方の運動法則をとらえることにあります。現代唯物論は、一八世紀の機械論的唯物論とはちがって、弁証法的なのです。

現代唯物論は、歴史のなかに人類の発展過程を見て、その発展過程の法則を発見することをめざすのである。……現代唯物論は、自然科学の最新の発見を受容し、それにもとづいて、自然にも時間とともに変化する歴史というものがあり、天体も、好適な条件があればその天体の上に棲息《せいそく》するようになる有機生物体と同じように、生成し消滅するものであるとするのである。……いずれの観点からしても、現代唯物論は本質的に弁証法的なのである。……［同上 Engels 1968, pp.47-8］

エンゲルスの弁証法的方法に対する理解が著しく浅薄なものであることは、あらためて強調するまでもないでしょう。ルカーチは、『歴史と階級意識』で、この点を指摘して、党の怒りをこうむる結果となりました。

エンゲルスは、弁証法とはひとつの規定からほかの規定へ絶えず移行していく過程だと主張している。その結果として、一面的で硬直した因果関係は捨てられ、代わって相互作用が前面に出てくる。しかし、エンゲルスは、もっとも重要な相互作用に言及すらしていない。そのもっとも重要な相互作用とは、歴史過程における主体と客体との弁証法的関係である。これについて何ものべていないし、ましてや、それにふさわしい中心的位置をあたえてはいない。しかし、この要素を欠いたら、いくら「流動的」な概念などを保持しようとしたところで（結局はそれも架空のものとなり）、弁証法は革命的性格を失ってしまうのである。なぜなら、主客の弁証法という要素を欠くなら、すべての形而上学が客体に手を触れたり変更を加えたりすることをせず、そのために観照的なものにとどまり、実践的なものにならないのに対して、弁証法的方法にとっては現実を変革することが中心問題になるということを認識できなくなるからである。
[Lukács 1968, p.50　傍点は原文のまま]

エンゲルスにとっては、弁証法は自然法則になってしまい、叛逆の理性、「首尾一貫した非アイデンティティ感覚」、否認されたものの爆発力の感覚ではなくなってしまうのです。正統派マルクス主義の系譜を批判する論者のうちに、弁証法的方法を全面的に批判する人たちが出てきている(2)のは、明らかにこのためにほかなりません。

エンゲルスがマルクス主義は科学だというのは、マルクス主義が社会の動きの法則をとらえているという意味なのです。このようなとらえかたは、ふたつの鍵になる要素にもとづいています。

これらふたつの偉大な発見、ひとつは歴史に対する唯物論的把握「唯物史観」、もうひとつは剰余価値を通じた資本主義的生産の秘密の暴露、これらはマルクスのおかげでもたらされたものである。これらふたつの発見によって社会主義は科学になった。次に必要とされたのは、この科学をあらゆる細目とあらゆる関係において仕上げていくことであった。〔エンゲルス『ユートピアから科学への社会主義の発展』Engels 1968, p.50〕

「マルクス主義」という名称で知られるようになったエンゲルス理論の系譜において、科学は主観性の排除としてとらえられています。「科学的」というのは「客観的」というのと同じこととされているのです。マルクス主義は科学であるというのは、主体的闘争（今日の社会主義者の闘争）は歴史の客観的運動に支えを見いだすということを意味しているのです。自然科学との類比をおこなうことが重要だとされているのは、その類比の根底にある自然概念のためではなくて、その類比から人間の歴史の動きについていわれていることのためなのです。つまり、自然も歴史も、「人間の意志から独立した」力によって支配されていると見ることができ、だから、その力は客観的に探究することができるということなのです。

科学的社会主義としてのマルクス主義という考え方には、ふたつの側面があります。エンゲルスの記述には、ふたつの客観性が出てきます。ひとつには、マルクス主義が客観的であるのは、客観的で必然的な過程を「科学的」に認識したものだからだ——というとらえかたです。マルクス主義が科学的であるというのは、人間の意志から独立したところにある歴史過程の運動法則を正確に把握しているという意味においてなのです。マルクス主義者に残されている仕事は、ただ、そうした把握の細かいところを埋めて完全なものとし、歴史の科学的把握を適用していくことだけなのです。

科学的に客観的な革命理論としてのマルクス主義という考え方が、資本主義に反対する闘争に生涯を捧げていた人たちにとってどれほど魅力的なものであったのかは、明らかなことです。こうした考え方は、歴史の動きに関する首尾一貫した観念をあたえてくれただけでなく、どんなに挫折を味わわされたとしても歴史はわれわれの側にあるという絶大な精神的支えをあたえてくれたのです。エンゲルス主義の観念がもっていた絶大な力、そして当時の闘争において果たした重要な役割を見落とすべきではありません。しかし、同時に、科学的社会主義という考え方がもっていたふたつの側面（客観的認識、客観的［歴史］過程）は、闘争理論としてのマルクス主義の発展に非常に大きな問題を投げかけたのです。

マルクス主義が正しく客観的で科学的な歴史認識としてとらえられることになるならば、これに対して問いが発せられます。「だれがそういっているのか?」という問いです。正しい認識をもっているのはだれで、その認識をどのようにしてもつようになったのでしょうか? その認識の主体はだれなのでしょうか? マルクス主義は「科学」だという考え方には、認識をもっている者ともっていない者とを区別し、真実を認識している者と虚偽しか認識していない者とを区別する考え方が含まれているのです。

この区別は、すぐさま、認識論上の問題と組織上の問題をともに提起します。政治的な議論の焦点は、何が「正しい」のか、何が「正しい路線」なのかというところにしぼられます。しかし、「認識をもっている者」の認識が正しいものだということが、どうして私たちにわかるのでしょうか（また、彼らにわかるのでしょうか）? その「認識をもっている者」（党でも、インテリでも、なんでもいいのですが）の認識が、彼らが生きている社会がもつ時間と空間の条件を超越して、歴史の動きに関する特別の認識にいたっているなんていうことが、どうしてできたのでしょうか？　さらには、政治的には、おそらくもっと重要な問題があります。もし、認識をもっている者ともっていない者との区別がおこなわれ、そのうえで、その認識もしくは理解が政治的闘争を導いていくうえで重要なものと見なされるならば、認識をもっている者ともっていない者（大衆）との組織的関係はどのようなものになるべきなのでしょうか？（前衛党の考え方がそうであるように）認識をもっている者が大衆を指導し教育するべきなのでしょうか？　それとも、（パンネクックのような「左翼コミュニスト」が主張していたように）コミュニズム革命は必然的に大衆の事業になるのでしょうか？

科学的マルクス主義のもうひとつの翼、社会は客観的法則に従って発展するという考え方は、これまた闘争理論に明らかな問題を提起するものです。もし、人間の意志から独立した客観的な歴史の運動があるとするなら、そもそも闘争の役割はどこにあるのでしょうか？　闘う者は、自分ではコントロールできない人間の運命を実現しているだけなのでしょうか？　それとも、客観的運動の隙間においてのみ、生産力と生産関係との対立・衝突によって多かれ少なかれ生じている裂け目を埋めるためにのみ、闘争が重要なのでしょうか？　客観的法則という考え方は、構造と闘争との間に分離を生じさせるのです。物神崇拝という観念が、すべては闘争である、社会関係の非和解的対立から離れて存在しているものなどない、ということを示すのに対して、「客観的法則」という観念は、一方における人間の意志から独立した客観的で構造的な歴史の運動と、他方におけるよりよい世界を求める主体的な闘争、このふたつを二元的なかたちで示すのです。エンゲルスが概念化したところに従えば、このふたつの運動は一致し、客観的運動は主体的運動を支えるというのですが、それでも、このふたつは最後まで分裂したままなのです。この二元性は、マルクス主義の系譜のなかで、いつまでも理論的・政治的問題を引き起こすもとになっているのです。

目標に向かって動いている歴史の客観的運動というエンゲルスの観念は、闘争に二次的な役割しか認めません。闘争が歴史の運動を支えるだけだと見られているか、もっと積極的な役割を果たしていると見られているかにかかわりなく、いずれにしても、闘争の意味は客観的法則の実現との関係からのみ生まれてくることになります。強調点に違いはあるにせよ、こうした見方からすれば、闘争が自己解放を実現するものだとは見られていないことは確かです。定められた目標を現実のものとすることとの関係においてのみ重要性をもっているにすぎないのです。ですから、闘争というもののとらえかたが、全体として、道具的になるのです。目標を実現するための、どこかに到達するための道具としての闘争というとらえかたになるのです。科学を肯定的なものとしてとらえることは、闘争をも肯定的なかたちでとらえることにつながっています。これによって、闘争は、何かに反対する闘争［反対闘争］から何かを実現する闘争［実現闘争］に姿を変えるのです。実現闘争はコミュニズム社会を創り出すための闘いですが、肯定的科学のアプローチに含まれている道具主義的な観点から、その闘争は一歩一歩漸進的に進んでいくものと考えられるようになり、その歩みのなかの決定的な一歩、革命への梃子《てこ》の支点が「権力の獲得」にあると考えられるようになったのです。こうして、「権力の獲得」という観念は、それ自体で独立した個別的な目標からはるかに格上げされて、理論と闘争のアプローチ全体において中心の位置を占めるようになったのです。

生産力の発展と生産関係との間に生じる矛盾・葛藤からコミュニズムが必然的に生まれてくるというエンゲルスの分析が意味するものは、二〇世紀初めの革命理論家兼実践家たちを満足させるものではありませんでした。彼らは、コミュニズムへ向かってもっと積極的な活動をおこなうことが重要だと主張しました。しかし、彼らにしても、エンゲルスが提起した「マルクス主義」がもっていた二元性にはまだまだとらわれていたのです。(3)

この主体と客体の二元性が提起した問題は、二〇世紀初めの革命的混乱期に表面化してきました。マルクス主義の「古典」期（おおざっぱにいって一九二五年頃まで）におこなわれた事実上すべての議論が、「科学的」に解釈されたマルクス主義に仮の土台をおいていたのです。この時期の主な理論家たちは、おたがいに非常に重要な政治的・理論的な違いをもってはいましたが、マルクス主義の意味については、ある共通の前提の上に立っていました。その前提とは、「史的唯物論」「科学的社会主義」「客観的法則」「マルクス主義経済学」といったキーワードに関連したものでした。

このようにいったからといって、理論的発展がなかったということではありません。おそらくもっとも重要なのは、この激動期に関心の焦点が主体的活動の重要性にあてられたことだったでしょう。第二インターナショナルの主流には、歴史的必然性というものを静観し、そのとおりになるのを待っているような立場から解釈する傾向があったのに対して、この時期の革命的理論家たち（ルクセンブルク、レーニン、トロツキー、パンネクックなど）は、すべて、積極的な革命的介入の必要性を強調していました。しかし、このようなかたちでの主体の強調は、結局のところすべて、資本主義の客観的運動に従属するとまではいわないまでも、それを補完するものと見なされていたのです。エンゲルスはマルクスの「歪曲者」であるとする批判はいまでは相当の広がりを見せてきているので、それに対して、ここではむしろ、科学的社会主義という前提は、第二インターナショナルの改良主義者だけでなく、全部とはいわないまでも大多数の主要な革命的理論家も受け容れていたのだということを強調しておかなければなりません。

科学としてのマルクス主義の二元性は、すでに見たように、ふたつの軸をもっています。客観的歴史過程という観念と客観的認識という観念のふたつです。これらふたつの軸の双方と関連した理論的・政治的問題が、この時期の理論的論争の材料になりました。

ふたつのうち第一の軸、すなわち、人間の意志から独立した客観的過程としての歴史という観念は、ローザ・ルクセンブルクが、ベルンシュタインの修正主義を批判して、古典的なかたちでマルクス主義を護ろうとしたときに取り上げた主要な論点でした。この批判は、一九〇〇年に刊行された『社会改良か革命か』と題するパンフレットで展開されていたものですが、ここでルクセンブルクは何よりも科学的社会主義を擁護しています。ローザにとって、社会主義を客観的な歴史的必然性としてとらえることは、革命運動にとって中心的な重要性をもつものだったのです。

プロレタリアの階級闘争が発展していくなかで獲得された最大の成果は、社会主義の実現を支える土台が資本主義社会の経済的諸関係のなかに見いだされたことにある。この発見を通じて、社会主義は人類が数千年の長きにわたって夢見ていた「理想」から、歴史的必然へと転化したのである。〔ルクセンブルク『社会改良か革命か』Luxemburg 1973, p.35〕

エンゲルスがおこなった科学的社会主義とユートピア社会主義との区別をくりかえしながら、ルクセンブルクは、正義をどこまでも追い求めていくような空虚なやりかたを避けようとするなら、経済的ないし歴史的必然性という考え方をもっとも重要なものと見なさなければならない、と考えたのです。

「どうして、社会主義を経済的強制の結果として描き出そうとするのか?」「どうして、人間の洞察や正義の意識や意志を評価しようとしないのか?」(『フォアヴェルツ』一八九九年三月二六日号)とベルンシュタインは不満をのべている。ベルンシュタインが考えている、もっとも望ましい分配は、人間の自由意志によって実現されるべきものだということになる。それも、経済的必要によって行動しているのではない人間の自由意志によって獲得されるべきだということになるのである。そして、この意志そのものも単なる道具にすぎないのだから、それは、人間の正義を洞察する力、すなわち正義の理念の力によって実現されるべきだということになる。なんとも幸せなことに、ここでわれわれは正義の原理にもどってしまった。この正義の原理こそ、世界をよりよくしようとするすべての改革者たちが、歴史を前に進ませる確実な手段を見つけられないままに、長年うちまたがってきた年老いた馬である。われわれは、歴史のドン・

キホーテたちが地上の大いなる改革をめざして出発したときに乗っていた、あのロシナンテ〔ドン・キホーテの愛馬〕、いつも結局疲れ果てて目をくぼませて帰ってくるしかなかった、あのよぼよぼのロシナンテのもとにもどってきてしまったのだ。［Luxemburg 1973, pp.44-5］

こうして、マルクス主義は、科学としての性格をもっていることが、その決定的な特徴だとされるようになります。社会主義の科学的基礎は、次のような点にあるとされます。

社会主義の科学的基礎は、資本主義発展の三つの主要な結果にもとづくものである。その結果とは、第一に、資本主義を不可避的に死滅に導く資本主義経済の無政府性の増大である。第二に、未来の社会秩序を生みだす端緒となる生産過程の社会化の進展である。そして、第三に、迫り来る革命の能動的要因となっているプロレタリア階級の組織と階級意識の成長である。［Luxemburg 1973, p.11］

この第三の要素、「能動的要因」がルクセンブルクにとっては重要なのです。

社会主義は労働者階級の日常の闘いから自然に、内在する傾向に従って自動的に生まれてくるものではけっしてない。ただ、第一に資本主義経済が客観的にもっている矛盾が増大することを通じて、第二に社会変革によってその矛盾を止揚しなければならないことを労働者階級が認

識するようになることを通じてのみ、社会主義は生まれ出るのだ。〔Luxemburg 1973, p.31〕

このようにして、ルクセンブルクは、他のすべての革命的理論家とともに、ドイツ社会民主党の多数派がとっていたような社会主義の必然性に対する静観的な見方〔必然的に社会主義になるのだから黙って見ていればいいといわんばかりの態度〕を拒絶したわけですが、主体的活動を重要なものとして強調することは、やはり、社会主義は客観的・歴史的に不可避であるという考え方を背景にしていたのです。社会主義は、第一に客観的趨勢《すうせい》の結果として、第二に主体的認識と実践の結果としてあるといえるでしょう。主体的なものを強調する観点は、社会主義の客観的・歴史的必然性を唱える理論がマルクス主義であるとするとらえかたに後から付け加えられたものであるともいえるし、あるいは、こちらのほうがもっと正確かもしれませんが、客観的必然性の理論としてのマルクス主義が、主体的な階級闘争を補い、強めたのだともいえます。どちらであるにしても、はっきりしているのは、客観的なものと主体的なものとが二元的なかたちで分離されている——「経済法則と主体的要素との古典的二元性」（Marramao 1978, p.29）——ということなのです。

この二元性から生じてくる論点の中心にあるのは、その二元性の両極——歴史的必然性と「能動的要因」——の間の関係をどう考えるのか、という問題です。科学的社会主義が提起した問題の表し方そのものが、すでに、決定論と自由意志論との間の、主体の介入にあまり重要性を認めない人たちとそれが決定的だとする人たちとの間の果てしない論争に発展することをうかがわせるものでした。しかし、議論の的になったのは、客観的に確定している枠組の範囲内で主体的なものにはどれだけの余地が残されているか、という問題でした。その余地というのは、本質的に隙間にすぎないのであって、その隙間が本来的にどういうものであるのかが議論されたのです。「能動的要因」にどれだけのウエイトが置かれているにせよ、そこで議論されているのは、客観的に確定している「終局目標」にどうやって到達するか、ということなのです。ルクセンブルクは、『社会改良か革命か』でベルンシュタインを批判するにあたって、最初から、ベルンシュタインが社会主義運動の「終局目標」を放棄していることを非難しているのです。ローザは、ベルンシュタインの言葉「それがどんなものであれ、終局目標は無であり、運動がすべてである」を引いて、それに対して次のように反対しています。

……社会主義の終極目標は、社会民主主義的運動［今日でいう「社会民主主義」ではなくマルクス主義的社会主義のことをさしています］をブルジョア民主主義やブルジョア的ラディカリズムと区別する唯一の決定的な要因である。また、労働運動全体を、資本主義制度を手直しするむだな努力から、この制度に反対し、この制度を廃絶することをめざす階級闘争へと移行させるうえでの唯一の決定的な要因である。……［ルクセンブルク『社会改良か革命か』Luxemburg 1973, p.8］

それでは、この終極目標とは何だとルクセンブルクはいうのでしょうか？「政治権力の奪取と賃金制度の廃止」［Luxemburg 1973, p.8］です。

そして、ルクセンブルクによれば、その目標は、政治権力の奪取を通じて社会革命をもたらすことだというのです。「階級社会が最初に現れ、階級闘争がその社会の歴史の本質的な内容をなすようになって以来、政治権力の奪取はつねにすべての新興階級の目的であった。」［Luxemburg 1973, p.49］「社会主義の核心を資本主義の外皮から取り出すことが必要である。まさにこの理由から、プロレタリアートは政治権力を奪取し、資本主義制度を廃絶しなければならない。」［Luxemburg 1973, p.52］階級闘争は道具であり、目的は「社会主義の核心を資本主義の外皮から取り出すこと」にあるのです。ですから、闘争は社会主義社会（それがどういうものになるとしても）を創り出す自己解放の過程ではなくて、その対極をなすものです。すなわち、闘争はあらかじめ考えられている目標を実現するための道具であり、そしてその目標達成が次にすべての人たちに自由をあたえることになるというわけです。

マルクス主義の古典的な論争においては、「能動的要因」と「歴史的必然」との間の関係は、資本主義の崩壊をめぐる論議にもっともはっきりと集約されています。この論議が重要な政治的意味をもったのは、資本主義から社会主義への移行の問題、そして、これから派生した革命と革命組織の問題に議論が集中したからでした（といっても、ここでの立場の違いが単純に左翼と右翼への分裂につながったわけではありません（Marramao 1978 参照））。

一方の極にある立場は、通常、第二インターナショナルの立場とされているもので、これをもっとも明確に定式化したのは、一八九〇年代末のハインリッヒ・クノーでした（Cunow 1898-99）。資本主義の崩壊は資本主義自体の矛盾の展開からもたらされるものなのだから、革命組織など必要がない、とクノーはいうのです。しかし、資本主義の崩壊が不可避だとする論者のなかで、こうした結論を引き出さなかった人たちもいました。すでに見たように、ルクセンブルクは資本主義の必然的崩壊を論じましたが（彼女の場合、資本主義の崩壊は、資本が非資本主義世界へ拡大していける可能性がやがてなくなってしまうから起こる、としました）、そのことは、彼女にとっては、革命組織の必要性を減じるものではなくて、むしろ反資本主義闘争を鼓舞するものだと考えられたのでした。

これとは反対の見方、崩壊は避けられないものではないという見方からも、やはり異なった政治的結論が導き出されてきました。革命的展望を捨てて、資本主義を受け容れ、その枠組のなかで社会の改良を追求することができるという結論にいたった人たちもいました（たとえばベルンシュタインがそうです）。しかし、パンネクックのような人たちにとっては、資本主義の必然的崩壊という考え方を拒むことは、革命組織の重要さを強調する役割を果たしていたのです。パンネクックが主張したのは、資本主義の矛盾が客観的に動いていって崩壊につながっていくということはない、そうではなくて、もっと激しい危機が起こるのであって、その危機を資本主義転覆の機会としてとらえなければならない、という論でした（Pannekoek 1977）。左翼コミュニズムないし評議会コミュニズムの指導的理論家だったパンネクックはレーニンの著書『左翼小児病』で非難されたりもしましたが、そのパンネクックが、「能動的な側面」を発展させることが重要だと強調しながらも、資本主義の客観的運動を分析したマルクスの「経済的唯物論」の枠組を是認していたのは興味深いことです。パンネクックは能動性を強調しますが、それは客観主義的マルクス解釈に挑戦するというかたちを取るのではなくて、客観的発展を主体的行動で補完することが必要だと主張するというかたちを取っていたのです。

科学的社会主義の第二の軸、科学的認識とそれが組織に対してもつ意味という問題は、レーニンとレーニン批判者たちとの間の議論の核になっていた問題でした。

レーニンの前衛党理論では、科学的認識を肯定的に考える発想が組織に対してもつ意味が、「認識をもっている者」（真実の意識をもっている党員）と「認識をもっていない者」（虚偽の意識をもっている大衆）との間のはっきりとした組織的区別をつくりだすところにまで発展させられています。前衛党理論を説明したパンフレット『なにをなすべきか』のなかで、レーニンは、その点を非常に率直なかたちで論じています。一八九〇年代のストライキ運動がもっていた限界について論じたあとで、階級意識と社会主義に関する彼の主張の核心に、次のように言及しているのです。

われわれはいま、労働者は社会民主主義的意識〔これも今日の「社会民主主義的意識」ではなくて、むしろ「共産主義的意識」のこと〕をもっているはずもなかった、といった。この意識は労働者に対しては外部からしかもたらされることができないものだった。すべての国の歴史が示しているように、労働者階級は、まったく自分の努力だけでは、組合主義的意識、すなわち組合に団結し、雇用主と闘争をおこない、政府から労働者に必要な立法を勝ち取るように努めるといったことが必要だということをつかむところまでしかいくことができないのである。しかしながら、社会主義理論は、有産階級の教養の面での代表であるインテリゲンティアが仕立て上げた哲学、歴史学、経済学の諸理論のうちから成長してきたものである。社会的地位からすれば、近代の科学的社会主義の創始者であるマルクスとエンゲルス自身も、ブルジョア・インテリゲンティアに属していた。これと同じように、ロシアでも、社会民主主義の理論的教説は、労働運動の自然発生的成長からはまったく独立に発生した。それは、革命的・社会主義的インテリゲンティアの間に生まれた思想が自然に、また必然的に発展した結果として生まれてきたのである。［レーニン『なにをなすべきか』Lenin 1966, pp.74-5 傍点は原文のまま］

このように理論（ブルジョア・インテリゲンティアによって発展させられる）と経験（労働者がもっている）とをはっきりと分けるのは、ロシア独特の革命運動の歴史が反映したものだという見方もあります（たとえば del Barco 1980 参照）。しかし、レーニン自身が論及しているところでは、自分の考え方はマルクス主義の伝統のなかにある、より広い基盤にもとづいたものだ、とされています。レーニンは、エンゲルスとカウツキーを延々と引用しています。特に重要な意味をもっているのは、カウツキーの論文から、明らかに是認の態度をこめて、次のような文章を引用していることです。そこで、カウツキーは、こうのべています。

確かに、社会主義は、理論としては、プロレタリアートの階級闘争とまったく同じように、現在の経済関係のうちに根ざしており、また資本主義がつくりだした大衆的貧困と大衆的悲惨のうちから発生してくるものである。しかし、社会主義と階級闘争は、一方が他方から生まれてくるものではなく、並行して生まれてくるものであり、またそれぞれが異なった条件のもとで生まれてくるのである。現代の社会主義的意識は、深遠な科学的認識を基盤にしてこそ、はじめて生まれてくることができる。実際、現代の経済科学は、たとえば現代の技術と同じように、社会主義的生産の前提条件となっているが、プロレタリアートは、どんなにそれを望んだとしても、そのどちらをも自分でつくりだすことはできない。それらは、どちらも、現代の社会過程の内から生まれてくるのだ。科学の担い手は、プロレタリアートではなくて、ブルジョア・インテリゲンティア（傍点はカウツキーによるもの）である。現代の社会主義の起源となったものも、これと同じ階層［ブルジョアジー］の成員の精神の内に生まれ、彼らがそれを、まず初めに知能の優れたプロレタリアたちに伝え、続いて、これらのプロレタリアが、事情の許すところで、プロレタリアートの階級闘争のなかにそれを持ち込んだのである。だから、社会主義的意識は、プロレタリアートの階級闘争のなかへ外部から持ち込まれたもの（*von aussen Hineingetragenes*）であって、階級闘争のなかから自然発生的に（*urwüchsig*）生まれてきたものではないのである。だから、旧ハインフェルト綱領も、社会民主党の任務は、プロレタリアートをみずからの地位とみずからの任務についての意識で満たすことにある、と正しくのべていたのである。もし、そうした意識が階級闘争のなかからひとりでに現れてくるものであるなら、そんなことをする必要はないわけである。［同上 Lenin 1966, pp.81-2］［（　）のなかはレーニンが引用に際して記したカウツキーのドイツ語原文］

このカウツキーからの引用を見てはっきりするのは、中心的な論点がロシア革命運動の伝統に根ざした特殊なものではないということです。そうした特殊性がいかに重要なものであったとしても、レーニン主義がはらんでいた問題点をそこに帰してしまうことは、マルクス主義主流を免罪してしまうことになります。中心的な論点は、むしろ、マルクス主義運動の主流が受け容れていた科学もしくは理論の概念自体に関わるものなのです。もしも科学が社会を客観的に「正しく」理解しうるものだととらえられるならば、そのような理解に到達するのにもっとも近いところにいるのは、最高の教育（たぶん、少なくとも潜在的には科学的だと思われる教育）を受けることができる人たちだということになります。資本主義社会における教育組織のことを考えれば、こうした人たちはブルジョアジーに属する人たちだということになるでしょう。だから、科学はプロレタリアートのもとには外部からもたらされるしかないのです。そして、社会主義へつながっていく運動が社会に対する科学的理解にもとづくものであるとすれば、その運動は、ブルジョア・インテリゲンティアと彼らがその科学的理解を伝えた「知能の優れたプロレタリアたち」とによって指導されなければならないことになります。このように理解された科学的社会主義は、プロレタリアートの解放の理論ではありますが、プロレタリアート自身の自己解放の理論ではまったくないのです。階級闘争は道具としてとらえられています。階級闘争は、自己解放の過程ではなくて、そういう社会になればプロレタリアートが解放されることになるはずの社会をつくるための闘いとしてとらえられるのです。ここから、「権力の奪取」が転換をもたらす決定的な役割をもつことになります。権力奪取という手段のポイントは、挙げて、それが他者を解放する手段であるところにあります。権力奪取という手段は、階級意識をもち前衛党に組織された革命家たちがプロレタリアートを解放してやることを可能とする手段なのです。労働者階級が「彼ら」であって、革命の必要性を認識している「われわれ」とは区別されているような理論においては、「権力を取る」ということは、単に、そのような「彼ら」と「われわれ」とを結びつける接合点にすぎないのです。

レーニンの前衛党理論がきわめて優れていた点は、エンゲルスが掲げた科学的社会主義の概念が革命組織にあたえる影響を、その論理的な帰結にまで推し進めたところにありました。マルクスにおいては否定的概念であった科学（物神化の現れを否定するものとしての科学）に代わって、エンゲルスにおいては、科学は何らかの意味で肯定的なもの（客観的過程の客観的認識）になり、その結果、「非科学的」というのは何かが欠けていること、つまり認識の欠如、階級意識の欠如を表すものになったのです。マルクスが問いかけたままになっている問題（「物神化された社会関係のなかに浸《つ》かって、それに抵抗しながら生きている私たちは、どうすれば、この物神崇拝を否定することができるのか？」）は、向きを変えてしまって、「労働者はどうすれば階級意識を獲得できるか？」という問題に変わってしまったのです。「簡単だよ」とレーニンは答えます。「労働者の意識は労働組合的意識にかぎられているから、ほんとうの意識は外部からやってくる。つまり（われわれのような）ブルジョア・インテリゲンティアからだ。」ブルジョア・インテリゲンティアの意識の実質における源泉はどこにあるのかという都合の悪い問題は忘れられてしまいます。その意識は科学的認識の獲得にほかならないと見なされているからです。

そうすると、マルクス主義者の実践とは、労働者に意識をもたらし、労働者に説明をして、労働者の利益はどこにあるのかを知らせ、啓蒙し教育することになります。このような実践は、世界中の革命運動のなかで広く確立されましたが、その起源は、レーニン主義の権威主義的伝統にだけ求められるものではなくて、むしろエンゲルスが打ち立てた肯定的な科学概念にこそあったのです。「について」の認識［対象に対する客観的認識］は「させる」力［対象を支配する権能］なのです。もし科学というものが「について」の認識だとされるならば、そこには不可避的に、この認識をもっている者（そして、それによって「正しい路線」に近づける者）とそうでない者（大衆）との間の階層的上下関係《ヒエラルキー》が存在することになります。大衆を指導し教育するのは、「認識にあずかっている者」の任務なのです[4]。

科学的マルクス主義は、ブルジョア理論を単純に再生産するものではありません。明らかに、革命的変革の展望をもっていますし、拠り所はコミュニズム社会にあります。新しい思考のカテゴリーも導入しています。しかし、そうした新しいカテゴリーも肯定的なものとしてとらえられているのです。科学的マルクス主義理論の革命的性格についても、方法においてではなくて、内容において革命的なのだととらえられています。「いかに」が問題なのではなくて、「何を」が問題なのだとされているわけです。だから、たとえば、「労働者階級」が中心カテゴリーだとされていますが、そのときいわれている労働者階級は、むしろブルジョア社会学のやりかたに従って定義可能な人間集団としてあつかわれており、非和解的な関係の一方の極としてあつかわれているわけではありません。同様に、国家も、社会関係の普遍的な物神化におけるひとつの契機としてよりも、むしろ、支配階級の道具として見られているのです。そして、「ロシア」「イギリス」といったカテゴリーもまったく疑問をさしはさまれることなく使われています。このように、革命理論の発想としては、あまりにも臆病なものになっているのです。革命的科学なるものは、ブルジョア科学を打ち破るものというよりは、むしろ、その延長としてとらえられているのです。

エンゲルス主義的科学概念は、独り言のような政治実践を意味するものになります。思考の動きが独り言のようになっているのです。つまり、党から大衆へ一方向でのみ意識を伝達していくやりかたなのです。それに対して、科学を物神崇拝に対する批判としてとらえる考え方は、もっと対話的な政治概念につながっていきます（あるいはつながっていくべきです）。その理由は簡単で、私たちはみんな物神崇拝に支配されているのですし、科学というのは、行為と行為が生みだすものが分断されることに抗する闘い、私たちがみんなさまざまなかたちで巻き込まれている闘いの一部をなすものだからです。科学を批判としてとらえれば、ただ単なる「語りの政治」よりも、対話の政治、「語り聴く」政治のほうにより自然に導かれていくのです。(5)

レーニン主義が大きな魅力をもっていたのは当然のことで、それはレーニンが、私たちが革命の痛ましいディレンマと呼んだものを突き破っていったからです。階級意識をもてないでいる者がどのようにして革命ができるようになるのか？――この問題にレーニンは解決をあたえたのです。答えは「党の指導性を通して」ということでした。唯一の問題は、私たちが（あるいは彼らが）求めていたのは、そういう革命ではなかった、ということです。「われわれは権力を取り、そしてプロレタリアートを解放する」といわれました。この宣言の後半部分は、実現されなかったし、実現することができなかったのです。

科学的社会主義の強い影響が及んだのは、エンゲルス、カウツキー、レーニンと結びついていた人たちにかぎったものではなく、もっと広い範囲にわたっていました。科学的社会主義の理念には主体と客体を切り離す考え方が含まれていましたが、そうした考え方は、その後のマルクス主義論争のなかで示された資本主義に対する理解のしかたを依然として規定していました。科学的社会主義の現代的形態というと、「構造主義」が引き合いに出されることがありますが、「科学的」な立場の影響が及んだのは、みずから構造主義者と称していた人たちだけではありません。主体と客体の「科学的」分離は、自分はどんな意味でもエンゲルスや現代の構造主義者たちがおこなった批判に関わっているとは思っていない人たちが発展させた、一連のさまざまな概念や研究分野にも現れているのです。ですから、現代マルクス主義のどれだけ多くの部分が、科学的社会主義を当然視するという特徴をもっているかを理解することが重要です。

科学的社会主義の基本的な特徴は、科学というものが客観性をもったものであることを当然と見なし、主観性を排除していることです。この科学的な客観性には、すでに見たように、ふたつの軸ないし基準点があります。客観性は、社会発展の進行に関するものとしてとらえられています。人間の意志から独立した歴史の運動があるというのです。それとともに、客観性は、この歴史の運動をとらえる自分たち（マルクス主義者）の認識に関するものとしてとらえられています。マルクス主義とは、社会発展を支配している客観的な運動法則を正しく「発見」するものだというのです。これらふたつの軸のそれぞれにおいて、客観性が客体と主体の双方の理解を形づくるのです。

科学的マルクス主義という考え方には、主体と客体双方の理解が含まれていますが、科学が客観性と同一視されるかぎりにおいては、優位に立つのは客体のほうになります。こうした考え方から、マルクス主義とは、一般的には歴史の、特殊的には資本主義の客観的運動法則を研究するものだということになるわけです。労働者階級の闘争との関わりでマルクス主義が果たす役割は、階級闘争がおこなわれる場の枠組を理解させることにあります。普通、マルクス主義者は、出発点において階級闘争の重要性を否定せず、階級闘争を当然のものとするのですが、結局事実上は否定することになってしまいます。なぜそうなるかというと、階級闘争が「当然のこと」だとなると[6]、あまりにもあたりまえの要素であるがゆえに、かえっておろそかにされ、資本主義の分析に関心が移っていってしまうからなのです。

歴史の分析、特に資本主義の分析にあたっては、「マルクス経済学」に特別の役割が負わされることになります。歴史を発展させる推進力は社会の経済的構造のなかにあると見なされているために、また（エンゲルスがのべたように）社会の変化の鍵は、哲学ではなく、経済学のなかに見つけだすことができるとされているために、マルクス主義的経済学研究が、資本主義とその発展を把握するための中心におかれることになるのです。

こうした見方から、マルクスの『資本論』のテクストがマルクス経済学の要となります。『資本論』は、価値、剰余価値、資本、利潤、利潤率の傾向的低下の法則［投下資本に対する剰余価値の比率が資本主義の発展にともなって下がっていく傾向をもつという法則で、資本主義がゆきづまっていくことを示すものとされました」といった中心的カテゴリーの展開を基礎として、資本主義の運動法則を分析したものとしてとらえられるのです。こうして、マルクス経済学をめぐる最近の議論は、価値というカテゴリーの有効性についての議論、「転形問題」（マルクスのいう価値の価格への転形に関する問題）、それから利潤率の傾向的低下の法則をはじめとするさまざまな経済危機に関する理論が妥当であるかどうかという問題に集中されてきました。これに対して、主流の経済学における議論では、「不変資本」「可変資本」などを厳密に定義するといった用語の定義に大きな関心が向けられています。

経済学書としての『資本論』をどう理解するかについては、確かにマルクス自身の解説もいくつかありますが、エンゲルスの影響によるところが大きいのです。マルクスの死後、『資本論』第二巻・第三巻の編集・刊行に責任をもったのがエンゲルスで、その編集と解説を通じて、エンゲルスは、経済学としてのマルクスの著作に対するある定まった解釈を育てたのです。第二巻の刊行（一八八四年）と第三巻の刊行（一八九四年）との間の一〇年間に、エンゲルスは、たとえば、「懸賞論文審査」といわれているものを進めました。何を審査したかというと、マルクス以前に「転形問題」すなわち価値と価格との間の量的関係の問題のマルクスによる解決を先取りして、それによって価値の量的把握に関心を集中することができていた著述家がいたかどうか、を問題にしたのです（ハワード／キング『マルクス経済学の歴史』上 Howard and King 1989, pp.21ff. および『資本論』第三巻へのエンゲルスの序言参照）。エンゲルスは、第三巻への補遺として「価値法則と利潤率」について書いた文章のなかで、価値は、資本主義社会に特有な社会関係の形態ではなくて、「単純な商品生産の全期間……五〇〇〇年から七〇〇〇年の期間にわたって」（『資本論』Marx 1972a, pp.899-900）有効な経済法則であったとしています。『資本論』の後半の巻は、まさしくエンゲルスの解釈を通じて世に出たのです。ハワードとキングがのべているように、「エンゲルスは、マルクスが書いたものを編集することと、未刊のままにしておくこととの両方から、後続の社会主義者たちがマルクスの経済学を見るうえでの条件を決定した」(『マルクス経済学の歴史』上 Howard and King 1989, p.17)のです。

二〇世紀前半のマルクス主義者にとっては、マルクス経済学が科学的マルクス主義の構造全体の要石になっていました。そして、そういうものとしての科学的マルクス主義が提示する確実性こそが、彼らの闘争にとって決定的に重要な精神的支えだったのです。その後でも、マルクス経済学はマルクス主義の議論のなかで中心的な役割を果たしてきましたが、それだけでなく、大学の学科構成とぴったりとかみあって新たな重要な重みを獲得してきたのです。というのは、アカデミックなマルクス経済学が、経済学という幅広い学問分野のなかで、(標準からははずれたものではあっても)特定の学派として見られるようになってきたからです。

マルクス経済学の顕著な特徴は、資本主義は一定の規則性(いわゆる資本主義的発展の運動法則)の見地からとらえることができる、という点にあります。この規則性は、資本の再生産がもつ規則的な(しかし矛盾をはらんだ)パターンに関わっているもので、マルクス経済学は、資本とその矛盾をはらんだ再生産についての研究に集中してきたのです。こうした再生産がもつ矛盾をはらんだ本性(それは利潤率の傾向的低下の法則とか、過少消費[資本の蓄積過程そのものが労働者の消費を狭い範囲に制限していく傾向をもち、これが生産と消費との間の矛盾を拡大していくとマルクスは考えました]ないし異なった生産部門の間の不均衡とかいったさまざまな見地からとらえられていますが)は、周期的に襲ってくる危機、長期的に見てこうした危機がますます高まっていく傾向（あるいは資本主義が崩壊に向かう傾向）として表現されています。こうした資本主義分析において、階級闘争は、何の直接的な役割も果たしていません。マルクス経済学の役割は、階級闘争がおこなわれる場の枠組を説明することにあると一般に考えられています。階級闘争は隙間にあるのです。つまり、経済的分析が残した隙間を階級闘争が埋めるのであって、階級闘争が資本の再生産や資本主義の危機を決定づけるものではなく、そうした再生産や危機が起こってくる条件に影響をあたえるだけだ、と考えられています。(7) だからたとえば、すでに見たとおり、二〇世紀初めの左翼マルクス主義者たちは、階級闘争は、資本主義の危機を革命に転化するうえで決定的な役割を果たすと論じていたわけです。つまり、そこでは、階級闘争は、資本の客観的な運動の把握に付け加えられるべきひとつの要素として見られていたのです。

マルクス経済学は、経済学という学問分野への、既存の学問とはちがう、もうひとつのアプローチとしてとらえられたわけですが、そのような把握は、ほかの学問分野でも、たとえばマルクス主義社会学とか、マルクス主義政治学(8)とかいうものをつくっていって、それらによってマルクス経済学を補足し完全なものにしていくことができるのではないか、という発想を生んでいきます。マルクス主義社会学がもっぱら焦点を合わせるのは階級の問題であり、階級構造の分析です。それに対して、マルクス主義政治学が主な焦点とするのは国家の問題です。こうした学問分野別のアプローチは、マルクス経済学ほどには発展することがありませんでしたが、マルクスの著作とマルクス主義の系譜に対してマルクス経済学と基本的に同じ理解から出発しています。そうした理解に従えば、『資本論』は経済の研究であり、いま必要なのは、（マルクスが死んでしまってできなかった）政治、社会などに関する同じような研究をおこなって、『資本論』の経済研究を補足し完全なものにすることだ、ということになるのです。

こうした現代マルクス主義の個別分野科学が共通してもっており、それら諸科学を科学的マルクス主義の基礎にある概念と結びつけているのは、マルクス主義とは社会についての理論であるという前提です。社会についての理論においては、理論家は、社会を客観的に眺め、その機能を把握しようと努めます。「何々についての理論」という発想自体が、理論家と理論の対象との間の距離を暗黙のうちに含んでいます。「社会についての理論」という考え方は、主体を抑圧することに基礎をおいているか、あるいは（結果としては同じことになりますが）認識する主体は研究対象の外に立つことができるという前提、つまり、いわば月の上のような優越した地点から人間社会を眺めわたすことができるという前提に基礎をおいています（Gunn 1992）。このように認識する主体を研究される社会の外側におくことを基礎にしてこそ、客観性をもった科学というとらえかたが提示できるようになるのです。

マルクス主義は、いったん社会についての理論としてとらえられるようになると、ほかの社会についての理論と肩を並べ、社会をとらえようとするほかの理論的アプローチと比較できるようになります。こうした比較を通じて、マルクス主義と社会科学理論の主流とは、断絶しているというよりはむしろ連続していることが強調されるようになってきます。こうして、経済学者マルクスはリカードの批判的継承者であり、哲学者マルクスはヘーゲルとフォイエルバッハの批判的継承者だということになります。マルクス主義社会学においては、ヴェーバーの洞察を用いてマルクス主義を豊かなものにしようという議論が出てきましたし、マルクス主義政治学においては、特にグラムシからインスピレーションを受けたと称する人たちの著作を通じて、国家理論の目的は、資本主義社会の再生産を把握することにあるかのように考えられるようになってきています。

マルクス主義を既存の学問の観点から、あるいは社会についての理論としてとらえると、主流の学問やほかの社会理論が提起した問題を取り上げなければならなくなるのは、ほとんど避けられないことです。主流社会科学が提起した中心的な問題は、社会の機能、社会構造がおのずから再生産される様式をどう理解するか、ということです。マルクス主義は、社会についての理論としてとらえられているかぎりは、こうした問題に別の解答をあたえようと努めるのです。グラムシをレーニン主義系列の粗雑な正統派的概念から逃れていく道と見なしている著述者たちは、マルクス主義を資本主義の再生産に関する理論として発展させる試みにことのほか熱心で、資本主義の秩序がいかに維持されるかを説明するものとして「グラムシが使った」「ヘゲモニー」という概念を重視して用いています。

しかし、資本主義再生産の理論を発展させるために、マルクス自身のカテゴリーを使おうとする試みは、つねに問題をはらんでいます。それは、マルクス主義のカテゴリーが、もともとまったくちがった問題から導き出されたものであり、資本主義の再生産ではなくて崩壊に、肯定性にではなくて否定性に立脚していたものだったからです。社会科学が提起する問題に対してマルクス主義のカテゴリーを使って答えようとするなら、どうしても、それらのカテゴリーを解釈し直すことが必要になります。たとえば、価値というカテゴリーを経済学のカテゴリーとして解釈し直し、階級というカテゴリーを社会学のカテゴリーとして解釈し直すという具合にしなければならないのです。マルクス主義のカテゴリーを使って対抗《オルタナティヴ》的な経済学や対抗《オルタナティヴ》的な社会学を打ち立てようとする試みは、つねに問題をはらんでいます。それは、「ほんとうのマルクス主義」の「ほんとうの意味」からそれていってしまう危険があるからではなくて、そうしたカテゴリーが、いつでもそのような解釈のし直しに耐えられるわけではないからです。ですから、こうした解釈のし直しがおこなわれる際には、かなりの論争が起こり、そのカテゴリーそのものの妥当性が問題にされるケースが少なくなかったのです。たとえば、価値を価格理論の基礎として解釈し直そうとしたら、価値という概念の妥当性が疑問視されることがありえます(実際にあったのです)し、「労働者階級」を、アイデンティティを確認できる人間集団をしめす社会学的カテゴリーとして解釈し直そうとしたら、今日の社会発展の原動力をとらえるうえで「階級闘争」が重要性をもっているという考え方自体に疑問が呈せられる、というようなことが当然ありうるわけです。マルクス主義を社会科学のなかに統合しようとするのは、安全な居所を確保することになるどころか、実際には逆にマルクス主義者が使ったカテゴリーの基礎を掘り崩すことになっていくのです。(9)

マルクス主義を社会についての理論としてとらえると、独特の型をもった社会理論が興ってくることになります。その型とは機能主義的と形容することができるようなものです。マルクス主義を社会発展の規則性、社会総体の部分である諸現象相互のつながりを強調するものであるととらえるかぎりでは、それは資本主義社会を比較的円滑な自己再生社会としてとらえる見方にたやすく導かれていきます。資本主義の再生産にとって必要なことなら何でも自動的に起こると考えられてしまうのです。不思議なひとひねりが加えられることで、マルクス主義は、資本主義社会崩壊の理論から資本主義社会再生産の理論に変わってしまうのです。[10] 階級闘争を資本主義の運動法則から切り離すことは、革命と資本主義社会の再生産を切り離すことに通じます。このことは、革命という観念が放棄されてしまうことを意味するわけでは、かならずしもありません。実際に（現実主義の名のもとに）革命が放棄されてしまうこともあるかもしれませんが、多くの場合、革命は（多くのマルクス主義的分析において、階級闘争があたりまえのこととしてあつかわれたのと同じように）あたりまえのこととしてあつかわれるか、あるいは未来にゆだねられるか、どちらかになっていくのです。こうして、未来にはいつか革命が起こるのだけれども、当面のところは資本主義再生産の法則が作動している、未来には状況は根底的に打破されることになるのだけれども、当面のところは資本主義を自己再生社会としてあつかうことができる、未来には労働者階級は社会発展の主体になるのだけれども、当面のところは資本が支配する、未来には事態はちがったものになるのだけれども、当面のところはマルクス主義を機能主義的理論としてあつかうことができる——ということになってしまうのです。そして、この機能主義的理論のなかでは、「資本の必要」というマルクス主義の議論のなかによく出てくる言葉が、何が起こり、何が起こらないかを適確に説明するものと考えられてしまうのです。再生産を強調し、しかもそれを階級支配としての再生産の分析と結びつけて考えていくなら、それは資本が統治し、資本の意志（あるいは必要）が支配するという社会観につながってきます。そうなると、破綻ということは、たとえ考え方として維持されたとしても、外部にあるもの、外からもたらされるものというふうにしか見られなくなってしまうのです。

機能主義あるいは社会を社会の再生産という観点からとらえるべきだということを前提にする見方は、必然的に、思考を囲い込んでしまいます。そういう見方は、地平線に境界を設けて、その範囲内で社会が概念化されうるように領域を限ってしまうのです。マルクス主義的機能主義においては、異なった型の社会がありうる可能性は排除されていません。しかし、異なった型の社会は異なった領域にあるもの、未来に属するものとされて、いま・ここからそちらに追いやられてしまいます。それまでは――革命的変革の偉大な瞬間が訪れるまでは――、資本主義は閉じられたシステムなのです。したがって、社会的活動は、この囲い込みをされた領域の内部において解釈されることになります。このように革命を別の領域に追いやることは、社会的存在のあらゆる側面に対するとらえかたを型にはめてしまいます。カテゴリーは、閉ざされたカテゴリーとしてとらえられるようになり、それ自身がもつ矛盾の爆発的な力で破裂しつつあるようなカテゴリー、含みこむことができないものを含みこんでいるようなカテゴリーとしてはとらえられません。「あるかもしれない」もの（仮定法［指示するもの］、拒絶されたもの）は「ある」もの（直説法［指示されるもの］、肯定的なもの、拒絶するもの）に服属しているのです。少なくとも、そのときまでは……

この問題をどのようにこねくりまわしても、歴史の発展の客観的筋道についての客観的把握という理念に立脚した科学的マルクス主義という考え方は、打ち勝つことができないような理論的・政治的異議に直面することになります。理論的にいうならば、理論を立てる者がもつ主観性を排除することは、そもそも不可能なのです。マルクスであろうが、エンゲルス、レーニン、毛沢東であろうが、理論を立てる者は、社会を外側から眺めることはできませんし、月の上に立つことはできないのです。もっと痛いところをつけば、理論的に見て主観が従属させられるということは、政治的に見ても、主体が歴史の発展の客観的筋道に従属させられ、そのすじみちを自分だけは理解したと主張する者に従属させられるということになるのです。

V

「科学的マルクス主義」の系譜は、物神崇拝の問題を視野に入れることができません。物神崇拝が出発点におかれるならば、科学の概念は否定的なもの、批判的でかつ自己批判的なものになるしかありません。社会関係が物と物との関係という形態を採っているのならば、「私は現実に対する認識をもっている」ということはできないのです。理由は簡単で、現実をとらえるためのカテゴリー自体が、その現実の一部となっている歴史的に規定されたカテゴリーだからです。私たちは批判を通じてしか前に進めないのです。現実を批判し、その現実をとらえるためのカテゴリーを批判することによって前に進むしかないのです。批判は、不可避的に自己批判を意味することになります。

科学的マルクス主義の系譜においては、批判は中心的な役割を果たしていません。そこには、確かに、資本主義の悪を非難するという意味での批判はあります。しかし、アイデンティティに対するその生成における批判という意味での批判はないのです。物神崇拝を視野に入れることができないということは、物神化されたカテゴリーを額面通りに受け取ってしまっているということ、物神化されたカテゴリーに疑問をさしはさむことなく自分自身の思考に取り入れてしまっているということです。正統派マルクス主義の系譜において、この思考法が最悪の結果を引き起こしているのが、国家を社会的な力の中心に位置するものと見ることができるとあらかじめ考えてしまうことなのです。物神崇拝の問題を視野に入れることができないマルクス主義は、物神化されたマルクス主義にならざるをえないのです(11)。

正統派マルクス主義の核は、確実性を自分たちの側に引き込もうとする試みにあります。この試みは根本的な考え違いにもとづくものです。確実性は向こう側、支配の側にしかありえないものなのです。私たちの闘いは、もともと、そして深いところから不確実なものなのです。なぜなら、確実性というのは、社会関係の物象化を基礎にしてはじめて考えられるものだからです。社会の「運動法則」について語ることができるのは、社会関係が物と物との関係という形態を採っているかぎりにおいての話なのです(12)。物神化されていない自己決定できる社会関係は法則に縛られることはありません。資本主義社会が法則に縛られたものとしてとらえられるのは、人と人との関係が物と物との関係になってしまっているからであり、また、そのかぎりにおいてなのです。資本主義をその運動法則の分析を通じて完全に把握できると主張するなら、それは同時に、社会関係はすっかり物神化されているといっているのと同じことです。しかし、社会関係がすっかり物神化されているとしたら、どのようにすれば革命が考えられるのでしょうか。確実なものの移りゆきをたどって革命的変革がなされうるなどということは、およそ考えられないことです。なぜなら、確実性とは、まさに革命的変革の否定にほかならないからです。私たちの闘いは、物象化にあらがう闘いであり、したがってまた、確実性にあらがう闘いなのです。

正統派マルクス主義の大きな魅力は、その単純さにあります。それは、革命のディレンマに解答をあたえています。まちがった解答なのですが、ともかくも解答であることは確かです。正統派マルクス主義の導きによって、革命運動は偉大な征服を成し遂げましたが、それは実際には少しも征服ではなくて、結局のところ、凄惨《せいさん》な敗北に帰してしまったのです。しかし、もし正統があたえてくれた心地よい確実性を捨ててしまったら、私たちにはいったい何が残されているのでしょうか。私たちの叫びは、正義の理想に訴えるという子供っぽく素朴で自己欺瞞的な道にもどっていくしかないのでしょうか。私たちは、もとにたちもどって、ローザ・ルクセンブルクが諧謔《かいぎゃく》をまじえていっていた「歴史のドン・キホーテたちが地上の大いなる改革をめざして出発したときに乗っていた、あのロシナンテ、いつも結局疲れ果てて目をくぼませて帰ってくるしかなかった、あのよぼよぼのロシナンテ」にふたたびまたがるのでしょうか。いや、私たちは、そうしません。そうではなくて、私たちがもどっていくのは、解答としての革命ではなくて、問題としての革命の概念なのです。そこに私たちはもどっていくのです。

8　批判的・革命的主体

I

私たちとはだれか。批判する私たちとはだれなのか。

議論を進めてくる間に、「私たち」のとらえかたが変わってきました。最初のうちは、この本を書いている私とその読者という異質な存在を「私たち」として描いていましたが、いまは批判的な主体を「私たち」として語るようになりました。しかし、それでは、その批判的な主体としての私たちって、だれのことなのでしょうか。

私たちは神ではありません。私たちは歴史の歩みを裁く、世界を超え歴史を超えた主体ではないし、全知全能の者ではありません。私たちは、自分たちの住む社会の泥沼に自分たちの主体性をおく者、クモの巣にかかったハエなのです。

私たちとはだれなのか。私たちは、どのようにして批判をおこなうことができるのか。いちばんはっきりした答えは、私たちの批判、私たちの叫びは、資本主義社会で私たちが味わっている否定的な経験から生まれているということ、私たちが抑圧されているという事実、搾取されているという事実から生まれているということです。私たちの叫びを生んでいるのは、毎日くりかえされている行為と行為が生みだしたものとの分離、主体と客体との分離なのです。そして、この分離は、生活のすべての面にしみわたっている搾取の過程において、もっとも強烈に経験されているのです。

II

だから、私たちというのは労働者階級のことなのです。創り出す者であり、その創り出したものを（創り出した対象と、それを創り出す過程の両方を）(1)もぎ取られてしまう者なのです。——ということになるのでしょうか。それとも、あるいは……

たいていの場合、労働者階級に関する議論は、物神化された形態があらかじめ成立しているという前提にもとづいておこなわれています。そこでは、資本と労働との関係（あるいは資本家と労働者階級との関係）は一種の従属関係としてとらえられています。こうしたことを基礎に階級闘争をとらえるなら、まず初めに労働者階級とは何かを規定し、続いて、その労働者階級が闘うのかどうか、闘うとすればいかに闘うのかを検討する、ということになります。

こうしたアプローチをすれば、労働者階級は、たとえどのように定義されようとも、資本に従属していることを基礎にして規定されるしかありません。労働者階級が労働者階級たるゆえんは、（賃金労働者として、剰余価値生産者として）資本に従属していることにある、というわけです。労働者階級があらかじめ従属しているという前提があってはじめて、労働者階級の定義という問題が提起されているというのが実際のところなのです。そこで下される定義というのは、もともと閉ざされていると見なされていた世界にあらためて鍵をかけるようなものにすぎないのです。定義されることによって、労働者階級は、特定の人間集団としてアイデンティティを賦与されることになります。その結果、社会主義者にとっては、「労働者階級」というのは肯定的な概念としてあつかわれ、労働者階級としてのアイデンティティは重んじられるべきものとしてあつかわれるようになり、そうなれば、そうしたアイデンティティを強めることが資本に対する階級闘争の一部となってくるのです。もちろん、労働者階級に属するのか、資本家階級に属するのかはっきりしない人たちをどうあつかうかという問題がありますが、この問題は、補足的な定義の問題としてあつかわれて、新しいプチブルジョアジーとして定義するか、サラリーマン階級と定義するか、中産階級と定義するか、どれにするか、という問題にされてしまうのです。こうした定義ないし階級分類の過程が基礎にあって、階級的運動と非階級的運動、階級闘争と「それ以外の形態の」闘争、労働者階級とほかの集団との「同盟」などといった問題が際限なく論じられてきたわけなのです。

このような階級に対する定義から始めるアプローチは、さまざまな問題を生みます。まず、「所属」の問題があります。私たちのような大学で働いている者は、労働者階級に「属する」のでしょうか。マルクスやレーニンはどうなのでしょうか。チアパスで蜂起した人たち［サパティスタ］は労働者階級の一部なのでしょうか。フェミニストは労働者階級の一部なのでしょうか。ゲイ解放運動の活動家は労働者階級の一部なのでしょうか。警察官はどうなのでしょうか。それぞれの場合に応じて、こうした人たちが労働者階級に属するのか、属さないのかを判定するためにあらかじめ定義された概念があります。

階級を定義することがおよぼすもうひとつの影響は、それに続く闘争の定義に関わってきます。問題にされている人たちを階級分類することから、その人たちが関係している闘争について一定の結論が引き出されてくることになるのです。蜂起したサパティスタを労働者階級に属するものではないと定義する人たちは、その定義から、その蜂起がもっている性格や限界について、ある結論を導き出してきます。その闘争に参加した人たちの階級的位置を定義することによって、闘争そのものの定義が引き出されてくるわけです。その規定を下す者が有効だと考えているような、あるいは有効なものとして受け容れているような階級規定が、そこにある対立関係の性格を定めることになるのです。これは、社会的対立を認知するのを妨げることにつながります。たとえば、こんな場合があります。労働者階級を工場で直接搾取されている都市プロレタリアートと定義した場合、この定義に当てはまる人たちの人口比率が減っているという事実があれば、いまではもう階級闘争という考え方は社会の変化をとらえるのに適切ではなくなったという結論にいたる、ということになるわけです。また、労働者階級と労働者の階級闘争をあるやりかたで定義づけると、そうした定義ではもはや新しい闘争形態（学生運動、フェミニズム、エコロジズムなど）の発展にかかわることができない場合が出てきます。

労働者階級を定義することが、定義される者たちを「彼ら」として構成するのです。「私たちは労働者階級の一員だ」といったとしても、そのとき私たちは、自分自身からは一歩退いて、自分自身や自分たちが「属している」集団（学生、大学教授など）を階級分類することを通じて、そうしていっているにすぎないのです。私たちの出発点だった「私たちは叫ぶ」は、「彼らは闘う」に変えられてしまっているのです。

　階級に対する定義によるアプローチという枠組は、資本主義は「である」世界だという考え方にもとづくものです。左翼の観点からするならば、そう「である」べきではないし、いつまでもそう「である」ことはないだろうけれども、とりあえずいまはそう「である」、ということになります。こうした見方がふたつの階級の間に存在する葛藤（賃金、労働条件、労働組合の権利などをめぐる争い）を描き出すうえで、ひとつの方法を提供しているのは確かです。しかし、そうした枠組はアイデンティティの世界の枠組であり、「である」世界の枠組であって、この世界を超え出る展望を可能にしてくれるものではありません。革命という考えは捨てなければならないか、あるいは、この世界を超え出るような革命的な要素は、「機械仕掛けの神《デウス・エキス・マキーナ》」――通常は党という形態を採ります――というかたちで移入されなければならないことになるか、どちらかになるのです。そうなると、レーニンがおこなった労働組合的意識と革命的意識との区別にもどってしまうことになります。ただ、同じ所にもどってしまったといっても、そこで違うのは、労働組合的意識が労働者階級に起因するものだと見なすのは、世界がそう「である」とか「でない」とかによるものではなくて、（レーニンがもっているような）アイデンティティ的な理論的観点によるものだということを私たちは知っている、というところにあります。この場合、実際にはそうではないのに想像によって対象がそう見えているというのではなくて、使っている眼鏡のせいでそう見えているのです。

Ⅲ

一方で、もし、社会関係の物神化された形態を前提にしたところから出発しないとしたら、そうではなくて、物神化はプロセスであり、存在［「である」こと］は構成［「にする」こと］と切り離せないものであるという前提に立つとしたら、階級に対する見方はどう変わるのでしょうか。階級は、国家、貨幣、資本と同じように、プロセスとしてとらえられなければならないことになります。資本主義は、つねに新たにつくりなおされた階級から成り、人々の階級分化がつねに新たにおこなわれている状態にあります。マルクスは、『資本論』の蓄積に関する議論のなかで、この点を非常にはっきりとのべています。

だから、資本制生産は、つねにそれと結びついている過程の観点、再生産過程の観点から見るならば、商品を生産し剰余価値を生産するだけではなく、資本制的関係そのものを生産し、再生産する。つまり、一方には資本家を、他方には賃金労働者を生産し、再生産するのである。

［Marx 1965, p.578］

言葉を換えていえば、諸階級の存在［その階級「である」こと］はその構成［その階級「にする」こと］と切り離すことができないのです。つまり、階級があるということは、それらの階級がいまつくられる過程にあるということなのです。

階級の構成［「にする」こと］は、主体と客体との分離として見ることができます。資本主義というのは、毎日くりかえされる主体と客体との暴力的な分離、主体である〈生産物を創造する者〉から客体である〈創造された生産物〉を日々もぎ取ること、行為者から行為が生み出したものばかりでなく行為者の行為、創造性、主体性、人間性をも日々奪い取ることを意味しているのです。このような分離をおこなう暴力は、資本主義の初期にだけ特有なものではありません。それは資本主義の核心なのです。別の言葉でいうなら、「本源的蓄積」は過ぎ去った時代の特徴ではなくて、資本主義という存在の中心にあるものなのです。(2)

主体と客体を分離する際に、あるいは人間性を階級化する際にふるわれる暴力は、「再生産」という言葉が、円滑にくりかえされる過程のイメージ、何かぐるぐると回転しつづけているイメージで想起されているとするなら、それは誤った言葉の使い方だということを教えてくれます。そうしたイメージとは反対に、資本主義の暴力は、資本主義的社会関係をくりかえしつくりだすことがつねに大きな争いの的になっていることを示しています。

ですから、階級闘争というのは、階級に分類・分化しようとする闘いと、そうさせまいとする闘いが同時に起こっていることなのであって、それがすでにつくりあげられてしまった階級と階級との間でおこなわれる闘いと見分けがつかない状態になっているのです。

もっと正統派流の階級闘争論の場合は、階級はあらかじめつくりあげられているということを前提にする傾向があります。つまり、労働者階級は充分に従属させられた状態にあるとして、そこから階級闘争の分析を出発させるのです。しかし、従属が確立したところから葛藤が始まったのではありませんし、社会関係の物神化された形態ができあがったところから葛藤が始まったのではありません。そうではなくて、社会的実践を従属させようとすることをめぐって、社会関係を物神化しようとすることをめぐって葛藤があるのです。階級闘争は、資本主義的社会関係のできあがった形態の内部で起こるのではありません。そうではなくて、そうした形態をつくりあげること自体が階級闘争なのです。社会的実践のすべてが、物神化され転倒され定義づけられた資本主義的形態に実践を従属させようとすることと、そうした形態に立ち向かいながら乗り越えて生きていこうとする試みとの間の絶えざる対立関係のもとにあるのです。だとするなら、非階級的形態の闘争が存在することには疑問の余地がありません。そして、階級闘争とは、（意識されているかいないかにかかわりなく）疎外と疎外からの脱却とが、定義づけと定義からの脱却とが、物神化と物神化からの脱却とが日々絶えず対立していることにもとづいているのです。

　私たちは労働者階級として闘うのではありません。労働者階級であることに抵抗して闘うのです。階級に分類・分化されることに立ち向かって闘うのです。私たちの闘争は労働の闘争ではありません。労働にあらがう闘争なのです[3]。私たちの闘争に統一をあたえているのは、階級分化の過程が統一的であること（資本蓄積が統一的であること）であって、私たちが共通の階級の一員であることによって生まれる統一性ではないのです。ですから、たとえば、サパティスタの闘争が階級闘争にとって重要な要素となっているのは、彼らの闘いが資本主義的階級分化に立ち向かううえでもっている意味によるものであって、ラカンドンの密林に住む先住民が労働者階級の一員であるかないかという問題に関わるものではないのです。労働者階級に所属していても、何のいいこともありません。管理され、命令され、生産物から切り離され、生産過程からも切り離されるという状態におかれるのですから。闘いが起こるのは、私たちが労働者階級であるからではなくて、私たちが労働者階級で「あり・かつ・ない」からであり、労働者階級であることに対して「立ち向かい・かつ・乗り越える」存在であるからなのです。やつらは管理し命令しようとするけれど、われらは管理され命令されるのを望まないからであり、やつらはわれらの生産物から、生産過程から、人間性から、われら自身からわれらを切り離そうとするけれど、われらはそれらいっさいのものから切り離されることを望まないから、闘いが起こるのです。こうした意味で、労働者階級であるというアイデンティティは、大切にすべき何か「よい」ものではなくて、「悪い」もの、それに対して闘うべき闘争対象であり、実際に闘われている闘争対象であって、つねに争いの的になっているものなのです。というよりも、労働者階級であるというアイデンティティは、非アイデンティティと見なされるべきだ、といったほうがいいかもしれません。ここで非アイデンティティというのは、労働者階級にならないために闘う者たちの間にある心の交流というような意味です。

私たちは労働者階級で「あり・かつ・ない」のです。（大学教授であろうが、自動車労働者であろうが、そうなのです。）階級というものは階級化［の過程］としてとらえられるべきだということは、階級闘争（私たちを階級化しようとする闘い、階級化されてしまうことに私たちが抵抗する闘い）は私たちを個人としても集団としても貫き通しているものだということを意味しています。私たちがすっかり階級化されてしまったときにのみ、何の矛盾も含まずに「私たちは労働者階級だ」ということができるのです（もっとも、そのときには、もう階級闘争などありえなくなっているわけですが）。

私たちは、両側から階級闘争に参加しています。私たちは、資本を生産するかぎりにおいて、貨幣を尊ぶかぎりにおいて、実践と理論と言語（自分を労働者階級と定義すること）を通じて主体と客体との分離に参画しているかぎりにおいて、自分自身を階級化しているのです。それと同時に、私たちは、人間であるかぎりにおいて、私たち自身の階級化に抵抗して闘っているのです。私たちは、資本の内部にあって、それと対抗しつつ乗り越えるかたちで存在し、私たち自身の内部にあって、自分自身と対抗しつつ乗り越えるかたちで存在しているのです。人間性というのは、その現在のありかたにおいて、分裂症的であり、爆発性のものなのです。すべての人間が、階級の対立関係に引き裂かれています。

このことは、階級の区別というものは人間性の分裂症的な性格に起因するのだというふうに一般化してすませてしまえるということを意味しているのでしょうか。そうではありません。なぜなら、階級の対立関係が私たちのなかにどのように浸透しているかについては、それぞれの人によってはっきりとした違いがあり、また、その浸透の度合の違いによって、対立関係を抑えることも可能になってくるからです。階級化（蓄積）の過程から物質的な利益を受けている人たちにとっては、階級化に立ち向かったり、それを乗り越えたりすることをめざすものを抑え、物神崇拝の領域の内部で生きていくことが比較的たやすくできます。蓄積によって生活を破壊されて生きている人たち（チアパスの先住民、大学教授、鉱山労働者、その他ほとんどの人たち）にとっては、対抗するという要素がずっと色濃く存在することになるでしょう。非常に乱暴に主体性を奪われた人たちにとっては——その主体性剥奪が、意味のない仕事を際限なくくりかえさせられることによって生きる意味を失わされた場合でも、あるいは貧困のために生存のための闘い以上の何事もする余裕がなくなった場合でも――、そうした人たちの内部には、それに反対し抵抗しようという気持ちの蔓《つる》が非常にしっかりと巻きついているのです。しかし、反対し抵抗するだけのために、あるいは立ち向かいながら乗り越えるだけのために生きている人は一人もいないというのも事実です。私たちは、みんな、主体と客体との分離、人間の階級化に荷担《かたん》しているのです(4)。

私たちが労働者階級で「あり・かつ・ない」場合においてのみ、労働者階級の自己解放としての革命を考えることができるのです。労働者階級は、労働者階級でありつづけるかぎりは、自己を解放することができません。私たちが労働者階級ではないかぎりにおいてのみ、解放という問題を提起することができるのです。そして、にもかかわらず、私たちが労働者階級である（主体と客体が切り裂かれた状態にある）かぎりにおいてのみ、解放が必要になってくるのです。こうして、私たちは、すでに明らかにされた矛盾した帰結にもどってくることになりました。私たち、すなわち批判の主体は、労働者階級で「あり・かつ・ない」のです。

ここでたどりついた結論がナンセンスだというのは、アイデンティティ思考にとらわれているからです。「である」と「でない」がおたがいに排除しあって両立しないと思い込んでいるからです。「である」と「でない」との矛盾は、論理的な矛盾ではなくて、現実の矛盾なのです。その矛盾は、私たちが現実に物象化された存在で「あり・かつ・ない」という事実、アイデンティティ化された存在で「あり・かつ・ない」という事実、階級化された存在で「あり・かつ・ない」という事実、主体性を奪われた存在で「あり・かつ・ない」という事実、要するに私たちが現実において「あり・かつ・ない」という事実を指し示しているのです。私たちの主体性を分断された主体性としてとらえ、私たち自身を分断された存在としてとらえることによってはじめて、私たちの叫び、私たちの批判が意味をもちうるのです。

物神崇拝という概念は、すでに見たように、純粋無垢《むく》な主体性を信ずる考え方とは両立することができません。「させる」力は、私たちの内部にまで入ってきて、私たちを私たちに対立させます。労働者階級は資本の外に立っているのではありません。反対に、資本こそが労働者階級（私たち）を労働者階級として規定するのです。労働は資本と対立しています。しかし、その対立は、内部における対立なのです。労働が労働であることを超えるものであるかぎりにおいてのみ、そして労働者が労働力の販売者であることを超える者であるかぎりにおいてのみ、革命の問題をはじめて提起することができるのです。物神崇拝という概念には、必然的に、私たちが自己分裂していること、私たちが自分自身と対立するように引き裂かれていることが含まれています。労働者階級というものをとってみても、それ自身の内部において労働と反労働、階級と反階級とに自己分裂しているのです。抑圧されているのだけど、その抑圧の内にいるだけではなくて、それに立ち向かいながら乗り越えようとしているのであり、また立ち向かいながら乗り越えようとしているだけでなく、その抑圧の内にいることも確かなのです。物神崇拝と反物神崇拝との間のせめぎあいは、集団としても個人としても、私たちみんなの内に存在しているのです。ですから、物神化されていない前衛が物神化された大衆を指導するなどということは問題になりえないのです。事実として、私たちは対立関係につらぬかれた社会に生きているのですから、私たちはみんな、物神化され、かつ物神崇拝との闘いのなかにあるのです。

私たちは、自己分裂し、自己疎外され、分裂症的です。叫ぶ者である私たちはまた、おとなしく従う私たちです。主体と客体をふたたび統一するために闘っている私たちは、主体と客体の分裂をつくりだしている私たちでもあります。真の階級意識をもったヒーローを期待するのではなくて、革命というものは私たちを引き裂いている混乱と矛盾から出発するのだということを見なければなりません。

これは、マルクスのアプローチとまったく一致します。マルクスの資本主義観は、ふたつの人間集団の対立関係の上にではなく、人間の社会的実践を組織するやりかたをめぐる対立関係の上に成り立っているのです[5]。資本主義社会のなかにあるものは、たがいに争い合う存在ですし、たがいに対立関係にある存在です。この対立関係は非常に多様なかたちの争いとして現れてきますが、これまで論じてきたように（そして、マルクスも論じていたように）、この対立関係とその展開をとらえるうえで鍵になるのは、現在の社会が人間の特性である行為を組織するやりかたをめぐる対立関係の上につくられているという事実なのです。資本主義社会においては、行為はその反対物に転化され、それ自体から疎外されます。私たちは、自分たちの創造的行為をコントロールすることができないのです。人間の活動を市場に従属させることを通じて、人間の創造性が否定されるのです。この市場への従属は、次には、創造的に働く能力（労働力）が、そうした能力を買う資本をもった人たちに市場で売られる商品になることによって、全面的なものになります。こうして、人間の創造性とその否定との間の対立関係は、自分の創造性を売らなければならない人たちとその創造性を所有し搾取する（そして、そうすることによって、その創造性を労働に転化する）人たちとの間の対立関係に絞り込まれてゆくことになります。つまり、創造性とその否定との間の対立関係は、労働と資本との葛藤に関係しているのですが、しかし（マルクスがはっきりさせたように）この葛藤は、ふたつのたがいに外側にある力の葛藤ではなくて、行為（人間の創造性）と疎外された行為との間の内的な葛藤なのです。

ですから、社会的な対立関係は、まずもって、ふたつの人間集団の間の争いにあるのではないのです。そうではなくて、創造的な社会的実践とその否定との間の、あるいは、別の言葉でいえば、人間性とその否定との間の、限界を乗り越えること（創造）と限界を押しつけること（規定）との間の葛藤なのです。その葛藤は、従属が確立されたあとに、社会関係の物神化された形態がつくりあげられたあとに現れるものではありません。そうではなくて、社会的実践を従属させること、社会関係を物神化することをめぐる葛藤なのです。すべての社会的実践は、実践を物神化され転倒され資本主義に規定された形態に従属させようとする企てと、そうした形態に立ち向かいながら乗り越えていこうとする試みとの間のやむことのない対立関係のもとにあるのです。

階級闘争は、人間存在のすべてにわたって浸透している葛藤です。そうした葛藤が私たちみんなの内にあるのとまさしく照応して、私たちはみんなそうした葛藤の内にあります。それは、逃れることのできない二極的な対立関係なのです。私たちはある階級か、もうひとつの階級か、どちらかに「所属」しているというわけではありません。そうではなくて、階級的対立関係は私たちみんなにしの内側にあって、私たちを引き裂いているのです。その対立関係（階級分裂）は私たちみんなにしみわたっているのです。しかしながら、その浸透のしかたは千差万別です。他人の仕事を所有し搾取することに直接関わったり、そこから利益を得たりしている人たちが、非常に少数ですが、います。そのほかの大多数の人たちは、直接、間接に、そうした所有と搾取の対象になっています。このように、対立関係が二極的なものであることが、階級の二極化に反映してくることになります。(6) しかし、階級よりも対立関係のほうが優位にありますし、先行しています。階級は、対立関係を通してつくりあげられてくるのです。

Ⅳ

工場労働者、産業プロレタリアートの場合はどうなのでしょうか。こうした労働者こそ、階級闘争概念の中心にいるのではないでしょうか。資本主義社会の対立関係を全体的にとらえるうえでは、どういう仕事をしているのかが中心になるのではないでしょうか。

行為と行為が生み出すものとの分離がおこなわれる中心的な場は生産という場です。商品の生産は主体と客体との分離をつくりだす生産です。資本制生産は労働者による剰余価値の生産です。この剰余は、労働者によって生産されたものですが、資本家に所有されます。労働者は、剰余価値として剰余を生産することによって、自分自身を生産された対象から引き離しているのです。別の言葉でいえば、労働者は階級をつくりだし、自分自身を賃金労働者として階級化させているのです。「木綿工場の労働者は、木綿製品を生産するだけだろうか。そうではない。資本を生産している。価値を、自分の労働を新たに指揮して、その指揮を通じて新たな価値を生み出すのに役立つ価値を

生産するのである。」（『資本論』Marx 1965, p.578）

ですから、生産においては、対象〔生産物〕の生産にあたっている労働者は、同時に、その対象〔生産物〕から自分自身を疎外する生産をおこなっているのですし、それを通じて、自分自身を賃金労働者として、脱主体化された主体として生産しているのです。資本主義的生産には、絶えず更新される主体と客体との分離が含まれています。そしてそこには、絶えず更新される主体と客体との統合も含まれているのですが、それは疎外された主体と疎外された客体との統合なのです。主体と客体との関係は、蝶番《ちょうつがい》から外されたような関係になっています。価値が主体と客体をつないでいる（あるいは外されてしまってつないでいない）蝶番なのです。価値のカテゴリーは、双方の道に面しています。一方で、価値は抽象的労働がつくりだすものであるという事実が、資本は労働と労働の抽象化に絶対的に依存していることを示します。ところが、他方で、価値は商品が労働から切り離されること、その分離によって商品が生産者からはまったく独立した自律的な存在となるという事実を概念化したものなのです。ですから、価値は、〔労働が価値をつくりだしたのだという〕労働者の強みを〔みずからをつくりだした労働から〕自律した生産物の支配に従属させる過程をつかさどるものなのです。

しかし、労働者が生産手段から引き離されていることは、主体と客体が切り離されているという、また人間が自分自身の活動を自分で決定できる可能性から引き離されているという、もっと一般的な分離の（中心的な部分ではあるけれども）一部分にすぎません。労働者が生産手段から引き離されているというと、特定のタイプの創造的な活動を思い浮かべますが、この一般的な意味での生産と行為との区別は、実は、行為と行為の生み出したものとが分離された結果として現れる、行為の細片化の一部分にすぎないのです。主体の脱主体化が単に労働者の生産手段からの分離として見えてしまうことのうちに、すでに社会関係の物神化が表現されているのです。労働者が（古典的な意味において）生産手段から引き離されているということは、主体を脱主体化するもっと一般的な過程、もっと一般的な労働の抽象化の一部であり、それを引き起こし、かつそれに支えられているのです。ここから見るなら、価値の生産、剰余価値の生産（搾取）は階級闘争を分析する出発点にはなりえないことになります。なぜならば、搾取はそれに先行するせめぎあい、すなわち創造性を労働に変換し、ある活動を価値の生産として規定づけるにいたるせめぎあいを論理的に前提としているからです。

搾取は、単に労働の搾取ではなくて、同時に、行為の労働への転形、主体の脱主体化、人間性の非人間化でもあります。このことは、創造性、主体性、人間性が、純粋なかたちで存在し、それが資本主義的形態に姿を変えられるのを待っている、ということを意味しているのではありません。資本主義的形態（労働）は、行為・創造性・主体性・人間性の存在様式なのですが、しかし、その存在様式は矛盾をはらんでいるのです。たとえば、行為が労働として存在しているということは、それが反労働としても存在していることを意味しています。たとえば、人間性が服従として存在しているということは、それが不服従としても存在していることを意味しています。階級をつくりだすことは、不服従を抑圧（し、しかるのちに不服従を再生産）することなのです。搾取は、服従しない創造性を抑圧（し、しかるのちにそれを再生産）するものなのです。創造性の抑圧は、普通考えられているように、生産過程でだけおこなわれるのではなくて、資本主義社会を構成している行為と行為の生み出すものとの分離全体においておこなわれるものなのです。

ですから、労働が階級をつくるのですが、労働は、それ以前の階級化をあらかじめ前提にしているのです。同じように、生産は階級を構成する領域なのですが、生産領域というものが存在すること、つまり生産が人間の行為一般から引き離されているという事態は、先行する階級化をあらかじめ前提にしてはじめて成り立っているのです。

そうすると、はたして仕事《ワーク》が中心になっているのだろうかという私たちの疑問に対する答えが明らかになってきます。中心になっているのは労働《レーバー》ではなくて、行為なのです。行為は、労働のなかに、労働に立ち向かいつつ乗り越えようとしながら存在しています。無批判的に労働から出発することは、初めから物神化された世界に自分を閉じ込めてしまうことになります。そして、その世界では、その世界に対抗するもうひとつの世界を描くことは、まったくの空想、外側から持ち込まれたものと見えてしまうにちがいないのです。労働から出発すれば、階級闘争の概念が切り縮められてしまいますし、労働として現れている行為の構成へと入り込んでいく対立的な実践の世界をすべて視野から閉め出してしまうことになってしまいます。

しかし、ここで提起された広い意味での階級闘争の概念を採用したとしても、ある意味では、剰余価値の生産が中心になるのであって、生産をめぐる闘争が解放のための闘いの核になるともいえるのではないでしょうか。確かに、それはありうることです。もし、剰余価値の直接生産者が資本に対する攻撃の上で特別な役割を果たしているということになれば、そのような階層的上下関係《ヒエラルキー》が設けられる場合がありうるかもしれません。ときとして論じられることですが、資本に特別な打撃をあたえるうえで鍵となる労働者の部門（大工場の労働者とか運輸労働者とか）がある、といわれます。これらの労働者は、資本に対して、資本が労働に依存していることを、とりわけ直接的なかたちで思い知らせることができるというわけです。しかし、そうした労働者の集団は、かならずしも剰余価値の直接生産者ではありません（たとえば銀行労働者がそうです）。そして、サパティスタの蜂起は資本に打撃をあたえましたが（たとえば、一九九四年から五年にかけて、メキシコ・ペソの平価切り下げ、世界金融市場の混乱を引き起こしたとされています）、このことは、資本蓄積を混乱させる力をもっているかどうかは、生産過程に直接に占めている位置にはかならずしも関係していないということをはっきり示しています。

V

批判的・革命的主体は定義できないものなので、それがどんなものであるかを規定することはできません。批判的・革命的主体とは、これこれの者であると定義された「だれか」ではなくて、定義されていない、そして定義することができない、定義することを認めない「何か」なのです。

定義・規定という言葉には、「下位におく」「それによって従属させる」という意味が含まれています。主体を定義・規定するには、その主体を従属させる（下位におく）ことが前提になります。批判的・革命的主体を定義づけ規定することが不可能なのは、「批判的・革命的」であるということが、その主体が従属する（下位におかれる）ものではなく、従属に抵抗するものだからです。服従からではなく闘争から出発するアプローチが定義・規定になじまないものになるのは当然なのです。不服従は、必然的に定義づけられ規定されることに抵抗する運動であり、それ自体があふれ出るものにほかならないのです。(7) それは、否定であり、拒絶であり、叫びなのです。

叫びを限られた人間集団の専用物にすべき理由はまったくありません。しかし、その叫びは、抵抗の叫びなのです。抑圧が強ければ強いほど、叫びはますます強くなります。叫びは、つねに形を変えているので、叫びを定義・規定しようとしても、叫び自体が形を変えるので、その定義・規定はたちまち乗り越えられてしまいます。

私たちが立っているところは、そしていつもそこに還《かえ》ってくるところは、私たちの叫びです。ここが、批判的・革命的主体の問題が始まるべきところなのです。その叫びは抽象的な叫びではありません。具体的なものに抵抗する叫びなのです。抑圧に対する叫び、搾取に対する叫び、非人間化に対する叫びです。それは、ひとりひとりが資本主義に抑圧されている度合に応じて、私たちみんなのなかにある抵抗の叫びです。(8) しかし、その抵抗の叫びの強さと力は、叫びが向けられている対象の強さと力に左右されます。その叫びは、だれかの叫びではなく、ほかの人の叫びではなく、強さの違いはありますが、みんなの叫びなのです。

抵抗する叫びは、まずもって、否定的なものです。拒否であり、服従の否定なのです。服従しないぞという叫びであり、服従はいやだという呟《つぶや》きなのです。不服従は日常の生活体験の中心にあるものです。子供の反抗、起きて仕事に行けとうるさく鳴る目覚まし時計への悪態、あるいは、ありとあらゆる長期欠勤、サボタージュ［生産妨害］、ずる休みから、公然たる叛乱、組織された

「もうたくさんだ《ジャ・バスタ》！」という叫びまで、すべてが不服従のあらわれなのです。見たところ非常に規律と服従がゆきとどいている社会であっても、不服従が存在しない社会はありません。不服従は、いつもそこにあり、抵抗の隠れた文化になっているのです（これについてはScott 1990を参照）。

多くの場合、私たちの叫びは声なき叫びです。「休火山の内側でのマグマ流出」（Johnson 1975, p.36）です。声として聞こえてくる不服従の叫びは、せいぜいのところ、不満の低い呟き、いうことを聞きたくないとぶつぶついう不平くらいです。この服従をいやがるという行為は、私たちの生活をかたどる、単純で華々しいところのない闘いです。それは、人々が素朴な生活の歓びを捨てたくないと思う気持ち、機械になってしまいたくないという気持ちを表したものであり、ある程度まではでありますが、「する」力を前に進めて保っていこうと心を決めていることでもあるのです。こうした類の服従をいやがる行為は、かならずしも、はっきりした、あるいは意識的な反対の態度をとるわけではありません。しかし、それは、資本が存在するために必要としている「させる」力の飽くことを知らない拡張と強化に対する強力な防壁になっているのです。

不服従の叫びは非アイデンティティの叫びでもあります。「おまえはこうである」――資本はいつも私たちにそういって、私たちを分類し、定義に押し込み、私たちの主体性を否定し、直説法現在［つまり「である」こと］の延長ではないような未来［つまり「でない」こと］を排除しようとします。「私たちはそうではない」――私たちはそう答えます。「世界はこういうものである」――資本はそういいます。「そうではない」――私たちは答えます。私たちは明快である必要はありません。私たちの存在自体が否定であり、「でない」ことなのです。否定とは、もっとも単純に、もっともぶっきらぼうにいえば、「これは好きではない。あれも好きではない」というのではなく、ただ「そうではない。私たちは否定する。私たちはどんな概念の範囲にも収まらない」ということです。私たちは「である」もののように見えますが、「でない」ものなのです。もっとも根底的なところでいえば、それが希望の推進力であり、「である」ものをむしばみ、形を変えさせていく力なのです。私たちは、アイデンティティの物神化された相貌の下に隠された非アイデンティティの力なのです。「矛盾とは、アイデンティティの相貌の下にある非アイデンティティである。」（アドルノ『否定弁証法』Adorno 1990, p.5)

叛逆の理論の核にあるものは何なのでしょうか。希望の実体とは何なのでしょうか。ある人は「労働者階級だ」といいます。「私たちは労働者階級を見ることができるし、研究することもできるし、組織することができる。それが希望の実体なんだ。私たちが政治的に動くことができる出発点はここにある」と。私たちは応答します。「労働者階級と呼ぶけれど、私たちは、それを見ることもできないし、研究することもできないし、組織することもできない。革命的な階級としての労働者階級というのは『でない』ものだからだ。それは非アイデンティティなんだ」と。それは中身のない空っぽな答えに思えるかもしれません。私たちは、いままで受けてきた訓練に従って、希望の実体として何かポジティヴな力を探し求めます。しかし、その結果見つけだすことができたのは、フィヒテの「暗黒の空虚」のようなもの、つまり非アイデンティティにすぎなかったのです。それは、「われはありてあるもの」とはいわないで、「われらはわれらであるものではない。われらではないものである」という神なのです。それは、ここで議論していること全体を混乱させてしまいます。私たちは、しっかりとにぎってはなさないでいることができるようなポジティヴな力を求めているのです。ところが、いまの議論から出てきたのは、非アイデンティティという否定的で空虚なものにすぎないように思われるのです。

しっかりとにぎってはなさないでいることができるようなポジティヴな力、保障あるいは保証、そうしたものは存在しないのです。ポジティヴな力はみんなキマイラ［ギリシア神話に出てくる頭はライオン、胴はヤギ、尾はヘビという怪獣］なのであって、触ると、とたんに分解してしまうのです。私たちの神は唯一神であって、私たち自身がその唯一神なのです。私たち自身が、世界がそのまわりを回る太陽であり、唯一神であり、否定の神なのです。私たちはメフィストフェレスです。「つねに否定する精神(9)」なのです。

しかし、まだここには問題があります。叫びが抵抗の叫びであるならば、それはけっして純粋な叫びではありえないということになります。それは叫びが向けられている対象によってつねに汚されているのです。否定は、つねに否定されたものを含み込んでいます。それは、権力に対するあらゆる闘いのなかに見られることです。権力に対してただ否定の反応をするだけでは、権力との葛藤を生んだ関係を裏返しに再生産することを通じて、みずからの内に権力をつくりだしてしまうのです。この本のほとんどすべての章節で頭をもたげていた龍がまたもや跳び出してきて、私たちを脅かします。私たちは際限のないくりかえしの輪にとらえられているように思われてくるのです。

確かに、否定には際限のなさがあります。しかし、それは円環の際限のなさではないのです。それは、むしろ、コミュニズムをめざす闘いの際限のなさなのです。権力のない社会のための条件が創られたとしても、「させる」力がふたたび起こってくるのと闘うことがつねに必要です。肯定の弁証法というものはありえないのです。すべての矛盾が解決されてしまった綜合《ジンテーゼ》というものはありえません。資本主義というものが、いまそのなかでは人間の潜在力が発揮を妨げられているとしても、存在の状態としてではなく過程としてとらえられるべきであるなら、このことは、人間の「する」力が解放された社会においては、これにもまして、はるかに真実でなければなりません。

しかし、それだけではなく、もっというべきことがあります。私たちは際限のないくりかえしの円環にとらえられているのではありません。それは、私たちの存在がくりかえしでもなければ輪でもないという単純な理由からいえることです。私たちの抵抗の叫びは、抑圧に対する抵抗の叫びです。そして、その意味では、抑圧によって形づくられたものです。しかし、それ以上のものでもあります。抑圧に対する抵抗の叫びは、私たち自身、私たちの人間性、私たちが創造する力が否定されているのに対してあげられている叫びだからです。非アイデンティティが私たちの叫びの核なのですが、しかし、「私たちはあるのではない」ということは単なる暗黒の空虚ではありません。「である」ことの否定は、「になる」ことを、運動、創造、「する」力の解放を打ち出すことなのです。私たちはあるのではありません。あろうとしないのです。私たちは「なる」のです。

そうすると、「私たちはあるのではない」は「私たちはまだない」ということになります。けれど、それは、その「まだない」は、はっきりとした未来として、確実に家に帰れることとしてではなくて、可能性として、何の保証も保障もない「になる」こととしてとらえられるべきものなのです。「私たちはまだない」とするなら、その「まだない」ことは、企てとして、あふれ出ていることとして、乗り越えて進んでいくこととして存在しているのです。直説法現在肯定形［「である」］の支配は打ち破られて、世界は現在と未来との区別が溶け合った仮定法否定形［「でないとするなら……」］に満ちたものに見えてきます。そこでは、現在と未来との区別はなくなっているのです。人間存在は、単なる否定の存在ではなく、「まだない」存在なのです。そこでは、否定は、私たちの人間性の否定に対する否定であることによって、同時に、その人間性に向かっていこうとする企てでもあるのです。それは、失われた人間性でも現存する人間性でもなく、創造されるべき人間性なのです。この「まだない」存在は、はっきりとした政治的戦闘性のなかに見られるだけではなくて、日常生活のなかでの格闘、心のなかに描く夢、企てが拒まれていることに抗して企てること、空想といったもののなかに、もっとも単純な喜びの夢から、もっとも先駆的な芸術作品にいたるまで、さまざまなかたちで見られるものなのです（ブロッホ『希望の原理』Bloch 1986 参照）。「まだない」ことは、「である」ことにされているリアリティにあらがってつねに起こってくる衝動であり、抑圧された快楽原則の現実原則に対する叛逆なのです［フロイトの精神分析理論で、快楽原則が不快を避け快を得ようとする原理であるのに対し、現実原則は、直接には快楽原則が貫けない現実を理解し、現実に適応してゆく原理］。「まだない」ことは、時間を渋滞から解き放ち、「する」力を解放しようとする闘いなのです。

私たちの非アイデンティティの叫びは、ヒューマニズムを主張するものにすぎないのでしょうか。非アイデンティティの「暗黒の空虚」は人間の本性を護ろうとする主張にすぎないのでしょうか。ヒューマニズムがはらんでいる問題点は、それが人間性という概念をもっているところにあるのではなくて、ヒューマニストが普通は人間性というものを、肯定的なものとして、すでにいま存在しているものとして考え、人間性というものはいま否定されたかたちでしか存在せず、夢、闘い、非人間性の否定としてしか存在していないのだというとらえかたから出発していないというところにあるのです。もし人間性の概念がここでおこなっている議論の基礎にあるとするなら、それは否定された人間性の否定としての人間性、鎖につながれた「する」力としての人間性という概念なのです。人間性を求める闘いは、否定の解放へ向けての闘い、潜在的なものの解放へ向けての闘いなのです。

　支配の円環を打破する展望をあたえてくれるのは、「する」力の運動、人間の潜在力を解放する闘いにほかなりません。「させる」力の克服は、「する」力の解放を実践することを通じてのみなしうるのです。ですから、仕事《ワーク》というものは、依然として革命に関するあらゆる議論の中心におかれているのですが、それは、出発点になるのが労働《レーバー》すなわち物神化された仕事《ワーク》ではなくて、行為としての、創造性としての、あるいは「する」力としての仕事《ワーク》であるととらえられているかぎりでの話なのです。そのとき、現在における仕事《ワーク》は労働《レーバー》として存在しているのですが、そうでありながら、労働《レーバー》にあらがいつつそれを乗り越えようとしながら存在しているのです。仕事《ワーク》をこういう意味においてとらえないかぎり、外部の力が神のように介入してくることを期待しないで現状を乗り越えていくことは不可能なのです。

　抵抗する叫びと「する」力の運動（これが本書のふたつの軸になっています）は、ほどくことができないほどしっかりとからみあっています。抵抗する闘いの過程で、その闘いが向けられている権力関係の鏡像［鏡に映った姿］ではない関係が形づくられていくのです。それは仲間の友愛、連帯、愛といった関係であり、私たちが実現しようと闘っている社会のありかたを、実現される以前にあらかじめ形で示しているような関係なのです。同様に、人間の潜在力を発展させようとする（「する」力を解放しようとする）試みは、つねに抵抗する闘いとしてあるのです。なぜなら、そうした試みは、つねに拡張しようとしている「させる」力である資本と公然、隠然に葛藤しなければならないからです。抵抗する叫びと解放に向けての闘いは、たとえその闘いのなかにある人たちがその結びつきを意識していなくても、切り離すことができないほど結びついているのです。しかし、もっとも解放された闘いとは何かといえば、その闘いのなかでこのふたつ「抵抗する叫びと解放に向けての闘いと」が意識的に結びつけられ、意識的に新たな社会をあらかじめ形で示しているような闘いです。つまり、その闘いが、闘争形態において、抵抗している相手側の構造や実践を自分たちのなかに再現してしまうようなことなく、実現を望んでいる社会の関係を先取りする形で創り上げている闘いとして、このふたつを意識的に結びつけている闘いです。そういう闘いこそが解放された闘いにほかならないのです。

抵抗する叫びと「する」力の運動との統一は、おそらく、蜂起したサパティスタの言葉遣いに従うなら、尊厳の問題に関わっています。[10] 尊厳とは、辱《はずかし》め、抑圧、搾取、非人間化を受け容れるのを拒むことです。それは人間性の否定を否定する拒絶であり、そうであるがゆえに、現在否定されている人間性を実現しようという企てに満ちた拒絶なのです。このことが意味しているのは、この運動が、拒絶としての企て、企てることとしての拒絶の政治《ポリティクス》なのであって、そこには、おたがいに尊重しあい尊厳を認め合う世界を創ろうという夢がいっぱいにつまっており、この夢には資本主義の廃滅、私たちを非人間化し脱主体化しているあらゆるものの廃絶が含まれている、ということなのです。

9　反権力の物質的リアリティ

I

「ロマンティック」――「気高さはあるが、かならずしも現実的ではない。」――「われわれは階級闘争の現実を取り扱わなければならないのであって、反権力《アンチパワー》についての抽象論は必要ない。」――こんな声が聞こえてきます。

私たちは、どうすれば、首尾よく、権力を取らずに世界を変えることができるのでしょうか。権力を取らずに世界を変えるというアイディアは魅力的な夢です。私たちはみんな魅力的な夢には惹かれます。でも、そのリアリティはどこにあるのでしょうか。二〇世紀の経験を経た後でも、まだ夢見ることができるのでしょうか。二〇世紀には何と多くの夢が挫折したことでしょう。何と多くの夢が悲惨と災厄《さいやく》に終わったことでしょう。

人間性にとっての希望である、この反権力とはいったいどこに見いだされるのでしょうか。反権力の物質的《マテリアル》なリアリティ［反権力《アンチパワー》が現実《リアリティ》としてもっている実質的《マテリアル》な内容］とはなんなのでしょうか。なぜそう問うかというと、もしリアリティに実質がないのなら、私たちは自分をだましていることになるからです。私たちはみんないまの社会とは違う型の社会ができるのを望んでいます。でも、その望みは現実に実現可能なのでしょうか。二〇世紀の前半に起こった革命は、プロレタリアートの大衆組織の上に、その夢を築きました。しかし、そのような組織はいまや存在していません。もし存在しているとしても、それは夢の素材にはならないのです。

　私たちは大量の産湯《うぶゆ》を流してきました。その中に何人か赤児《あかご》がいなかったでしょうか。明確に定義された主体が定義することができない主体性に置き換えられてきました。プロレタリア権力は無規定な反権力に置き換えられてきました。このようなたぐいの理論の変動は、たいてい、幻滅と結びついています。革命の理想を捨てて理論的な詭弁《きべん》に逃れる態度と結びついているのです。私たちは、ここでは、そういうことをしようとしているのではありません。でも、それでは、どこに、この反権力は存在しているのでしょうか。

　私は叫ぶ。しかし、叫んでいるのは私だけでしょうか。読者のみなさんのうちにも叫んでいる人たちがいます。私たちは叫んでいる。でも、そこには、叫びが物質的な力をもつ兆候がどのように見いだされるのでしょうか。

Ⅱ

第一のポイントは、叫びはどこにでもある、ということです。

テレビを見たり、新聞を読んだり、政治家の演説を聞いたりしても、反権力がどこにあるのか、その兆候は、ほとんど見つけることはできません。そういうところで論じている人たちにとって、政治とは権力政治であり、政治的抗争とは権力獲得をめぐる葛藤にすぎないのです。政治的リアリティとは権力のリアリティなのです。そうした人たちの目には反権力は見えません。

しかし、もっとよく見てみましょう。まわりの世界を見まわしてみてください。新聞の向こう側、政党の向こう側、労働団体の向こう側を見るのです。そうすれば、闘争がおこなわれている世界が見えてきます。チアパスの自主管理自治体、メキシコ国立自治大学の学生たち、リヴァプールの港湾労働者たち、金融資本の権力に反対する国際的なデモンストレーションの波、移民労働者たちの闘い、民営化に反対する世界中の労働者たちの闘い。読者のみなさんは、自分でリストをつくることができるでしょう。いつでも新しい闘いが起こっているのです。世界全体に、権力の獲得をめざさない闘い、「させる」力に立ち向かう闘いが広がっています。全世界で、「ノー！」というだけの闘い（たとえばサボタージュ〔生産妨害〕）が広がっていますが、そうした闘いは、しばしば「ノー！」といっている過程で、自分のことは自分で決定し、世界はどうあるべきかについての別の考え方をはっきりと表明するような闘争形態をとっていくのです。そのような闘いは、たとえ主流のメディアで取り上げられることがあるとしても、権力の眼鏡を通してフィルターをかけられてしまっているので、権力政治に打撃をあたえないと考えられるかぎりでしか見ることができないようになっています。(1)

反権力について語るとき、最初に問題になるのは、それが見えないことです。見えないのは、それが想像上のものだからではありません。私たちが世界を見るときの概念が力の概念（アイデンティティ・直説法の概念）だからなのです。反権力を見るには、別の概念（非アイデンティティ・「まだないもの」・仮定法の概念）が必要になります。

叛乱する運動はすべて、見えないことに抵抗する運動なのです。もっともはっきりした例といえば、フェミニズム運動でしょう。フェミニズム運動を通じて、それまで見えなかったものを見えるようにするために多くの闘いがおこなわれてきました。女性に対しておこなわれてきた搾取と抑圧が見えるようになってきましたが、それだけではなく、この世界における女性の存在が見えるようになり、女性の存在が大きく抹殺されてきた歴史が書き換えられるようになったのです。現在闘われている先住民の運動においても、「見えるようにすること」は中心的な課題です。そのことがもっとも力強く表現されているのは、サパティスタがかぶっている覆面です。われわれが顔を隠すのは、見られるようになるためであり、われわれの闘いは顔をもたない者たちの闘いなのだ——というわけです。

さらにここで、重要な区別をしておかなければなりません。反権力の問題とは、抑圧されたアイデンティティ（女性であること、先住民であること）を解放することではなくて、抑圧された非アイデンティティを解放することなのです。非アイデンティティとは、日常ありふれた目に見えない「ノー」、通りを歩きながら「ぶっ壊してやる」とぶつぶつ不平をいったり、椅子に座ったまま憤懣《ふんまん》をたぎらせたりしている休火山であることです。不満に対して、「われわれは女性である」「われわれは先住民である」というアイデンティティをあたえることによって、私たちは、すでに、そこに新たな限定をおこない、定義づけをおこなってしまっているのです。ここから、サパティスタの覆面がもつ重要性が浮かび上がってきます。サパティスタの覆面は、こう語っているのです。「われわれは、先住民としてのアイデンティティが認められることを求めて闘っている者だ」と。しかし、それだけではなく、もっとずっと深いことも語っているのです。「われわれの闘いは、非アイデンティティの闘いだ。見えない者の闘い、声も顔ももたない者の闘いなのだ」と。

「見えないこと」との闘いの第一歩は、世界を逆さまにひっくり返すことです。闘いの観点から考えること、その立場をはっきりさせることです。ラディカルな社会学者、歴史家、社会人類学者などの研究者は、権力に反対する動きはあらゆるところに、仕事場にも家庭にも街路にもあるのだということに気づかせてくれました。そうした研究者の仕事は、うまくいくと、新しい感受性を開いてくれます。そうした新しい感受性は、多くの場合、「見えないこと」との闘いと結びついていますし、そうした闘い（フェミニズム運動、ゲイ運動、先住民運動など）から意識的に出発していきます。感受性の問題をうまく提起しているのはスコットで、著書の最初のところに、次のようなエチオピアの格言を引用しています。「えらい王様がお通りになるとき、賢い農民は、深々と頭を下げて、静かにおならをする。」王様の目、耳、鼻には、農民のおならはまったく感知できません。しかし、農民自身、ほかの農民たち、そして農民の王様に対する敵意から出発して考える人たちにとっては、おならははっきりしすぎるほどはっきりしているわけです。ここには、隠された不服従の世界の一端が見えています。隠されているのは、権力を行使する者たちに対してであり、訓練によって、あるいはそうすると便利だからという理由で、権力からあたえられた目隠しを取ろうとしない人たちに対してなのです。

抑圧され、その抑圧に抵抗しているのは、「だれか」だけではなくて、「何か」でもあります。抑圧されているのは、ある特定の集団（女性、先住民、農民、工場労働者など）だけではなくて（というよりは、とりわけて）、私たちみんなが持ち合わせている人格のある特定の側面なのです。私たちの自信、私たちの性衝動、私たちの遊び心、私たちの創造性、そういうものが抑圧されているのです。理論が挑まなければならない課題は、通りで隣を歩いている人やバスで隣に座った人を見て、そういう人たちのなかに眠っている休火山を見ることなのです。資本主義社会で生きていれば、かならず不服従へと導かれていくというわけではありませんが、私たちの存在が服従と不服従との対立関係に引き裂かれているということだけは避けて通ることのできない事実です。私たちが資本主義のなかで生きていくということは、自己分裂させられることを意味しています。それは、いろいろな階級対立のなかで対立の一方の側に立たなければならないという意味だけではなくて、そうした階級対立が私たち一人一人を引き裂くということです。私たちは反抗的になるとはかぎらないでしょうが、私たちの内部に反抗が存在するようになるのは避けられないのです。そうした反抗は、休火山として、来るかもしれない未来へ向けての企てとして、「まだない」ものが現在の内に存在することとして、欲求不満として、ノイローゼとして、抑圧された快楽原則として、存在するのです。そしてまた、資本がおまえたちは労働者だ、学生だ、夫だ、妻だ、メキシコ人だ、アイルランド人だ、フランス人だ、といってアイデンティティを押しつけてくるのに対して、「われわれはそうじゃない。そうじゃない。そうじゃない。われわれはそうであるものではない。われわれはそうではないもの

（まだそうではないもの）なのだ」といいつづける非アイデンティティとして存在しているのです。サパティスタが、自分たちのことを「普通の人間だよ。普通の人間っていうのは、つまりは叛逆者っていうことだ」というのは、そういう意味なのです。(2) それが、サパティスタのいう尊厳ということにほかならないのです。それは、私たちみんなのなかにある叛逆、否定された人間性をとりもどそうとする闘い、私たちが損なわれた人間性を課せられていることに対して抵抗する闘いなのです。尊厳というのは、細々《こまごま》とした日常生活を満たす激しい生命力をもつ闘いです。多くの場合、尊厳を求める闘いは、はっきりとした不服従よりも、服従をきらう行為としてあらわれてきます。また、なんらかの意味で政治的であったり反資本主義的であったりするよりも、私的なものと見られることが多いものです。にもかかわらず、尊厳を求めて服従をきらう闘いは、希望の実質的な土台をなしているのです。そこが、政治的にも理論的にも、出発点になるところなのです。

抑圧された夢がもつ力、それがあらゆるところに潜んでいることをもっとも鋭く感じ取っていたのは、おそらくエルンスト・ブロッホだったろうと思います。ブロッホは、『希望の原理』全三巻で、よりよき未来へむけてのさまざまなかたちの企て、現在の内に存在する「まだないもの」の痕跡を、夢、おとぎ話、音楽、絵画、政治的・社会的なユートピア、建築、哲学、宗教などのなかにたどっています。それらすべてが、私たちみんなのなかに、現在に対する拒絶、根本的に異なった世界への前進、胸を張って歩くための闘いが潜んでいることをあかしているのです。

反権力は、服従しない者たちのはっきりとした、目に見える闘い、「左翼」の世界にだけ存在するものではありません。反権力は——問題をはらみ、矛盾したかたちで（だけど、左翼の世界だって同じくらい問題をもち、矛盾していますが）――私たちみんなが日常において経験している鬱屈《うっくつ》、権力に直面しながら自分たちの尊厳を保っていこうとする日々の闘い、自分たちの生活に対する自分たちの手による管理を維持し、あるいは獲得し直していく日々の闘いのなかにも存在しているのです。反権力とは、日常に存在する尊厳のなかにあるのです。反権力は、私たちがいつも形づくっている関係のなかに、愛、友情、仲間の結びつき、コミュニティ、協同といった関係のなかにあるのです。そのような関係のなかに権力が浸透しているのは明らかなことです。それが、私たちが生きている社会の本性だからです。そうでありながら、やはり、愛、友情、仲間の結びつきという要素は、私たちが権力との間で絶えずおこなっている闘い、おたがいどうしの認め合い、おたがいの尊厳の認め合いを基礎にした関係を打ち立てていこうとする闘いのなかにあるのです。

抵抗が目に見えないものになってしまうというのは、支配そのものが根深いところからもたざるをえない様相です。支配が成り立っているということは、つねに、抵抗が根絶されたことを意味しているのではなくて、抵抗が（少なくともその一部が）地下に潜って、目に見えなくなったということを意味しているのです。抑圧には、いつも抑圧された者を目に見えなくすることがともなっています。ひとつの集団が目に見えるようになったとしても、目に見えるということにまつわる問題全般が解決されるわけではありません。見えなかった者が見えるようになる度合に応じて、休火山がはっきりとした戦闘性を帯びはじめる程度に応じて、それまで見えなかった者は、それ自体がかかえている固有の限界に直面することになり、その限界を突破する必要に迫られるのです。資本主義に対する反対を目に見える戦闘性の問題に限定して考えてしまうのは、火山が上げる煙だけを見ているようなものです。

尊厳（反権力）は人間が生きているあらゆる場所に存在しています。抑圧は、その対極にある人間らしく生きようとする闘いを同時に含んでいます。私たちが日常を生きるなかで出会うすべての問題、病、教育制度、性、子供、友情、貧困、そのほかなんの問題でも、そこには尊厳をもって生き、物事をまっとうになすための闘いがあるのです。もちろん、何をもってまっとうと考えるかには、権力の影響が浸透しています。しかし、その浸透も矛盾をはらんだものなのです。私たちにとって主体性が損なわれたものであることはまちがいないのですが、まったく破壊されてしまっているわけではありません。正しいことをするため、道徳的に生きるために闘うという考えは、いつでもたいていの人たちの頭の中にあります。もちろん、ここでいう道徳というのは、私有化によって曇らされた不道徳な道徳であって、一般的に私有財産の問題を避けて通り、したがって人間たちおたがいの関係が本性としてどういうものなのかという問題を避けて通る道徳です。そういう道徳は、「自分に近い人たちには正しいことをおこない、ほかの世界の人たちのことは放っておく」ものとしてみずからを規定するような道徳であり、私的な道徳であることをもって、「自分に近い人たち」（家族、民族、女性、男性、白人、黒人、まともな格好をした人たち、「われわれのような人たち」）と、ほかの世界の人たち、つまり私個人がもつ道徳の範囲外に生きている人たちとの間の区別にみずからのアイデンティティを求める道徳なのです。そして、にもかかわらず、「正しいことをする」ための日常の闘いには、アイデンティティをつくりだすのではなく、相手を認め相手から認められるための闘い、「させる」力に屈するだけではなくて、「する」力を解放するための闘いが含まれているのであり、非人間化させる力に対する怒り、（別々に切り離されていても）ともに分け持っている抵抗、少なくとも服従に抵抗しようとする心があるのです。

反論があるかもしれません。そうした態度を反権力と見るのはまちがいだ。だって、別々に切り離され、私的なものになっているかぎり、そうした「道徳」は、「させる」力を再生産する働きをするだけなのだから、という反論です。おたがいに結びついているという意識がなければ、政治的（階級）意識がなければ、そのような私的な道徳は、資本にとってまったく無害であり、あるいは実際には、秩序とよい行いの基盤をつくることを通じて、資本の再生産に積極的に貢献しているのだ、というふうに論じられるかもしれません。いわれていることは、みんなそのとおりです。しかし、それだけではないところがあるのです。どんなかたちであれ服従をきらうこと、どんな経過をたどってであれ「おれたちは資本が要求するようなモノみたいな機械じゃないよ」ということには、それだけではすまされないところがあるのです。何が正しいことかと考えることは、それがいかに私的なものとしてとらえられていようとも、反対行動の「隠されたコピー」（Scott 1990）であり、底のほうにある抵抗の土台の一部なのです。そういうものは、どんな抑圧的な社会にも存在しているのです。エチオピアの農民のおならは、通り過ぎていく王様を馬上から吹き飛ばしはしないけれど、それでもなお、それは否定性の土台の一部をなしています。それは、普通は目に見えないものだけれど、鋭い社会的緊張が生まれた瞬間には燃え上がることができるものなのです。こうした否定性の土台を材料にして社会的な火山がつくられるのです。このような、はっきりした形をとらない、服従をきらう態度をとる層は、顔をもたず、声をもたず、「左翼」からしょっちゅうさげすまれてきたものでした。しかし、これこそが、反権力を実質において支えるもの、希望の基礎なのです。

Ⅲ

第二のポイントは、反権力《アンチパワー》はどこにでもあるだけではなく、力《パワー》の推進力でもあるということです。このことは、マルクス主義の系譜においても左翼思想においても、一般に広く強調されてきたわけではありません。概してマルクス主義は資本とその発展に分析の焦点を当て、左翼思想は抑圧に照明を当てて、資本主義の悪に対する憤《いきどお》りをかきたてるやりかたを好んで取ってきました。そこには、抑圧されている者を単なる抑圧の犠牲者としてあつかう傾向がありました。このような強調のしかたをすれば、憤りに駆られて行動に起ち上がるということがあるかもしれませんが、こうしたやりかたでは、抑圧されている犠牲者が、どうすればみずからを解放することができるのか、という問題がまったくなおざりにされてしまうことになりかねません。みずからを解放するのではなくて、むしろ、当然のことながら、われわれのような救い主が啓蒙を通じて介入することによって解放されるのだ、ということになっていくわけです。

マルクス主義の系譜のなかで、闘争よりも支配を強調するこうした傾向に対して非常にはっきりとした攻撃をおこなったのは、最初はイタリアから一九六〇年代以降発展してきた潮流でした。このような潮流は、「自治運動《アウトノミア》マルクス主義」とか「労働者主義《オペライスモ》」とか、いろいろな呼び名で呼ばれています。その主張のポイントをはっきりと定式化したのが、一九六四年に最初に刊行されたマリオ・トロンティの論文「英国におけるレーニン」でした。この論文が「自治運動《アウトノミア》マルクス主義」のアプローチを形づくっていくうえで大きな貢献をしたのです。

われわれはまた、資本主義の展開をまず取り上げ、そのあとに労働者を取り上げるという考え方でずっとやってきた。これは誤りである。そして、いま、われわれは問題をひっくり返さなければならない。両極を逆転させて、初めからやり直さなければならないのだ。つまり、労働者階級の階級闘争から出発するということである。〔Tronti 1979a, p.1〕

トロンティは、すぐに両極を逆転させて、そこから歩を進めます。労働者階級の闘争から出発するということは、ただ単に労働者階級の観点を選択するということではなくて、伝統的マルクス主義のアプローチを完全にひっくり返して、労働者階級の闘争こそが資本主義の展開を規定しているというふうに見ることなのです。「社会的に発展した資本のレヴェルにおいては、資本主義の展開は労働者階級の闘争に従属するようになる。資本主義の展開は労働者階級の闘争の後ろに従い、資本自体の再生産の政治的メカニズムのペースは、労働者階級の闘争のペースに合わせなければならなくなる。」（Tronti 1979a, p.1）

ここに、ムーリエが「労働者主義《オペライスモ》による……マルクス主義のコペルニクス的転換」（Moulier 1989, p.19）とのべた事態の核心があるのです。アーソル・ローサによれば、

これは、要するに、労働者階級を資本の発動機とし、資本を労働者階級の関数とする〔資本の動きは労働者階級の動きによって左右されるとする〕定式化であるといえる。……この定式化には、

観点を大きくひっくり返す発想が含まれており、それは政治的な意味をはらんでいる。［Moulier 1989, p.20 より重引］

このようにして伝統的なアプローチをひっくり返すのが魅力的なことであるのは明らかです。けれど、労働者階級が資本主義の「発動機」だなんて、どうすれば理解できるのでしょうか。トロンティ自身はさっきの論文で、こういっています。「これはレトリックとしていっているのではない。また、われわれの確信を取りもどそうとしていっているのでもない。……差し迫って政治的に必要だからということが科学的命題の根拠になるなんて、あってはならないことなのだ。」［Tronti 1979a, p.1］(3)

自治運動論者《アウトノミスタ》たちがマルクス主義の再解釈を始めた契機は、一九六〇年代イタリアにおける工場占拠運動の高揚でした。それが『資本論』の再読を促し、そのなかで、特にそれまで「マルクス主義経済学者」からは概して無視されていた部分を重視するようになっていったのです。それは、『資本論』第一巻のうち、相当の分量を取って工場における労働過程が分析されている部分［第一三章「機械と大工業」］でした。ここで展開されている議論で、マルクスは、資本はつねに「手に負えない労働者」と闘うことを余儀なくされており(4)、工場組織の変化と技術革新は、この闘争のなりゆきによって決定されていることを明らかにしています。ですから、マルクスにとって、自動装置《オートメーション》は「人間という反抗的でありながら柔軟性をもった障害物が引き起こす抵抗を最小限のものにとどめようという衝動にもとづいて盛んに取り入れられるようになっている」ものなのです（『資本論』

Marx 1965, p.403）。したがって、「労働者階級の叛逆に対する資本の武器を提供するというただひとつの目的から、一八三〇年以降におこなわれた技術革新の歴史を描き出すことだってできるであろう」とマルクスはいっています（『資本論』Marx 1965, p.436）。

自治運動論者《アウトノミスタ》は、工場内での労働者の闘争にまず焦点を合わせて分析をおこない、経営が導入してくる組織上、技術上の新機軸《イノベーション》は、労働者の側が発揮している不服従の力を乗り越えるために、その力に対する対応として企てられるものだ、ととらえることができるということを明らかにします。そうすると、労働者の不服従を資本の推進力として見ることができるということになるわけです。

こうした見方から、闘争の歴史を分析する方法が導き出されてきます。労働者がある闘争形態を発展させます。これに対して、経営は、秩序をもう一度確立するために、新しい形態の組織あるいは新しい機械を導入します。これが、今度は、新しい形態の不服従、新しい形態の闘争を引き起こすことになります。これがくりかえされていくのです。このように見るならば、一定の構成をもった闘争というものについて語ることができるようになります。マルクスは、ある特定の時点における資本は、ある特定の技術的構成・価値構成によって特徴づけることができると考えました。この技術的構成・価値構成とは、不変資本（機械や原材料に代表されるような資本の部分）と可変資本（賃金に対応する資本の部分）との間の関係によって変わってくるものです。自治運動論者《アウトノミスタ》は、この資本の技術的構成・価値構成との類比《アナロジー》から、ある特定の時点における労働と資本との間の関係を指し示すための概念として、階級構成という概念を発展させました。このように考えるなら、闘争が示す運動というのは、階級構成の運動として見ることができることになります。ある特定の時点における闘争の形態は、労働者階級の階級構成を表現しているのです。経営が秩序を取りもどそうとして変化を導入してくる際には、経営はいまある階級構成を壊すことをねらっているのです。この階級構成を壊すこと、すなわち脱構成は、今度は、新しい形態の闘争を引き起こすこと、言い換えれば新しい階級構成をつくること、すなわち再構成を引き出します。こうして、闘争の歴史は、構成・脱構成・再構成をたどる運動というかたちで語ることができるようになるのです。

　この階級構成の概念は、特定の工場あるいは産業における闘争だけに関わって発展させられたものではなくて、資本主義全体における闘争の動力学を理解する方法としても発展させられています。その結果、次のような論が立てられています。第一次世界大戦までの時期における労働者階級の闘争がもっていた特徴は、熟練労働者が生産の内部で占めている特別な位置によって規定されていました。ここから、労働者階級の運動は、独特の組織形態（熟練労働者を基礎にした労働組合）と独特のイデオロギー（労働の尊厳という観念に基礎をおいたイデオロギー）をもつことになりました。これに対する経営側からの脱構成の対応が、テイラー・システム[5]の導入だったのです。テイラー・システムは、熟練労働者の熟練を無意味にしてしまい、彼が労働過程をコントロールすることをできなくさせるものです。これによって、今度は、労働者階級の再構成がおこなわれて、大衆労働者が生まれてくることになります。そして、それにともなって、新しい闘争形態、新しい組織形態（一般業種組合《ゼネラルユニオン》型労働組合）と新しいイデオロギー（就業拒否）が生まれてきます。資本の側からこれに応えて脱構成しようとする動きは、今度は、工場管理のレヴェルにおいてではなく、国家のレヴェルでおこなわれた、と自治運動《アウトノミア》理論家（特にネグリ）は見ています。その脱構成の動きが、ケインズ主義と福祉国家（フォーディズムと呼ばれることが多い）の展開であって、それは労働側が強さを増してきたことを承認しながら、同時に、その強さを（社会民主主義を通じて）秩序の維持と（需要調整を通じて）資本主義の原動力へと統合する手段として展開されたのでした。ネグリの分析によると、これによって資本の社会化がうながされ、社会は「社会工場」に姿を変えられ、新しい階級構成として「社会労働者」（「オペライオ・ソシアーレ」[operaio sociale]）が出現したとされます。この新しい階級構成の強さは、一九六〇年代後半から七〇年代にかけての闘争のなかに表されています。この時期の闘争は、工場の闘争を越えて、資本の社会管理のあらゆる側面と対抗するにいたったのです。こうした闘争の強さによって、資本の側はケインズ主義＝フォーディズムの管理形態を放棄することを余儀なくされ、新しい攻撃形態（新自由主義《ネオリベラリズム》あるいはハートとネグリがいう〈帝国〉[6]）を発展させたわけです。

こうして、階級構成というとらえかたは、工場闘争の分析を越えて、資本主義の発展をとらえるさいの基調概念になっていったのです。ムーリエは、この概念を広い意味で次のように特徴づけています。

「階級構成」という概念は、あまりに静態的で、アカデミックで、総じて反動的な意味合いをもっている「社会階級」という概念に代わるものと目されていたことを忘れてはならない。階級構成には、同時に、資本と賃金労働の双方の技術的構成が含まれており、それは生産力の発展状態、社会的協働と分業がどの程度進んでいるかに関連している。しかし、こうしたレヴェルでの分析は、最後の手段である政治的構成と切り離すことはできない。そこには、欲求と欲望の集合的主体性、幻想とそれを客観的なものに変換した政治的・文化的・コミュニティ的組織の諸形態とを特徴づけるすべての要素を見いだすことができるのである。[Moulier 1989, pp.40-1, n.47](7)

階級構成という概念は、資本主義に対する抵抗はあらゆるところにあるという見方を越えて、さらに進んでいく方向性を暗示しています。この概念は、こうした抵抗を発展させていく力は何にもとづいているか、現在の闘争形態の特異性と力は何にもとづいているのかをめぐる方向性を指し示すものになっているのです。そこに提起されているのは、私たちの叫びをいつでも存在する抑圧の特徴を示すものとしてだけではなく、特有の歴史的意義をもつものとしてもとらえていく方向なのです。

しかし、ここにすでに、いまのべたような自治運動論者《アウトノミスタ》のアプローチと、この本で展開しているアプローチとの分岐点を示すひとつの問題があります。確かに、最初に私たちを衝《つ》き動かしたものは、ほとんど同じようなものでした。労働者階級の闘争からすべてが始まるというトロンティの主張と、出発点は叫びだという本書の主張とはまったくよく似ているのです。しかし、「階級構成」という概念が、闘争の示す運動を分析するカテゴリーとしてだけではなく、資本主義の時代を特徴づける方法として使われるところで、違いが明らかになってきます。

まず違いを示しているのは符号のつけかたが逆になっていることです。私たちは、叫びから出発して、反資本主義理論は否定理論として理解されなければならない、闘争の示す運動は否定の運動である、と論じてきました。しかし、ほとんどの自治運動理論《アウトノミア》は、闘争の示す運動を肯定の運動として提起しているのです。自治運動理論《アウトノミア》はプラス・マイナスの両極を逆転させますが、それは、肯定を資本の側から資本と闘う側に移動させることなのです。正統マルクス主義理論では、資本が資本主義発展の肯定的《ポジティヴ》な主体です。自治運動理論《アウトノミア》では、労働者階級が資本主義発展の肯定的《ポジティヴ》な主体になるのです。だから、階級構成と階級再構成という肯定的概念は労働者階級の側にあり、脱構成という否定的概念が資本の側におかれるのです。プラス・マイナスを逆転させるにあたって、アイデンティティが資本の側から労働の側に移動されるのですが、それによってアイデンティティが破壊されるわけではありませんし、異議がさしはさまれるわけでさえないのです。これはまちがっています。資本主義のもとにおける主体性は、まずもって否定的なもの、主体性の否認に抵抗する運動なのです。ほんとうに根底的なプラス・マイナスの逆転をおこなおうとするなら、主体性を資本から労働者階級に移すだけではなくて、その主体性が肯定的なものではなくて否定的なものであること、反労働・反階級の否定的主体性なのだということが理解されていなければなりません。まず初めに叫びがあるというのは、叫びが否定のなかで疲れ果てているからではなくて、私たちが尊厳という関係を創り出そうとしたら、尊厳を認めない関係を否定するしかないからです。ですから、私たちの運動は、何よりもまず否定の運動、アイデンティティに抵抗する運動なのです。脱構成するのは私たちであり、私たちこそ解体者なのです。つねに構成することを追求し、アイデンティティをつくりだすこと、安定をつくりだすこと（それらは幻影なのですが、存在にとって欠かせないのです）、私たちの否定を抑えて否認することを追求しているのは資本なのです。私たちが運動の源泉であり、私たちが主体です。その点においては、自治運動理論《アウトノミア》は正しい。しかし、私たちの運動は否定の運動であり、階級化を拒む運動なのです。チアパスのサパティスタの蜂起、あるいはブラジルの土地なき農民運動（MST［Movimiento de los Sin Tierra の略称で農業労働者運動］）をシアトルのインターネット労働者の闘争と結びつけているのは、いってみれば、肯定的な階級構成が共通していることではなくて、資本主義に対する否定の闘争を共有していることなのです。

「階級構成」を肯定的なものとして概念化することを基礎にして、この「階級構成」の概念は、闘争が示す運動を理解するための手段から、この概念を使って発展の段階区分をすることを通じて資本主義がどのように「ある」のかを描き出すための手段へと横滑りさせられるのです。資本の運動が全体として労働に依存しているという点において（それはルカーチのいう総体性の観点からではなく、総体性への渇望から見たものです）特定の闘争を分析するのではなくて、逆に、特定の闘争（たとえば一九七〇年代におけるフィアットの闘争）を投影して、それを資本主義発展の特定の段階に典型的なものと見なしていくような傾向が、そこにはあります。このような場合に、「階級構成」の概念は、理念型あるいはパラダイム、すべての闘争を分類できるような指標をつくりだすために使われています。イタリアの自動車工場での闘争は、それが労働に依存している資本の一般的運動においてどのような位置を占めているのかということからとらえられるのではなくて、ほかのさまざまな闘争をとらえるさいの指標にされていくのです。このようなやりかたは、（かならずではないけれども）たやすく、粗雑な一般化に導かれていってしまいます。そして、プロクルーステースの寝台［盗賊プロクルーステースは、捕らえた旅人を寝台に縛りつけ、寝台より大きければ足を切り、小さければ引き延ばしました］に類したカテゴリーをつくりだすことになり、さまざまに異なった条件から生じたさまざまな闘争をむりやりにそのカテゴリーに合わせることになってしまうのです。

同様の点を違ったかたちで指摘することができます。自治運動論者《アウトノミスタ》のアプローチの非常によい所は、資本主義の支配が示す運動を労働者階級の闘争の力によって駆り立てられているものとして見ることを主張している点、資本を「労働者階級の関数」として見ること［資本の動きは労働者階級の動きによって左右されるとすること］を主張している点にあります。けれど、こうした主張は、ふたつのちがったやりかたで理解することが可能なのです。弱いほうの理解としては、資本を労働者階級の関数としてとらえることができるのは、資本の歴史が労働者階級の闘争に対する反動の歴史だったからだ、と理解する見方があります。これと同じような見方は、いろいろ挙げることができます。たとえば、戦争のとき防衛軍の動きは攻撃軍の動きの関数であるとか、あるいは、警察の発展は犯罪者の活動の関数であるとかいうことがいえるわけです。強いほうの理解としては、資本が労働者階級の関数であるのは、単純な理由によるもので、つまり、資本とは労働者階級の生産物であるにすぎず、したがって、どんな瞬間にも資本は、その再生産を労働者階級に依存しているからだ、という見方です。前者の見方では、労働者階級と資本との関係は対立の関係、外的な関係と見られているのに対して、後者の見方では、対立の一方の極が他方の極によって生み出されるという関係、内的な関係として見られているわけです。

労働者階級と資本との関係を内的な関係と見るなら、必然的に闘争は否定の闘争となります。私たちを囲い込んでくるものとの闘い、内部において対抗する闘い、また乗り越えていこうとする闘い、しかし否定の位置から乗り越えていこうとする闘いになるのです。それは、単に外部にある敵（資本）に対する闘いではなく、自分自身に対する闘いでもあります。その理由は簡単なことで、私たちが資本の内にあるということは、私たちの内に資本があるということだからです。しかし、労働者階級と資本との関係を外的な関係と見るなら、私たちの闘争は肯定の闘争と見られることになるでしょう。私たちが資本の外に立っているのなら、問題は私たちの肯定的な力を増大させ、私たちの自律性を発展させることにある、ということになります。しかし、そうなると、闘争の主体もまた肯定的なものであり、敵は外部にあるということになります。こうして、このようなアプローチは、ずいぶんラディカルな立場に見えますが、実際には革命的な闘争の意味を狭めてしまうことになるのです。闘争は、私たちの外部にあるものを変容させるためにあることになります。それに対して、否定的なアプローチにおいては、闘争は、私たち自身を含むあらゆるものを変容させるためにあるのです。

これらふたつの要素（外的な解釈と内的な解釈）のどちらも、自治運動論者《アウトノミスタ》の系譜のなかにあります。けれど、多くの場合、外的な「反動」という解釈が優位を占めています。[8] そうすると、資本主義発展の原動力は、労働者階級の運動が示すパワーに対する反動ないし応答であるということになります。こうして、資本の発展は、公然とした反抗の瞬間にはっきりと示される労働者階級の運動の強さに対して、資本が防衛的に反応することをつうじてもたらされるものだととらえられるわけです。

たとえば、ケインズ主義は、ネグリの分析（Negri 1988b）によると、一九一七年革命［ロシア革命］に対する反動であって、それを通じて資本は労働者階級の運動を承認し統合することによってのみ生き残れることが明らかにされたのだ、ということになります。そのような分析は、非常に大きな示唆をあたえてくれますが、ここで明らかにされているポイントは、資本主義の発展は労働者階級の運動に対する反動の過程としてとらえられているということ、労働者階級と資本との関係は外的な関係としてとらえられているということなのです。

資本と労働のプラス・マイナスの両極関係を逆転させることは、出発点としては重要ですが、結局のところ、極を別のかたちでつくりなおすことに終わってしまいます。伝統的なマルクス主義による分析は、資本の論理の展開を重要視する結果、階級闘争を「それもまたある」というような役割に追いやってしまいます。自治運動《アウトノミア》理論は、階級闘争をこの従属的な役割から解放します。しかし、労働者階級と資本との関係を一種の反作用《リアクション》の関係と見るかぎり、依然として外的なものである資本の論理と対決していることになります。ただ違うところは、資本の論理が「経済的」な法則や傾向としてではなく、敵を打ち破るという政治的闘争の問題としてとらえられていることです。なぜ（ネグリのような）自治運動論者《アウトノミスタ》が、マルクス主義経済学が資本主義の発展を解釈するさいに鍵になるカテゴリーとしてきた価値法則を余計なものと見なすようになるのか（Negri 1988b）、その理由はすぐに理解できます。労働者階級の運動のパワーに直面した資本は、「統合された世界資本主義［CMI］」（ガタリ／ネグリ『自由の新たな空間』Guattari and Negri 1990）に発展し、その論理はただひとつ、権力維持の論理である、とされるのです。おそらく、そうなるのは避けられないことでしょうが、労働・資本関係を「反作用《リアクション》」の関係として理解するならば、それは資本主義を鏡像として見る見方につながっていきます。労働者階級のパワーが強まれば強まるほど、資本家階級の対応はますます一枚岩で全体主義的なものになっていく、という見方です。自治運動理論《アウトノミア》がマルクス主義理論の闘争理論としての本性を強調し直したことは重要でしたが、マルクスの理論が現実にもっていた力は、資本と労働の両極関係を逆転させるところにあるのではなくて、その両極を解消させるところにあったのです。ボーンフェルドがいっているように、「『自治運動論者《アウトノミスタ》』のアプローチが固有にもっている困難は、『労働』がもっとも重要だと見なされていることではなくて、この見方がラディカルな解決に発展させられていないことにある」（Bonefeld 1994, p.44）のです。

この肯定化理論をもっともシステマティックに発展させているのはネグリです。『野生のアノマリー』（Negri 1991）のなかでネグリは、闘争理論の肯定的な基礎づけを求めてスピノザに向かいます。この著作のなかで、ネグリは、スピノザを論ずることを通じて、社会の発展、もっと正確にいえば「社会形態の系譜」は、「弁証法的過程をたどるものではない。つまり、否定性は敵として、破壊すべき対象として、占拠すべき空間としてのみとらえられるべきで、過程の原動力としてとらえられてはならない、ということである」とのべています。過程の原動力は肯定的なものなのであり、「つねに解放へと向かっている圧力」なのだ、というのです（『野生のアノマリー』Negri 1991, p.162）。ネグリの関心は、革命的な力（多数者《マルチチュード》の力能《ポテンティア》）を肯定的で非弁証法的な存在論的概念として展開することにあるのです。そこでは、自治とは、多数者《マルチチュード》の力能《ポテンティア》がもつ現実の肯定的な推進力であり、その推進力が権能《ポテスタス》（支配者の力）をつねに新たな力の配置へと押しやっていくのだ、というふうなとらえかたが言外になされているわけです。

主体を肯定的なものとしてあつかうのは魅力的なことですが、それは虚構にならざるをえません。私たちを非人間化してくる世界において、私たちが人間としてあろうと思ったら、非人間化と闘いながら否定的なかたちで存在するしかないのです。主体を（潜在的に自律的であるということではなく）肯定的に自律的なものとしてとらえるのは、牢獄に入っている囚人が自分はもう自由なんだと想像するのと同じことです。心を惹《ひ》きつけ、励まし元気づけてくれる認識ですが、虚構にすぎません。この虚構は、別のいろいろな虚構にたやすく導かれていき、全体として虚構の世界をつくりあげてしまいます。

闘争の概念を肯定的なものにしていくことがはらんでいる意味がもっともはっきりとしたかたちで展開されているのは、ネグリの最新の主著『〈帝国〉』（マイケル・ハートとの共著 Hardt and Negri 2000）です。この本のなかで、ネグリとハートは、マルチチュードの力能《ポテンティア》に押されて資本が取った現時点での力の配置を分析しています。そこでは、〈帝国〉が支配の新しいパラダイムであると見られているのです。

帝国主義とは対照的に、〈帝国〉は権力の領土上の中心を打ち立てはしないし、固定した境界や障壁に依拠することもない。〈帝国〉とは、脱中心的で脱領土的な支配装置なのであり、これは、そのたえず拡大しつづける開かれた境界の内部に、グローバルな領域全体を漸進的に組み込んでいくのである。〈帝国〉は、その指令のネットワークを調整しながら、異種混交的《ハイブリッド》なアイデンティティと柔軟な階層秩序、そしてまた複数の交換を管理運営するのだ。要するに帝国主義的な世界地図の国別にきっちりと塗りわけられた色が、グローバルな〈帝国〉の虹色のなかに溶け込んでいったわけである。［『〈帝国〉』Hardt and Negri 2000, pp.xii-xiii］

そこには主権の変化、「近代の主権のパラダイムから〈帝国〉の主権のパラダイムへの全般的移行」が見られます。〈帝国〉の主権においては、主権を国民国家の領土の上に置くこと、あるいはそもそも特定の場所の上に置くことは、もはや不可能になっているのです。アメリカ合衆国でさえ、権力のネットワークのなかで特別に重要な役割を果たしているとはいえ、以前の時代の帝国主義権力が座っていたのと同じようなかたちで権力の座にあるわけではありません。このことが意味しているのは、ひとつには、革命的変革を国家権力の奪取という見地から考えるのはもはや意味がない、ということではないかと思われます。(9)

この新しいパラダイムにおいては、もはや支配の場所というものはありません。したがって、いかなる内部もいかなる外部ももはやありませんし、外部の立脚点というものもありえないことになります。〈帝国〉はすべてを包摂する支配システムです。このシステムのとらえかたは、ネグリが以前には「社会工場」として特徴づけていたもの（たとえばNegri 1980参照）あるいは「統合された世界資本主義（ＩＷＣ）［フランス語原典ではＣＭＩ］」としてとらえていたもの（『自由の新たな空間』Guattari and Negri 1990参照）の再定式化です。これは、抵抗や変革の可能性がすべて消え去ったということを意味しているわけではありません。反対に、ハートとネグリは、〈帝国〉はマルチチュードの闘争に対する反動として理解されるべきだと主張しています。「資本主義の形態の歴史は、つねに受動的＝反動的な歴史であらざるをえない。」（Hardt and Negri 2000, p.268）ですから、

マルチチュードがこの社会的世界の現実的な生産力であるのに対して、〈帝国〉は、マルチチュードの活力を吸い上げることによってのみ生き延びる、単なる捕獲装置にすぎない――マルクスならこういっただろう。〈帝国〉は、生き血を吸うことによってのみ生き延びる、蓄積された死んだ労働の吸血鬼のような体制にほかならないのである。［Hardt and Negri 2000, p.62］

〈帝国〉内部では、推進力になっているのは、相変わらずマルチチュードです。〈帝国〉の実質の基礎は、「非物質的労働」におかれています。「非物質的労働」とは、知的で、コミュニケーションに関わる、情緒的な性格をもつ労働で、特に情報化された経済のサーヴィス部門で特徴的に発展しているものです。この非物質的労働に関して重要なことは、それが内在的かつ直接的に、かなりの程度まで協同の要素を含んでいることで、そのために、新しい主体性をつくりだす結果につながっていることです。

生きた非物質的労働の搾取がもっている直接的に社会的な次元によって、労働はあらゆる相関的要素のうちに深く浸《ひた》されることになる。それらの要素は社会的なものを規定するばかりでなく、同時に、さまざまな労働の実践の総体を貫いて不服従と叛逆の潜勢力を発展させる批判的諸要素を活性化させるものでもあるのだ。［Hardt and Negri 2000, p.29］

非物質的な型の労働はもともと協同する性格をもっているので、「所有権を無化する」［Hardt and Negri 2000, p.410］ところがあり、絶対的民主主義、コミュニズム社会の基礎をつくりだします。

ネグリとハートがおこなっている議論が、本書で追求している議論と同じ方向に進んでいこうとしていることは、ふたつの重要な点において指摘できます。第一に、ネグリとハートは、（それがマルチチュードの力《パワー》と呼ばれているか、反権力《アンチパワー》と呼ばれているかは別にして）反対闘争が社会の発展を形づくる力として中心的な位置を占めていることを強調しています。第二に、革命に焦点を合わせることが重要だとしながら、しかし革命を国家権力獲得の観点から考えることはできないのだ、という議論を展開しています。

彼らがおこなっている議論は、非常に豊かで示唆に富んでいます。しかし、そのアプローチは、本書で取られてきたアプローチとは実はかなり違うものなのです。ここで私たちはディレンマに陥ります。方法は問題ではない、いろいろなちがった方法を通じて同じ結論に到達するものだ、というべきなのでしょうか。しかし、そういう立場を採用すると、これまでおこなってきた物神崇拝や批判に関する議論がすっぽり抜け落ちてしまうことになります。しかし、方法が問題だ、だって、まさしく方法自体が資本主義の支配に対する闘争の一部なのだから、というなら、ネグリとハートの議論に対して、何というべきなのでしょうか。

もっと詳しく問題を検討してみましょう。

アプローチの違いは、パラダイムの問題に集中的に現れています。階級闘争と階級構成に関するネグリの肯定的なコンセプトは、「パラダイム」のコンセプトに焦点が絞られるかたちになっています。ハートとネグリの議論が焦点を絞っているのは、支配のひとつのパラダイムからもうひとつのパラダイムへの移行なのです。この移行は、まずは、帝国主義から〈帝国〉への移行として特徴づけられていますが、それだけではなく、別のさまざまな表現でも語られています。たとえば、モダニティからポストモダニティへの移行、規律から管理への移行、フォーディズムからポストフォーディズムへの移行、産業経済から情報経済への移行といった具合です。ここで関心を引くのは名前ではなくて、資本主義をとらえる前提が、ひとつのパラダイムから別のパラダイムへの交替、ひとつの支配システムから別の支配システムへの交替という観点から考えられていることです。「世界警察としてのアメリカ合衆国の活動は、帝国主義の利害からではなく、〈帝国〉の利害からおこなわれている。この意味で、湾岸戦争は、まさしく、ジョージ・ブッシュが声明でいったように、新しい世界秩序の誕生を告げるものなのである。」(Hardt and Negri 2000, p.180)

こうしたパラダイムからのアプローチをおこなっているのは、もちろん、ハートとネグリだけではありません。ひとつのパラダイムから別のパラダイムへの移行という概念に大きく依拠している論者で、最近大きな影響をあたえたのが、レギュラシオン学派です。彼らは、レギュラシオン［調整、管理統制］の様式がフォーディズムからポストフォーディズムへと移行したという観点から資本主義を分析しています。パラダイムからのアプローチは、目下世界で起こっている変化をとらえようとする方法として魅力的なものであることは明らかです。そのアプローチによって、見た目にはさまざまに異なったものである多くの現象を、ひとつの首尾一貫した全体へとまとめあげることができるのです。数知れないジグソーパズルの小片が、あるべきところにぴったりとはめられて、非常に立派な、満足できる一幅の絵が描きあげられるのです。これによって、それまではっきりとしていなかった調和を保ったひとつづきの全体が浮かび上がってくるように思われるのですから、すっかりわくわくさせてくれることはまちがいありません。それはまた、研究者にとっても、大変魅力的です。滑らかに仕上げることができる研究プロジェクトの世界をひとつの全体としてまとめて提供してくれるからです。

しかし、パラダイムからのアプローチがもっている問題点は、それが存在［「である」こと］と構成［「にする」こと］を切り離してしまうことにあります。このアプローチは、持続の概念にもとづいているのです。社会は、ある期間の間においては比較的安定しているものとして描き出されます。この期間内では、ある固定されたパラメータ［媒介変数］が働いていると認識できるのです。そのなかでは世界はこうであるということができる空間をパラダイムはつくりだしてくれます。パラダイムがアイデンティティをあたえてくれるのです。アイデンティティをつくることは思考には欠かせないものだという議論が出されるでしょう。それはそのとおりです。しかし、アイデンティティ化がそれ自身の否定をはらんでいないならば、したがって、それ自身がもつ矛盾（それが私たちなのです）によって引き裂かれた束の間の、はかない瞬間を認識するだけのものだとしたら、そのとき、そこに秩序の世界が創造され、安定性がもたらされ、物象化がおこなわれるのです。パラダイムが調和した秩序をもつ世界を描き出すのです。出発点になっていた否定の衝動は、肯定の科学に変えられてしまいます。労働者階級の拒絶（Tronti 1979b）は秩序の世界に投げ入れられてしまいます。

ハートとネグリは、秩序は無秩序に対する応答としてとらえられるべきだと主張していますが、しかし、実際には、パラダイムからのアプローチに含まれている秩序の優位をしりぞけるのはむずかしいのです。『〈帝国〉』という書名が語っているように、彼らの物語は無秩序ではなくて秩序を重視しながら語られているのです。拒絶こそが支配の推進力だという主張がなされていますが、実際には、拒絶は従属的な位置に追いやられてしまっています。その本のほとんど終わり近く（p.393）になってから、「さて、これまで広い範囲にわたって〈帝国〉についてあつかってきたので、ここからマルチチュードとその潜勢的な政治的パワーそのものに集中していかなければならない」と書かれているだけなのです。

パラダイムからのアプローチは、分類を極限まで推し進めます。新しいものをとらえ、それを分類し、ラベルを貼り、パラダイムにもとづく秩序に適合させることが熱心におこなわれるのです。ほとんど慎みがないといっていいほどの性急さで、旧い秩序に死が宣告され、新しい秩序の登場が告げられます。「王は死んだ！　新王よ、永遠なれ！」というわけです。ひとつの支配秩序が危機に瀕すると、たちまち新しい支配秩序の成立が宣言されるのです。「この時点において、規律システムは完全に時代遅れなものとなり、過去のものとならなければならない。資本は、新しい質の労働力を反面教師とし、転倒させなければならない。資本は、ふたたび指揮・統率することができるように、みずからを適応させなければならないのである。」（Hardt and Negri 2000, p.276）新たな指揮・統率への適応は、企てとして見られているだけではなく、現実に成立しているものと見なされています。これが新しいパラダイムの実質なのであり、これが〈帝国〉なのです。

すべてを適合させようとすること、新しいパラダイムを確立されたものと見ようとすることは、とても非現実的に思えるような誇張に、たやすく行きつきます。こうして、次のようなことがいわれるわけです。「自律した運動は、マルチチュードにふさわしい場所をみずから定める。パスポートや公式書類によってわれわれの運動を規制することは、ますます不可能になっていく。」（Hardt and Negri 2000, p.397）あるいは、「生政治の生産領域には、出勤を打刻するタイムレコーダは存在しない。プロレタリアートは、一般原則として、あらゆる場所で、あらゆる時刻に生産をおこなう。」（p.403）

パラダイムからのアプローチは、徐々に変化して機能主義になっていきます。調和が支配する世界では、すべては機能的であり、すべてがひとつの首尾一貫した全体を維持する方向に働いていくのです。ですから、ネグリとハートにとって（ネグリのほうが早くからそうでしたが）[10]、危機とは決裂のときであるというよりは、資本主義が再生力を示すとき、「創造的破壊」のときなのです。こうして、「近代性《モダニティ》全体についてもあてはまることだが、資本にとって危機は常態なのであり、またそこには資本の終焉《しゅうえん》ではなく、その傾向と作動様式が表示されているのだ」（Hardt and Negri 2000, p.222）ということになるのです。あるいは、次のようにもいわれています。

近代的主権の危機は、（一九二九年の株式市場の大暴落を危機の例として引き合いに出すとき、一般に考えられているような）一時的または例外的なものではなく、むしろ近代性《モダニティ》の規範にほかならなかったのである。それと同様に、腐敗は〈帝国〉主権の逸脱などではなく、まさにその本質であり、

その作用の仕方そのものなのだ。［Hardt and Negri 2000, p.202］

『〈帝国〉』というこの本の企図ははっきりと決裂におかれているのですが、採られている方法が決裂の可能性を吸収してしまって、運動を静止画像に変えてしまったのです。パラダイムからのアプローチが時間の凍結を内に含むことは避けられないのです。

機能主義は、主権と国家の理解にまで波及しています。ネグリとハートは、マルクスの国家観を機能主義的なものとして解釈しています。マルクスとエンゲルスが、国家を資本家の利害を調整するよう委託された部門として特徴づけていることにふれて、次のようにのべています。

彼ら［マルクスとエンゲルス］がいおうとしているのは、国家の活動はしばしば個々の資本家の直接的な利害とは矛盾するかもしれないけれど、それにもかかわらず、長期的に見れば、それはつねに集合的資本家の、すなわち総体としての社会的資本の集合的主体の利害に適《かな》っているということである。［Hardt and Negri 2000, p.304］(11)

だから、近代の国家機構は「危機に対する社会的資本全体の利益を保障する」（p.306）ことに成功したけれども、ポストモダン時代の〈帝国〉では、「政府と政治は国境を越えた指令システムに完全に統合されてしまっている」（p.307）というわけです。政治的なものと経済的なものがいっしょになって閉ざされたシステム、すなわち「統合された世界資本主義」を形づくるようになっているのです。

ハートとネグリが、非常にはっきりと反弁証法的、反ヒューマニズム的なアプローチをおこなっていることは、このパラダイムからのアプローチということと密接に関連しています。彼らはヘーゲルを秩序の哲学者としてくりかえし排斥していますが、それはヘーゲルが自分の思想の中心に破壊と転覆の運動をおいている哲学者であることを見ようとしないからです。弁証法は、否定の運動としてではなく、綜合《ジンテーゼ》の論理としてとらえられています。(12) ハートとネグリが、動物と人間と機械との連続性を強調しているのは、このことと非常に密接に関連しています。彼らは、自分たちが「一九六〇年代のフーコーとアルチュセールにとってあれほど重要なプロジェクトであったアンチヒューマニズム」を遂行しているのだと見なしており、「人間と動物と機械の間におかれた障壁を突き崩す」(Haraway 2000, p.91) というハラウェイの主張を支持して引用しています。ポストモダニズムは、「われわれ自身のポスト人間的な身体と精神を認識し、私たち自身をサルやサイボーグとしてとらえる」(Hardt and Negri 2000, p.92) 機会をあたえている、というのです。この新しいパラダイムにおいては、「相互的でサイバネティクス的なさまざまな機械が、われわれの身体と精神に統合された新しい人工器官となり、さらにはそれをとおして、われわれの身体と精神そのものを再定義するためのレンズとなるのだ。サイバースペースの人間学とは、まさに新しい人間の条件を認識することなのである。」(Hardt and Negri 2000, p.291) とされています。このようなアプローチがもっている問題点は、まさしく、アリも機械も叛逆することはできないということを見れば明らかです。叛逆にもとづく理論にとって選択の幅は狭いもので、この人間性の際だった特性を認識する以外選択の途はないのです。

驚くべきことに、彼らの企図全体を考慮に入れて考えるなら、ハートとネグリは、おそらく階級闘争としての資本という観念はもっていないのです。それは、彼らが階級闘争を重視していないからではありません。そうではなくて、彼らは資本を階級闘争としてとらえていないのです。そこには、資本を経済的カテゴリーとしてあつかおうとする傾向が見られます。この点においては（ほかの点においてもそうなのですが）、ハートとネグリは、彼らが適確に批判を加えていた正統マルクス主義の理論的前提をふたたびもちだす結果になっているのです。資本を、行為の結果を所有し、それを行為に対立するものにしてしまおうと闘っているものとしてとらえようとしているとは思えません。こうして、パラダイムの移行は階級闘争に対する応答の結果としてとらえられるという主張とは明らかに矛盾するかたちで、彼らは、「資本それ自体の発展に着目することに加えて、階級闘争の視座からもその系譜をとらえておかなければならない。」（Hardt and Negri 2000, p.234；傍点は引用者）とのべているのです。ということは、資本それ自体の発展と階級闘争とはふたつの別々のプロセスだということになるわけです。「資本それ自体の発展」をめぐる実際の分析は、資本と労働との対立からではなくて、過少消費という視角からおこなわれています。資本の発展にとって障害となっているものは、すべて「生産者としての労働者と消費者としての労働者との間の不均等な関係によって定義される、ただひとつの障害から生じたもの」（p.222）だとされているのです。帝国主義から〈帝国〉へ移行する動きを説明するために、ハートとネグリはローザ・ルクセンブルクの過少消費理論に従っています。この過少消費理論とは、資本主義は、非資本主義地域の植民地化を通してしか生き延びることができないとする理論です。

> この時点で私たちは、資本主義の拡大に孕まれている根本的な矛盾に気づくことができる。すなわち、剰余価値を実現する必要性を満たすために、資本はその外部の非資本主義的な環境に依存している。だが、資本のこうした依存性は、そのようにして実現された剰余価値を今度は資本化する必要性を満たすために、資本が非資本主義的な環境を内部化しなければならないということと衝突するのである。［p.227; 傍点は引用者］

ハートとネグリによれば、資本は、非資本主義世界を漁《あさ》りつくしたところで、非資本主義地域の形式的包摂から、資本主義世界の実質的包摂へと転換することに解決策を見いだしているということになります。帝国主義から〈帝国〉への移行をこのように説明したあとで、「階級闘争の視座からもその系譜をとらえておかなければならない」という指摘がされているわけです（Hardt and Negri 2000, p.234; 傍点は引用者）[13]。

階級闘争と資本は切り離されているととらえ、「資本主義の拡大にはらまれている根本的な矛盾」を資本が労働の服従に依存している点以外のところに求めた結果、労働の側の不服従が資本の側の弱さ（とりわけ資本主義の危機）をどのように構成していくのかがとらえられなくなってしまいます。『〈帝国〉』のなかには、ネグリの分析はいつでもそうなのですが、巨人《ティターン》たちの衝突が現れてきます。つまり、強大な一枚岩の資本（〈帝国〉）が強大な一枚岩の「マルチチュード」と対決するのです。

それぞれの側のパワーは、相手のほうに浸透しているとは見られていません。資本主義における対立の両側の間の関係は、外的なものとしてあつかわれています。それは、まさしく、資本が労働に依存している関係にあることを示す痕跡を消し去ってしまうという大きな難点をもっている「マルチチュード」という用語を、著者が資本に対する反対勢力を描く言葉として選んだことに示されています。

ネグリを自治運動論者《アウトノミスタ》の代表としてあつかうのはまったくまちがっています（というよりも、自治運動《アウトノミア》を均質な「学派」として分類すること自体がまちがっています）。ネグリは、多くの自治運動論者《アウトノミスタ》の著作に出てくる肯定的にとらえられた階級闘争像を引き出してきて、それを極端にまで進め、そうすることによって問題をはっきりさせたのです。それは、もともと自治運動論者《アウトノミスタ》を衝き動かしたものを肯定的なものにしてしまったもので、それによって、これに衝き動かされた動きがラディカルな結論に到達することが（見かけの上ではともかく、実際には）妨げられているのです。

政治的に見れば、労働者階級の運動がもっているパワーを強調することは、はっきりとしたアピール効果をもちます。にもかかわらず、労働と資本の関係を外的な関係という見方からとらえることは、資本・労働双方のパワーを逆説的な（そしてロマンティックな）かたちで拡大することにつながります。労働と資本の関係の内的な本性を探究しそこなったために、自治運動論者《アウトノミスタ》の分析は労働が資本主義的形態の内部に存在することが意味するものを過小評価することとなったのです。労働が資本主義的形態の内部に存在することについては、あとでもっとくわしく論じますが、このことは、労働が資本に従属していることと同時に、資本の内部に脆《もろ》さが潜んでいることを意味しているのです。労働と資本の関係の内的な性格を見落としてしまうと、労働が資本に包摂されていることを過小評価する（そして、ここから資本に対する労働のパワーを過大評価する）だけでなく、資本の内部に潜む矛盾としての労働のパワーを過小評価する（そして、ここから労働に対する資本のパワーを過大評価する）ことにつながってしまうのです。権力《パワー》と反権力《アンチパワー》との間の相互浸透を無視し、物神崇拝の問題を忘れてしまうと、両側にあるふたつの純粋な主体が向かい合っているという構図にとらわれてしまうことになります。その主体とは、「あらゆる衝動を理性的に統御する強い自我、近代合理主義の系譜全体を通じて、特にライプニッツとスピノザ――少なくともこの点では彼らは一致していた――によって説かれてきた強い自我」（『否定弁証法』Adorno 1990, p.294）[14]といわれるような主体なのです。資本の側には〈帝国〉が、完全な主体として立っており、労働者階級の側に立っているのが、戦闘分子《ミリタント》です。自治運動《アウトノミア》は――それが魅力でもあり、また弱点でもあるのですが――戦闘分子《ミリタント》がもつ、何ものをも媒介にしない直接的な視点から見た世界を理論化したものなのです。当然のこととして、ハートとネグリの〈帝国〉論は、戦闘分子《ミリタント》に対する讃歌をもって終わります。「戦闘分子《ミリタント》こそがマルチチュードの生命をもっともよく表現している。それは生政治的生産の代理人《エイジェント》であり、〈帝国〉に対抗する抵抗《レジスタンス》なのだ。」（Hardt and Negri 2000, p.411）そして、この本の最後のパラグラフで、コミュニズムの戦闘性の例として挙げられているのは、純粋な主体性を完璧に体現した人物、アッシジの聖フランシスなのです！[15] 献身的な戦闘分子《ミリタント》にとっては、たぶん魅力的なイメージであることでしょう。しかし、私たち、汚れて不純な日常の物神化にまみれながら生きている者たちの経験とは絶望的に通じ合えないものが、そこにはあります。そして、そうした汚辱にまみれているにもかかわらず、いや、まみれているからこそ、私たちは革命を求めて闘っているのです。

反権力の力をとらえるためには、私たちは、こうした戦闘分子《ミリタント》の人間像を超えていかなければなりません。この本で私たちの出発点であった叫びは、戦闘分子《ミリタント》の叫びではありません。抑圧された者たちすべての叫びなのです。みずから服従することを拒絶する者すべてがもつ力、資本主義の機械になることを拒絶する者すべてがもつ力とは何かを明らかにしたいなら、まず、これみよがしの戦闘性がもつ力を超えていくことが必要とされるのです。抵抗がどこにでも存在していること、その事実に根ざすことができたとき、革命は可能性をもつようになるのです。

10　反権力の物質的リアリティと資本の危機

I

前の章で、反権力《アンチパワー》はどこにでもあると同時に、権力《パワー》の推進力にもなっているということを論じました。ここで、反権力がどんな実質をもっているかを理解するために、もう少し議論を進めなければなりません。

反権力のリアリティをとらえるうえで第三のポイントになるのは、資本はみずからの存続のために労働に完全に依存している、つまり人間の行為を価値生産の労働に転化しなければ存続できないという事実です。

このポイントは、抵抗思想にとっては、ひとえにマルクスの貢献によるもので、そのためにマルクス主義がほかのラディカルな思想を超えることができたのです。社会のラディカルな否定は、典型としては、まず外的な否定から始まりました。外的なというのは、つまり、われら対やつら、女性対男性、黒人対白人、貧者対富者、マルチチュード対〈帝国〉といった対立のことです。われらの否定性が、外にあるやつらの肯定性に対応して、外的な、そしてもしかすると永遠の対決の関係にある、というわけです。富者が私たちを抑圧していること、私たちが富者を憎んで彼らと闘っていることは明らかなことですが、そのようなアプローチからは、私たちの強さと彼らの弱さについては、何も伝えられてきません。一般的にいって、ラディカルな理論は、抑圧と抑圧に対する闘いに焦点を合わせるもので、その抑圧がもっている脆《もろ》さについては語らないものです。たとえば、フェミニズム理論は、社会にある性的抑圧の本質に対しては非常に強力なライトを当てますが、そうした抑圧が脆さをもち歴史的な性格をもっていることについては充分に理論を発展させていません。

ラディカルな理論のこうした「われら対やつら」図式に対して、マルクスは、こう喝破したのです。「しかし、『やつら』なんていやしない。いるのは『われら』だけだ。われわれだけが唯一のリアリティなのだ。唯一の創造力なのだ。存在するのは、われわれだけ、われわれの否定性だけだ。」マルクス主義の基本的主張、ほかのラディカルな理論から区別される特徴となっている主張は、外部性［外部にあるという関係］をすべて解消してしまうという主張なのです。マルクス主義の「やつら」に対する攻撃の核心は、「やつら」は「われら」に依存しているということ、なぜなら「やつら」を絶えずつくりだしているのは「われら」なのだからということを示すところにあります。無力なわれらは、実は全能なのです。

ラディカルな理論が主張する「われら対やつら」という外部対立図式に対する批判は、何か深遠な理論的論点というようなものではなくて、マルクス主義者が社会の革命的変革の可能性をどうとらえているかという問題の核心にあるものなのです。「やつら」は「われら」の外にあるのではない、資本は労働の外にあるのではないというとらえかたを通じてこそ、私たちは資本主義の支配の脆さをつかむことができるのです。「われら対やつら」という外部対立図式を超えていくということは、同時に、抑圧に関するラディカルな理論の限界を超えて、マルクス主義に関わっていく方向に行くことであり、また抑圧の脆さがわかること、その脆さが私たちの叫びの強さにかかっているのだとわかることなのです。

これまで、権力が反権力にどのように浸透してくるのか、私たちの不服従がどのように損なわれ疎外された性格のものになるのか、ということについてずいぶんのべてきました。しかし、逆もまた真なのです。物神崇拝はふたつの顔をもった過程です。権力が反対する者に浸透してくることだけではなく、反対する者が権力に浸透してくることをも示しているのです。たとえば、貨幣が社会関係をモノ化するというのは、同時に、貨幣が代表している「モノ」のなかに社会関係の対立が入っていくことを意味しています。貨幣が社会関係に規律をあたえるということは、社会関係が貨幣を破壊するということでもあるのです。権力がその否定である反権力に浸透するというなら、反権力がその反対命題《アンチテーゼ》である権力に浸透するということも、等しく真実（またおそらくはより興味深いこと）なのです。

反権力による権力への浸透を素材にして危機理論が成り立っています。

資本主義に対する闘いをささえるためには危機の理論が重要だという考え方は、マルクス主義の系譜のなかで中心的な位置を占めてきた議論です。マルクス主義が重要な意味をもっていたのは、資本主義からコミュニズムへの移行が物質的《マテリアル》に可能であること、つまり、コミュニズムをめざす闘いは資本主義の物質的《マテリアル》な矛盾に根ざしており、こうした矛盾は資本主義の危機に集中的に現れるということを示すことによって、コミュニズムをめざす闘いをささえるところにあります。マルクス主義者にとって、つねに、危機とは闘いにおいて「私たちは孤立していないぞ」と勇気づけるものとして見られていたのです。

しかし、この「私たちは孤立していない」ということについては、ふたつの解釈ができます。正統派流の解釈では、危機は資本主義の客観的矛盾の表現だと見られます。私たちは孤立していない、なぜなら客観的矛盾が私たちの味方をしているから、生産力が私たちの味方をしているから、歴史が私たちの味方をしているから、というわけです。こうした見方からすると、私たちの闘いは、資本主義経済がもつ矛盾の客観的展開に支えを見いだすことになります(1)。こうした矛盾によって突然引き起こされた危機が扉を開けたところに闘いの好機が生まれ、それが経済的な危機を社会的な危機に転化し、革命的な権力奪取の基盤をつくりだすというわけです。このようなアプローチがもっている問題は、それが経済（あるいは歴史とか生産力とか）を神聖なものと見なし、そこに人間の働きが及ばない力をつくりだして、それを救世主に仕立て上げる傾向をもっていることにあります。危機を資本主義の客観的矛盾の表現と見る考え方は、革命を権力奪取として見るとらえかたを補完するものです。そうではなくて、危機も革命も、どちらも権力関係による統合ができなくなってきたこととして見るべきなのです。

「私たちは孤立していない」ということについての、もうひとつのとらえかたは、危機を資本に反対する私たちの闘いがもつ強さの表現として見ることです。「客観的矛盾」などというものはないのです。私たち、唯一私たちだけが、資本主義の矛盾なのです。歴史というのは、資本主義の発展法則の歴史ではなくて、階級闘争の（つまり、階級化しようとする動きと階級化されることに抵抗する動きとの間のせめぎあいの）歴史なのです。どんな神も存在しません。貨幣の神も、資本の神もいないのです。生産力の神も、歴史の推進力の神もいません。私たちが唯一の創造主なのです。私たちだけが救世主になりうるのであり、私たちだけが責めを負うべき者なのです。ですから、危機は、資本主義の矛盾が客観的に発展することによってもたらされた機会としてとらえられるべきではなく、私たち自身の強さの表現としてとらえられるべきなのです。そうすれば、革命を権力奪取としてではなく、すでに危機の実質として存在している反権力の発展としてとらえることができるようになります。

どんな階級社会にも、支配者が被支配者に依存していることからくる不安定さがあります。どんな「させる」力のシステムにも、「力をもつ者」と「力をもたない者」とが相互依存している関係が見られます。被支配者が支配者に依存しているという一方的な関係だけがあるように見えますが、実際には、支配者の支配者としての存在そのものが、被支配者に依存しているのです。搾取にもとづいて成り立っている社会ならどんな社会においても、搾取関係を維持するためには、またこれによって支配階級の地位を維持するためには、搾取される者の働きに依存しなければならないという事実が存在するのであって、その事実から、ある種の不安定さが生まれないわけにはいかないのです。すべての階級社会には、搾取階級と被搾取階級との間に非対称的な関係が成り立っているのです。ある意味では、どちらの階級もほかの階級に依存していることははっきりしているのですが、被搾取階級は、ただ搾取される者としての位置の再生産のためにだけ搾取階級に依存しているのに対して、搾取階級は、まさにその存在そのものが、被搾取階級の働きに依存しているのです[2]。

どんな階級社会にも固有の不安定性がありますが、その不安定性の形態は社会の形態によって異なります。資本主義の危機という概念は、資本主義は周期的に襲ってくる大変動にはけ口を求めなければならないという特有の不安定性を特徴にしている、という考え方にもとづいています。ですから、一般的に支配階級は搾取される者の働きに依存しているから不安定である、といってすますのではなく、支配階級の被搾取階級の働きへの依存が資本主義においてはどういう特有の形態を採っているのか、そのなかの何が支配のシステムとしての資本主義を特別に不安定にしているのか、が問われなければなりません。

資本主義がもともと不安定なのは、資本が労働に依存している関係のどこに独特なところがあるからなのでしょうか。

自由です。この答えは、明快でもあり、同時にとまどわせるところももっています。資本と労働との関係がもつ固有の特徴は、働く者が自由であるということなのです。資本主義をそれ以前の階級社会から分ける特徴は、働く者がもつ自由にあるのです。

この自由は、リベラルな想像力にとって大切な自由のことではありません。そうではなくて、「二重の意味での」自由なのです。

貨幣を資本に転化するためには……貨幣の所有者は、商品市場において、自由な労働者に出会わなければならない。ここで自由というのは、二重の意味においてである。つまり、労働者が自由な人格として自分の労働力を自分自身がもつ商品として処分することができるという意味での自由、そして、もう一方では、ほかに販売できる商品をもっていないので、自分の労働力を実現するうえで必要なあらゆるものから引き離されているという意味での自由である。[『資本論』Marx 1965, p.169]

リベラルな自由概念は、二重の意味の第一の局面だけしか見ないのに対して、マルクスの場合は、自由主義理論とは反対に、むしろ第二の局面のほうを強調する傾きがあります。そちらのほうが、つまり働く者が自分の労働力を売る以外に選択肢がないという事実のほうが、資本主義社会における自由の「現実」であるというわけです。しかし、第二の局面だけをとりわけて強調すると、働く者を犠牲者として、対象物として描き出すこととなり、資本に対抗する反権力の表現としての自由がもつ重要性を充分にはつかめないことになりかねません。

第一の局面、つまり働く者が「自分の労働力を自分自身がもつ商品として処分する」自由のほうも同時に強調することは、どんな意味においても、マルクス主義のリベラル化につながるものではありません。忘れてはならない大事な点は、すべての階級社会は服従しようとしない働く者を服従させることの上に、したがって暴力の上に成り立っているという事実です。そして、資本主義社会をほかの階級社会と区別するのは、この服従させるやりかたがどんな形態を採るかという点にあり、資本主義社会におけるその形態は自由を媒介にしておこなわれているのが現実です。

マルクスは、「なぜ、この自由な労働者が（貨幣の所有者と）市場で向かい合うことになるのか」という問題については詳細に検討していません。しかし、次の点に注意をうながしています。

しかし、ひとつだけはっきりしていることがある。自然が一方の側に貨幣ないし商品の所有者を、もう一方の側に自分自身の労働力以外何ももっていない人間を生み出したりすることはない。この関係は自然的な関係ではなく、またあらゆる歴史時代に共通の社会的な関係でもない。それは明らかに先行した歴史的発展の結果であり……この一箇の歴史的状況は、ひとつの世界史を包括しているのだ。［『資本論』Marx 1965, pp.169-70］

封建制と資本制を支配関係によって区別される歴史的形態と見るならば、封建制から資本制への移行の核心は、農奴の解放と封建領主の人格的権力の解体にあります。この解放と解体が、「自由な労働者」を生み出し、労働者は市場で（これも新たに生み出された存在である）貨幣の所有者と向かい合うことになるのです。「農奴の解放」は、自由主義が説明しているような束縛から自由への移行といった単純なものではありません。ここでいう「解放」とは、むしろ支配関係の接合を解くことなのです。

　封建制のもとでは、支配関係は人格的なものでした。農奴は特定の領主に隷属していましたし、領主は相続した農奴か、あるいはほかの方法で隷属させた農奴だけしか搾取することができませんでした。階級分裂した両方の側が縛られていたのです。農奴は特定の領主と特定の場所に縛られていましたし、領主は特定の農奴集団に縛られていたわけです。領主が残忍な人間だったとしても、農奴は自分で領主のもとから出ていって、ほかの領主のところで働くようなことはできませんでした。農奴が怠け者だったり、熟練が足りなかったり、反抗的だったりしても、領主は農奴をクビにするというわけにはいきませんでした。その結果、そういう場合には、農奴のほうでは反抗するしかないし、領主のほうでは富と権力を蓄える別の方法を考えなければならなかったのです。こうして、封建制の人格的束縛は、労働力を吸収して搾取する形態としては不適当なものであることが明らかになっていったわけです。農奴は都市に逃亡し、領主は貨幣を通じた支配関係に転ずることを受け入れました。

　封建制から資本制への移行は、このようにして、階級分裂の両側における解放の運動として現れたのです。両側がそれぞれ相手から逃げたのです。農奴は領主から逃れましたが（この点を自由主義理論は強調します）、同時に、領主も、富を貨幣に換える動きを通じて、農奴から逃れたのです。支配形態として不適当だとわかった支配関係から、両方の側が逃れていったのです。両方ともが自由へ逃亡したのです。

　こう見てくればわかるように、封建制から資本制への移行にあたっての中心的な問題は、自由への逃亡にあったのです。しかし、当然のことですが、ここにもふたつの異なった反対の意味での自由があるのです（このために自由主義理論にとって中心的な矛盾となる二元性［ふたつの相容れない原理が並び立つこと］が現れてきます）。農奴の逃亡は、領主への隷属からの逃亡でした。なんらかの理由でいままでのような隷属を受け入れることができなくなった者が逃げたのであり、不服従者の逃亡だったのです。領主の逃亡は、それとはまったく反対でした。領主が自分たちの富を貨幣に換えたのは、不適当な隷属化のやりかたから逃れるためであり、不服従からの逃亡だったのです。こちら側から見れば不服従の逃亡であり、あちら側から見れば不服従からの逃亡です。どちらの側から見ても、階級関係の新たな変動へと推《お》しやる力、農奴と領主がおたがいから逃亡することを推進する力になったのは、労働の不服従だったのです。

　不服従労働の逃亡と不服従労働からの逃亡は、おたがいに斥《しりぞ》け合う力をつくりだしましたが、それは、当然のことながら、階級関係を解消するものではありませんでした。農奴も領主も、それぞれなりに自由への逃亡を試みたものの、両者の相互依存の結びつきがなおも生きていることに直面させられたのです。逃亡した農奴は、働くことをやめる自由を手に入れたわけではないことを悟りました。自分で生産手段を支配することができないのですから、生産手段を支配しているだれかを主人として働かなければならなかったわけです。生きていくために、ふたたび服従することを余儀なくされたのです。しかしながら、それはかつての関係にもどることではありませんでした。もう特定の主人に縛られているわけではありません。移動の自由をもっていて、ある主人のもとから去って別の主人のところに行って働くことができたのです。封建制から資本制への移行には、人格的依存関係から脱却すること、それによって支配関係の接合が解かれて液状化することが含まれていたわけです。人格的に束縛する結びつきがなくなっても、搾取関係が廃絶されたわけではありません。しかし、搾取関係の形態は根本的な変化を遂げたのです。農奴をそれぞれの領主に結びつけていた個々の束縛は解消されて、移動可能で、流動的で、接合が解かれた関係である資本家階級に対する服従関係に置き換えられていきました。不服従農奴の逃亡は、新しい階級関係を確定することになったのです。

社会のもう一方の側では、自分の富を貨幣に換えた以前の領主もまた、自由が想像していたようなものではないことに気づきました。というのは、彼らは依然として搾取に依存しており、したがって、搾取される者、すなわち以前の農奴である労働者を服従させなければならなかったからです。資本家に転じた領主にとって、不服従から逃れることはできても、それだけではなんの解決にもなりませんでした。自分の富を増やそうと思ったら、労働を服従させることに頼らなければならなかったからです。ある特定の労働者の集団を搾取することをやめる（その理由は、その働き手が怠け者だからとか、技術が未熟だからとか、どんなことでもいいわけです）自由はあるし、また、そのあと、別の集団を搾取する直接の結びつきをつくりだしてもいいし、あるいは、非生産的な投資に走って、グローバルなかたちでの労働の搾取に加わってもかまわないのです。彼ら資本家が労働の搾取に対してとる関係がどんなかたちになろうとも、富を増やそうと思ったら、労働者が生産を通じて増やした富全体の一部を取るしかないのです。以前の農奴の場合と同じように、自由への逃亡は、新たな形態の依存へ飛び込んでいくことでしかないということが明らかになるのです。農奴がおこなった服従からの逃亡が新しい形態の服従へと導かれるものでしかなかったのと同じように、領主がおこなった不服従からの逃亡も、ふたたび不服従に直面しなければならない状況へ連れもどされるものでしかなかったのです。しかも、関係は変わったのです。資本が不服従から逃れようとすることは、服従を課そうとする資本の努力において決定的な意味（たとえば工場閉鎖や倒産を招く恐れがつねに存在すること）をもつからです。このような意味で、不服従からの逃亡は、新しい階級関係を決定づけるものになったのです。

こうして、労働の不服従は資本が資本として成立するうえでの旋回軸になったのです。労働の不服従は、ふたつの階級がおたがいに斥け合う遠心力、不服従労働の逃亡と不服従労働からの逃亡を引き起こす遠心力を生みます。資本主義は、人々の働きを搾取することに基礎をおいている点では、これまでの階級社会と同じですが、この遠心力が搾取に資本主義固有の形態をあたえるのです。いつでも存在する不服従という要素が、資本と労働のそれぞれの運動として、階級関係そのもののなかに入ってくるからです。

最初から、この新しい階級関係、資本家と労働者の関係（というよりは、階級関係が非人格的な関係にされているわけですから、資本と労働の関係といったほうがより正確です）は、おたがいから逃げあいながら、おたがいに依存しあう関係なのです。不服従労働の逃亡と不服従労働からの逃亡という逃げ合い、そしてふたたび服従関係を結ばなければならないという依存のし合いが見られるのです。資本は、その本来のありかたからして、服従しない労働から逃れて、もっともっと大きな富を追いかけていくのですが、労働を服従させることに依存しているという関係から逃れることはけっしてできはしません。労働は、最初から、自立や安らぎや人間らしさを求めて、資本から逃れていくのですが、資本への依存と服従から逃れることはできないのです。逃れられるためには、資本を破壊し、労働生産物の私的専有をやめさせるしかないのです。このように、資本と労働の関係は、相互の逃亡と依存の関係なのですが、この関係は対称的なかたちにはなっていません。労働は逃げることができますが、資本は逃げることができないのです。資本は労働に依存していますが、労働は資本に依存していない面をもっています。そしてその面において、資本は労働に依存しているのです。資本は、労働がなければ、存在することができません。しかし、労働は、資本がなければ、実践的な創造性、創造的な実践、人間らしいものに変わるのです。

ですから、資本主義の勃興とは、支配関係において、人格的な関係からの脱却がおこなわれること、あるいは、もっと適切にいえば、支配関係の接合が解かれること、連結が外されること、脱臼が起こること［要するに支配する者と支配される者がおたがいにくっついていなくてよくなること］を意味しているのです。人格的な束縛による結びつきがなくなることは、支配関係がなくなることではありません。しかし、支配関係の接合が解かれるのです。農奴（いまは労働者）も領主（いまは資本家）も支配＝闘争関係の対立する両極ではありつづけますが、そのおたがいの関係はもはや同じものではありません。労働の不服従は、いまや、間断なく、移動し、液状化し、流れ、流動化し、つねに逃れ出ていく関係に入ってしまったのです。(3) 関係の接合が解かれてしまったわけです。関係は、接合が解かれたままのかたちで、引き裂かれては、また組み立てられるのです。階級関係の接合が解かれたかたちにおいて、労働力が支配階級による継続的な搾取に包摂され、従属させられているのです。支配階級が労働に依存しているしかたも、やはりまた、この階級関係の接合が解かれたかたちにおいてなのです。それが資本主義における自由の意味なのです。

階級関係の接合が解かれる鍵になっているのは、貨幣による仲立ち、言い換えれば商品交換です。農奴が人格的束縛から自由になるのは、自分の労働力を商品化することによってであり、それを通じて労働力が価値形態を獲得することによってなのです。労働者がある雇い主から別の雇い主へ移ることができるのは、自分の労働力を販売して、賃金を得るという手段を採るからなのです。そのときの賃金とは、労働力の価値を貨幣で表現したものになるわけです。資本家がグローバルなかたちでの労働の搾取に参加するには、自分の資本を貨幣という形態で運動させるという手段を採らなければなりません。価値、言い換えれば貨幣を、自由主義理論がいう自由、すなわち社会関係の接合を解くことから切り離すことはできないのです。

搾取＝支配関係において接合を解くことは、すべての社会関係の接合を解くという結果をもたらします。労働力が商品として存在するということは、社会において商品関係が普遍的なものになったことを意味しています。社会関係の仲立ちが、一般的に商品交換を通じて、貨幣を通じておこなわれるようになるのです。

社会関係の接合が解かれることは、同時に、仕事《ワーク》〔work〕そのものの接合が解かれることでもあります。仕事《ワーク》は、もともとの創造的な活動一般を示すものから、資本家に対して労働力を販売した結果としておこなわれる仕事《ワーク》、すなわち資本家の命令に服しておこなわれる労働《レーバー》［labour］の過程に変わってしまうのです。それ以外の形態の実際に役立つ活動は、仕事《ワーク》ではない（たとえば、一般にいわれている「働《ワーキング》く主婦」と「専《ノンワーキング》業主婦」の区別というような表現とか、雇用されていない者を「働いていない《アウト・オブ・ワーク》」者と呼ぶというような表現とかがなされるわけです）と見なされてしまいます。このようなかたちで階級関係の接合が解かれることは、働く者《ワーカー》と仕事《ワーク》の内容との接合が解かれることをも意味しています。かつて農奴が一種類か数種類の特定の仕事《ワーク》をおこなうことで生活していたのに対して、資本主義のもとでは、働く者《ワーカー》は自分の労働力を販売することで生活しています。そうすると、労働力を商品として売ることによって、したがって貨幣が間に立つことによって、働く者《ワーカー》となされる仕事《ワーク》との関係はどうでもよいことになっていきます。言葉を換えれば、階級関係の接合が解かれると同時に、労働が抽象的なものになっていくのです。

労働が抽象的なものになることは、搾取する者と搾取の内容とが分離することでもあります。領主は、自分の農奴がある特定の種類の仕事《ワーク》をおこなっていたことによって、それに依存して安楽に暮らせたのでしたが、貨幣が間に立つようになると、資本家にとって、自分が雇った労働者がどんな種類の仕事をするかは、まったくどうでもいいことになるのです。資本家の安楽な暮らしは、どんな質の仕事《ワーク》がおこなわれているかにかかっているのではなくて、どれだけの量の価値増殖がおこなわれるかにかかっているのです。

階級関係の接合が解かれることは、生産と消費の接合が解かれることでもあります。農奴は、自分たちが消費するもののほとんどを生産しましたが、資本主義のもとでの労働者は、自分たちが消費するものはほんのわずかしか生産しません。生産と消費との関係を貨幣が仲立ちしているからです。貨幣が間に立つことによって、生産と消費は時間的にも空間的にも分離されてしまうのです。

これと同じように、貨幣すなわち価値が階級関係の仲立ちになると、経済的なものと政治的なものの接合も解かれてしまいます。封建制における関係が搾取と支配を分かちがたく結びつけ、経済的なものと政治的なものを分かちがたく結びつけた関係であったのに対して、資本制における関係が労働力の売買を仲立ちにする関係になっているという事実は、搾取（経済的なもの）と搾取過程のために必要な社会秩序の維持（政治的なもの）とが分離されることを意味しているのです。同様に、領域性というものについても規定がし直され、資本と労働の移動に顕著にあらわれている搾取の脱領域的過程「領域にとらわれずに搾取を進めることができること」と国民国家（とそこにおける国民）を規定することを通じておこなわれる強制の領域的組織化「国家という領域のなかで法律などによって縛ること」とが分離されるのです。

同じようなことをどこまでも列挙することができるでしょう。階級関係の接合が解かれることは、社会関係一般がばらばらに細片化され、関係がモノを通して屈曲させられることを意味しています。接合が解かれるというのは、言葉を換えれば、物神化のことなのです。物神崇拝というのは、実際にふたつの顔をもったプロセスです。前に、物神崇拝を権力《パワー》が反権力《アンチパワー》に浸透していることとして見ました。いま、それと同じように、反権力《アンチパワー》が権力《パワー》に浸透していることとしても見ることができるのです。私たちみんなの内部に深く浸透している資本主義的社会関係特有の物神崇拝は、同時に、支配の形態に自由が浸透していることでもあるのです。

ここで私たちの関心をひく問題は、このように階級関係の接合が解かれること（あるいは物神化されること）によって、世界にどのように新たな不安定さが導き入れられるのか、ということです。もし資本主義とそれ以前の階級支配の形態との顕著な違いが、階級関係の接合が解かれること（「自由」「物神崇拝」）であるならば、つねに危機に悩まされているという資本主義に特有な本性は、この接合が解かれることから説明できるにちがいありません。

非常にはっきりしているのは、社会関係の接合が解かれることによって、世界に新たな混沌《カオス》が導き入れられたということです。そこには混沌とした、接合が解かれた世界が生まれ出たのです。そこでは、何もかもすべてが、ほかのものとしっくりと調和することがないのです。自分の労働力を売ろうとしている人とそれを買いたいと思っている人が当然のことのように一致するということがないのです。消費と生産が当然のこととして一致することもありませんし、政治的なものと経済的なものにおいても同じです。そのような不調和、不一致こそが、接合が解かれること（「自由」）の意味にほかならないのです。不一致の世界が生まれ出たのです。(4) その世界では、たとえ秩序が確立されたとしても、それは無秩序を通じた秩序であり、社会の結合は社会の分解を通じてしか確立されないのです。封建制の秩序立った世界は崩壊し、人格的結合の絆《きずな》は、仕事《ワーク》のパワーを包摂し搾取するには不適当だということが明らかになったのです。階級支配は維持されましたが、階級関係の接合を解くことによってのみ維持することができたのです。労働力は包摂されましたが、それには莫大なコストが必要でした。労働力を服属させるためには、社会の核心部分に混沌《カオス》を導き入れるというコストを支払わなければならなかったのです。さっき見たように反権力《アンチパワー》に権力《パワー》が浸透してくるもとになった物神崇拝は、同時に、反権力《アンチパワー》が権力《パワー》の働きの核心部分に乱入してくるもとでもあったのです。「する」力が資本の内部に、それと対抗しながら存在するようになった結果、「する」力は制御できない価値の力という形態をとるようになったのです。

これは逆さまのように思えます。私たちは価値をいまいったような表現を通して考えることになれていません。価値というのは秩序を確立すること（「価値法則」）であり、自律した生産者からなる社会の社会的紐帯《ちゅうたい》である、と考えるほうが一般的なのです。この考え方は正しいのです。しかし、これは、自由主義理論に対する批判をはっきりさせればという保留条件がついたうえで、正しいといえるのです。「価値法則」という概念は、基本的には、結果として成り立っているという性格のものなのです。つまり、「見たところでは自律しているように見える生産者たちは、その見かけに反して、背後で働いている社会的連関によって結びつけられているのであって、その社会的連関が価値法則と呼ばれる」ということなのです。ですから、ばらばらに細片化されたかたちの個人主義という見かけから出発せずに、それとは反対に、労働の不服従が、もともと服従が定められていたところに侵入するようになったという歴史的な現象から出発するならば、価値というのは、封建制のしっかりと接合されていた支配がこの侵入によってばらばらに細片化されてしまったという事態を表現しているものだということになるのです。価値法則とは、同時に価値の無法則でもあります。価値というのは、服従そのものの内に含まれている不服従労働の逃亡と不服従労働からの逃亡という、たがいに矛盾しあう関係を政治的・経済的に表現したものなのです。それはちょうど、自由が、同じ関係を自由主義理論においてカテゴリー的に表現したものであるのと同じことなのです。自由、価値、可動性というものは、おたがいに分かちがたく結びつきながら、階級関係の接合が解かれたという同じ事実をそれぞれのかたちで表現しているのです。

ですから、価値というカテゴリーは、不服従のパワーを表現しているのですし、行為を労働として包摂することとその包摂にかかる莫大なコストを表現しているのです。労働価値説が第一に主張するのは、資本主義のもとでは、労働のみが、すべてをつくりだすことができる力をもっているということです。したがって、それは同時に階級の理論でもあります（Clark 1982 参照）。つまり、もし労働がすべてをつくりだすものであるのならば、そこにおいて生まれる葛藤は労働をいかに管理するか、いかに搾取するかという問題としてのみとらえることができるからです。

労働価値説の第二の主張は、行為の従属化ということで、資本主義のもとでは、人間の創造的な行為が抽象的労働という非人間化されたプロセス、すなわち価値生産過程に還元されてしまうということです。マルクスは、この事実について次のようにいっています。「労働が労働生産物の価値によって表示され、労働時間がその価値の大きさによって表示されるという」ことは、「ある社会状態――生産過程が人間によって統御されているのではなくて、生産過程が人間を支配しているような社会状態――に属していることが紛《まぎ》れもない文字で書き記されている公式」にすぎない（『資本論』Marx 1965, pp.80-1）というのです。行為が生産したものが価値という形態をとることは、行為の力《パワー》が資本に包摂されてしまっていることを表現したものなのです。農奴がおこなっていた仕事《ワーク》は領主への隷属からは逃れたのですが、創造的な活動になることができたわけではなく、価値生産という必要性に縛られているのです。かつての農奴は、領主による人格的束縛からは解き放たれたものの、今度は価値というものに接合されることによって、資本による搾取に縛られているのです。

第三に、価値が告げているのは、支配し搾取する階級が、行為を包摂することに対して支払うべきコストがあるということです。価値というものが成立することを通じて明らかになってくるのは、仕事《ワーク》をこのようなかたちで服属させているということが社会関係の確立であるとはいっても、その関係は「さまざまな生産者の背後において」おこなわれているにすぎず、社会が社会的コントロールに服しているということを意味しているのではないということなのです。資本主義のもとでは、支配階級は——もし、それを支配と呼ぶことができるとするならばですが——価値の混沌《カオス》状態をみずからのもとに取り込もう（そして、そこから利益を得よう）と試みているという意味においてのみ支配をおこなっているといえるにすぎないのです。価値は、混沌《カオス》として、社会関係の接合が解かれた状態として、その状態のもとで砕かれてしまった（あらゆる意味で砕かれてしまった）行為の社会性として、支配しているのです。価値とは、取り込まれた行為の力《パワー》が無秩序として、矛盾の塊として表現されたものなのです[5]。

『資本論』では、社会のコントロールが欠けている状態は、この連結が外され、接合が解かれ、狂った（verrückt［「置き方をまちがえた」「頭のおかしい」というドイツ語］）社会関係に由来する一連の派生形態を通して表現されています。それぞれの社会関係の形態は、結合を表現しているだけではなく、同時に、断絶、接合解除、断層をも表現しているのです。『資本論』で順を追ってたどられている社会関係の物神化のひとつひとつの歩みにおいては、それらを順に進むにしたがって、社会が不透明なものになっていくだけでなく、ますます断層が生じ、無秩序へと向かうものになっていきます。ひとつの形態からもうひとつの形態へと移っていくたびに、個々に現れてくるそれぞれの形態（たとえば、価値とは区別される形態としての価格）が、それぞれの独自の存在と必然的に照応しているわけではなくて、むしろ、それぞれの形態のなかで断層が生じ、予測不可能な状態が引き入れられているのだということが明らかにされていくのです。マルクスは、商品と貨幣との関係について、こういっています。「商品は貨幣に恋をしている。しかし、『まことの恋路はままならぬもの』なのである。」（『資本論』Marx 1965, p.107）それぞれの段階において、社会関係から引き出されたひとつひとつの派生形態は、定めを知らぬ恋の物語を語るのです。マルクスは、社会関係の細片化に抗しながら、それらの内的な統一を追い、その内的な統一（労働）がさまざまな細片化された形態をとる過程を追跡します。マルクスの議論で重要なのは、内的な統一だけではなくて、労働が現実にとる細片化された諸形態、連結切断のありさまなのです。しばしばマルクス主義は機能主義に、すなわち資本主義の支配の歯車が完璧に噛み合っているかのような見方に還元されてしまいがちです。マルクスの分析からこれほど懸け離れたものはないでしょう。資本主義社会は、決定的に不調和な社会なのです。そこでは、事象が機能的に調和していることなどありえないのです。そこでは、価値法則が価値の無法則性と分かちがたく結びついています。資本主義社会とは、階級支配が接合を外されたまま維持され、行為の力《パワー》が束縛を解かれたまま束縛されている状態を基盤にした社会なのです。

社会において接合が解かれているということは、社会の統合ができなくなり、社会の危機が生じる可能性があるということです。危機というのは、簡単にいうなら、社会において接合が解かれている状態の極限的な表現にほかならないのです。危機とは、労働と資本の不調和、生産と消費の不調和、労働力の売買とほかの商品の売買との不調和、政治的なものと経済的なものとの不調和、そうした不調和が極限的なかたちで現れたものなのです。その意味で（ここではいまだ限定された意味ではありますが）、資本主義が危機に悩まされる本性をもっているのは、そもそも階級関係の接合が解かれたことに起因しているといわなければなりません。

Ⅲ

危機というものが社会関係の接合が解かれていることを極限的なかたちで示すものであるとするならば、危機へ向かう傾向（もしくは危機の「不可避性」）を論じようとする理論は、まず、接合を解かれた社会関係が極限的な形態をとるようになるのはなぜなのか、を問わなければなりません。危機を単に資本主義だけに特有なもの（資本主義に特有な社会関係の断層）ではなく、周期的に接合解除が増進することだと見るならば、これまでおこなわれてきた議論を超えて、不可避性の存在しない社会において、なおも危機へ向かう傾向を資本主義の脆さをとらえる鍵として語ることができるのだろうか、ということを問題にする必要があります。

問題は、単に、危機を経済的な現象としてとらえるよりも社会関係の危機としてとらえるべきだ、というところにあるのではありません。単に、危機を階級対立ないし激烈な社会変化が周期的に濃化することとして（したがって社会運動の把握にとって中心的な問題として）見るべきだという問題ではないのです。この点は重要ではあるのですが、しかし、議論のなかにおいてここで問題にされているのは、危機へ向かう傾向（もしくは危機の「不可避性」）を、いかにして外的な力、客観的な力に頼らずに語ることができるか、ということなのです。

決定論的な見方を採らないすべての危機理論は、危機へ向かう傾向をせめぎあいの動力学のなかに見つけださなければなりません。資本主義のもとでせめぎあっている関係のなかにある何か、資本と労働の関係のなかにある何かが周期的な危機をもたらしていくにちがいない、ということです。これは、危機を闘争あるいは戦闘の波の結果として見る（それぞれちがったかたちではありますが、ネオリカード主義者も自治運動論者《アウトノミスタ》も、そういう分析をします(6)）という問題ではなくて、危機へ向かう傾向を階級対立の形態のなかに埋め込まれたものとして見るという問題なのです。

これまで、階級対立の資本主義的な形態の著しい特徴が階級関係の接合を解いてしまうところ（これが自由、価値、可動性などとして表現される）にあること、この接合解除は社会関係のあらゆる局面にあらわれていることを論じてきました。さて、危機というものをこの社会関係の接合解除が極限にまで進んだものだと見るならば、そこにはすでに次のような設問が提起されていることになります。その設問とは、階級関係の接合を解くにあたって、そのなかの何がそれを極限的な形態にまで進めていくのだろうか、という問いです。

これまでは、社会関係の接合が解かれてゆくことを資本主義とそれ以前の階級社会の形態との違いとし、あたかもその接合解除が資本主義の黎明期《れいめい》に成し遂げられてしまうかのような議論をしてきました。しかし、資本主義のような対立をはらんだ社会においては、存在状態というものはありえず、ただ運動過程があるのみなのです。ですから、接合解除というのは、階級関係の存在状態を言い表したものではなくて、せめぎあいの動力学を言い表したものなのです。接合を解くということは、農奴が封建領主から解放され、領主が農奴から解放されるということにだけ関わるものではないのです。それは、労働者が資本への依存と闘い、資本が労働への依存と闘うというかたちであらわれる、持続的な、遠心力を生む対立の動力学として見ることができるのです。資本主義がもっている危機へと向かう傾向の核心にあるのは、こうしたせめぎあいのなかに遠心的に働く原動力です。労働も資本も、ともに、相互依存の関係からみずからを解放しようとつねに努めているのです。これが資本主義独特の脆さの源泉になっているのです。

資本に対する闘いが遠心的な性格をもっていることは比較的理解しやすいでしょう。私たちの闘いは、一貫して、資本から逃れようとする闘いであることは明らかです。行動空間を広げ、自律を高めていくための闘い、首につながれている紐を長くし、支配がなるべくくっついてこないようにするための闘いなのです。この闘いは、さまざまに異なった無数のかたちをとっています。目覚まし時計を壁に投げつける。「仕事」に遅れていく。仮病とかいろいろの手段を使ったアブセンティズム〔長期欠勤〕。サボタージュ〔生産妨害〕。休憩時間を要求する闘い。労働時間短縮を求める闘い。休暇延長を求める闘い。年金増額の闘い。あらゆる種類のストライキ。移民というのは、特に重要で明確な逃亡形態です。移民という手段を使って、何百万もの人々が、希望を懐いて、資本から逃げ出しています。(7) 賃金闘争も、資本からの自律度を高める闘いとして見ることができます。賃上げと引き換えに労働強化がおこなわれることはよくあるものの、それにもかかわらず、お金は「自由」――ただし資本主義的な意味でのカッコつきの「自由」――と同じだという考えも成り立つのです。お金があれば、外からの命令に服従する生活を送らなくてすむ余地を広げてくれるというわけです。資本から逃れていこうとする闘いが、職場に限定されるものではないことは明らかです。健康と住居に関する闘い、反核の闘い、住生活や食生活において反資本主義的なスタイルを確立していこうとする試み、これらすべてが、価値の支配から脱していこうとする試みなのです。労働による闘い（あるいは、もっといえば、労働に反対する闘い）は、集団的な反抗というかたちでとらえられようが、個人的に機会をつかもうとする行動としてとらえられようが、それにかかわりなく、資本からの自律を勝ち取ろうとする不断の闘いなのです。自律のための闘いは、支配の拒絶です。あるかたち、また別のかたちと形態を変えながら、職場だけではなく、社会全体にわたって反響する「ノー！」という声なのです。(8)

これにくらべると、資本の闘いもまた自律のためのものだというのは、それほどはっきりしたことではないでしょう。でも、逆もまた真であるように思われます。資本の闘いは、行為の自律をおしとどめようとするものです。私たちが資本の支配の束縛をゆるめようとするところで、資本はそれをきつくしようとします。私たちが不服従を広げようとするところで、資本は服従させようとしなければなりません。私たちが逃げようとするところで、資本は包み込まなければなりません。私たちが遅刻しようとするところで、資本は時計を押しつけてきます。このように、資本の闘いは、一貫して、社会の接合が解かれるのを防ごうとするものであるように思われます。したがって、接合解除の極限的現象（すなわち危機）は偶発的な出来事であり、接合解除と接合維持との間の闘いの結果が特定のかたちをとったときにのみ現れるものであるかのように思われてくるのです。

しかし、事はそれほど単純ではありません。資本の存立が労働の搾取にかかっていることは確かです。しかし、資本主義の独自性は、搾取の形態にあるのです。資本主義においては、搾取関係は貨幣（価値、自由、可動性）を仲立ちにして成り立っています。労働を縛りつけようとする資本の闘いは、社会関係の接合を解くことを通じておこなわれているのです。資本が労働に規律を課そうとするとき、それは資本が労働から現実に逃げたり、あるいは逃げるぞと脅したりするというかたちをとるのです。遅刻する労働者は解雇をつきつけられます。鞭打《むちう》ちされるのでもなければ、絞首台に送られるのでもなく、資本がその労働者から逃げていくのです。従業員がストライキをやったり、資本が定めた速度で働かなかったりしたら、普通は、マシンガンが出てくるのではなくて、工場閉鎖がおこなわれて、資本が貨幣に換えられる［工場設備が売られる］のです。労働者たちが不服従の闘いに起ち上がるなら、解雇が通告され、代わりに機械を導入するという手段がとられます。つまり、資本は可変資本［労働力］から逃げて貨幣を通して不変資本［設備］に行くのです。資本の観点から見た資本主義の利点は、資本にとっては特定の労働者あるいは労働者集団が服従してくるかどうかは関わりがなく、労働一般が服従していればいいというところにあります。ある労働者集団が満足できるようなものでないとわかったら、資本は、その労働者たちを吐き出して、それを貨幣に換え、その貨幣でもっと従順な（「柔軟性のある」）労働者を探せばいいのです。資本というのは、もともと、移動可能な支配形態をとっているのです(9)。

資本主義の逆説は、労働者と資本家のどちらもが、ちがったやりかたで、つねに労働《レーバー》から解放されようとして闘っているというところにあります。資本と仕事《ワーク》との間の独特な対立関係のなかで遠心力が生じています。敵対的な関係の両極がおたがいに斥《しりぞ》け合っているのです。人間らしさ《ヒューマニティ》と資本との間におたがいに斥け合う力が働いています（このことはまったくはっきりしていますが、非常に重要なことです）。資本主義において見られる接合の解かれた束縛を、飼い犬を長い革紐《かわひも》につないで散歩している人のこととして考えてみると、資本主義の特質は、主人も飼い犬も、どちらも相手から離れていこうとしているというところにあることがわかります。

この譬《たと》えをもう一歩進めてみると、危機が到来するのは、主人と犬が反対方向に走っているときにではなくて、結びついているという関係そのものが、両者をつないでいる革紐《かわひも》を通じて自己主張するときなのです。犬も飼い主もおたがいに結ばれていることを忘れていたかもしれません。ところが、両者の意思にかかわりなく、やがて結合関係が自己主張することがあるわけです。これは、資本についても同じです。労働と資本の双方が、おたがいの関係をどんなに忘れようとしていても、やがて関係が自己主張することがあるのです。その関係がどんな形態をとろうとも、その背後には、資本とは対象化された労働以外の何物でもないという事実が横たわっているのです。

社会の接合が解かれていく過程そのものが危機を生み出すわけではありません。ヒッピーはドロップアウトできるし、労働者は仕事を怠けることができるし、学生はマルクスを研究して時間をむだにすることができます。資本だって、金融投機に走ったり、麻薬取引に手を染めたりすることができるのです。こういったことはすべて、資本の生産（つまり行為の対象化）そのものが脅かされないかぎり、たいした問題ではないのです。[10] 社会関係の接合が解かれているということは、資本の再生産が特別な型の社会的実践――すなわち剰余価値の生産――に依存しているということを意味しているのです。そして、社会関係の接合が解かれているという事態が（利潤としての貨幣によって表される）剰余価値の生産を脅かすようになったときこそ、根底に潜んでいた社会関係の結合が自己主張を始めるときなのです。

この意味では、利潤率の傾向的低下というマルクスの分析に基礎をおいた危機論は、過少消費理論あるいは不均衡理論にもとづく危機論より適切だと見なすことができます。過少消費理論や不均衡理論は、社会関係の接合解除（生産と消費の間、あるいは生産諸部門相互の間の照応が欠けていること）が極限的な表現をとることに焦点を当てているわけですが、そこで、照応が欠ける原因となった階級と階級の間の関係、「自由な」かたちで斥け合う力が働き合う関係に直接向かっていかないのです。それに対して、このおたがいに斥け合うという矛盾こそ、マルクスが展開した利潤率の傾向的低下理論の核心になっているのです。

生きた労働から自律しようともがく資本の闘いがとる決定的な形態は、生きた労働の代わりに死んだ労働、過去の労働を使うこと、つまり機械の使用です［機械のような不変資本は死んだ労働、過去の労働が凝固したものと考えられています］。剰余価値生産を最大化しようとするもがきのなかで、「資本はたえず労働者の不服従と格闘することを強いられる」（『資本論』Marx 1965, p.367）し、「手に負えない労働者」と闘うことを余儀なくされます（同p.437）。労働者の不服従に対して資本は、生きた労働と手を切り、服従しない労働者の代わりに従順な機械を導入して秩序を押しつけるというかたちで対応します。（この点について、マルクスはユーアの言葉を引用して、「アークライト［紡績機械の発明者］が秩序を創造した」といっています（『資本論』Marx 1965, p.368）。）労働者を機械で置き換えるというのは、もちろん、不服従に対する直接の対応ではかならずしもありません。というのは、それは、貨幣を仲立ちにしている［労働者を雇用する貨幣を払わずに、その分の貨幣を機械の購入に当てるというかたちで］ので、服従を維持するためのコストに対応することになっているともいえるからです。つまり、それは単なるコスト削減とも見なしうるわけです。いずれにしても、結果は同じです。剰余価値は生きた労働によってのみつくりだされるのですが、その剰余価値を最大化しようとする資本の闘いは、生きた労働からの逃亡、生きた労働の排除、そして死んだ労働による代替というかたちをとるのです。

労働からの逃亡（これは資本主義に特有なものです）は、支配者の労働への依存（これは階級社会に共通なものです）との間で葛藤を生じるようになります。逆説的なことに、資本が労働から逃げると、資本の労働への依存は強まるのです。資本が労働から逃げるということは、資本の支配の実質的な基礎（価値）の再生産が、以前よりも少数になった労働者に対する搾取に依存するようになるということです（これをマルクスは資本の有機的構成［可変資本と不変資本の割合］の高度化として論じています）。資本がみずからを再生産するためには、これまでにも増して労働の搾取強化がなされなければなりません。ということは、今度は、人間性の隷属を今までにも増して強めなければならないということになります。搾取強化が資本の労働からの逃亡がもたらした影響を埋め合わせるのに不充分であれば、その結果は再生産にとって利潤率の低下となって現れてくるわけです。利潤率の傾向的低下が表しているのは、まさしく資本主義に特有の矛盾、資本の労働からの逃亡と資本の労働への依存との間にある矛盾なのです。危機は、資本を、みずからが労働に依存しているという事実、みずからが否定して別のものにした行為に依存しているという事実に直面させるのです。その意味では、危機とは、物神崇拝が持続不可能であることを表現しているものにほかならないのです。

これまでのところでは、危機を叫びがもつ力との関わりで、また労働からの逃亡がもつ力との関わりで説明してきました。しかし、すでに見たように、この叫びとは発現を妨げられた「する」力があげる叫喚《きょうかん》のことなのです。それでは、危機についても、それを「する」力の威力が表されたものとして、したがって違った型の社会のための基盤を創造することとして見ることができるのでしょうか。

正統マルクス主義は、もっと肯定的《ポジティヴ》なかたちの危機解釈をしています。危機を生産力と生産関係の葛藤としてとらえるのです。生産力の発展は、コミュニズム社会を建設するための肯定的な基盤をつくるものであり、それが発展するにつれて資本主義的な外皮とますます葛藤を強めていくものとしてとらえられています。このような肯定的《ポジティヴ》な方向での議論が有効でありつづけることができるのでしょうか。

「生産力」が、まるで社会的な真空のなかにでも存在するかのように、肯定的《ポジティヴ》なかたちですくすくと発展できるものではないことは明らかです。「生産力」という言葉は、正統マルクス主義の系譜がこの言葉に含ませたいかにもメカニズム的で肯定的《ポジティヴ》な響きを無視するなら、単に人間の「する」力の展開を意味しているにすぎません。たとえば、人間が空中を飛ぶことができる力は、レオナルド・ダ・ヴィンチの時代とくらべると、いまでは格段に進歩しています。それは、人間の「する」力の発展によるものであり、もしそういいたいのなら、生産力の発展によるものです。しかし、はっきりしているのは、そのような「する」力が中立的な発展をすることはけっしてありえない、ということです。「する」力は、いつでも、その資本主義的形態すなわち「させる」力の内部に、それと対立しながら存在しているのです。使用価値は、価値の内部に、それと対立しながら存在しています。私たちの社会的行為と、その行為の社会性が価値を仲立ちにしているという事実との間には、いつでも、「内部」にあることと「対立」していることとの間の緊張がみなぎっているのです。それ以外ではありえないのです。その意味では、生産力（私たちの「する」力）の発展とその資本主義的外皮との間には、どの瞬間をとっても、衝突が起こっているのです。ですから、自己決定社会にそのまま引き継ぐことができるような「する」力の肯定的《ポジティヴ》な発展などというものはありえないのです。

それと同時に、次の点をふまえておくことが重要です。すでに見たように、労働からの逃亡ということは、資本の矛盾した本性の核心にあるもので、それ自体が危機へと向かう傾きを表しています。しかし、こういう意味での労働からの逃亡は、かならずしも（あるいは、自殺の場合を度外視するなら普通は）行為からの逃亡ではないのです。ある労働者が職場に電話をして、病気だといったけれど、実は子供たちといっしょに過ごしたかったのだとしたら、そこにあるのは、行為のある形態よりも別の形態に優先権をあたえようとする争いなのであって、行為からの逃亡ではないのです。一枚のポスターがあって、そこにはベッドに横になった女性が描かれていて、こういっています。「昨日は働きに行かなかった。今日も行きたくないわ。楽しむために生きるのよ。苦しむためじゃなくて。」これだって、資本主義に対する闘いを示しています。それは、単なる否定の闘いではなく、別のかたちの社会的行為（苦しむためじゃなくて楽しむために生きる）を求める闘いなのです。このほかにも、行為のもうひとつのありかたをさまざまに求める闘いが、もっと巧妙なやりかたでいろいろとおこなわれています。ただ自分の仕事を立派にやろうと努めているだけだという場合だって、そうなのです。教師が学生を適切に教えようとしている場合、看護士が患者の満足のゆくように看護しようとしている場合、デザイナーがよいプロダクト・デザインをおこなおうとしている場合、生産者がよい製品をつくろうとしている場合——そういう場合だって、そこでは、価値と対立しながら使用価値の展開をめざす闘い、それによって行為の社会性を解放しようとする闘いがおこなわれているのです。そのとき、価値（利潤率上昇に貢献させようとする圧力、あるいは官僚制によってさまざまに模造された価値を満足させようとする圧力）は妨害物として、抵抗すべき対象としてあつかわれるのです。一方、資本の観点から見れば、価値よりも使用価値を重視するのは、アブセンティズムやサボタージュと同じ不服従の行動なのです。

ですから、そこには資本主義のもとにおいて異質な型の社会組織の基礎が展開されているのですが、それは機械のなかにでもなく、つくられる製品のなかにでもなく、資本主義的形態とたえず緊張関係を保ちながら展開される社会的行為ないし協働のなかにあるのです。資本主義的社会関係の外部に存在するものなどないのですから、資本主義的社会関係と何か別の物との間にある矛盾という観点から危機を考えることは、明らかにまちがいです。そこにおける矛盾とは、行為の社会関係の内部に存在する矛盾にほかならないのです。この内部矛盾、行為と行為の資本主義的形態との矛盾、つまり労働から行為への飛翔が危機の際に現れてくるのです。

危機は葛藤の激化を内に含んでいます。人間らしさ《ヒューマニティ》と資本とがおたがいに斥け合う関係にあるために、資本はたえず労働の搾取を強めなければならないと同時に、そうするのをむずかしくさせざるをえないのです。行為の不服従あるいは非服従が資本主義の再生産のために必要な搾取強化を妨げるわけですが、それが資本の利潤率に重大な影響を及ぼすほどにまで進んだときにこそ、危機が現れたということができるのです。危機の過程を通じて、資本は、利潤率を回復する方向で労働との関係を組織しなおそうと努めます。この努力には、マルクスが利潤率の傾向的低下に対する反対作用と呼ぶものを動員することが含まれています。その反対作用とは、労働の搾取度を高めること、全体的な社会的剰余価値の分配に加わっていってしまうような多くの資本を除去すること、不変資本要素を低廉にすることによって生きた労働が比例的に占める割合をある程度回復すること、剰余価値の非生産的な使用を削減することなどです。これは、労働過程そのものを組織しなおすだけではなく、搾取過程に影響をあたえるあらゆる条件を、つまりは社会全体を組織しなおそうとします。この「反対作用の動員」に典型的なものとしては、倒産、首切り、賃金カット、労働組合の権利剥奪、まだ雇用されている労働者に対する労働強化、資本間の競争の強化、国家間の抗争の強化、国家の教育・保健・福祉関係予算の削減、その結果として生じる高齢層と若年層、女性と男性、子供と親との関係の変更、また私たち自身の生活がもつさまざまな側面の間の関係の変更などが挙げられます。

危機の過程全体を通じて、資本と労働との直接対決、資本と生きるうえでの不服従・非服従との直接対決が見られます。この対決は、資本にとってはリスクを意味しています。対決は、より大きな服従の実現につながるわけでは必ずしもなく、よりあからさまな不服従が現れ、資本の困難が強まることになるかもしれないのです。危機によって生まれた、激しさを増す競争と対決のなかで、敗れるかもしれないリスクを冒している個別資本ないし個別国家から見ると、この対決の危険性は、もっとはっきりとしてきます。言い換えると、総資本も個別資本、個別国家も、不服従のもつ威力との対決を避けたり調整したりしたほうが有利なことがありうるのです。

犬と飼い主の比喩にもどって見てみますと、危機とは、両者の斥け合う力が強まって、ついに紐がぴんと張って、犬の首と飼い主の手に食い込んできた状態だと見ることができます。犬も飼い主も、これまでと同じコースをたどりつづけることができないことは、はっきりしています。それにもかかわらず、結果がどうなるかについては、何もあらかじめ定められてはいません。もし犬の強さと決意が充分なもので、充分な勢いがついていたなら、紐を引きちぎってしまうか、飼い主を引きずり倒してしまうかもしれません。逆に、飼い主のほうが充分な強さと巧みさをもっていて、犬を従わせてしまうかもしれません。犬を従わせようとするこの闘いにおいて、飼い主は重要な切札をもっています。犬をつないだ紐を長くすることができるのです。このような手段を取るのは、犬の強さを認識しているからであると同時に、また犬を疲れさせておとなしくさせようという策略でもあります。犬がすっかり疲れて弱ったら、飼い主は、必要に応じて、犬を打ちすえて従わせ、それから紐を短くすることができるわけです。

紐を長くするというのは、葛藤に勝つために葛藤を避けることであり、それは信用を膨張させることを指しています。危機は（したがってまた反権力の実質は）信用膨張の役割を論じることなしにとらえることはできません。

利潤が低下すると、苦境に陥った企業は、資金を借りることで延命を図ります。経済的・社会的問題をかかえた政府は、市民と全面対立することを避けようとして、借入金に頼ります。危機の始まりがもたらす影響を緩和しようとする労働者も、借入に走ります。このようにして増加した貸付金を求める需要が、生産において起こっている不服従に起因する問題と結びつき、資本は、資金を生産に投資するよりは、貸付金として運用したほうがいいと感じるようになります。危機が襲来すると、信用と負債の膨張がもたらされます。蓄積は、どんどん架空のものになっていきます。貨幣で表現された価値は、実際に生産された価値からはますます遊離したものになります。資本主義は、より架空のもの、見せかけのものになっていってしまうのです。労働者にとっては、収入は見かけの上だけで増えていき、資本家にとっては、事業収益は見かけの上だけで上がっていることになり、銀行にとっては、債務者の財政状態は見かけの上でだけ健全なのです。すべてにとって、実際よりも大きな剰余価値生産がなされているような見せかけができていくのです。実際よりもずっと、労働は従順であるように見え、生活は資本に従属しているように見えるのです。信用と債務が膨張していくにつれて、私たちの思考カテゴリーすべてが、より架空のものとなり、見せかけだけのものになっていきます。信用膨張は、独特の物神化されたやりかたで、仮定法の世界がもつ爆発力、別の社会への憧憬がもつ爆発力を表現するものになるのです。

しかしながら、古典的な見解によるなら、信用膨張は、不服従との対決を避けようとする結果、生産される剰余価値を徐々に減少させていってしまい、ついには虚構を維持することができなくなる地点に達してしまう、とされています。返済できなくなって債務不履行に陥る債務者が続々と現れるようになり、（銀行などの）債権者が破綻しはじめ、危機が猛烈な勢いで全面化されることになって、内包されていた社会的対立がすべて一気に表面化します。擬制資本［株式・公社債のように自己価値ではないが資本としても働きうるもの］が大量に破棄され、擬制期待値［擬制資本についた実際より大きな見せかけの価値の平均値］も大量に破棄され、ほとんどの人たちの生活水準が引き下げられます。そのような見せかけの世界の崩壊は、たとえば、一九二九年の株式市場暴落において見ることができます。

しかし、このような古典的なかたちの危機のプロセスは、貸付を継続できる「最後の金貸し」がいるならば、変形されて、信用崩壊を避けるやりかたをとって信用膨張を維持できるでしょう。そうすれば、信用はより融通の利くものになり、見せかけの世界はより幻想的なものになります。犬の首につけられた革紐は無限に長くすることができるように思われ、犬も飼い主も自由の幻影を懐くようになるのです。

V

一九二九年の大恐慌から七〇年あまりたって、危機のかたちは変わってきました。信用がさらに弾力性のあるものとなり、「最後の金貸し」となる金融機関の役割はさらに重要なものになってきました。信用と債務が絶えず拡大しつづけることが、いまや資本主義発展の中心部分をになっているのです。[11]

資本制の再生産が債務の絶え間ない拡大にどの程度依存しているかは、人々の生活をうまく労働に従属させることができていない資本の無能力を示す、もっともはっきりした指標です。金融の慢性的な不安定が進行するにつれて、資本に対する不服従が資本の核心に入り込んだのです。

このポイントをはっきりさせたのは、アメリカの政治家バーナード・バルークでした。一九三三年にローズヴェルトが、もっと柔軟な経済社会政策を採るようにという社会的圧力に応えて、金本位制を放棄したときのことです。「これは暴民《モップ》支配だと主張するほかない。おそらく国はまだ気がついていないだろうが、われわれはフランス革命以上に激烈な革命のなかにあるのだ。群集がすでに政府の座をにぎり、次には富をにぎろうとしている。法と秩序の尊重はどこかにいってしまった。」[12] 暴民が資本の核心に手をかけるがままにされていたのです。政府は、社会の不満の前に膝を屈して、通貨の安定を脅かすような政策を採っていました。

それは、大戦間時代［第一次大戦から第二次大戦までの間］に金本位制への復帰とそれに続く金本位制停止［一九三〇年に金本位制にもどったが、翌年停止］をめぐって交わされた論争の本質を突く議論でした。ケインズや同じ精神をもつ人たちは、労働が獲得した新しい強さを取り込めるような資本の支配を創り出すことが必要だと論じました（このような主張がのべられたのは、とりわけ一九一七年一〇月［ロシア革命］に連なる革命的活動の波が打ち寄せているさなかのことでした）。[13] そして、国家の役割を新たにより拡大して、より柔軟な通貨政策を採ることを主張したのです。これに対して、反対する論者は、そんなことをすれば、通貨の安定、ひいては資本主義の安定が長期的には掘り崩されてしまうだろうと反論しました。バルークとその僚友たち（彼らのことをケインズは「旧世界党」とよびました）は、もちろん正しかったのですが、短期的には議論に敗れました。かくして、暴民《モッブ》が通貨の中心まで入り込むのを防げず、通貨の安定は掘り崩されていったのです。

こうしたかたちの発展が資本の側にもたらす問題は、一九六〇年代から七〇年代初めにはっきりしてきました。信用が絶え間なく拡張されることは、とりわけ、市場の規律が弱まること、価値法則が課している社会的規律が弱まることを意味しています。危機をくりのべ、緩和することによって、非効率的な資本が淘汰されずに生き残ることができるようになります。また、資本のほうから見てさらに悪いことに、非効率的で言うことを聞かない労働者が生き残ることができるようになるのです。そして、金融市場が商品市場から自立していくことも意味しているのです。信用が信用を養うことになります。借金を返したり利子を支払ったりすることができなくなって債務不履行《デフォルト》におちいるのを防ぐために、債務者はさらに借金をしなければなりません。供与された信用の割合がどんどん上がっていけば、信用が循環することになります。つまり、供与された信用は借金を返すためのものにすぎない（あるいは、借金の利子を払うためでしかない場合も少なくない）のです。信用の構造が精密にできたものになればなるほど、維持するのがますますむずかしくなり、同時に、廃止することもますますむずかしくなっていくのです。全面的な「信用危機」（擬制資本の崩壊）は、大規模な社会的困窮をもたらすだけでなく、銀行システムの存立を脅かし、それを通じて、ひいては現存する資本主義の構造を危うくするのです。

一九二〇年代から三〇年代にケインズに反対する論者が表明した批判は、一九七〇年代になって、ふたたび力をえて、頭をもたげてきました。そのときの批判が、戦後の資本主義発展の前提条件に対するマネタリズムからの攻撃の基礎をなすものとなったのです。ケインズ主義に対するマネタリストの批判は、資本主義の発展が見せかけのものでしかない（「贋金《ファニーマネー》」とマネタリストは呼んでいました）という点、また市場の緩和が社会的な規律の乱れをもたらしたという点に向けられていました。マネタリストの処方箋は、ローズヴェルト＝ケインズの誤りをあらためて、暴民《モッブ》を通貨から放り出すことを本質とするものでした。バルークがおこなった主張は、いま、民主主義を制限せよ（そして、国家の役割を制限せよ）というかたちでくりかえされ、通貨の安定が掘り崩されることについては、「民主主義の経済的影響」という見地(14)から議論されたのでした。もっと最近になってからは、中央銀行が政府の影響力から（したがって、形式民主主義から）もっと独立したほうがいいというかたちをとった議論としておこなわれました(15)。どちらの場合にも、資本の闘いは暴民《モッブ》を通貨から放り出すことをめぐっておこなわれたのです。どちらの場合にも、それは失敗に終わりました。失敗の理由は簡単で、債務の拡大と危機回避のために労働の統合が著しく進んでいたために、資本主義が金融の安定を取りもどすために採ることが必要とされる手段がきわめて激烈なものにならざるをえなくなっており、そうした手段を使うと、資本主義の存続そのものが危うくなりかねないという状態になっていたからです。

アメリカ、イギリスなどの政府は、一九七九年から一九八二年にかけて、通貨供給を引き締めること（それは信用の膨張を制限することでもありました）を通じて、市場に規律をとりもどそうと試みました。その結果、深刻な社会的困窮と経済的破綻がもたらされただけでなく、国際的な銀行システムが崩壊する恐れが生じたのです。アメリカで利率を上げることによって信用の膨張を防ごうとする措置が採られた結果、大きな債務を負っている債務者（たとえばメキシコ、アルゼンチン、ブラジルなどの政府）が、負債を返すことはおろか、その利子さえ支払うことが極度に困難になる状況が生み出されたのです。一九八二年にメキシコ政府が債務不履行《デフォルト》におちいりそうになったのをきっかけに、いわゆる八〇年代の「債務危機」が突発しました。このとき、信用の膨張を阻止しようとする試みは、債務者が生き残るのをむずかしくするだけではなく、債権者――このケースでは世界の主要銀行が債権者でした――の存続をも危うくするということがはっきりしたのです。

金融政策を引き締めることを通じて擬制資本を大規模に消滅させようとする政策を採ることはできないことが証明されました。資本を再生産するために、新たに膨大な信用膨張が必要になりました。こうして、資本にとって問題なのは、どのようにして、資本の再生産に必要な信用を供与しながら、同時に、それによって労働の搾取のために必要な規律を乱すことないように、信用膨張をコントロールするかということでした。解決策として試みられたのが、一九八〇年代のいわゆる「サプライサイド」エコノミクス［商品・サーヴィスを提供する側《サプライサイド》の役割をもっぱら重視することを通じて経済活性化を図ろうとする経済政策］です。これは、前例のない信用の膨張をおこないながら労働の規律を保っていくために、両方にとって必要な手段を結びつけたものです(16)。このような展開がはらんでいる危険については、一九八〇年代半ばのこうした「ヴゥドゥ経済学」に対して加えられた数多くの批判が警鐘を鳴らしていました（たとえば、Kaufmann 1986 ; Congdon 1988 ; Magdoff and Sweezy 1987 参照）。

こうした批判は、債務の拡大にともなう不安定性を指摘した点では正しかったのですが、彼ら批判者が警告していた株式市場の破綻が一九八七年に起こったにもかかわらず、その結果は、単にもっと危機が深まっていくのを避けるために、信用を膨張させようとする圧力を高めるだけに終わったのです。政府の反応も同じでした。政府がやったのは、信用を膨張させ、擬制資本の大規模な消滅を何とかして避けるためにさまざまな施策を導入することだけでした(17)。

一九九〇年代初頭の景気後退に対する反応も、特に、アメリカ合衆国と日本の政府に関するかぎり、同じようにケインズ主義的なものでした。貸出を促進するために利率を下げ、信用を通じて通貨を増発したのです(18)。しかし、この場合、合衆国内で〔連邦準備制度によって二パーセントに設定された金利によって〕大量に貸し出された貨幣は、国内にではなくて国際通貨市場に投資されました。なかでもいわゆるエマージング市場〔発展途上地域の金融市場〕に投資され、そこでは高い収益が得られました。このエマージング市場のうちでもっとも重要だったのがメキシコで、そこでは、通貨の形態で流れ込んだ資本が、蓄積過程の現実の姿と見かけの姿との間に大きなギャップをつくりだすことになっていったのです。そのギャップは、一九九四年一二月のペソ切り下げで表面化しました(19)。

債務を膨張させることを通じて絶えず危機を繰り延べしていった結果、生産の蓄積と通貨の蓄積との間の格差が拡大してきたのです。通貨は、それが表している価値がとても追いつけないような速さで膨張してきました。言葉を換えていえば、確かに、この二〇年間ほどで生産過程の再構築《リストラクチャリング》そのものは現実に進んできたのですが、にもかかわらず、資本主義が存続できたのは、それによるものというより、つねに債務を膨張させつづけてきたことによるものだったのです。基本的には同じストーリーを示す多くの統計を引き合いに出すことができます。たとえば、公債は、マネタリストがケインズ主義を攻撃するさいの中心におかれたテーマだったわけですが、拡大の一途をたどっています。OECDによると、OECD加盟国の公債純発行高は、一九七八年にGDPの二一パーセントだったのが、一九九四年には四二パーセントに増大していると見積もられています。[20]ヨーロッパ各国政府の純負債額は、一九八〇年にGDPの二五パーセント以下だったのが、一九九四年には五五パーセントを超えるまでに拡大しています。[21]IMFの統計によれば、加盟先進七カ国の国内信用は、一九五五年のGDP比四四・四八パーセントから、一九九四年には一〇四・五四パーセントに上昇しています。世界の債券市場は（政府の財政赤字を埋める資金調達と密接に結びついているわけですが）、一九八六年から一九九七年の間に規模が三倍に膨らんでいます。[22]世界の通貨取引高は、世界貿易の拡大よりずっと速いスピードで増大しています。一方で、ロンドンのユーロダラー市場での年間取引高は、一九七九年には世界貿易価格の六倍を示していましたが、一九八六年までに世界貿易価格の約二五倍、世界最大の経済の価格の一八倍を示すにいたっています（Walter 1993, p.197）。一兆ドルをゆうに超える取引が、毎日、世界中の外国為替市場でおこなわれており、この数字は一九九〇年代初頭以降、年率三〇パーセントで上昇してきました。一九八〇年代後半から一九九〇年代にかけて、証券化《セキュリタイゼーション》［債権・債務を有価証券の形態に変えて市場で流通させること］を通じた債務の膨張が大規模に昂進しました。これは、特に「デリバティブ」［金融派生商品］と呼ばれる、新しい形態をとった債務資産のことです。デリバティブ市場は、一九八六年から一九九四年までの間に、年率一四〇パーセントの成長を示しました（International Monetary Fund 1995, p.18）。

ウォールストリートでは、株価収益率［PER］は史上最高を記録しました(23)。

今日の資本主義の不安定さ、突発変化、脆さ、予測のつかなさを理解するうえでは、実体の蓄積と貨幣の蓄積との分離ということが決定的に重要です。資本主義の金融構造全体が債権と債務に強く依存しているので、（メキシコのような）主要債務国においてどんな債務不履行《デフォルト》ないし債務不履行《デフォルト》の恐れが生じても、それは金融市場全体の大変動につながる可能性があるのです。一九九五年の年初め、各国が緊急に国際的に結束してペソ防衛でまとまったのは、メキシコ政府が債務の支払において債務不履行《デフォルト》に陥る恐れが生じていたからでした。もっと一般的な問題として、擬制資本の破壊なしで支えられている金融市場が自立化していることは、有効性は疑わしいけれど、もっと洗練された金融上の手段が生み出される可能性があることを意味しています。それはまた、もっともっと膨大な量の貨幣が世界金融市場でますます速度を増して運動するようになり、そのために、各国と世界資本との関係が根本的に変わっていくことを意味しています。

これらすべてから、世界金融恐慌が間近に迫っていると結論づけることはできません。しかし、こうした事実は、金融の慢性的な不安定さが現代資本主義の主要な特徴になってきていること、そして世界金融恐慌の可能性が、急速な蓄積期においてさえ、資本主義の構造的特徴になってきていることを意味しています(24)。

このことは、今日の危機を認識するうえで、ふたつの決定的な重要性をもっています。第一に、それは、政治的手段によって危機を管理する試みが新たな重要性をもってきたことを意味しているのです。国内においても、国際的な場においても、不服従に正面から立ち向かうにあたっては、対処すべき対象が選択的に設定されることになります。不良債権と向き合って処理しなければならない銀行の支配人と同じように、それぞれの国家も、国際通貨基金や世界銀行や先進国首脳会議《サミット》のような国際機関も、債務国の間に差別をもちこみます。その債務国がどんな位置にあるか、はっきりとした強制力を行使した場合にどんな結果が起こりうるかに応じて、債務国は多かれ少なかれ寛大にあつかわれているのです。どんな場合でも、債務は、社会の規律、資本の論理に対する従順さを維持するために使われているのですが、それがいつも成功しているわけではかならずしもありません[25]。

この債務管理プロセスを管理している人たちは市場を礼賛しているにもかかわらず、債務管理自体は市場の自由な働きからは遠く懸け離れたものになっています。まったく逆に、いまや世界でそんなにも重要な役割を果たしている債務管理は、市場の自由な働きが社会的な対決を生じさせ、不服従の波を生じさせ、そのために資本主義の存続が不可能になるかもしれない状態にまでいたったからこそ生まれたものだったのです。市場の自由な働きに取って代わったのは、不服従に対して管理されたかたちで立ち向かうやりかただったのであり、そこにおいて債務管理者は、社会的に見て、また政治的に見て実行できると思った手段だけを講じているのです。その結果、危機は繰り延べられ、猶予され、断片化されて、全面的に立ち向かうことは避けられ、危機の意味をほんとうに感じ取れるのは特定の国と地域においてだけで、そのほかのところでは、繁栄といわれる現象を楽しみつづけているという状況なのです。危機の発生はいつも不平等で、ある資本や国家だけが危機にともなって起こる対立の激化から利益を得るのですが、このような不均等は、おそらくは、債務管理が果たす役割の結果として強められているといえるでしょう。ある地域では生活水準が急激に下がっているのに対して、それと連動して、別の地域では「ゴルディロックス・エコノミー」〔景気過熱でも景気後退でもない適度な経済状態〕と「ニュー・パラダイム」が語られ、そのなかでは危機の問題はもう解決されてしまったといわれているのです。

この危機管理の核心には、資本にとってひとつの問題があります。債権の膨張に対しては部分的な形で立ち向かうことしかできていないのであって、したがって、資本にとってなくさなければならない不服従や非服従に対しても部分的な対処しかできていないのです。資本は、ある程度の安定を保って発展するには、もっともっと多くの剰余価値を生産し、もっともっと効果的に労働を搾取し、そうすることを妨げている不服従や非服従を取り除いていく必要があります。債務が膨張しつづけているということは、そうすることに成功していないことを示すものです。債務の膨張に部分的には立ち向かっているものの、資本主義は債務への依存の度合を高めつづけています。ある面では、債務管理のプロセス自体がそれを促進しています。巨額債務者（巨大国家、巨大企業、巨大銀行）は、債務管理のプロセスを通じて、自分たちは「大きすぎるのでつぶせない」のだということに気づくようになってきました。国家も国際機関も、こうした巨額債務者が破綻するままにまかせてしまうと、その破綻が引き起こす社会的・経済的な影響が非常に大きいので、救済策を講じざるをえないのです。したがって、そうした巨額債務国家や企業は、いかに「無責任」にふるまおうとも、みずからの利益をなんとしても最大化するために、いかに負債を増やそうとも、国家あるいは国際機関が救済措置をとってくれることがわかっているのです。市場に規律をとりもどそうとしておこなわれる措置が、同時に、このようにして規律を乱す結果になっているのです。これがいわゆる「モラル・ハザード」の問題です。この問題が、いまや債務管理の核心にある問題なのです。

第二に、危機管理がおこなわれることによって、危機の予測可能性が高まるのではなくて、逆に低まるのです。「危機管理」がおこなわれると、危機がコントロールされると考えるのはまったくの誤りです。それにくらべると、マルクスの時代には、危機の勃発は、多かれ少なかれ予測可能なパターンをとっていました。こういうパターンは今日ではほとんど見られません。信用が膨張し、それと不可分なものとして資本の貨幣形態が相対的な重要性を高めることは、資本の運動速度と運動量が桁外れに大きくなることを意味しています。そうなると、資本の運動が予測可能なものになるどころか、信用の膨張とその管理によって、速度が速く突発的な貨幣の動きが危機を媒介する度合がますます高まることになるのです。こうして、一連の金融危機が、ここ二〇年ばかりのうちに、次々に世界を襲うことになったのです。一九八二年の債務危機、一九八七年の株式市場の暴落、一九八〇年代後半から一九九〇年代前半にかけてのセーヴィングローンとジャンクボンドをめぐる危機とスキャンダル、一九九四―九五年のテキーラ危機［メキシコ］、一九九七―九八年の東南アジア危機、一九九八年のルーブル危機［ロシア］、一九九八―九九年のサンバ危機［ブラジル］、二〇〇〇年のタンゴ危機［アルゼンチン］、という具合です。これらの危機のそれぞれにおいて、危機管理者は、通常なら影響を受けた人々に悲惨な結果をもたらす危機の衝撃が波及することを押しとどめるのに成功しました。しかし、どの場合にも、「システムの危機」、世界金融危機のリスクは存在していたのです。

実体の蓄積と貨幣の蓄積との分離の度合が高まれば高まるほど、資本に対する生活の従属が現実に達成されている水準と、資本の貪欲さが要求してくる従属の水準との乖離が大きくなってきます。資本は、生き残りのために、ますます要求を強めてくるのです。「ひざまずけ、ひざまずけ！ ひれ伏すんだ！ おまえがもっている尊厳を最後の一滴まで売り払え！」、これが現代の資本の合言葉なのです。生活のあらゆる局面をますます激しく資本に服従させていこうとする衝動こそが、新自由主義《ネオリベラリズム》の本質なのです。新自由主義《ネオリベラリズム》とは、そうした服従を強化し再組織することを通じて危機を解消しようとする試みにほかなりません。主体と客体の分離（主体の非人間化）は貨幣を通じた命令が拡大されることによって新たな段階に達します。一八世紀の資本が土地の囲い込み（つまり、人々を土地から切り離すこと）を通じて支配を確立していったのとまったく同じように、今日の資本は社会活動の領域を次から次へと囲い込むことを通じて危機を克服しようとしているのです。そうした社会活動の領域では、以前は、資本への従属は間接的なものにすぎなかったのですが、いまはそれを貨幣の支配に直接に囲い込んでいるのです。土地の商品化、健康管理と教育の商品化の進行、ソフトウェアや遺伝子に至るまでの所有概念の拡張、社会福祉がおこなわれている国々においては福祉給付の削減、仕事上のストレスの増大――こうしたことすべてが、服従を拡大し強めようとするための手段なのです。新しい服従の領域を確立すると、資本はこういいます。「この範囲内では、これからは資本の直接支配、貨幣の直接支配に従わなければならない」と。一八世紀の囲い込みは、それまでは個々の裁量にまかされていた行為が、それ以後は資本に反する行為として法律で罰せられ、貧困に陥るというかたちでも罰せられることになったということを意味していました。それとちょうど同じように、今日の囲い込みは、以前は正常なものとしてあつかわれていた行為が、いまや資本にとっての脅威として現れるようになったことを意味しているのです。ですから、たとえば昔ながらの生活様式を保っていきたいというチアパスの先住民の望みは、遺伝子の開発までも財産として所有してしまおうとする所有の拡張の動きと衝突することになっているのです。大学では、学生や教授がプラトンやアリストテレスといったテーマを取り上げて研究することがますますむずかしくなっています。そうした種類の研究は、知的な営みをますます資本の要求に従属させていこうとする資本の衝動と両立しないと考えられるからです。仕事上のストレスがますます強まっているなかで、それに抵抗しながら、子どもたちと遊んだり、誕生日を祝ったりするという素朴な楽しみを求めることでさえ容易なものではなくなっています。資本は、さまざまなかたちで、私たちの生活を資本の指示に(価値法則の働きに)従わせろといいます。その指示に服従しないことは、ますます対立点として浮かび上がってきています。服従しなければ、貧困に陥れられたり、あるいはもっと悪いかたちで罰をあたえられたりするのです。「ひざまずけ、ひざまずけ、ひざまずけ!」と資本は叫びます(Peláez and Holloway 1995参照)。でも、むだです。それでは不充分なのです。

一九三〇年代に、ポール・マティックは資本主義の「永続的危機」について語りました。(26) 私たちはいま、解消されないままに繰り延べられている危機のなかにあって、同じような状況のもとにいるように思われます。でも、マティックがいったことは楽観的すぎました。一九三〇年代の危機は永続的なものではありませんでした。その危機は解消されたのです。三〇〇〇万人もの殺戮を通じて——。それは戦慄すべきことです。

そして、いまだに、危機に関してあらかじめ定まっていることなどありません。私たちが危機なのです。叫ぶ者としての私たち、街路で、田園で、工場で、オフィスで、家のなかで叫ぶ私たちが危機なのです。服従を拒否し、服従から逃れ、「ノー!」といい、「もう、たくさんだ!」という私たち。おまえたちの愚かしいパワーゲームはもうたくさんだ、おまえたちの愚かしい搾取はもうたくさんだ、おまえたちの馬鹿げた兵隊ごっこはもうたくさんだ、という私たち。みずから搾取をせず、搾取することを望まない者、権力をもたず、権力をもとうと望まない者、人間的だと思える暮らしを営みたいといまだに望んでいる者、顔をもたず、声をもたない者、そういう者としての私たちこそが、資本主義の危機なのです。危機の理論は、単なる恐怖の理論ではなくて、希望の理論でもあるのです。

11　革命？

I

　危機というものが、さまざまな社会関係の接合を極限まで解いてしまうことを表すものであるとしたら、革命は、まず何よりも、危機の激化としてとらえられなければなりません。

　このようなとらえかたをするなら、ふたつの異なった危機把握が否定されることになります。第一に、旧来の危機概念、すなわち革命の好機としての危機というとらえかたが否定されます。このようなとらえかたは、さまざまに異なった展望をもつマルクス主義諸派の多くが共有している危機観です。そこで論じられているのは、資本主義の大きな危機が到来すれば、その瞬間に革命が可能になるだろうということで、経済危機が階級闘争の激化をもたらし、そこで力のある革命組織が指導すれば、革命に導くことができる、というわけです。こうしたアプローチは、危機を経済的危機として、階級闘争とは区別されたものとしてとらえます。危機自体を階級闘争として、階級闘争の転換点として、つまり資本と反労働（人間らしさ《ヒューマニティ》）とがおたがいを斥《しりぞ》け合う力によって、資本が支配を再構築しなければならなくなったり、あるいは資本による管理ができなくなったりする転換点としてはとらえようとしないのです。

第二に、資本の危機と資本の再構築とを同等のものと見なすことができるという見方が否定されます。この見方からすると、危機は資本にとって機能上のもの、（シュンペンターの用語を使えば）「創造的破壊」[1]として、すなわち、非効率的な資本を破壊して、労働者に規律を課するものとしてとらえられます。この見方によれば、ある経済的モデルあるいは支配のパラダイムが危機に陥ると、自動的に新しいモデルないしパラダイムの確立に導かれる、ということになるのです。ここで問題にしたいのは、危機はその本質において、そのゆくてがどうなるかあらかじめわかるものではない、ということです。危機は、実際に、資本の再構築と新しい支配パターンの確立につながっていくかもしれませんが、そうならないかもしれません。危機と再構築を同一視することは、世界の可能性を閉ざしてしまい、資本の最終的崩壊を度外視することになってしまいます。危機と再構築を同一視することは、危機から再構築へと資本が移行していく過程につねにはらまれているせめぎあいの世界全体に目をつぶることになってしまいます。

危機というのは、むしろ、資本主義のさまざまな社会関係がばらばらに分解していってしまうことなのです。資本が、そのばらばらになった関係を再組織することができるかどうかは、けっしてあらかじめ定まっていると考えるべきではありません。危機は、資本にとって「命がけの跳躍」（salto mortale）を意味しているのです。安全に着地できる保障は何もないのです。私たちの闘いは、資本の再構築に立ち向かうことにあります。私たちの闘いは、資本主義の分解を強めることにあるのです。

Ⅱ

危機を促す力は、自由への衝動にあります。自由をえるために、資本と反労働がおたがいにおたがいから逃げ合うこと、つまり資本と人間らしさ《ヒューマニティ》とが斥《しりぞ》け合うこと、それが危機を促す力になるのです。革命の第一のモメントはまったく否定的なものなのです。

資本の側から見れば、自由への衝動とは、いやでたまらない労働者を吐き出すこと、錬金術師の夢だったカネからカネを生み出す術を飽くことなく追求すること、債権と債務をめぐって際限なく仮借ない暴力をふるうことを含むものなのです。

反資本の側から見れば、逃亡は、最初は否定的なものであり、支配に対する拒絶、支配の道具（たとえば機械）の破壊や生産妨害《サボタージュ》、支配から逃げ出すこと、遊牧生活《ノマディズム》、脱出、脱走として現れるのです。(2) 人々がノーというのには無数の方法があります。推進力になっているのは不服従、つまり資本に対する公然たる戦闘的な拒絶だけではありません。それだけではなくて、非服従、つまりもっとはっきりしない、もっと混乱したかたちで順応を渋る行為も推進力になっているのです。ノーが非常に個人的なかたちで（髪を緑に染めるとか、自殺を図るとか、狂ったようになるとかいうかたちで）表現されることがよくありますが、そうすると、そうしたノーが政治的な影響力をもつことはできないように見えます。ノーが暴力的で野蛮なかたち（集団暴力行為《ヴァンダリズム》、フーリガンのような行為、テロリズム）をとることもよくあります。資本主義の腐敗があまりにもはなはだしいので、そういう反対の叫びを、解放に潜在的に役立つ力をほとんどまったくもっていないようなノー、あまりにむきだしで、単に反対の叫びを向けている対象を再生産しているにすぎないようなノーを、資本主義自体が引き起こしているのです。現在の資本主義の展開があまりにテロルに満ちているので、それが、テロルを含んだ反撥行動を呼び起こしているのであり、あまりに非人間的なので、それが、同じように非人間的な反撥行動を呼び起こしているのです。そうした反撥行動は、なぜそんなことをするのかよく理解できるものではあるのですが、みずからが壊そうとしている権力関係を再生産しているにすぎません。そして、そうであるにもかかわらず、そこが出発点なのです。考え抜いた末に資本主義を組織化の様式として拒絶しようと企てること、そして資本主義に代わるものを戦闘的に建設していこうと企てることが出発点ではないのです。そうした企ては、もっとあとに来る（あるいは、来るかもしれない）[3] ものなのです。出発点は叫びなのです。危険に満ちた、野蛮なものであることが多いノーなのです。

Ⅲ

資本主義が生き残れるかどうかは、逃げたものを捕まえられるかどうかにかかっています。労働者は働いて、価値をつくりださなければなりません。資本はそれを搾取しなければなりません。そうでなければ、資本主義は消え失せてしまうでしょう。そうでなければ、資本全体が、あの不幸なピール氏と同じ境遇に置き去りにされてしまうのです。

ピール氏は、……イングランドからオーストラリアのスワン・リヴァーまで、五万ポンドもの生活手段と生産手段をもっていった。それだけでなく、ピール氏は、先を見通して、三〇〇〇人もの男女、児童からなる労働者階級も連れて行ったのである。しかし、目的地に着いてみると、「ピール氏には、ベッドメーキングをしてくれる者も、河から水を汲んできてくれる者もなく、召使い一人さえもいなかったのだ。」不幸なピール氏は、すべての手配をしたのに、イギリスの生産様式をスワン・リヴァーへ輸出することだけは怠ったのである。〔『資本論』Marx 1965, p.766〕

ピール氏は資本家ではなくなってしまった（また、ピール氏がもっていたお金は資本ではなくなってしまった）のです。そうなった原因は、ただひとつ、労働者が逃亡したことでした。その時代の西オーストラリアには、労働者に対して資本に労働力を売ることを余儀なくさせるような条件が存在しなかったのです。なぜなら、まだ利用できる土地があったからです。労働者はまだ行為の手段［生産手段といわれるもの］から切り離されていなかったのです。ピール氏が資本を輸出したのは、空っぽのところに逃げたのと同じだったことが明らかになりました。資本家ピール氏が自分と労働をふたたび結びつけることができなかったということは、支配することができなくなったことを意味していたのです。

逃亡した労働者をもう一度捕まえることができるかどうかは、労働者の自由がもつ二重の性格にかかっています。労働者は、自分の労働力を売る自由をもっているだけではなく、行為の手段に接近することからも自由なのです〔ここで「からも自由」というのは「を保障されていない」という意味です〕。ピール氏が直面した問題に対する解答は、西オーストラリアでも、ほかのところと同じように、囲い込みによって労働者を行為の手段から分断することだったのです。そうすれば、好きなことをする自由が奪われるにちがいありません。自由は次第に囲い込まれ、閉じ込められてしまいます。これを実現するのは、所有権の確立、土地やそのほかの生活の手段や行為の手段の所有を確立することです。そうすれば、人々にとっては、ピール氏やその同類に搾取される道を自由に選ぶ以外に選択肢がなくなっていくのです。

所有権こそ、自由が支配と和解する手段にほかなりません。囲い込みは、自由と両立できる支配の形態なのです。あなたは、どこでも好きなところに住むことができます。ただし、もちろん、その場所が他人の所有物でないかぎり。あなたは、何でも好きなことができます。ただし、もちろん、他人の所有物を使わないかぎり。そういう場所や物がみんな他人の所有物で、あなたが行為の手段に近づけないのであれば、もちろん、あなたは、その所有者のところへ行って、生きるために、私の労働力を買ってくださいと申し出ることが自由にできます。それは、行為の手段を所有している人が、あなたの労働力を買わなければならないということを意味しているわけではありません。なぜなら、当然のこととして、その所有者は、自分の所有物をどう使うか自分で決める自由をもっているからです。所有は、所有していない者が逃げる自由を制限していますが、所有している者が逃げる自由はいっさい制限していないのです。もし労働者〔あるいはその子孫〕がピール氏〔あるいはその子孫)のところにもどってきて、頭を下げて、職を下さいと頼んだとしたら、ピール氏はもうとっくに自分のお金を世界のほかのところ、そのお金を資本に換えるのに問題が生じにくいところに投資してしまったのを知ることでしょう——これはまったくよくありうることなのです。

労働から逃げる者をとらえるための秘訣《ひけつ》は、所有権にあります。労働したくない者は何でも好きなことをする自由があります。しかし、行為の手段は所有によって囲い込まれていますから、労働したくない者は、飢えるしかありません。それがいやなら、態度を変えて、自分の労働力（彼らの唯一の所有物）を行為の手段をもっている者に売らなければなりません。そうやって、自分が逃げた労働にまたもどっていくのです。そのように閉じ込められてしまっていても、そこから盗みによって逃れようとすることは可能です。しかし、司法システムが働いているので、それによってさらにひどく閉じ込められるリスクが高まります。国によっては、社会保障や公的援助のシステムに頼って逃れようとすることが可能ですが、そのようなシステムは、だいたいのところ、路上で餓死するのを防ぐくらいのもので、しかも、逃げた者を労働市場に連れもどすような仕組みにどんどんなっていっています。借金をして逃れる道もありえます。しかし、労働力を市場で売る財産として使わないような人間に金を貸してくれるようなところはあまりありませんし、もし借りることができたとしても、すぐに借金取りがやってきてドアをノックします。場合によっては、逃亡した者が自分で商売を始めたり、あるいは協同組合を設立したりすることもあります。しかし、長続きするものはあまり多くないですし、長続きした場合でも、それは市場の規律に服従し、自分がもともと逃げてきたはずの行動形態に合わせることによってしか生きつづけられないのです。所有の仕組みは出口のない迷宮のようなものです。どの逃げ道を行っても、またつかまってしまうのです。そのうちに、その迷宮の壁は、とらえられている人たちの心のなかに移ってきます。外にあった制約が内にある規制に変わってしまい、それが自己を規定して、アイデンティティとなり、役割を引き受けることになっていって、壁があるのなんて当たり前だと思うようになっていき、その結果、壁は見えないものになってしまうのです。(4) しかし、けっして完全にそうなってしまうわけではありません。

資本の場合は、これと同じようなかたちで閉じ込められてしまうことはありません。逆に、所有は移動のためのパスポートになるのです。所有されたものは貨幣に換えることができます。そして、貨幣は簡単に移動することができるのです。資本の逃亡が抑えられるのは、市場の動きを媒介に周期的にやってくる危機や、さまざまな投資機会の魅力の違いを通してです。特に危機によって、あるいは危機の兆候を示す市場パターンの変化によって、服従しない労働から逃げようとしている資本が、そうした労働と対決し、搾取の仕事に正面から向き合わなければならなくなることがあります。労働と対決するということは、反労働と対決すること、つまり労働から逃亡しようとしている労働と対決するということにほかなりません。このような対決は、搾取されることを自由に選んだ労働者たちに対する搾取をさらに強めることを意味していますし、また、もし生活の手段や行為の手段の囲い込みがまだ充分でなかったとしたら、それでは労働者を逃亡と非服従に走らせてしまいかねないので、さらに徹底した囲い込みをおこなうことを意味しています。ここから、現代の資本主義がもつ一対の衝動が現れてきます。新たな技術と新たな労働方式の導入を通して労働強化をおこなっていくこと、そして同時に(遺伝子、ソフトウェア、土地など)さらに多くの領域に所有権を拡張していくことです。資本は、人々にはねつけられればはねつけられるほど、ますます、みずからのイメージにもとづいて人々の装いを変えようとしなければならなくなるのです。資本は、狂ったように非服従から逃れよう（言い換えれば「グローバル化」しよう）とすればするほど、ますます暴力的に服従を押しつけなければならなくなるのです。

こうして、資本は、ますますむかつく存在になっていきます。そのために、私たちはますます資本から逃れようとします。しかし、この逃亡が単なる逃亡にすぎないなら、そこに希望はありません。拒絶の叫びは、行為の積極的なありかたをとりもどすこと、「する」力を解放することでもなければならないのです。

Ⅳ

資本から訣別《けつべつ》するには、逃げるだけでは不充分です。叫ぶだけではだめなのです。否定すること、資本を拒絶することは、理論的にも政治的にも、決定的な意味をもつ出発点ではあります。しかし、単に拒絶するだけでは、簡単にまた資本につかまってしまいます。なぜなら、資本によって生産手段、行為の手段、生活の手段が支配されている事実にたちまち直面するからです。叫びのもつ力をもっと強いものにしていくためには、行為を回復すること、「する」力を発展させることがどうしても必要です。それは、行為の手段をあらためて獲得することを意味しています(5)。革命というのは、社会関係の接合解除を進めるだけでは達成されないのだということを理解しなければなりません。「する」力には、すでに叫びが暗黙のものとして含まれています。逃亡は単なる逃亡ではないのです。ノーは単なるノーではないのです。少なくとも叫びは脱自的《エクスタティック》なもの［みずからを乗り越え出ていくもの］です。叫びは、現に存在するものを拒むことにおいて、そこにどういうものが代わって置かれるべきかについて、何らかの考えを投げかけるのです。闘いは、単なる反対闘争ではありません。闘いを共有するという経験のなかに、資本主義の社会関係とは質が違う関係をおたがいに結び発展させていくことが、すでに含まれているのです。多くの例が実証しているように、ストライキやそれに類する闘争に参加した人たちにとって、もっとも重要な成果は、直接掲げた要求の実現ではなくて、闘争の共同の輪が発展することなのです。この闘争共同体の発展とは、資本主義的形態をとった社会関係と正反対な特徴をもった集団的行為を表しているのです(6)。野蛮《バーバリズム》というのは、社会主義か野蛮かというふうに両者を対置する古典的なとらえかたが示しているような意味で単純に否定されるようなものではありません。闘いには、社会的行為をふたたび積極的にとらえかえすこと、「する」力を取りもどすことが含まれているのです。

しかし、「する」力の回復、行為の再肯定は、いまだに資本が行為の手段を独占しているために、限界をもったものになってしまっています。行為の手段が獲得し直されなければならないのです。しかし、それは何を意味しているのでしょうか。

労働者階級による生産手段の獲得は、コミュニズムへの移行プログラムの中心的な要素でありつづけてきました。コミュニズムの主流の系譜においては、この生産手段の獲得とは、大企業の国有化のことであるととらえられてきました。国家が少なくとも経済の「管制高地」をみずから所有するということです。ソヴィエト連邦とそのほかの「コミュニズム」国家が実際におこなったことを見ると、この国有化は、行為そのもののありかたを転換し、行為者自身の責任においておこなわれる行為にするという点では、なんの成果も上げませんでした。この本では全体として「生産手段」という用語をなるべく使わないようにしてきました。それは、この言葉と切り離しがたく結びついているイメージを思い起こさせるからです。しかし、問題は残っています。行為の手段が資本の手ににぎられているとするなら、資本からいくら逃げても、それだけでは、どうやって生きていくのかという問題、自分たちで行為の手段をコントロールできない世界で生きていくにはどうしたらいいのかという問題に直面しなければならないのです。行為の手段が資本の手ににぎられているかぎり、行為は分断され、みずからと対立せざるをえません。まさしく収奪者が収奪されなければならないのです(7)。

所有という用語で考えることは、しかしまだ問題を物神化された扱い方で提起していることになります。所有という名詞は、生きた分断のプロセスを言い表すと同時に、それを覆い隠すものでもあるのです。資本主義の支配の実体をなしているのは、ヒトとモノとの間に確立された関係（所有）ではなくて、私たちを行為の手段から切り離していく生きたプロセスなのです。この分断がたえずおこなわれているという事実が、私たちに対して、動詞を名詞に変えてしまうわけではありません。その分断がいつもおこなわれるものになっているからといって、それが正常なものだということにはなりません。男が女房をいつも殴ってばかりいるといって、それが正常なことだということにはならないし、「殴る」という動詞が名詞に変わってしまい、既成事実になってしまうわけでもないのと同じことです。所有を名詞だと考え、モノだと考えることは、支配の側の問題の扱い方を受け入れることです。私たちは生産手段を出発点にすることはできません。生産と行為との区別は、それ自体、分断の結果であるからです。また、行為の手段を出発点にすることもできません。行為の手段を行為から分断することが、まさに行為の分断の結果であるからです。問題は生産手段が資本家の所有物だというところにあるのではありません。というよりは、生産手段が資本家の所有物だというのは、資本が日々、みずから進んで私たちの行為を壊しているということ、行為の結果を私たちから取り上げているということ、私たちの行為の前提になっているはずである行為の社会的流れを壊しているということ、そうした事実を婉曲《えんきょく》な表現で隠蔽《いんぺい》しているにすぎないのです。ですから、私たちの闘いは、生産手段の所有を私たちの手に移すための闘いではありません。そうではなくて、所有も生産手段もどちらも解体する闘いなのです。行為の流れの社会性を意識的で確実なものとして回復するため、もっとよい表現をとれば創造するための闘いなのです。資本は、物神化を通じて、行為の結果を行為と行為者から疎外することを通じて、支配しているのです。そして、そのとき、資本は「このなされたコトはモノなのであり、それはおれのものだ」というのです。したがって、収奪者の収奪とは、モノを取り返すことだと見なすわけにはいきません。そうではなくて、行為の結果を「モノであること」から解き放し、行為の社会的流れに（ふたたび）組み入れることとしてとらえなければならないのです。

資本とは、分断の運動、物神化の運動であり、運動を否認する運動です。革命とは、分断に抗する運動、物神化に抗する運動であり、運動の否定に抗する運動です。資本が行為の社会的流れを否認するものであるのに対して、コミュニズムは、そのようにして否認された行為がそれに抗しておこなう社会的運動なのです。資本主義のもとでは、行為は否認されたかたちで存在しています。行為は、なされた結果のモノとして、社会関係のできあがった形態として、資本、貨幣、国家、すなわち過去の行為が悪夢のように倒錯されたものとして存在しているのです。死んだ労働が生きた行為を支配し、それをグロテスクなかたちの倒錯《とうさく》に導いているのです。生きた労働という言葉の内には、爆発力を秘めた矛盾があります。「生きた」という言葉が開かれたもの、創造的なものを表しているのに対して、「労働」というのは閉されたもの、あらかじめ規定されたものを表しているのです。コミュニズムというのは、この矛盾の運動なのです。「生きている」ということが「労働」というものに抗している運動なのです。コミュニズムとは、否認されたありかたで存在しているもの運動なのです。(8)

行為がおこなう運動は、行為の社会性が否認されていることに抗する運動です。この闘いで重要な役割を演じているのが記憶です。記憶は、集団的な運動の経験と、細片化に反対の経験とを、みんなで共同するかたちで寄せ集める点において重要なのです（たとえばTischler 2000 参照）。行為の社会性がつくりだす運動は、社会的なあるいは共同社会的な組織形態を内に含んでいます。ルカーチが指摘しているように、「労働者評議会は、物象化の政治的・経済的打破という結果をもたらす」（『歴史と階級意識』Lukács 1971, p.80）のです。しかし、問題は、今度は労働者評議会やソヴィエトを固定されたモデルとして物象化しようということではありません。闘いは、それぞれの局面ごとに、それにふさわしい形態の共同組織を生み出すのです。たとえば、インターネットが集団的闘争の配置に新しいパターンをもたらしつつあることは明らかです（Cleaver 1998 参照）。大事なのは、行為の社会性を編み上げること、あるいは編み直すこと、パッチワークをつくりだすことであり、価値とは別の基礎の上に、行為を接合する社会関係を創り出すことなのです。

コミュニズムの運動は、英雄的《ヒロイック》なものとは反対のものです。英雄というのは、共同体から抜きん出た存在で、共同体がもっている行動力を自分のもとに引きつけます。革命の伝統は、多くの英雄で満ちています。革命のために自己を犠牲にした人たちのことです。こうした人たち（たいていは青年なのが習いですが）は、妻や子供、友を捨て、無私の心で世界の変革に献身し、艱難辛苦や身の危険、しばしば拷問や死にも直面しながら闘ってきたのです。このような人物が大事だということを否定できる人はいないでしょう。しかし、それにもかかわらず、英雄的《ヒロイック》な革命という観念、あるいは革命の英雄という観念には、どこか非常に矛盾したものが感じられます。革命の目標は普通の日常生活を変えることにあります。そして、普通の日常生活のなかからこそ革命が生まれ出てこなければならないということも確かなのです。コミュニズム革命の理念は、私たちがだれかに率いられることのない社会、私たちすべてが責任を負っている社会を創り出すことにあります。ですから、私たちの思想、私たちの伝承は、英雄の言葉ではなく指導者ではない者の言葉で表現され、動かされていかなければならないのです。確かに、「闘士」の働きは、どんなかたちの組織化においても非常に重要なものではありますが、戦闘性が革命思想の基軸になることはありえないのです。革命的であるということがごく平凡な、ごく普通なことであるという前提、だから私たちは、非常に矛盾し、物神化され、抑圧されたかたちにおいてではあるけれど、みんな革命家なのだという前提のもとではじめて、革命というものが考えられるのです。（そうはいっても、革命の伝統に現れてくる英雄だって、やはり、いろいろな点で矛盾し、物神化され、抑圧された存在なのです。）叫び、ノーと言うこと、拒絶は、資本主義社会で生きていくためには欠くことのできないものです。そして、それが革命的な運動の源泉なのです。社会関係が商品に変換されてしまう状態に立ち向かいながら、友情、愛情、仲間の絆《きずな》、協同自治の関係を織り上げていくこと、それがコミュニズム運動の実質なのです。服従を嫌う者は、革命のアンチヒーローなのです。こういったからといって、受動的になれ、と求めているわけではありません。そうではなくて、私たちは普通の人間だからこそ叛逆者なのだというサパティスタの考え方を、革命的な組織の根本原則として採用することを求めているのです。

革命とは「抑圧されていたものの回帰」なのです。「抑圧されていたものの回帰は、タブーとなり地下に追いやられていた文明の歴史を起ち上がらせる。」（マルクーゼ『エロス的文明』Marcuse 1998, p.16）マルクーゼがここで語っているのは、現実原則に対抗する快楽原則の運動のことですが、これは、それだけではなく一般的にあてはまる点をもっています。すでにのべたように、コミュニズムは、否認されたありかたで存在しているものの運動です。コミュニズムはつまり、抑圧されたものの回帰であり、反フェティシズムの革命なのです。戦闘性から理論化を始めるのは、フロイト以前の心理学に似ています。どちらも、はっきりと表れてくる症状に焦点を合わせ、下意識に抑圧された状態で存在しているもの、否認されたありかたで存在しているものを見ようとしないからです。ここに物神崇拝理論の政治的重要性があるのです。物神崇拝理論は、否認されたものの力と否認するプロセスに対する反抗から出発しているからです。

否認されたありかたで存在しているものは、単なる企てではありません。それ自体が存在しているのです。それは創造性として存在し、資本がそれに依存しているのです。資本という吸血鬼の唯一の栄養となっている生きた血として存在しているのです。それは、否定として、非アイデンティティとしてあるのです。反撥として、支配からの逃亡として、資本主義の危機の実体としてあるのです。これは、抑圧されたものが神経症の実体だとフロイトの理論でいわれているのとよく似ています。そして、それは、債務を爆発へと導く推進力として存在しているのです。それは、私的所有が（社会性の否定である私的所有が、にもかかわらず）依存している社会性なのです。それは生産の強度の社会性として存在しているのですが、私的所有の外皮に覆い隠されています。そして、そのために、私的所有の権利＝要求がますますグロテスクなものになっているのです。それは、反物神崇拝の運動として、物神化された形態の危機として存在しています。ですから、それは、労働運動そのものの危機として、労働運動の組織形態と公認思想の危機としてあるのです。労働者階級のアイデンティティの危機としてあるのです。この本が、それを表現したものであることは疑いのないところです。否認されたありかたで存在しているものがもつ力は、すべてのアイデンティティに危機をもたらしているのです。それは資本のもつアイデンティティの危機であり、また労働のもつアイデンティティの危機でもあります。そういう危機として、喜んで迎え入れられるべきものなのです。私たちの闘いは、新しいアイデンティティや新しい構成を確立しようとする闘いではありません。反アイデンティティを強める闘いなのです。アイデンティティの危機は、確かさからの解放にほかなりません。資本の確かさからの解放であり、同時に労働の確かさからの解放でもあるのです。マルクス主義の危機は、マルクス主義を教条主義《ドグマティズム》から解放するものです。革命的主体の危機は、主体を知から解放するものです。否認されたありかたで存在しているものは、閉ざされ、あらかじめ規定された世界と対立し、そこに内在しながらそれを超えていく創造的な不確かさとして存在しているのです。

V

革命的政治は（もっと適切にいえば反政治は）、否認されているものを、その無限の豊かさにおいて、はっきりと肯定します。この肯定を語るときサパティスタが使う言葉が「尊厳」なのです[9]。ここで使われている「尊厳」という言葉は、人間のもつ尊厳、さまざまな尊厳をおたがいに認め合うことを基礎とした社会をつくりだすという目的からいわれているだけではなくて、現在の時点において、すでに実際に存在している人間の尊厳――それは否認されたありかたで存在しながら、みずからを否認しているものと闘っているのです――を、組織化と行動の指導原理として確認するという意味でいわれているのです。尊厳とは、抑圧されているヒトと抑圧されているモノとがおこなっている自己主張なのです。それは、「する」力を、それが多様なものであるがままに、かつ一体のものであるがままに、全面的に肯定しているのです。尊厳を掲げる運動は、抑圧に抵抗する非常に多様な闘いを含んでいます。その多くは、いやほとんどは、とても闘いとは見えないようなものなのですが、それはそれらが微小政治的《マイクロポリティカル》な［身のまわりの非常に狭い範囲のことしか問題にしない］アプローチだという意味ではありません。それが闘いのように見えないのは、このさまざまな闘いの混沌とした豊かさが、「する」力を解放するための、人間の行為を資本から自由にするためのただひとつの闘いに融合しているからなのです。それは政治というより反政治なのです。なぜなら、そこにおいては、このただひとつの闘いが、行為の細片化に立ち向かいながら、それを乗り越えようと運動しているのに対し、この行為の細片化こそ「政治」という用語が意味しているものであり、その「政治」とは国家を志向し公私の区別を志向するという意味合いを全面的に内に含んだものであるからです。

否認されたありかたで存在しているものの闘いは、否定的であってかつ肯定的であり、叫びであると同時に行為でもあるという二重の性格を免れることができません。否定的だというのは、みずからが否認されていることにあらがうことによってのみ自己を肯定することができるからであり、肯定的だというのは、それが——否認されたありかたにおいてではあるけれど——現に存在しているものを主張しているからです。ですから、反政治というのは、「自分自身のやるべきこと」を肯定してやっていればいいということではないのです。その「自分自身のやるべきこと」というのが、そのまま肯定できるものではなく、否定のかたち、反対のかたちでしかありえないからです。けれど、単に否定的であることもできません。純粋に否定的な行動は、カタルシスにはなるでしょうが、それだけでは、資本主義の支配が基礎をおいている分断を克服するうえで何もすることができません。その分断を克服するためには、なんらかのかたちで、それを乗り越えた向こうを指し示す行動、行為のもうひとつ別のありかたを主張する行動でなければならないのです。ストライキは、単に労働をやめることではなく、行為のもうひとつ別のありかたを（無料で輸送手段を提供したり、違ったかたちの保健ケアを提供したりすることなどによって）指し示すものなのです。大学における抗議行動は、大学を閉鎖するだけのものではなく、違ったかたちの教育研究経験を提案するものなのです。施設を占拠するのは、占拠した施設を社会のセンターに、違ったかたちの政治行動のセンターに変えてしまうことなのです。革命的な闘いは、政府を打ち倒すだけのためではなく、社会生活の経験を変革するために闘われるのです。

単純な否定行動は、資本の文脈のなかで資本と関わり合うことにならざるをえません。そして、資本の文脈に乗っているかぎり、私たちは、たとえ勝ったときでさえ、つねに敗れることになるのです。たとえば、武装闘争がかかえている問題点は、それが初めから、敵を打ち破るためには敵が用いているのと同じ手段を用いることが必要だということを認めているという点にあるのです。けれど、たまたま軍事的勝利がえられた場合でも、凱歌《がいか》をあげたのは資本主義的社会関係なのです。とはいっても、武装した強盗（資本）から身を守るためには武装することが必要なのではないでしょうか。いや、そうではなくて、闘いをめぐる問題は、資本とは別の次元へ移っていくべきなのです。資本と同じ文脈で関わり合わないで、資本が存在できないようなありかたへと移行していくべきなのです。アイデンティティを壊し、時間の均質化を破るのです。これは、闘いというものを、不断に更新される実験のプロセスとして見ること、創造的なものとして、大文字の「伝統」なるものの冷たい手を拒絶するものとして見ること、資本主義が押しつけてきて私たちを吸い込もうとするアイデンティティ化をつねに乗り越えて進むものとして見ることを意味しています。革命を組織していくための処方箋など存在しえないのです。その理由は、まことに簡単で、革命の組織化とは、およそ処方箋そのものに反するものだからです。

これは、革命を道具とは見なさない考え方に通じています。正統マルクス主義の系譜、もっともはっきりしているものとしてはレーニン主義の系譜は、革命を目的に対する手段として道具のように考えています。こうしたアプローチがはらんでいる問題点は、闘いがもっている無限の豊かさを権力奪取というたったひとつの目標に従属させるところにあります。その無限の豊かさのためにこそ闘いがあるというのに。革命を道具と見なすことによって、「させる」力（さまざまな闘いを大文字の単一の「闘争」に従属させるもの）が再生産されざるをえません。そのため、追求されてきた［革命による］断絶は実現されず、むしろ［革命以前のものの］継続が保証される結果になってしまいます。道具的革命観は、私たち自身の世界は革命後に初めて立ち現れてくるものだという見方を受け入れるがゆえに、結局、資本の文脈で資本と関わり合っていくことになってしまうのです。しかし、資本の文脈というのは、すでにつくられたものとしてあるのではなく、分断をおこなっていく生きたプロセスとしてあります。ですから、たとえば、行為の分断に対する闘いが国家を通しておこなわれるなどというのは道理に合わないことなのです。なぜなら、社会関係としての国家という存在そのものが、行為の積極的な分断にほかならないからです。国家を通して闘うというのは、みずからを敗北に追い込んでいく積極的なプロセスにからみとられていくことなのです。

　それでは、どうすれば、物神化のプロセス、行為の破断、行為と行為の結果との分断を防ぐことができるのでしょうか。この問題を、持続的な組織建設のプロセスという観点から考えるのは、明らかにまちがっています。反対の立場へ向けて自己組織化の活動を蓄積していかなければならないことは確かでしょう。しかし、それは線形的な［連続する線に沿う方向性をもった］蓄積として考えられるべきではなく、逆に線形的方向性の破壊を積み重ねていくものでなければならないのです。[10] 連続ではなくて不連続を考えるのです。その不連続において、空を照らし出す稲妻の閃光が、社会関係の資本主義的形態を貫き通します。そして、私たちの行為を壊し、私たちを壊すために日々おこなわれている、けっしてあらかじめ定められたものではないせめぎあい、異常なものを正常なものに、避けられるものを必然的なものに見せるために日々おこなわれているもがきが、いったい何のためのものであるのかを、その閃光がさらけ出すのです。体制の政治についてではなく、出来事の反政治について考えるべきなのです。もっとわかりやすくいえば、「ある」という観点からではなく、「する」という観点から体制について考えるべきなのです。ここでいう出来事というのは、ひとりでに起こるものではありません。パーティと同じように、活動や準備が必要なのです。ここでは、「闘士」たちの活動が重要な役割を果たします。しかし、その活動の目標は、闘士の位階制《カースト》（体制）を再生産し拡大していくことではありません。そうではなくて、「歴史の連続体を打破して開かれたものにする」（ベンヤミン「歴史哲学テーゼ」Benjamin 1973, p.264）ことが目標なのです。体制の政治から出来事の政治への移行はすでに起こっています。一九六八年五月［フランス五月革命］がもちろんそうですし、東ヨーロッパの体制崩壊もそうです。もっと最近では、サパティスタ叛乱の展開は、組織の上では形式に則《のっと》ったものではありますが、出来事を通じた運動でしたし、(11)グローバルな新自由主義《ネオリベラリズム》に反対する（シアトル、ダボス、ワシントン、プラハなどでの）デモンストレーションの波も、明らかに出来事を中軸とする運動でした。それらの運動は、その頂点において、物神崇拝に抵抗する閃光、非服従の祝祭、被抑圧者のカーニヴァル、快楽原則の爆発、「止まる今」［nunc stans スコラ哲学の用語で時間を超えた永遠の今を表す］を暗示するものであったのです。(12)革命とは構成［「にする」こと」と存在〔「である」こと〕とをはっきりと統一するもの、[13]「である」ことと「でない」こととの分断を乗り越えるもの、死んだ労働による生きた労働に対する支配を終わらせるもの、アイデンティティを解消するものなのです。[14]

それでは、どのようにして、権力を取らずに世界を変えるというのでしょうか。この本がいま終わりに来たというのに、始めのときと同じで、それはわからないのです。レーニン主義者はわかっていいます。あるいは、ずっとわかっていました。私たちはわかりません。革命的変革は、以前にもまして絶望的なほどに急を要しているというのに、私たちは革命とはどういうものなのかさえよくわからないでいるのです。それについて問われると、私たちは、ともすれば咳払《せきばら》いをして早口になり、話題を変えようとしがちです。私たちが「わからない」というのは、ある程度、歴史の上で敗北した者がいう「わからない」と共通しています。前世紀の革命家たちが懐いていた確信は打ち破られてしまったのです。しかし、それにとどまらないものがあります。私たちが懐いているわからなさは、革命のプロセスにはわからなさが含まれているのだと考えられる、そのわからなさでもあるのです。私たちは、およそ確かさというものをなくしてしまいました。しかし、不確かさに向かって開かれていることこそが革命の中心問題なのです。「道をたずねながら、われわれは歩く」とサパティスタはいいます。私たちが道をたずねるのは、道を知らないからだけではなく〔事実、知らないのですが〕、道をたずねること自体が革命のプロセスの一環だからでもあるのです。

この本には終わりはありません。つまり、これは定義すること自体を同時に否定する定義なのです。ここにあるのは、問題提起であり、討論への誘いです。

この本にはハッピーエンドはありません。この本に書かれていることは、私たちが暮らしている社会がかかえている恐ろしい物事を、なにひとつ変えることができませんでした。この本を書きはじめてから、いったい何人の子どもたちが、死ななくてもいいのに死んでいったことでしょうか。あなたが読みはじめてからは、どうだったでしょうか。この本が、叫びを弱めたり鎮めたり、あるいは叫びを概念にして現実から外に追いやったとしたら、この本の意図は失敗でした。そうではなくて、めざしてきたのは、叫びを強め、もっと耳障《みみざわ》りなものにすることだったのです。叫びは続いています。

この本には、けっして（まだ？）ハッピーな*

原文は文を完結しないまま終わっています。

エピローグ　立ち向かいながら乗り越えていく運動

——議論について考えたこと(1)——

I

いいよ。だけどね、いったいどうしたらいいんだい？

この本が発刊されてから二年の間に、いろいろな疑問や批判が出されて議論がされましたが(2)、そうした議論の大半のなかで脈打っていたのは、この言葉です。

資本主義が人類にとって破局をもたらすものであることは、日々ますます明らかになってきています。ブッシュ、ブレア、イラク、イスラエル、スーダン、そして虐殺と拷問。私たちの叫びは、この二年ほどの間に、さらに強烈なものになってきています。「私の怒りは高まり、赤々と燃え上がり、憤懣やるかたないありさまです。この怒りのやり場を見つけることができないからです。」友人からの手紙は、無数の人々の憤懣《ふんまん》を代表しています。

その怒りは、密やかなものであり、かつ、かまびすしいものでもあります。それは、苦々しい、猛り狂わんばかりの憤懣として鬱屈《うっくつ》しながら、同時に、アルゼンチンやボリビアや反戦運動の数百万のデモンストレーションとして発散されてもいます。それは、さまざまな運動を結ぶひとつの運動でもあり、またさまざまなものが交錯して不協和音を奏でる運動でもあります。

問題は火急を要しています。イラク、パレスチナ、スーダン、コロンビアは、現在におけるリアリティとしてあるとともに、人類全体が経験するかもしれない未来に対する警告でもあります。この災厄をくいとめ、それが広がるのを防ぐために、私たちにできることは何なのでしょうか。どのようにすれば、世界を変えることができるのでしょうか。どうすれば、希望を見つけられるのでしょうか。権力と革命についての問題提起は、単なる抽象的な問題（「将来いつか」起こること）ではなくて、いまどう考え、どう行動するか、を問いかけてくる設問なのです。

この設問に対する伝統的な解答は危機に瀕しています。ブレアとルラ［ブラジル大統領］は、それぞれ違ったかたちでではありましたが、「左派」政党に投票しても幻滅に終わるだけだということを、またもや証明する結果となりました。レーニン主義革命党は、どちらの場合にも、いかなる変革の展望を指し示すこともできませんでした。そうした党の歴史が抑圧と圧迫の歴史であったからだけではなく、世界中を見渡しても、権力奪取のほんの微かな可能性でももっている革命党が存在しない（ネパールは例外？［ネパールの毛沢東主義者《マオイスト》は議会第一党になりました］）なかで、権力の革命的奪取を考えること自体ほとんどナンセンスなものになっているからです。

だけど、それなら、どうすればいいんだ。暴力が魅力を帯びてきました。少なくとも理解しうるものになってきました。自爆攻撃をする者に理解を示すことはむずかしいことではなくなりました。もし、ブッシュかブレアが明日暗殺されるとすれば、世界中には喜ぶ人たちが何百万といることは疑いようがありません。しかし、そうであったとしても、それは採るべき道ではないのです。そのような暴力行為は、よりよい世界を創り出すためには何の役にも立ちません。

国家でもない。テロリズムの暴力でもない。それなら、いったい私たちはどこへゆくのか。

この本にその答えを見つけようとして読んだ人たちは、不満を感じたことでしょう。だけど、もともと答えはないのです。答えなんてありえないのです。

革命の問題（権力を奪取して社会を変革すること）に対するこれまで正統的なものとされてきた解答を批判しながら、それに代わる解答を提起しないなら、社会闘争を武装解除したり、意図がどうであれ、何も生み出すことのない、身のまわりに限定した微小政治《マイクロポリティックス》を蔓延《まんえん》させたりすることになってしまう、という議論を立てて批判してきた人たちがいました。[3] これはまちがいです。私の本は、これまで正統的なものとされてきた革命概念に危機をもたらそうとするものではなくて、革命をあらためて真剣に語りはじめるために、その基礎として、革命概念をきちんと認識するように訴えているだけなのです。伝統的革命概念の危機は、そうしたことを求めようとしたとき、すでにそこにあったものなのです。その事実を認めないことこそ、闘争を武装解除するものであり、世界の変革について率直に語れなくしてしまうものなのです。この本をめぐる議論において基準になるべきなのは、反資本主義闘争の伝統的形態の危機についてどう考えるか、ということなのです。

それでは、どのように考えるのか。そこに、依然として、恐ろしい問題があります。代わるべき解答がないならば、家に引っ込んでうなっていろ、ということになるのでしょうか。批判者のなかには、事実上そういっているのに等しい人たちがいます。そうした人たちにとっては、権力奪取という考え方を拒むのは、組織が必要であることを拒むのと同じことなのです(4)。これほど真実から遠いとらえかたはありません。そうではなくて、権力奪取という考え方を拒むことこそが、組織化の問題を提起することに通じるのです。

問題、問題、問題……問題ばかりが山積していますが、解答はどこにあるのでしょうか。解答がほしいという気持は、いくぶんかは、指導者を探し求める反応（どの方向に行ったらいいのか教えてください）に通じる場合がありますが、それはまた私たちがおかれている状況に対する絶望を反映するものでもあります。一体全体、どうしたらいいのだろうか。

これから私がおこなうのは、問題をさらに前に進めていこうとすることです（けれど、依然として答えをあたえようというのではないのです）。それと同時に、寄せられた批判のいくつかに答えていきたいと思っています(5)。

Ⅱ

国家の支配をめぐる闘いに代わるものとは、何なのでしょうか。

国家に代わるものは存在しています。実際のところ、国家とは、その国家に代わるものを抑圧しているにすぎないのです。抑圧されているのは、社会的な自己決定へ向かって動いていく力なのです。

社会的な自己決定は、資本主義社会には存在しませんし、存在できません。資本というのは、そのあらゆる形態において、自己決定を否定するものなのです。さらにいうなら、個人的な自己決定は、どんな社会にも存在しませんし、存在できません。私たちの行為は他者の行為と切り離すことができないほどからみあっているものですから、自分の行為を個人的に自己決定するというのは幻想なのです。

そこに残るのは、社会的な自己決定へ向かって動いていく力です。この力は、他者によって決定されるのを拒むところから始まります。「いや、われわれは、いわれたとおりにするのはいやだ。」出発点は、拒むこと、従順にならないこと、服従しないこと、命令に従わないこと、ノーと言うことです。しかし、そこで出てくる否定性は、ただ否定するだけではなく、否定するものを乗り越えて自分自身を外部に投影していくことを含んでいます。他者によって決定されるのを拒むということは、それ自体のなかに、自己決定へ向かって動いていく力を含んでいるのです。もっとも望ましい場合としては、先ほどの文句は、もっと長くなります。「いや、われわれは、いわれたとおりにするのはいやだ。自分たちがこうすればいいと思ったようにやらせてくれ。自分たちがこうしなければと思い、こうすればおもしろいと思い、これがいいと思ったようにやらせてくれ。」ノーはイエスの——ほんとうにたくさんのイエスの——意味をもっているのですが、そのたくさんのイエスは、現実に存在している社会に対するノーに根をもっているのです。その基礎は、否定性の文法です。[6]そうしたイエスは、より深いノーとして、肯定的ではないけれど、最初の否定にさらに否定を重ねた、より否定的なものとしてとらえられるべきなのです。[7]

多くのイエスを含んだノーは、立ち向かいながら乗り越えていこうとする動きです。自己決定に向かう動きは、自己決定の否定を基礎に成り立っている社会に立ち向かっていく動きであり、同時に、現存する社会を越えていく投影《プロジェクション》〔自分の内にあるものを外に映し出すこと〕、夢のなかでの、語り合いのなかでの、行為のなかでの投影なのです。

立ち向かいながら乗り越えるというときの、対立と乗り越えは一体のものになる必要があります。伝統的な革命理論は、「立ち向かう」が「乗り越える」の前に来なければならないと考えます。まず資本主義と対立して闘います。それから、資本主義を乗り越えて、約束の地を享《う》ける、というわけです。このような論の立て方は、みずからの勝利を確信している運動には受け入れられるものだったでしょう。しかし、いまそのような確信はもはや維持できなくなっています。対立ということを(8)（対決の論理にのっとって）もっぱら強調することは、対決の相手の論理をみずからの内に再生産することになりかねません。しかも、私たちは、来ることが絶対ないかもしれない未来を待つことはできないのです。いま乗り越えていくことが必要とされているのです。いま乗り越えるとは、違った論理、違った話し方、違った行為を組織化して創り出すことを意味しています。自己決定へ向かって動いていく力は、「まず資本主義を壊して、それから自己決定社会をつくろう」という見方からとらえることはできないのです。自己決定へ向かう動きは、自己決定を否定してくる社会にあらがって、ひたすら自己決定へと前進していくことでしかありえないのです。私たち自身が、つまり自己決定への動きそのものが、針路を設定するのです。

「立ち向かいながら」は「乗り越える」から切り離すことができませんし、また同じように、「乗り越える」は「立ち向かいながら」から切り離すことができません。自己決定を主張することは、資本主義と対立して動いていくことを意味しないわけにはいかないのです。資本とは、価値が支配すること、貨幣が、モノにされた社会関係が支配することであって、そうしたものを私たちはコントロールすることができません。「乗り越える」ことを主張するなら、私たちは資本と（そのさまざまな形態と）対立関係に入らざるをえません。たとえ資本の論理を拒否したとしても、資本と対決しないわけにはいかないのです。私たちのイエスを現実のものとすることは、ノーの闘いと切り離すことができませんし、また同じように、そのノーが力と意味をもつためには、それを私たちのイエスを現実のものとすることと切り離すことができないのです。

これ（自分から遊離した決定に対するノーと、自分自身で生活を決定することへのイエス）は自己決定ではありません。なぜならば、すべての人たちの行為がからみあっている世界において自己決定が可能であるとすれば、それは、その自己決定というものが世界のすべての人たちが関わった決定であるときだけだからです。唯一可能な自己決定とは、行為の社会的な流れを意識的に社会的に決定することにあるのです。現在存在しているのは、自己決定ではなくて、自己決定へ向かって動いていく力です。総体性ではなくて、総体性への渇望なのです。[9] 社会的な自己決定というものをコミュニズムというもっと簡単な言葉で表すならば、明らかなのは、コミュニズムは（少なくとも、現在においては）運動として、駆動力として、渇望としてのみとらえることができるということです。そして、マルクスがいったように、「コミュニズムというのは、われわれにとって、創出されるべき一つの状態、それにのっとって現実が正されるべき一つの理想ではない。われわれがコミュニズムと呼ぶのは現実的な運動、現在の状態を止揚する現実的な運動なのだ。」（『ドイツ・イデオロギー』Marx and Engels 1976, p.49）ということになるのです。(10)

社会的な自己決定へ向かわせていく力は、社会的な自己決定を阻む障壁に直面したとき、その壁に立ち向かいながら、それを乗り越えていく（乗り越えながら、それに立ち向かっていく）動きのなかにあります。資本主義の内部では、どんな自律も、どんな自己決定もありえません。自律は（自己決定という意味においては）、資本主義の障壁に対して立ち向かいながら乗り越えていこうとする不断の企てとしてのみ考えることができるのです。コミュニズムとは、外へ向けて動いていくことであって、生のたゆみない動き、溢《あふ》れ出ること、壁を壊し乗り越えていくこと、(11)アイデンティティを克服することであり、人間らしさを創り出そうとする抑えきれない企てであり、(12)新天地への河の流れ、ときとして巌《いわお》にぶちあたり、巌を取りまいて流れては、やがてはその面《おもて》を洗っていく水の流れ、ときとして途をあやまち、思いがけない回り道をするけれど、けっしてたゆむことなく、さまざまなものを入り混じらせて不協和音を奏でながら、轟々たる急流をなして突き進んでいく水の流れなのです。この流れは、計画通りに進行させることはできません。もともと明確な目標などないのです。明確な目標ではなく、ユートピアの星をめざして流れていくのです。その星は、ありとあらゆる企てと夢から、私たちの抗《あらが》いのなかにこめられている超越をめざすさまざまな投影、非人間的な世界に対するノーのなかにこめられているさまざまなイエス、それらすべてから生まれ出たものなのです。叛逆が満たされて静まることはなく、ただただ外へ、上へと、革命に向かって、人間の行為の総体的変革に向かって衝《つ》き動《うご》かされていくのです。それが、社会的な自己決定の唯一の現実的な基盤なのです。

ですから、私たちは資本主義の支配の裂け目、割れ目から出発します。あらゆるところに遍在しているさまざまなノー、拒絶、不服従、立ち向かいながら乗り越えていこうとして自己を投影していく営みから出発するのです。世界は、そうした裂け目、そうした拒絶に満ちています。あらゆるところで、個人が、集団が、こういっています。「われわれは、資本主義〔システム〕から言いつけられたとおりにするのはいやだ。自分がいいと思うとおりに暮らしをつくっていくんだ」と。ときとして、その裂け目は、あまりに小さくて、反抗した人間ですら、自分が反抗したことに気がつかなかったりします。また、ときとして、大勢の人々が加わった抵抗の企てだったりします。それは、ときにはラカンドンの密林［サパティスタが起ち上がった広大な熱帯雨林］を覆うほどになってしまうことさえあります。しかし、そうした裂け目に目をこらせばこらすほど、世界は資本主義の支配に全面的に覆われたシステムとして（だけ）ではなく、拒絶と抵抗と闘争による亀裂だらけの世界に見えてくるのです。こうした裂け目は、つねに矛盾をはらんだものです。だから、簡単に批判できますし、簡単に馬鹿にすることができます。それが矛盾だらけにならざるをえないのは、資本主義社会の対立関係に根ざしているからなのです。立ち向かいながら乗り越えていく私たちの闘いは、現実に存在する社会がもつ限界と愚劣さにすっかりまみれて、そこに内在しつつ立ち向かいながら乗り越えていくものなのです。大事なのは、いまその闘いにつきまとっているさまざまな限界ではなくて、その運動の方向性、立ち向かいながら乗り越えていく勢い、社会的な自己決定へ向かって動いていく力そのものなのです。実践的・理論的な問題は、この立ち向かいながら乗り越えて動いていく力をどう考え、どう表現し、それにどう参画していくのか、というところにあるのです。

ときどき論じられる問題に、資本制からコミュニズムへの移行は、封建制から資本制への移行と違って、新しい形態の組織が旧体制の隙間で発展することができないから、必然的に単一の形態変化にならざるをえない、という問題があります。資本制に代わるべき単一の総体が存在しないことは、いまやはっきりしています。資本主義の世界から社会主義ないしコミュニズムの世界への単一の総体的形態変化を考えることはできないのです。したがって、根底的な社会変革の唯一考えられる途は、隙間からの変革なのです。もし国家権力の奪取という課題が考えられるとしたら、それは、せいぜいのところ、権力奪取の対象になっている国家が資本主義の全体的支配構造という布地のなかで潜在的な破れ目になっている場合しかありえないでしょう。ですから、問題は、革命を支配の隙間という観点からとらえるか否かにあるのではなくて、そうした隙間へ介入していく最良の途をどう考えどう組織していくかにあるのです。言い換えれば、資本主義の支配の隙間から出発すること、そして叛逆の動きがどのようにして社会関係の資本主義的形態と立ち向かいながらそれを乗り越えていけるのかを考えること以外に、別の途はないのです。

革命理論とは、この立ち向かいながら乗り越えていく抵抗の流れの一部をなしているものであり、前進していく途を感じ取ること、巌に向かってぶつかっていくこと、暗闇に目をこらすことなのです。正確な路線を設定することではなくて、運動の一部であること、運動そのものがもつ矛盾を共有することなのです。(13) 自己決定へ向かって動いていく理論は、その矛盾がどんなものであろうとも、最初は批判的なものになります。それは、自己決定を否定するものに対する批判、自己決定の可能性をすら私たちの目から隠そうとする社会関係の物神化に対する批判、自己決定へ向かっていく動きをつねに窒息させようとしている物神化の具体的過程に対する批判をおこなっていくのです。

自己決定への衝動《ドライヴ》［自己決定へ向かって内から衝き動かしていく動き《ドライヴ》］は、道具のようなものではありません。目的から出発して、その目的に到達するためにたどるべき途を、目的そのものから引き出してくるようなものではないのです。それは外へ向かっていく運動なのであって、途は歩く過程でつくられていくのです。暗闇を歩いていくのであって、頼りになるのは私たち自身を投影したユートピアの星が放っている明かりだけなのです。暗闇を歩くのは危険なことです。しかし、それ以外に可能性はないのです(14)。

私たち自身の投影にほかならないユートピアの星の光に導かれて、現存する非人間性に対してノーと言う私たちの怒りに衝き動かされながら、暗闇を歩いていくのです。私たちの運動は、ひとつの方角に向かっています。つまずいたり、道をまちがえたり、進路を変えたりすることがありますが、いつも同じ方角に向かっていこうとしているのです。社会的自己決定をめざして進んでいるのです。そして、その一歩一歩が、社会的自己決定という目標を先取りして表すものなのです。それは蝶番《ちょうつがい》で合わされた二場からなる運動ではありません。このことは重要です。というのは、伝統的な革命理論は、まさしく蝶番でくっつけられた運動を表しているからです。国家支配の獲得が蝶番、つまり運動が旋回する軸になっているのです。まず、あらゆることを国家支配の獲得のためにおこなう必要があります。そして国家支配を獲得したら、次に、第二場として、国家から社会の変革へと出ていくのです。——最初にある方向に進めば、その結果、次に別の方向に進むことができるというわけです[15]。この本で論じていることは、こうした蝶番で合わされて旋回する運動という理念、ほんとうにめざしている方向に行けるようにするために、あらかじめ計画的に別のある方向に行こうという発想には反対だということです。こうした伝統的な革命観において行動を判断する基準は、この行動は国家権力獲得という目標に到達するのに役立つものかどうか、という点にあります。この本で考えているアプローチでは、基準は別のものになります。その基準とは、この行動、あるいはこの組織形態は、社会的自己決定へ向かう途において前進を助けるものになるかどうか、自己決定社会を先取りして表すものになっているかどうか、ということにあるのです。

資本（と資本の形態としての国家）は、社会的自己決定へ向かう私たちの衝動を否定するものです。私たちの衝動が強くなればなるほど、資本は弱くなります。私たちの衝動が弱くなればなるほど、資本は強くなります。中間項はないのです[16]。旋回軸はないのです。私たちの強さ（社会的自己決定へ向かう私たちの衝動の強さ）は、それがそのまま、資本の弱さ（私たちの衝動に対する否定の弱さ）になるのです。革命が問うべき問題、私たちがどのようにして叛逆から革命へと前進していくのかをめぐって問われるべきことは、きわめて単純なことなのです。すなわち、「社会的自己決定へ向かう私たちの衝動をいかにして強めるか」ということなのです。

Ⅲ

立ち向かいながら乗り越える方向で動きだしていくということは、日常体験のなかから出発するということです。それ以外のものではありえません。

自己決定へと向かう衝動は、日常的な否定の実践にしっかりとつなぎとめられています。そうでなければ、コミュニズムをめざす運動（つまり、もうひとつの世界をめざす運動）は、意味を失ってしまいます。そうなれば、自己解放は不可能なものとなり、革命として可能なのはだれかに代わっておこなわれる革命、エリートに率いられた革命だけになってしまうでしょう。そのような革命は、階級支配を再構築する結果に終わるしかありません。それがコミュニズムという冒険の芯《しん》のところにある困難な課題なのです。ここのところで、サパティスタは、私たちに向かって恐るべき政治的・理論的課題を投げかけてきたのです。それは、次のようなシンプルな言葉にこめられていました。「われわれは、ごく普通の女と男、子供と老人である。ということは、つまり、叛逆の心をもち、順応しない、やっかいな夢想家だということなのだ。[17]」（『ラ・フォルナーダ』一九九九年八月四日付）

自己解放（つまり労働者階級の自己解放）という思想を真剣に取り上げるためには、純粋な主体を探し求めるのではなくて、逆に混沌として矛盾したかたちで日常生活のなかに潜む叛逆のありかたを見つけだそうとしなければなりません。自分たちのまわりの人たち――職場や街頭やスーパーマーケットにいる人たち――に目を向けなければなりません。そして、そういう人たちこそが、見かけはどんなものであっても、実は叛逆者にほかならないことを見なければならないのです。自己解放がありうることだととらえられるようになった世界では、人々は見かけとは違った人間としてあります。それだけではありません。そこでは、人々は、いま存在しているのとは違う人間としてあるのです。アイデンティティに閉じ込められているのではなくて、そこから溢れ出る人間、その枠を破ってしまう人間、それに立ち向かいながら乗り越えて動いていく人間としてあるのです。

私たちすべてのなかにある叛逆の心は、ノーと言うこと、何をすべきか外から決定されることに対する拒絶、自分がなんであるかについて外から限界を押しつけられるのを拒むことから出発しています。このノーから、次に、創造的な構えが、つまり自分自身の生活を自分で決定する方向への動きが、叛逆そのものに劣らないほど普通の営みとして生まれてくるのです。私たちは集い合って、不平をいったり抗議したりします。しかし、それよりも、もっと日常的なおしゃべりのレヴェルで、友達関係の交流のなかで、職場や学校や近所でできていく仲間関係のなかで、日常の問題を解決していく協同のかたちを発展させていくのです。日常の関わり合いのなかで、コミュニズムの地下運動がおこなわれているわけです。それは、外部の権威の介入を許さず、自分たち自身のやりかたで、協同を通じて創造し建設し解決していく運動なのです。社会関係すべてが商品関係だというわけではありません。商品関係はみずからを押しつけてきますが、日常生活には商品関係ではない関係を、あるいは商品関係に反する関係さえをもつくりだしていくようなプロセスが内に含まれているのです。そうしたものは、資本の外側にあるわけではありません。そうではなくて、まさしく資本に立ち向かいながら乗り越えていくものとしてあるのです[18]。

その運動は、ひとつの矛盾したプロセスです。私たちは、非商品関係、協同の非資本主義的形態を打ち立てていきます。しかし、それはつねに支配的な形態と対立する運動でありながら、同時に、つねにある程度までそうした形態に汚染されたものでもあるのです。しかし、このような矛盾を通じて、私たちは、商品あるいは貨幣形態と対立する関わり合いがどういうかたちをとるのか、別のかたちの社会を描き出していく基礎をつくりだす関わり合いがどういうかたちをとるのかを認識していくのです。そのかたちとは、私たちが普通、愛、友情、仲間同士の思いやり、尊敬、協同として考えているものであり、それぞれの人たちがもつ人間としての尊厳を承認し合うことの上に生じてくるものなのです。

ですから、革命へ向けての組織化は、（単に）特別な人間集団の組織をつくるという問題ではなくて、矛盾の極を組織することなのです。これを階級の問題として言い換えると、労働者階級というのは人間集団のことではなく、非和解的対立関係の極のことなのです[19]。階級対立は、集団的にも個人的にも、私たちを貫き通しています。叛逆をどうはっきり表現するかを考えるとき、資本に立ち向かいながら乗り越えて動いていく人たちを表に出していくことだけではなく、そこへと駆り立てる事態そのものをはっきりと表現していくことを考えなければならないのです。すべてにわたって重要なのは、組織の形態です。社会的自己決定に向けて衝き動かしていく運動（コミュニズムの運動）は、ある形態での関係づけを推進していくことを意味しているのです[20]。言葉を換えれば、資本が関係の形態であるというのは、資本というものが社会的な交わりを、人間たちの間の社会的相互作用を組織化し結びつけていく形態であるということを意味しているのです。資本を社会関係の矛盾した形態だと見るということは、資本が社会関係の非和解的対立を含み込んでいる（あるいは含み込もうとしている）ことを意味しており、したがって、そこには社会的な交わりを反資本主義なかたちで結びつけていくさまざまな形態も含まれていることを意味しているのです。この反資本主義な諸形態こそが、新しい社会の萌芽形態なのです[21]。そうした社会の芽生えは、社会的自己決定に向けて衝き動かしていく運動、叛逆から革命へと移っていく運動のなかにあるのです。

組織のモデルになるものはありません。しかし、一定の原則はあります。その原則は、闘いを通じて発展してきたもので、資本主義に反対する現在の闘争にも、またさまざまな違った表現をとっている反資本の闘争の歴史全体にも、どちらにも共通する特徴をもっています。ここでもっとも重要な基準点になりうる組織形態として採り上げたいのは、評議会《カウンスル》、もしくは共闘会議《アッセンブリー》、コンミューンなどと呼ばれるもので、こうした組織形態は、パリ・コンミューンからロシアのソヴィエト、サパティスタの村落評議会、アルゼンチンの近隣評議会にいたるまでの組織の特徴となってきたものです。評議会組織の理念は、いま組織形態としての党が危機を迎えているなかで、それに対応するために世界各地でおこなわれている試みのなかにもあらわれてきています。当然のことながら、こうした試みはつねに矛盾をかかえた実験的なものであり、つねに動きつつある進行中のものです。ここで関心を注ぐべきなのは、現在の運動の分析ではなくて、そうした運動のなかにあらわれているさまざまな傾向からエッセンスを抽出し、資本に対し対極的に対立するものを研《と》ぎ澄《す》ますことにあるのです。

自己決定に向かって衝き動かしていく力を組織することを考えるとき、おそらく最善の方法は、運動の観点から考えることでしょう。まずは立ち向かっていく動きです。私たち自身による生活形成から私たちを切り離すすべてに立ち向かっていく動きです。資本とは分離の運動なのです。私たちが行為によってつくりだしたものを行為者である私たちから切り離し、行為者をほかの行為者から切り離し、集団を私たちのコントロールから切り離し、公的なものを私的なものから、政治的なものを経済的なものから切り離す、といったかたちでさまざまな分離をおこなっていくのです。こうした分離は、分類し、規定づけ、封じ込める運動です。この分離し封じ込める運動によって、私たちは私たち自身の行為をみずから決定する可能性を奪われているのです。

資本に対してノーと言うことは、分離を拒絶することです。公と私との分離、政治的なものと経済的なものとの分離、ある国の市民と別の国の市民との分離、まじめなものとふまじめなものとの分離などなどを拒むことです。資本と対立する動きは、規定づけと対立し、分類化と対立する動きです。いっしょになること、分離を克服すること、「われら」を形づくること、規定づけられない、アイデンティティに縛られない「われら」を形づくることなのです。自己決定に向かう衝動は、絶え間ない運動、絶え間ない探究と実験を意味しています。もし自己決定に向かう衝動を自己決定そのものと混同し、自律として解釈したり、民族自決の理念と同じようなものとしてとらえたりするなら、また、もし総体性への渇望を総体性と混同するなら、コミュニズムを運動としてではなく存在状態だと考えてしまうなら、絶えず動いている、アイデンティティに縛られない「われら」を新しいアイデンティティだと考えてしまうなら、規定づけに対立する動きを制度化し規定してしまうなら、そのとき、すべてが、すべてのものが失われてしまうのです。資本と対立する動きは、反対のものに転化してしまい、適応、受容に変わってしまうのです[22]。

規定づけに立ち向かっていく動きは、いま起こっている資本主義に反対する闘争の波のなかに非常によくあらわれています。性差別や人種差別に対する拒絶、国境に対する積極的な侵犯、国民的形式を超えたかたちでおこなわれているデモやイベント、アイデンティティを問題にしない集団や集会の組織などがそれです。強調されているのは、（党［大文字のParty］のように）組織の境界を明確にすることではなくて、（パーティ［単なる集まりを意味する小文字のparty］のように）境界を設けないことであり、共同体から分離するのではなく、共同体のなかに溶け込んでいくことなのです。反戦運動やイタリアの社会センター運動、アルゼンチンの近隣評議会運動などを考えてみればはっきりするように、形式的な会員資格など問題にならないのです。そうした組織の活動は、意識的に、あるいは無意識のうちに、日常生活のなかに組み込まれており、そのため「政治的」活動と親睦行為との区別がはっきりしなくなっているのです[23]。

叛逆の組織が日常生活のなかに組み込まれているということ[24]は、生活や人格という側面が大いに重視されることを意味しているわけですが、こうした側面は、党志向・国家志向の組織によって系統的に排除されています。反資本主義運動の組織においても、ほかの社会関係と同様に、親愛感や優しさという特徴が中心になってきています[25]。この点が重要なのは、道具として見なされているような組織（たとえば、権力を取ることを目的としている組織）は、活動にしても議論にしても、目的達成に役立つものに限定してしまいがちだからです。そのほかのものはつまらないものと見なされ、二の次にされてしまうのです。（特定の組織ではなくて）一般に組織するということを日常生活における反資本主義感情を明確に表現することと考えるなら、そこにはなんの限定もないのです。その組織が包括しうる個人的な関心や感情の範囲にはなんの限定もありませんし、なんのために闘うかという目標についても限定されないのです。それは、うねり、盛り上がり、轟《とどろ》きわたるノー、すべての抑圧に対するノーなのです。——われわれは、すべてを望む！

自己解放という考え方は、したがって、あらゆるところにあまねく存在する叛逆の要素、あまねく存在する自己決定の潜勢力、あまねく存在する現存する制限に立ち向かいながらそれを乗り越えていこうとする動きから出発することを意味しています。この意味で、自己解放という概念は必然的に反アイデンティティ的であり、[26] 必然的に弁証法的なのです。革命的な理論と実践とは、この叛逆の要素、この立ち向かいながら乗り越えていく動き、資本を拒み、それを超えてみずからを投影していく動きからエッセンスを抽出して純化し、はっきりと表現することをめざすものなのです。この出発点がレーニン主義の革命概念とはまったく異なっていることに注意してください。レーニンのいう労働者は、これとはまったく別のものです。レーニンのいう労働者とは、限界をもった、自足的な存在です。労働者は闘います。しかし、その闘いはあるところまでしか行けないのです。「すべての国々の歴史が示しているように、労働者階級は、自分たちだけの努力にたよっているかぎり、労働組合意識を発展させることしかできない。」（レーニン『なにをなすべきか』Lenin 1966, p.74）労働者は社会における彼らの役割に限界づけられていて、限定された存在なのです。外から来た人たち、職業革命家に手を引かれて、はじめてその限界を超えていけるのです。労働者階級の能力と必要とされている社会革命との間にはギャップがあります。このギャップを埋めることができるのは党だけです。被抑圧者のために行動する献身的で訓練された戦闘者集団の指導によって、このギャップが埋められるのです。このように限界づけられた主体から出発するなら、唯一可能な革命は、だれかに代わっておこなわれる革命、国家を通じた革命になってしまうのです。

こうした論点は、また、一般に通用している見方、すなわち孤立を避け多数を獲得するために穏健な提案をしなければならないという見方とは反対の立場に立つものです。この本で採られている観点は、まったく反対のものです。中庸《ちゅうよう》であることは、結局だれをもうんざりさせ、よそよそしく思わせるものなのです。大事なのは、むしろ、日常体験の内に含まれているラディカルな反資本主義をめざすことです。確かに、どんな運動も共通の分母をはっきりさせようと努めなければなりません。しかし、その共通の分母と見なされるものは、おそらく、みんなが賛同できる要求一式ではなく、私たちみんなが経験として分けもっている怒りと恐怖の叫びであるべきなのです。

そうはいっても、すべての人たちが心の底ではラディカルな反資本主義者であるといいたいのではありません。ただ、ラディカルな反資本主義といっても、それは資本主義の抑圧を味わわされる日常体験の一部だということをいいたいのです。組織という問題は、もともと限界をもっている主体に対して、外部から意識をもたらすことではなくて、抑圧され矛盾した形態においてではあるけれど、すでに存在している認識を引き出すことなのです。それは、無意識のうちにあって抑圧されているものを意識化させようとする精神分析医の仕事に似ています。しかし、主体の外に立つ精神分析医がいるわけではありません。ここでいう「精神分析」というのは、集団的な自己分析というかたちでしかありえないのです。これは、語ることによる政治ではなく、聴くことによる政治、もっと正確には語り聴くことによる政治を意味しているのです。革命の過程とは、集団的なかたちで休火山を噴火にもっていく過程なのです。革命の言語と思想は、火山を山と見るような散文ではなくて、未知の情熱に届くような詩であり想像力でなければならないのです。これは非合理的なプロセスではありません。そこには別の合理性、否定の合理性が含まれているのです。その合理性は表面から出発するのではなくて、抑圧されたノーがもつ爆発力から出発するのです。

注意してほしいのは、このようなアプローチは、いかなる意味においても、人民は「善」であるというようなロマンティックな思い込みを特徴とするものではないということです。そうではなくて、前提にされているのは、単に、階級対立の上に成り立っている社会においては、この対立は私たちみんなのなかに浸透しており、私たちはみんな自己矛盾をかかえている、ということにほかならないのです。私たちは限界をもっています。それはレーニンが指摘したとおりです。しかし、限界をもっているというのは永遠に続く状態ではありません。そうではなくて、私たちがその限界に対してぶつかって動いていくということをそこに含んでいるのです。革命を考えるということは、人々がもつ限界に焦点を当てることではなくて、そうした限界を克服すること、そうした限界を乗り越える方向に向かう衝動に焦点を当てることなのです。私たちみんなが叛逆者であり、革命とは日常の事柄だという見方は、人々を矛盾した、自己分裂した主体として見ることによってはじめて成り立ちうるのです。私たちは、あるときは人間らしくありつづけようとして闘っている叛逆者なのだけれど、そうでありながら、やがてスーパーマーケットに行くと、人間らしさを破壊することになっていくのがわかっているプロセスに積極的に加わっていくのです。自己決定に向かう衝動は、特定の人間集団だけに特徴的なものではなくて、私たちすべてのなかに矛盾したかたちで現にあるものなのです。階級というものを、極をなした対立関係としてとらえるなら、自己決定に向かう衝動は、その極をなした対立関係をはっきり表現するものと見ることができます。そのように見るなら、階級組織とは、献身的な戦闘者の組織ではなくて、この衝動からエッセンスを引き出して純化することとして見られなければならないのです。

言い方を少し変えてみると、私たち一人ひとりは、みんな、それぞれに違った、ときとして矛盾していることが多い部分から成り立っているわけです。問題は、こうした各部分がどうやって表に出てくるか、です。たとえば、軍隊のことを考えてみましょう。兵士がみんな生まれつき悪い人間だというわけではありません。そうではなくて、軍隊というものが、兵士の人格のある側面を意識的に表に引き出し、ほかの側面を抑えつけるのです。兵士たちを従順な殺人者に変えてしまうために、そうするのです。資本主義もそうなのです。資本主義は、私たちのなかにある非常に破壊的な矛盾を、社会的にも人格的にも、表に引き出そうとする組織のかたちをとっています。革命的な組織に課されている問題は、このような各部分をちがったかたちで表に引き出していくこと、創造性の抽出・純化を進め、社会的な自己決定に向かう衝動を推し進めていくようなかたちで表現させていくことなのです。

問題は、純粋に革命的な主体を探し出すことではありません。私たちがかかえている矛盾や限界から出発して、それをどうあつかうかを考えることが問題なのです。私たちは、自分たちが限界をもっているという意識を、そうした限界をもっていないと思われる救い主（神、国家、党）に投影することもできますし、あるいは集団的な自己解放のプロセスを通じて、そこにかならず含まれているさまざまな困難を引き受けながら、そうした限界を克服していこうと考えることもできるのです。

この集団的な自己解放は、ラディカルな変革を切に求める思いを抽出し純化していくプロセスと見ることができます。

ここには危険がないでしょうか。抑圧に抵抗する叫びがファシズム的な、あるいは反動的な形態をとったとしたら、(27)どうなるのでしょうか。無意識のうちにあって抑圧されているものが性差別的で人種差別的なものだったとしたら、どうなるのでしょうか。もしラディカルな反資本主義が支配についての日常経験の一部だとするなら、その支配を最悪のかたちで再生産することもまた、日常経験の一部であるのも真実です。そういったものが出てくるのをどうやって防ぐのでしょうか。世界各地で右翼が擡頭し、ブッシュが再選されたという［二〇〇五年ごろの］状況のもとで、これは非常にリアルな問題です。

私たちがこう望むべきだと思っているようには、人々は望んでいないとしたら、どうなるのでしょうか。これは、ブルジョア民主主義とプロレタリア独裁の両方が直面している問題です。一九世紀に普通選挙を求める運動が力を増していたころ、ブルジョアジーがかかえていた問題は、「われわれが大衆はこう望むべきだと考えているとおりに大衆が望むようにさせるにはどうしたらいいか」ということでした。答えは、大衆を取り込みながら同時に排除するような意思表現の形態（代表制民主主義）をもって、また参政権の拡大を義務教育の拡大（のちに、当然、マスメディアの威力によってこれが補われました）と結びつけることをもって、確実に大衆を統合するというものでした。同じ問題が、違った脈絡で、ロシア革命のときにも起こりました。革命は労働者階級に権力をあたえるはずでした。でも、労働者階級はこういうことを望むべきだと党が思っているとおりには労働者階級が望まなかったら、どうしたらいいのでしょうか。ボルシェヴィキが出した答えは、何が労働者階級の利益になるかは党が決める、ということでした。――こうして、プロレタリアートの独裁は党の独裁になり、これにくみしない人たちはブルジョア的な反動分子だと非難されました。このとき、パンネクックが、レーニンはまちがっていると論じました。彼がいうには、まちがいは、正しい路線を守るという観点から問題を見ることにあり、そうではなくて、プロレタリアの意思を正しく表現する形態はどういうものであるかという問題として見ることが必要だというのです。社会的な意思決定が工場評議会を通じて組織されるなら、プロレタリアートの利害は自動的に支配的なものとなり、プロレタリアートに代わって行動する団体が自分勝手に考えた決定など必要なくなる――なぜなら、ブルジョアジーが工場評議会に入る余地などまったくないからだ、とパンネクックは論じたのです。

私はパンネクックが正しいと思います。意思決定をはっきり表現する形態は何かという観点から問題を見るべきであって、党やインテリがもっている正しい路線をどうやって押しつけるかという観点から見るべきではないのです。「人民がまちがったことを望んだらどうするか」という問題は、「だれかに代わって」下される決定によって解決されるべきではありません。そうではなくて、何が正しいかをはっきりしたかたちで集中して議論することは、自己決定のプロセスの一部なのです。――人民「に代わって」なされる決定がテロルを解き放たないという保証などまったくないということは、スターリンとソ連の歴史から明らかですし、またブルジョア民主主義の歴史からも明らかなことなのです。ここにはきわめてリアルな問題があります。私たちは叫びます。しかし、そのとき、私たちも叫びも、尊厳の上に立った解放された社会をめざす要素と、反対の方向、権威主義的・人種差別的・性差別的抑圧へと向かう要素との両方を含んでいるのです。資本主義によってこんなにも深く損なわれている私たちに、どうすれば解放された社会を創り出すことができるのでしょうか。どうすれば私たち自身の衝動に含まれている破壊的要素（それは私たちの外にいる、あの右翼がもっているものではなくて――私たち自身がもっているものなのです）を取り除くことができるのでしょうか。答えることができるとするならば、私たちに代わって決定を下してくれる団体にゆだねるという答えは別にして、答えはひとつしかありえないでしょう。自己決定を成り立たせるような、また闘いを通した自己教育のプロセスを成り立たせるような、はっきりしたかたちの論議をおこなうことです。権威主義を拒みながら、叫びにはっきりとした表現をあたえようと努めるならば、叫びが権威主義的なかたちで表れてくるのを防ぐことができるでしょう。これは、それだけではまだ正しさを保障することにはなりません。しかし、最低限確実なことは、このようにすれば、私たちは自分自身の毒で死ぬことはあっても、他人によって盛られた毒で死ぬことはない、ということです[28]。

V

したがって、自己決定へ向かう営み《ドライヴ》［自己決定への衝動《ドライヴ》が取り組みとして外に現れた動き《ドライヴ》］は、代表制に対する批判を内に含んでいます。それは、代表制と対立しながら乗り越えていく動きなのです[29]。代表制は規定づけと排除と分離をその内に含んでいます。規定づけを含んでいるというのは、代表制においては、代表する者と代表される者が、それぞれ規定されなければならず、また、どんなときに代表する者が代表される者のために行動するかも、規定されなければならないからです。排除を含んでいるというのは、規定づけそのものがもともと排除をおこなうものだからであり、それと同時に、日常生活にはさまざまな要素（愛、優しさ）があって、そういったものはだれかほかの人が代表することができないからです。また、代表制が排除を含むというのは、代表する者を選ぶとき、私たちは自分自身を排除しているからでもあります。選挙のとき、私たちは自分たちの代弁をしてくれる人、自分たちの立場に立ってくれる人を選びます。そこで、私たちは代表する者と代表される者とを切り離し、そうした関係を一定の時間のなかに凍結することによって、分離をみずから創り出すのです。そして、そうした分離状態を持続させることによって、次の選挙までの間、主体としての私たち自身を排除してしまい、次の選挙のときには、またこの分離を確かめるというだけのことになるわけです。こうして、政治の世界が、社会の日常生活から分離されて、つくりだされます。その政治の世界には、特有の言葉をしゃべり、特有の論理、権力の論理をあやつる政治家という異なった階層の人間が住むことになるのです。政治家は社会や社会の対立関係から完全に切り離されているわけではありません。彼らも、次の選挙や世論調査や組織された圧力団体に気を配らなければならないからです。しかし、彼らが耳に入れるのは、彼らの世界向きに、彼らの言語と彼らの論理に翻訳された言葉だけなのです。それと同時に、並行した世界が創り上げられます。それは、政治と社会の分離を反映している理論の世界、アカデミズムの世界です。すなわち、政治学と政治ジャーナリズムの世界であって、それらが私たちに政治家の独特な言語と論理を教え、彼らがもつ物の見えない目を通して世界を見るように私たちをしむけるのです。

代表制は、資本主義という分離の一般的プロセスの一部であるにすぎません。代表制の政府を資本主義の支配に挑むもの、あるいは挑む可能性を潜在的にもっているものだと考えるのは、まったくまちがっています。代表制民主主義は資本と対立するものではありません。むしろ、資本の拡張なのであり、私たちの反資本主義の内側に資本制の支配原理を投げかけてくるものなのです。代表制は、個人の原子化（と時間・空間の物神化）の上に建てられていますが、これは資本主義が押しつけてくるものです。代表制は、代表する者を代表される者から、指導する者を指導される者から切り離し、位階構造《ヒエラルキー》を押しつけてきます。左翼は、つねづね、指導者、代表者の裏切りを告発してきました。しかし、裏切りではないのです。というか、裏切りというなら、それは、指導者の行為によるものではなくて、代表制のプロセスそのものにすでに裏切りが組み込まれていたのです。私たちは、だれかに対して、「あんたに私の場所を譲るよ。あんたが私に代わってしゃべってくれ」といったなら、そのとき、自分自身を裏切っているのです。自己決定への営みは、必然的に代表制に反するものにならざるをえません。自己決定と、「私の代わりに何かを決めてくれ」ということとは両立しないのです。自己決定は、社会的行為の決定に対してみずからの参加というかたちで責任をとることなのです。

代表制をしりぞけることは指導や上下関係をしりぞけることを意味しています。責任を前提にすることは組織形態において水平関係に向かっていくことを意味しています。水平的な形態が運動に対するすべての人たちの平等な参加を必ずしも保障するものではないことは明らかです。むしろ、それとは反対の事態――少数の集団が集団的決定を非公式なかたちで代行している関係――を隠蔽《いんぺい》するのに役立っている場合だってありえます。それにもかかわらず、自己決定へ向かっていく営みは、組織のめざす方向としては、おたがいに尊重し合い、責任を分け合うことを前提としているのです。おたがいに尊重し合うということ、責任を分け合うということは、みんなまだ答えがよくわかっていないんだ、ということを認め合うことでもあります。つまり、自己決定への営み、おたがいに尊厳を認め合うことを基礎にした社会をつくっていく方向へ向かう営みは、かならず同時に、探し求めていく過程、答えを求めていく過程になるのです。これは、語る関係というよりは聴く関係、あるいはむしろ聴き語る関係、独白の関係ではなくて対話の関係になります。このような関係においては、答えがわかっているといえる人はいないことが前提になっています。問題解決は共同の探究によるものであり、それは、問いを立て、問いを発展させていくことを通じて動いていく運動なのです。「道をたずねながら、われわれは歩く《プレグンタンド・カミナーモス》」(Preguntando caminamos)［サパティスタのモットー］が組織の原則となります。このことは、問いや疑いを表明し論じ合うことを禁ずる垂直的な構造を拒むことを意味しています。動いていくこと、それは、つねに外へ向かう動き、未知への動きのことなのです。

　代表制民主主義が自己決定へ向かう動きに適合したモデルではないということは、もちろん、直接民主主義が固有の問題点をもっていることを否定するものではありません[30]。直接民主主義は小さなコミュニティにしか適さないという議論が昔からあります。数百万人もの人たちをひとつの集会にどうやってはめこむんだ、物理的にはなんとかなったとしても、そんなことをする意味がどこにあるんだ、というわけです。しかし、逆に、小さなコミュニティのなかにだって、実践的な問題がたくさんあります。積極的に参加することができない、あるいは参加したくない人たちもいるのですし、非常に活動的で意見をはっきり言う人たちが重きをなすことになってしまい均衡を失するということもあるし、そのほかいろいろな問題があるのです。

そのような問題は避けて通れません。なぜなら、解放された人たちの参加を前提にしなければ、充分に発達した直接民主主義のシステムを考えることができないからです。しかし、私たちは（まだ）解放された主体ではありません。私たちは、おたがいに助け合って歩きながら、転んでばっかりいる障害者なのです。ほかの人たちよりうまく歩ける人たちがいるのはまちがいありません。その意味では、ときとして「前衛」と呼ばれることがあるものが存在するのは避けられないことなのかもしれません。[31] 問題は、こうした私たちより障害が軽い人間たちが——前衛として——突進していって、地面に這いつくばっているほかの人間たちを置き去りにしていきながら、「心配ないぞ。革命をやって、それからおまえたちのためにもどってきてやるぞ」（だけど、もどってきやしないことはもうわかっています）と言うのか、それとも、歩調を合わせて、いちばん遅い者を助けるのか、そこのところにあります。

おそらく、直接民主主義をモデルもしくは一連の規則のように考えることはできないのであって、方向づけ、終わりなき闘いとして考えるべきなのでしょう。それは、私たち一人ひとりのなかに、そしてみんなのなかにある集団的自己決定へ向かう衝動を抽出・純化するための方向づけであり闘いなのです。特定の集合体の範囲を越えて決定がなされなければならない場合、直接民主制あるいは評議会民主制が昔から採ってきたのは、代表［representative］ではなくて派遣［delegate］という方式でした。派遣制において主張されているのは、派遣された者は、その問題について、その人物を派遣した派遣母体の集団に直接責任を負わなければならないということです。これがサパティスタの「遵守委任《マンダール・オベデシエンド》」(mandar obedeciendo)制です。こうした派遣制も制度化してしまう危険につねにさらされています。派遣された者が彼らを送り出した人たちの立場を代行する代表に変わっていってしまう恐れがあるのです。派遣された者としてのありかたが、そのそもそもの成り立ちから切り離されていってしまうのです。確かに、もどってかならず報告すること、派遣される者のローテーション制などの規則(あるいは広く受け入れられた慣行秩序)ができれば、こうした弊害を防ぐ助けにはなりえます。しかし、問題の核心は、集団的自己解放のプロセス、行為の社会的流れを集団的に決定していこうとする決定過程への積極的な参加の実践なのです。こうした問題を、目下、世界中の多くのグループがかかえて悪戦苦闘しています。そうした問題を解決する取り組みは、実験と創案のプロセスとしてあらわれてくるしかないのです。

組織のモデルも規則もありえないのは、ひとえに、自己決定に向かう営みが問いかけの運動だからです。大事なのは細部ではなくて、その運動を貫き通すことです。分離と代行に抗して、未知のものへ向かって、共同責任の絆《きずな》を強め、あるいは織り上げていくことが重要なのです。私たちにできるのはユートピアの星を追っていくことだけです。私たちが生きているこの非人間的な世界に立ち向かい、それを超えて、人間性を投影していく人間的な世界の夢を追うこと、それ以外に私たちに何ができるというのでしょうか。

自己決定に向かう営みは、ある組織、あるいはある組織のタイプに特有なものではありません。

その営みは、ひとつの連続体として、だれかが何かをするのを手伝うこと、友達のために料理をつくるというようなことから始まって、よりよい世界を創り出そうとする無数の社会的もしくは政治的な企てを経て、ロシアのソヴィエト、アルゼンチンの近隣評議会、チアパスのサパティスタ共同体のような発達した叛乱の形態にいたるまで、一続きに連なっているものなのです。断絶や相違はさまざまにありますが、にもかかわらず、それらすべてがある同じ運動の一部になっているのです。その同じ運動とは、自己決定に向かう同じ営み、商品化から解放された関係を求めていく営み、金銭によって支配されるのではなくて愛と仲間の連帯と同志の連帯によって、また生と死をめぐる問題に直接立ち向かうことによって形づくられる世界をめざしていく営みにほかならないのです。

Ⅵ

自己決定に向かう営みは、国家権力を獲得するという目的とは両立しません。国家という組織形態は、自己決定の否定なのです。

レーニン主義の核心には、恐るべき激しい虚偽があります。レーニン主義の核心には、国家権力の獲得が自己決定に向かう営みの頂点をなすという考え方があります。そして、実際に、国家権力の獲得がロシアにおけるソヴィエト運動の頂点だと考えられたのです。しかし、真実は、その正反対だったのです。ロシアにおける国家権力の獲得は、ソヴィエトの挫折であったし、国家権力を取ろうとする企ては、自己決定に向かう営みとは反対のものなのです。ソヴィエト国家とか「コンミューン型国家」とかいう概念[32]は、忌まわしいものであり、背理なのです。

自己決定に向かう営みは、ひとつの方向に向かって動いていきます。それに対して、国家権力を獲得しようとする企ては、それとは反対の方向に向かって動いていくのです。自己決定に向かう営みは、自己決定のコミュニティの絆《きずな》を結びはじめます。国家権力を獲得しようとする企ては、その結び目を解いていきます。

大小の区別なく、すべての叛乱する運動にとって、中心問題は、運動を国家権力の獲得ないし国家内部での影響力行使に導いていくべきだろうか、という点にあります。そうすることによって実質において利益が得られるのは明らかなことかもしれません。しかし、認識しておくべき大事な問題は、国家はモノではなく、制度でもなく、社会関係の形態だという点です。つまり、国家は、一定のやりかたで社会関係を形成するプロセスなのであり、それは私たちに対して一定の組織形態を押しつけてくるプロセスなのです。国家は、叛乱を資本の再生産と和解させるプロセスなのです。叛乱を、資本主義的社会関係と両立する形態へと導いていくことを通じて、そうした和解をおこなわせるのです。自己決定に向かう営みが限定づけられることのないものであるのに対して、国家はそうした営みの向きを変えて、限定された形態に導き入れていくことを企てるものなのです。国家が自己決定と相容れないのは、単純な理由からで、国家はだれかに代わって決定をおこなうプロセスだからです。国家というものが存在すること、その存在につきものの公的なものと私的なものとが分離されているということは、端的にいえば、だれかがほかの人たちに代わって決定をするということにほかならないのです。(33) 国家とは代行のプロセスです。国家は、みずからコミュニティ［共同責任によって結ばれた社会集団］の代行をするのです。(34)

もちろん、その「に代わって」は一種のコミュニティを構成します。それは、国家がそのために行為をおこなう者たちのコミュニティ、つまり市民《シティズン》〔国民〕のコミュニティです。自己決定に向かう営みが、共同責任をひとつに結びつけて、たがいに異なった性質と感情をもった千差万別の人々の協同、積極的に活動する主体の多様性の上に立脚したコミュニティをつくるのに対して、国家は、このようなコミュニティを壊してつくりなおし、個人化と抽象化を第一とする基盤の上に立つコミュニティに変えていってしまうのです。そこでは、人々は、抽象的個人という存在にされてしまい、自分たちの行為から切り離されてしまいます。公的なものを私的なものから、政治的なものを経済的なものもしくは社会的なものから分離することは、組織形態としての国家の根本に根ざしています。そして、この分離は、存在を行為から分離することなのです。国家は行為する者〔「する」もの〕としての人間にではなく、存在する者〔「である」もの〕としての人間に関わってくるのです。そして、その存在する者は社会的行為から抽象されたものですから、人間は抽象的で個人的な存在（市民〔国民〕）としてしか見られないのです。そして、そのように存在する者は自分たちの行為から切り離され、自分自身と対立しながら自分自身を乗り越えていく運動から切り離されているので、限定され、限界づけられた存在になるしかないのです。そこにおいてコミュニティの基盤として考えられるのは、協同しあう行為ではなくて、自己完結的に、限定され、限界づけられてある存在者なのです。そして、そうした個人は抽象的なものですから、代行されうるものになりますし、しかも個々人は限界づけられたものになっていますから、代行されなければならず、それを通じて自分たちに代わって働いてくれる機構に統合されていかなければならないのです。国家は、存在を行為から分離する形態であるという、まさにそのありかたによって、代行のプロセス、集合解体のプロセスになるのです。

　しかし、ここで話されているのは、国家のことなのでしょうか、それとも党のことなのでしょうか。両方です。そこにはなんの違いもありません。国家も党も限界づけられた存在に関わっています。自己決定に向かう営みという概念には、人間は潜在的に限界をもたないという意味が含まれています。それは、私たちはつねに自分たちの限界、自分たちの存在、自分たちのアイデンティティを乗り越えて動いていくという意味です。私たちは、限界づけられてある者ではありますが、そうでありながら、その自分たちの限界をつねに否定する者でもあるのです。言葉を換えていうなら、人間とは、ただ存在する者ではなくて、行為する者、創造する者としてとらえられるということです。こうした基盤の上に立ってこそ、革命が日常的なものであるということ、つまり、自己解放としての革命を語ることができるのです。

　国家も党もコミュニティをつくりだします。しかし、このコミュニティには共同の自己決定が入る余地がありません。どちらの場合にも、共同の自己決定は危険なものとして排除されています。国家の場合には、共同の自己決定は資本主義の支配と両立しないからです。党の場合には、限界づけられた存在から成り立っている「大衆」にまかせておいては正しい方向に導かれていく保障がないからです。トロツキストは、ロシア革命の運命について、代行がおこなわれていく過程という観点から分析しましたが、それはまったく正しかったのです。それは、党が階級を代行し、指導部が党を代行し、特定の指導者が指導部を代行していくというプロセスでした。トロツキストが見ようとしなかったのは、このような代行のプロセスが党の形態そのもののうちに、また国家権力を獲得しようという企て自体にすでに刻印されていたのだ、ということだったのです。[35]

しかし、私はふたつのまったく異なったものを混同しているのではないでしょうか。ブルジョア国家と（革命後の）労働者国家をいっしょくたにしているのではないか、ということです。私がいっていることはブルジョア国家については正しいが、労働者国家には当てはまらない、という議論が出されています。[36] それに対する答えは、「労働者国家」という術語は無意味だ、ということです。それは、「労働者価値」とか「労働者資本」とかについて語るのと同じようなものなのです。国家というのは、「だれかに代わって」管理する、すなわちその「だれか」を排除するという目的に沿って歴史的に発展してきた固有の関係形態なのです。評議会を国家形態として語るということは、友達を食事に招くことを商品交換として語る――多分その友達がワインを一瓶もってくるだろうから商品交換だという――ようなものなのです。これはカテゴリーを曖昧《あいまい》にすることです。このような曖昧化による政治的影響は大きなものがあります。なぜなら、こうした曖昧化が、自己決定が権威主義的支配へ横滑りさせられ、自己決定に向かう営みが秘かに反転させられてしまうことを助けるからです。革命後のロシアを「ソヴィエト国家」として語ることは、ソヴィエト（自己決定に向かう営みの表現）から国家（自己決定を排除する組織形態）へ転換する動きを隠蔽することになるのです。[37]

ここでは「しかし、同時に」は入る余地がありません。「そのとおりだ。われわれはさまざまなかたちの自己決定をつくりあげなければならない。しかし、同時に国家を通して闘うことも重要なのだ」と言う余地はないのです。このふたつの闘争形態は、平和的に共存することはできません。

その理由は簡単で、ふたつはそれぞれ反対の方向へ向かって動いているからです。国家とは、自己決定に対して積極的に絶えず干渉をおこなってくるものなのです。

「しかし、同時に」はないとしても、「しかし、にもかかわらず」は成立する余地があるのではないでしょうか。ある状況のもとでは、次のようにいうことは意味があるのではないでしょうか。「われわれはさまざまなかたちの自己決定をつくりあげつつある。そして、国家が自己決定を否定するプロセスであることもわかっている。しかし、にもかかわらず、国家を通して闘えば、自己決定をめざすわれわれの闘いを強めたり、あるいは守ったりする手だてを手に入れることになるのではないか。」この問題は、少なくともさしあたり、権力獲得の問題とはまったく区別されるべきものです。国家権力獲得という考え方を非常にはっきりと拒みながら、にもかかわらず、国家装置の一部に影響をあたえたり、それをコントロールしたりすることは、闘争にとって有益であると見なす人たちはたくさんいるのです。

これはむずかしい問題です。私たちのほとんどは、国家との接触を避けることはできません。私たちは、いうならば国家と「状況に応じた」[38]接触をおこなっているのです。生活のなかでおかれている状況、条件のために私たちは国家と接触せざるをえなくなり、なんらかのしかたで国家と関与することを強いられるのです。たとえば、就職のためかもしれないし、国家の失業保険に頼るためかもしれないし、公共交通を利用するためかもしれないし、いろいろです。問題は、この接触を、そしてこの接触と切り離せないかたちで起こってくる矛盾をどのように処理するか、ということです。私は国立の研究所で教授として働いています。このために、私の活動は資本の再生産を推進するかたちにつながっています。つまり、たとえば、権威主義的なかたちで教育をおこない、成績評価をしているということです。国家で（あるいはそれとは別の雇用形態で）働くことによって、私は資本の再生産に積極的に関わっているわけですが、しかし、にもかかわらず、私は自己決定に向かう営みを強めるために国家という形態と対立して闘おうとしているのです。資本のなかで生きることは、矛盾のまっただなかで生きることを意味しています。この矛盾を認めることは、「しかし、同時に」という論法を使って、矛盾を隠してしまうことにくらべれば、大事なことです。私たちの国家に対する関与を認識することは、国家のなかにあって国家と対立する運動、国家という存在が含んでいる社会関係の形態のなかにありながら、それと対立し、それを乗り越えていく運動をおこなっているという状況においては、重要なことなのです[39]。

この議論を、状況に応じたものではない接触を国家に対しておこなう場合、国家に対する接触を選び取っておこなう場合に広げて考えることができるのでしょうか[40]。たとえば、「われわれは、この社会センターにおいて、自己決定社会の発展のために闘っている。国家が資本主義国家であり、したがって自己決定に反するかたちをとっていることはわかっている。しかしながら、それにもかかわらず、それぞれの現場にわれわれが組織している評議会をうまく働かせることによって、反資本主義の運動を強めることができるのではないか」ということができるのでしょうか[41]。この議論は、もともとイタリアのある社会センターやブラジル、アルゼンチンなど各地の運動のなかでおこなわれたものです[42]。

このような自発的にみずから選び取った国家との接触が妥当なものであるかどうかは、つねにそれぞれの個別の条件によって違うでしょう。いつでも当てはまる鉄則のようなものはありませんし、追求すべき純粋なありかたというのもないのです。(43) ですから、たとえば、チアパスのサパティスタは、国家からなんの支援も受けないという重要な原則を立てているわけですが、それに対して、世界中のさまざまな都市で活動しているサパティスタ支持のグループは、なんらかのかたちの国家援助（失業対策あるいは学費援助、あるいは――場合によっては――社会センターの占拠権の合法性承認）を受け入れなければ生き残ることはできないという事実を受け容れているのです。おそらく、大事なのは、矛盾を糊塗《こと》しないこと、「参加型民主主義」というような言葉を使って自分たちの企てが非和解的性格をもっていることを隠したりしないこと、「しかし、にもかかわらず」を「しかし、同時に」に転化しないことなのです。(44) しかし、「しかし、にもかかわらず」を「しかし、同時に」に転化することは、私たちの国家との関わり合いにまさしく含まれている要素なのです。国家と関わり合ったら、結果として無垢ですむというわけにはいきません。国家と関わり合えば、いつでも、行為や組織が一定の形態（指導、代表、官僚制）に引きずり込まれていき、そうした形態は自己決定に向かう営みに反する方向へ行くのです。(45) 制度化がもつ破壊力を見くびってはなりません。そのことは、世界中の経験が何度も何度も何度も示してきたことではありませんか。

もうひとつ明らかにしておかなければならない点は、国家の性質そのもの（国民国家のことだけではなく、国家であることそのものの性質）が変わりつつあることです。いたるところで、国家はますます直接的に抑圧するようになり、国民がコントロールしているという見せかけをどんどん取り去りつつあります。国家のなかにあって、国家を乗り越えて闘う必要性はつねにあるのですが、（サパティスタがやったように）単純に国家に対して背を向けてしまうという発想がますます人を惹《ひ》きつけるようになっています。(46) もちろん、世界中でますます広まっている国家本位の政治に対する幻滅は、問題点と見るのではなく、チャンスと見るべきです。(47)

　国家権力を奪取しようとする企ては、自己決定に向かう動きと両立しません。しかし、にもかかわらず、叛逆運動の多く、あるいはほとんどの潮流は、これらふたつの系列を結びつけています。サパティスタを支持する運動や新自由主義《ネオリベラリズム》に反対する運動を一般的に見てみても、国家権力奪取の観点から考えている人たちは、国家を組織形態として否定する人たちといっしょに運動しています。これはよいことだと私は思っています。ラディカルな変革をめざす運動はすべて、さまざまな異なった立場や形態が不調和なまま混じり合ったものになるだろうし、そうなるべきだと思うのです。私の立場は極左セクト主義ではまったくありません。私は、自分が提出している議論を運動内部での議論としてとらえているのであって、運動を分裂させたり排除したりするためのものではないと考えています。狙いは新たな「正しい路線」を生み出そうということではないのです。なぜならば、まさしく運動というものは幅広いものだからです。また、私たちはみんな（イデオロギー的純度がどれほどのものであるにせよ）混乱しているのだから、はっきりとした議論をすることが大事だからです。闘争を国家に結びつけようとしている人たちが、関わりの中心点を国家におくことを拒む人たちといっしょに運動しているという事実があるからといって、これらふたつのアプローチの間には非常に大きな緊張関係があるということ、ふたつのアプローチはたがいに反対方向に引っ張り合っているのだということをはっきり主張するのはさしひかえるべきだなどということにはならないのです。(48)(49)

この節でおこなっている議論では、自己決定に向かう営みと「に代わって」おこなわれる運動との違いが中心問題になっています。しかし、「に代わって」おこなわれる運動のどこが悪いんだ、私たちが望みうるのはそういう運動だけではないか、前に進む唯一の現実的な道ではないか、世界を変革する唯一の実際的方法ではないか、という反論がありうるでしょう。「に代わって」おこなわれる革命のどこが悪いのでしょうか。特にそうした運動が貧しい人たちの生活状態を改善していること、また、ほとんど全世界の政治指導者がアメリカ帝国主義に屈服して、その命ずるがままになっているときに、そうした状況に抗して決起しようとしていることを見るならば、どこが悪いというのでしょうか。それが完璧なものではないとはいえるかもしれないけれど、もっとほかによい道を望もうとするのはまったく非現実的なのではないでしょうか。

「に代わって」おこなわれる革命がもつ問題点は、明らかに、それがいつも、自己決定に向かう営みを抑制する要素を含んでいることにあります。「に代わって」おこなわれる運動は、その意図が（少なくとも出発点において）どんなに善意にもとづくものであっても、つねに他者の行為を決定してしまうところがあり、したがって、自己決定に向かう動きに対する抑圧をはらんでいるのです。人々は、何が自分のためになるのかを認識する点で信頼できないとされているのです。そのような運動は、貧しい人たちの生活状態を改善の方向にもっていくことはできるかもしれません（それは非常に大事なことです）し、また（ロシア革命や、そのほかの二〇世紀の革命のように）社会構造に重大な変革をもたらすこともできるかもしれません。しかし、そのような運動は、自己決定と衝突するようになるという意味において、また、そこに直接民主主義が成立しているものはなんであれ制限されざるをえず、何が人民のためになるのかを知っている人間集団に従属しなければならないことになるという意味において、抑圧的なものになるのです[50]。でも、少なくとも最悪の不平等をなくしたではないか、少なくとも人間性を破壊する帝国主義の猛突進に対する障壁になったではないか、というふうに論じられるかもしれません。これよりもましなものを望むことができるのかね？　はい、できると思います。人間の尊厳という夢を捨てるのは早すぎます。

「みんないいんじゃない。すごくすばらしいよ。あんたのいう、だれかに代わってやられる革命と自分たち自身による革命の違いってやつはさ。あんたのいう人間の尊厳っていうのも、なんかとっても詩的でいいよ。だけど、あんたは、せっぱつまったときになれば、暴力の問題、生身の力の問題になるってことを忘れちゃってるんじゃないかな。おれたちは、自己決定の試みとか叛乱とかを好きなだけ進めていくことはできるさ。だけど、支配階級が、そういうものを（危ないとは思うところまでいかなくても）うるさいと思うようになったら、やつらは警察と軍を使うよ。それで一巻の終わりさ。だから、国家をコントロールのもとにおく必要があるんだよ。そうすれば、警察や軍の弾圧を止められるんだよ。それが現実っていうもんなんだよ。どうかね、先生？[51]」

私は口ごもり、答える言葉がありません。しかし、こうなんじゃないかという点を三つだけ出します。第一に、国家をコントロールのもとにおいても、何も保障されません。労働者階級に代わって国家をコントロールのもとにおくことは、（理解できることではありますが）かならずしも、労働者階級と国家との間の距離を縮めることにはならないのです。相変わらず国家は抑圧的ですし、おまえたちに代わって秩序をつくってやっているんだという国家が、こうすべきだと考えているのとははずれた行動を労働者階級がするなら、警察や軍は、そういう行動はすべてつぶしにかかってくるでしょう。左翼政権なら、右翼政権よりは、自主管理的な企てとか反抗する動きとかに寛容だということがあるかもしれません。だけど、根本的な問題は、政府の構成がどうであるか、支配の座にある政治家が同情的であるかどうかではなくて、社会的な力のバランスにあるのです。

第二に、軍事的に対決して資本主義を覆す目的で革命軍を組織するというのは、あまり意味があることではありません。なぜなら、軍事技術の威力に対抗して勝利を収めることはほとんど考えられないからですし、また、軍事的対決に引き込まれた軍隊は、すべての軍というものがもっている階層秩序《ヒエラルキー》、価値と論理を再生産せざるをえないからです。軍事組織は、自己決定に向かう営みからもっとも遠いものなのです。

第三に、それでは、国家の暴力に対してどのように身を守るのか、という問題がまだ残っています。この問題は、そのような暴力を思いとどまらせる抑止の形態はどういうものか、という観点から考えられるべきでしょう。ひとつの抑止形態は、当然のことながら、武装自衛です。サパティスタが民族解放サパティスタ軍（Ejército Zapatista de Liberación Nacional 略称ＥＺＬＮ）としてあることは、重要な一例です。サパティスタは、メキシコ軍と全面的に軍事対決して勝てるような武装をしているわけではありません。でも、直接軍事力をもって介入するのは気が進まないとメキシコ軍に思わせる程度には武装しているのです。しかし、ここで「気が進まない」というのは純粋に軍事的な意味、暴力に対する暴力という意味において理解されてはなりません。メキシコ軍が軍事的に介入するのは「気が進まない」と思うのは、軍の暴力に対抗してサパティスタが行使することができる武装暴力のためだけではないのです。それだけではなくて、特に、サパティスタがつくりあげている社会的結合の強さのためなのです。その軍事力も社会的結合力も、ともに、サパティスタが自分たちの共同体、さらにはメキシコ全体あるいはそれを超えるより広い共同社会から織り上げてきたものです。[52]だから、国家暴力を抑止することは、単に武装自衛（もちろん、それは重要な役割を果たすものなのでしょうが）の問題としてとらえられるものではなく、個々の運動をまわりの社会に根づかせる社会関係の網の目がどれだけの密度をもっているかという問題としてもとらえられるべきなのです。しかし、このように論じてくると、まさに私たちが中心的に論じていた問題にもどってきてしまうことになります。社会変革をめざす運動の自衛のために決定的に重要なのは、どれだけ社会に根づいているか、ということなのです。そのように運動が社会に根づくには、国家による分離のプロセスにあらがいながら、それを乗り越えていくような組織化がともなわなければならないのです。

Ⅶ

自己決定に向かっていく営みは、代表制と対立しながらそれを乗り越え、国家と対立しながらそれを乗り越え、そして何よりも、労働と対立しながらそれを乗り越えて進んでいきます。

民主主義と合議体の組織化の問題は、大きな関心を引く問題ではありますが、自己決定に向かう営みを発展させていくあらゆる試みに伏在している中心的な問題は、労働にあらがう行為の運動なのです。ここでいう労働を疎外された労働、[53]私たちがコントロールできない労働ととらえるなら、自己決定に向かう営みが、反労働の営み、社会的に自己決定される行為を解放していく営み、行為の社会的な流れを意識的にコントロールする方向への努力であることは明らかです。自己決定に向かう営みは、きわめて単純にいえば、私たちの「する」力の発展であり、「させる」力に立ち向かいながらそれを乗り越えていこうとする「する」力が推進しているものなのです。

民主主義は、その機構がいくら「直接的」なものであっても、行為を労働として組織していく資本制の働きに挑んでいく役割を果たさなければ、あまり大きなインパクトをもつことができないでしょう。だからこそ、デモクラシーだけではなくてコミュニズムを考えること、人民だけではなくて階級を考えること、叛逆だけではなくて革命を考えることが大事なのです。それは、上から職業的革命家が煽動する革命ではなくて、社会において行為の基礎的な組織を変えていくような社会変革を意味しているのです[54]。民主主義がラディカルなものになっていけば、必然的に行為の組織化においておこなわれる権威主義的指令を廃絶する（つまり、資本を廃絶する）方向に導かれていくだろうという議論が立てられるかもしれません。しかし、ラディカルな言論はほとんどが民主主義ばかりを強調して、労働の組織を論ずることをないがしろにしています。このために、ラディカルな民主主義が資本主義社会の内部で、つまり行為が労働として組織されている社会において可能であるかのような誤った印象がつくられています。そのうえ、これは重要なことなのですが、ラディカルな民主主義を求める闘いを労働に対立する行為の闘いから切り離してしまうことは、労働運動の経験と伝統との一部をなしている怒りと抵抗とを見落としてしまうことを意味しているのです。コミュニズムというものを自己決定社会としてとらえているならば、デモクラシーとはコミュニズムのことなのです。これは単純明快なことであり、はっきりとのべられてしかるべきことです。

行為は、労働に対する不断の反抗のなかに存在しています。私たちはおそらく全員が、自分たちの行為が外から決定されていることに対して、集団的に、あるいは個人的に、なんらかのかたちで闘ってきたはずです。――就労拒否、遅刻、サボり、自分の生活を自分がやりたいことに合わせ、カネに操られるままにならないように努めること、みんなで集まって、自分たちの行為を別のかたちで組織する事業をつくろうとすること、工場や仕事場を占拠することなどがそれです。労働が疎外された行為になってしまっているために、そうしたものである労働とみずからが疎外されることに抵抗して闘っている行為との間には、絶え間ない緊張が生まれています。このことは、何か純粋な、歴史を超越した行為というものがあって、それが解放されさえすればいいということを意味しているのではありません。そうではなくて、疎外というものは、それに対する対立物、疎外にあらがう闘いがなければ存在することができないということを示しているのです。疎外された行為は、それに対する反対命題《アンチテーゼ》――疎外に抵抗する行為の闘い――なしには存在しえないのです。英語のwork［仕事《ワーク》］という言葉が曖昧なために、このことがはっきりしなくなっています。仕事《ワーク》を出発点にし、それを疎外された仕事《ワーク》ないし賃金による仕事《ワーク》のことだととらえるなら、いまいった労働と行為との間の決定的な緊張はなくなってしまうのです(55)。

行為が労働に対してつねに抵抗することを通じて存在していることは明らかです。もっとむずかしい問題は、資本主義の革命的廃絶を待たずして、その前に行為が労働を乗り越えていくことができるかどうか、ということなのです。これまでとられてきた見方では、工場占拠は確かに革命過程の一部をなすものではあるけれど、抽象的商品生産労働の廃絶こそが商品を基礎とした経済をなくし計画経済をつくりあげる前提になるのであり、そして、この廃絶は、革命家による国家権力の掌握を前提にしなければできない、ということだったわけです。ところが、実際には、歴史的経験は反対のことを教えているのです。労働過程を根底的に転換できなかったことこそが、「共産主義」ないし「社会主義」国家群のもっとも顕著な特徴のひとつだったのです。もちろん、この失敗については、それぞれの場合に応じて、特定の歴史的要因に原因が求められなければなりません。しかし、それとは別に、もっと根本的な要因があったともいえるのです。つまり、「に代わって」おこなわれる革命は、その革命が代行する対象の人たちに対して指令を発することをともなわずにはいられないわけですが、そういうものである革命は、行為の社会的自己決定と基本的に対立するということです。社会的自己決定は国家という道を通って行くことはできないのです。なぜなら、国家は、社会関係の形態として、決定を社会から切り離すものであるからです。

しかし、このように伝統的な見方の難点を指摘したからといって、どのようにすれば疎外の上に立っている社会のなかで疎外されない行為を思い描くことができるのかという問題が解決されるわけではありません。問題は、行為の社会的自己決定ということは行為の社会的流れの意識的コントロールを意味しているということにあります。これは部分的なつぎはぎ細工で達成できることなのでしょうか。協同組合の設立、あるいは占拠した工場や仕事場を協同組合経営に換えることは、長い間、労働者階級の闘争の特徴をなしてきました。このような協同組合が限界をもっていることは明らかです。そこで市場に向けた生産がおこなわれているかぎり、すべての資本主義企業と同じ条件で生産をおこなわざるをえないことになります。問題は企業の所有権にあるのではなくて、異なる行為と行為とを接合するかたちにあるのです。これらの行為が市場を通じて接合されるなら、行為者は自分たち自身の行為をコントロールすることができなくなり、そのときに行為は抽象的労働に変換されてしまいます。

協同組合をいくら設立しても、さまざまに異なる行為者の集団の間をどう接合するのかという問題に同時に取り組まないかぎり、何事も解決されません。自己決定に向かう営みは、単に個別の活動の問題として見なすことはできず、そうしたさまざまな活動をたがいに接合すること、行為の社会的流れ（生産だけではなくて生産と流通の社会的流れ）を再接合することを不可避的に含まざるをえないのです。自己決定へ向かう営みは、個別の自律単位を生み出すことだけからはとらえることはできず、そうした自律単位を超えていく運動を含まざるをえないのです。工場占拠や協同組合の設立は、それだけでは不充分なのであって、自己決定へ向かう運動の一部になっていくことが必要なのです。つまり、工場占拠や協同組合設立が、同時に、個別の協同組合事業を超えて人々の間に新たな接合をつくりだす方向に向かっていく必要があるのです。

工場占拠（そして協同組合設立）の波は、より大きな叛乱運動の一部です。その点では、アルゼンチンがもっとも最近の、もっとも明確なモデルになっています。問題は、そのような運動がどのように方向づけられるべきか、国家の方向（例えば企業の国有化を要求する方向）に行くのか、あるいは国家に頼らずに生産者（および消費者）相互の絆のネットワークを確立していく方向に行くのか、というところにあります。これが、アルゼンチンにおける工場占拠で多くの場合議論の的となった問題でした。社会を転形し、労働過程を転形していく観点から見るならば、その闘いが国家に向かって方向づけられてしまうと、（雇用は確保されるにしても）ラディカルな変革に導かれていくとは考えにくいのです。唯一の前進の道は、行為の代替《オルタナティヴ》的な形態［行為のもうひとつ別のありかた］を漸進的に拡張していくこと、その方向で絶えず乗り越えて動いていくことを、孤立した自律的事業としてではなく、新たな（そして実験的な）接合形態の結節点として展開していくことではないか、と思われます。ただこの意味において、つまり下からの運動の一部として、国家の方向ではなく、諸コミューンから成るコンミューン、諸評議会から成る評議会、あるいは新たな共有領域《コモンズ》の創造の方向をつらぬいていく運動の一部として展開されてこそ、社会的プラニングは社会的自己決定の表現となることができるのです(56)。

これは、いずれの場合にも、ロマンティックな田舎風の愚昧《ぐまい》に退行するようなコミュニズム観を求めていくような論議ではまったくありません(57)。私は、コンピュータや航空機を捨て去るべきだと主張しているのではありませんし、いまのべたようなもろもろの活動がローカルなレヴェルをはるかに超えた行為の社会化を含んでいるのは明らかなことです。自己決定に向かう営みは、世界コミュニズムに向かい、私たちの「する」力の発展と行為の社会的流れのグローバルな規模での意識的決定を促進していく組織形態へと向かっていく営みとしてのみとらえることができるのです。昔ながらの言い方でいえば、問題は生産力の発展に見合った社会関係をいかにつくるかにある、ということになるのかもしれません。複雑な技術発展をコントロールするために何らかのかたちの国家が必要だという反対意見は、国家が社会関係（資本）のひとつの形態であって、それが技術発展を妨げ、私たちが何事かをおこなう能力、「する」力を展開することを妨げているのだということを見落としています。

自分たちの行為を資本の支配から解放しようと、個人的にあるいは集団的に、試みている人たちだれもが直面しているもっとも直接的な課題は、どうやって生活を立てていくのかという問題です。（EZLNのような）地方的なグループは、最低限の生計を立てるために、土地を自分たちのものとして使うことにたよっていることが多いのですが、都市において叛乱を起こす者は、そうした手段を取ることができません。都市のグループは、普通、国家の給付金（ときには、道路封鎖によって政府に失業者へ資金供給させるピケ隊《ピケテーロス》の場合のように、グループみずからが力で勝ち取っています）にたよったり、臨時ないし常雇いの雇用と国家給付金との組み合わせにたよったりしています。このように、都市のグループの多くは、正規雇用の人たち、自発的にあるいはやむをえず非正規ないし臨時の雇用によっている人たち、（これまた自発的にあるいはやむをえず）失業している人たちから構成されており、生きていくために、国家給付金やある種の市場活動にたよっている場合が非常に多いのです。こうして、みずからコントロールすることができない力（資本）にさまざまなかたちで依存していることは、問題と限界を提起していることが認識されなければなりません。

私たちは、自分たちの行為が生み出したもの（生産手段）をどう管理するのかという問題に直面せざるをえなくなっているように思われます。私たちの行為が生み出したものを（したがって生産手段を）資本が所有しているかぎり、私たちは、物質的生存を確保していくために、資本の支配に服従しなければならなくなってしまっています。行為の労働に対する闘いの核心にあるのは、所有に対する闘い、それもモノとしての所有《プロパティ》［property］ではなく、私たちの行為が生み出すものに対して日々くりかえし課されてくる横領《アプロプリエーション》としての所有［appropriation］のプロセスとの闘いなのです。資本に対するあらゆる闘いにおいて鍵になるのは、拒絶です。私たちの行為が生み出したものが横領されてしまうのを許さないという拒絶です。しかし、そうした拒絶を維持していくことができるためには、どんどん伸びていく接合のネットワークのなかで行為の代替《オルタナティヴ》的な形態が発展していくことによって支えられる必要があります。言葉を換えれば、行為の代替《オルタナティヴ》的なありかたは、革命後を待つのではなく、いま発展させられなければならない、ということです。それが革命なのです。抵抗するということは、立ち向かいながら乗り越えていく絶え間ない運動のなかで、もうひとつの別のありかたを創造していくことなのです。(58) 前進のためにほかのやりかたを見つけるのはむずかしいといわなければなりません。

Ⅷ

国家、代表制、労働と対立しながら乗り越えていく運動、社会的自己決定に向かう営みの障害になるあらゆる物神化された形態と対立しながら乗り越えていく運動——そうした立ち向かいながら乗り越えていく運動は、つねに実験的なもの、疑問符のついたものにならざるをえませんし、つねに不確かで、つねに断定からほど遠い、つねに動きつづけ、つねに矛盾をはらんで不完全なものになるしかありません。立ち向かいながら乗り越えていく運動は、明らかに反アイデンティティ的なものですし、反制度的なものです。その意味では、それは、叛逆の創造的な流れを押しとどめるあらゆるものに立ち向かい乗り越えていく運動なのです。このことは、単純にアイデンティティを否定することを意味しているのではなくて、どんなかたちであれ、アイデンティティを（先住民として、女性として、ゲイとしてなどなど）肯定することは、アイデンティティを乗り越えていくうえでの契機としてのみ見られるべきだということなのです。私たちは先住民であるとともにそれ以上の者なのです。同じことが、制度についてもはっきりといえます。[59] おそらく、それと見分けのつくような組織形態（評議会、近隣合議体、「良き統治のための委員会《フンタス・デ・ビエン・ゴビエルノ》」［juntas de bien gobierno］）は必要なのです。しかしながら、どんなかたちの制度化（あるいはアイデンティティ）にも、存在（「である」こと）を構成（「にする」こと）から切り離し、「われらはおこなう」を「なんであるか」に従属させてしまうことがありうるという危険が潜んでいるのです。概念としてのアイデンティティと制度は、ともに「なんであるか」に関心を向けるものです。それに対して、社会的自己決定に向かう営みは、「われらはおこなう」が絶対的に支配する方向をめざす営みなのです。この意味で、評議会やコンミューン的組織の原則（派遣された者が即時のリコールに従うべきこと、サパティスタの「遵守委任《マンダール・オベデシエンド》」（mandar obedeciendo）制など）は、こうした形態の組織が反制度的であることを保障しようとするものですが、それでも、制度化してしまう危険はつねに明らかに存在するのです。「する」ことが「である」ことに従属している社会では、「である」ことを「する」ことに従属させようとする試みは、絶えず流れに抗していなければならないのです。その流れに洗われてじっとしていれば、かならず後退していってしまうのです。

　自己決定に向かう営みは、時間の形を変え、歴史を脱ぎ捨てる闘いです。自己決定ということは、アイデンティティからの解放、制度からの解放、現在が過去によって決定されることからの解放、

「われらはおこなう」の「なんであるか」への従属からの解放を内に含んでいます。これは、時間を断絶させ、時計を放り出すことを意味しています。資本主義の時間は、私たちの生を包み込む時間です。私たちの外に立って、私たちの行為を測り、私たちがすることを限界づけている時間なのです。私たちの努力は、「われらはおこなう」がなんの限界ももたない社会に向けられています。そこでは、時間は私たちの生とともにある時間になっていくでしょう。「〔人々が〕みずから選択した行為のリズムと枠組としてのみ存在する」時間（Gunn, 1985）なのです。「過去から現在を通って未来へと続く抽象的で均質な進行」は「自由に行動や企てを選ぶことができる時間の広がり」に置き換えられることになるでしょう（Gunn, 1985）。自己決定に向かう営みは、歴史から解き放たれた社会、現在の行動が過去によって決定されることから解き放たれた社会に向かう努力なのです。それは後史《ポストヒストリー》に向かうもの（あるいは、おそらくは、前史《プレヒストリー》の終わりと歴史の始まり、まったく違った意味での歴史〔本史〕の始まりに向かうもの）なのです。そこでは、行動が過去によって決定されることはなく、何よりも未来の端緒という性格をもつようになるのです。

　私たちはそういう社会に生きているのではありません。しかし、そういう社会をめざして闘っています。自己決定に向かう営みは、均質な時間にあらがう営みであり、みずからを歴史から（過去による現在の決定という意味での歴史から）解放していく営みなのです。「包み込む時間」（均質な時間）が、それ自体で姿を変えて、私たちを「ともにある時間」へと導いていくということはありえません。私たちがいま生きている過去が決定する歴史が、私たちを自動的に、未来へ向かっての端緒である後史《ポストヒストリー》（前史《プレヒストリー》の終わり）に導いていくということはありえません。反対に、「包み込む時間」と過去が決定する歴史は、まっすぐに断崖に向かっていくハイウェイであって、私たち人間レミング［北欧産のネズミの一種で繁殖しすぎると集団で海に飛び込んで自殺するといわれています］は、その断崖から飛び込んでみずから絶滅するように定められているようなのです。ですから、コミュニズムは歴史の頂点ではなくて、歴史の断絶なのです。

このことは、過去を（たとえば資本主義に対する過去の闘いを）忘れることを意味しているのではありません。そうではなくて、過去にいたずらに固執するのをやめようということなのです。そのような固執は、左翼の論争に一般的に見られる特徴です（たとえば、なんにかぎらず説明するのに「スターリニズム」をいつまでもくりかえし持ち出すようなやりかた）。私たちは、資本主義に対する過去の闘いもまた時間に対する闘いであったし、白紙状態《タブラ・ラサ》をつくりだす闘い、歴史の連続体を吹き飛ばす闘いであったことを尊重しなければなりません。(60) そういう過去は現在のなかに生きつづけています。しかし、前へ進む道を示す因果の連鎖として生きているのではないし、特に強調すべきなのは、「伝統」として生きているわけではないということです。(61) そうではなくて、音楽として、投書箱として、一連なりの闘争の星座として、私たちが占めている位置を変えれば姿を変える星座として、生きつづけているのです。(62) 現在の闘いは、以前と同じように、絶対的な現在のための闘いです。その絶対的な現在のうちでは、存在［「である」こと］は構成［「にする」こと］から切り離されてしまうことはないのです。そうした絶対的な現在は、あらゆる瞬間が自己決定のモメントであるような「ともにある時間」であり、過去によって決定されることのない白紙状態《タブラ・ラサ》なのです。それはまちがいなく過去の夢に満たされ、現在にあっていまだに贖《あがな》われていない過去に満たされていますが、しかし、歴史の悪夢にとりつかれてはいないのです。[63][64]

IX

社会的自己決定にもとづく社会、コミュニズム社会は、ほんとうに可能なのでしょうか。私たちにはわかりません。私たちは、「もうひとつの世界は可能だ」といいます。しかし、ほんとうに可能であるかどうかは、実際にはわからないのです。

とはいっても、それが問題だというわけではありません。そのことが議論を左右するわけではありません。コミュニズム（自己決定）は、すべての川が流れ込む海、ユートピアの星、差し迫って必要なものでありつづけているのです。

コミュニズムは、すべての川が流れ込む海です。自己決定に向かう営みは、政治的スローガンでもなければ、アカデミックな構成物でもありません。系統的に自己決定を否定している社会のなかに切り離すことができないように根ざしているものなのです。ここでおこなわれている議論は規範を示そうとするもの、われわれは自己決定のために闘うべきだといったものではありません。そうではなくて、むしろ、「いやだ。――私たちは自分で決める」ということは、「あなたはそれをしなさい」ということのうちにもう含まれているのです。もしそうした基盤が存在しないなら、コミュニズムや革命のことを語ってもしかたがありません。理論の上でまず問題になるのは、私たちが得ようとしているものを吟味すること、目を見開いて見えないものを見ようとすることなのです[65]。

コミュニズムはユートピアの星です。それは、私たちの外部にあるものではなくて、私たちの自己決定が否定されることを否定した私たちの経験、その否定を導きの星として投影した私たちの経験から生まれ出たものなのです。言葉を換えれば、まだないものが現在における幻影として存在しているのです。いまここで、自己決定に向かう営みについて、現実に存在するものと立ち向かいながら乗り越えていく運動についてのべてきたことは、ひとつの方向を素描することでしかなかったのです。それは青写真でも、個別の状況に一般に適用できる一式の規則のようなものでもない（し、またありえない）のです。(66) それは純粋さを求めるものではないのです。自己決定に向かう営みは国家と対立しながらそれを乗り越えて進んでいこうとしていますが、いまのところ、国家は厳《げん》として存在し、私たちは、この国家という存在をどうあつかうかという厄介な問題をかかえています。私たちが国家と対立しながらそれを乗り越えていこう（国家は社会変革に通じる道ではない）と思っているのは確かですが、それをどのようにおこなうべきかは、いつでも、個別の状況にかかっているのです。同じように、自己決定に向かう営みは労働と対立しながらそれを乗り越えて進んでいこうとしていますが、私たちは生存していかなければならず、それは、いまのところ、なんらかのかたちで労働の支配と関わることを意味しています。ユートピアの星の光は消すことができません。しかし、その星が投げかけてくる光は、私たちが胸を張って行進できるような大道を示してくれるわけではありません。私たちにとって開かれている径《こみち》は、私たちが歩きながらつくっていくものでしかないのです。

コミュニズムはユートピアの星です。でも、それ以上のものでもあります。私たちを鼓舞してくれる未踏の目標といったものではなくて、差し迫った必要なのです。(67) それは、けっして、政治的実践を方向づける公理(68)というようなものではありません。いまや、かつてなく明白になっているのは、人類の自滅がはっきりと資本主義の日程に上ってきていることであり、これを避ける唯一の途は、私たち自身が社会発展を決定づけることができるような社会、社会的自己決定にもとづく社会をつくりだす途しかないということです。社会的自己決定に向かう営みは、差し迫って必要なもの、支配の表面の割れ目を一所懸命に探し求めるべきもの、希望に対立する希望になっているのです(69)。

おそらく、コミュニズムは、なによりも、寄せては返す答えのない問いの波また波、創造されるべき世界、コンマを打たれた世界、しかしピリオドのない*

原文は文を完結しないまま終わっています。

原註

1　叫び　註

（1）こうした世界的状況の特徴を「第四次世界大戦」としてのべているマルコスの非常に衝撃的な論考が注目されます。Marcos (1998) 参照。［マルコスはメキシコのサパティスタ運動の指導者です。］

（2）デボールは「現実に転倒している世界においては、真実は虚偽のひとつのモメントである」（『スペクタクルの社会』Debord 1995, p.14）とのべています。ホルクハイマー（「真理問題について」Horkheimer 1978a）とブロッホ（『チュービンゲン哲学入門』Bloch 1964, II pp.18-53）がいっていることも参照してください。

（3）ホルクハイマーは「社会の批判理論は、全体として、ただひとつの実存的判断を展開したものである」とのべています（「伝統的理論と批判的理論」Horkheimer 1972, p.227「実存的判断」よりも「実存についての判断」という訳のほうがいいと思いますが）。

（4）フーコーは「西洋世界が何世代もかけて膨大な労力を費やして人間の従属化、つまりは両様の意味でのsubject［主体・国民］による constitution［構成・憲法］を創り出してきた」ことについて語っています（『性の歴史』Foucault 1990, p.227）。

（5）比喩というのは、どんな場合でも危険なものです。このクモとハエのゲームという比喩は、あとになって捨てられることになります。というのは、クモの巣をつくるうえではハエはなんの役割も果たしていないのに対して、私たちを捕らえているシステムをつくりだしたのは私たち自身にほかならないからです。

（6）これはヴァルター・ベンヤミンが使った用語です。『左翼メランコリー』（Benjamin 1931）参照。

（7）「我を忘れさせる」もの＝脱自的なものとしてのエクスタシーについては、たとえば、Gunn (1987a) を参照してください。

(8)『君主論』第一五章で「君主について想像上の事項は脇において、実際に存在する君主にのみ関わる」ということをいっています(Machiavelli 1995, p.48)。

(9) フーコーが『性の歴史』でのべていること(Foucault 1990, p.7)。フーコーが論じているのは、愚かさに対する恐れや歴史の苦さのために、私たちのほとんどは革命と幸福、革命と快楽を結びつけようとしないということです。それに対して、ここで私がいいたいのは、反対に、私たちは、歴史の苦さのために、期待水準を下げるようになるのではなくて、むしろ希望ともっと真剣に関わり合うようになるのではないか、ということなのです。

(10) ロマン・ロランの箴言「知性の悲観主義、意思の楽観主義」は、グラムシによって一種の綱領的なスローガンに仕立て上げられました。一九一九年ころ、『オルディネ・ヌオーヴォ』紙上でのことです。『グラムシ獄中ノート』(Gramsci 1971, p.175, fn.75)参照。

(11) エルンスト・ブロッホは、ナチスドイツから逃れて流浪の身にあったときに主に書かれた『希望の原理』のなかで、このような恐ろしい世界であるからこそ、そのなかにおいて希望を学ぶという問題が生じるのだ、とのべています。Bloch 1986, p.3 参照。

(12) ソヴィエト連邦の崩壊は、マルクス主義にとっての危難とそこからの解放の両方をもたらすものになりました。マルクス主義にとっての危難とは、端的にいって、『資本論』を読んで、マルクスが成し遂げた業績のもとになったさまざまな議論を理解することができる人がますます少なくなったことで、マルクス主義が死語になっていこうとしているために起こってきたものです。そこからの解放とは、私たちが少なくともソヴィエトの系列が代表していたようなマルクス主義の実証主義化を取り除くことができ、マルクス主義を否定の思想としてより研ぎ澄ますことができるようになったことにあります。

2 国家を超える? 註

(1) ローザ・ルクセンブルクとベルンシュタインのさまざまな版のどれかを見てください。ルクセンブルク『社会改良か革命か』(Luxemburg 1973)、ベルンシュタイン『社会主義の諸前提と社会民主主義の任務』(Bernstein 1961) 参照。

(2) たとえばスターリンが一九〇五年に書いた論文「無政府主義か社会主義か」と、それについて論じたネストール・コーアンのコメント (Kohan, Nestor 1998, pp.33ff) を参照してください。

(3) おそらく、キューバはもっとも魅力的な(もっとも幻滅させるところの少ない)国家中心の革命をおこなったケースだろうと思われます。しかし、そんなキューバにおいてさえ、革命によって達成されたものは、革命家たちが熱く望んでいたものとは大きく懸け離れたものだったのです。そうなったのは、外的な圧力(経済封鎖、ソ連への依存とソ連の崩壊)だけによるものではなく、国家と社会との間の距離、社会的自己決定の不在が原因だったのです。このような議論は、(キューバのような)いまだに国家社会主義体制のもとにある国々が、直接に世界市場に統合されてしまうべきだと単純に主張するものではなく、むしろ、革命の強さは、革命そのものが社会に統合されて、国家が軸になる関係が終わる度合がどれほど高いかにかかっている、ということを主張しようとするものなのです。この点に関して、キューバの展望から論じたアカンダの興味深い考察(Acanda 2000)を参照してください。

(4) トロツキーの『裏切られた革命』以来、「裏切り」はトロツキズム運動の鍵になるカテゴリーのひとつになっています。

(5) たとえばルクセンブルクの『社会改良か革命か』を参照。「階級社会が最初に現れ、階級闘争をその歴史の本質的な内容とするようになってから以降、政治権力の奪取はつねに新興階級の目的となってきた。」(Luxemburg 1973, p.49)

(6) 多くの国々で、ナショナリズムと革命との結合は、反帝国主義の名の下に正当化されています。その正当化がどのようなものであろうが、こうした考え方は、社会関係は国家領域に応じて構成されるという前提にもとづいています。この問題について、サパティスタの蜂起との関係で論じているレッドアクシオンの議論(REDaktion 1977, pp.178-84)を参照。

(7)「権力の館に招じ上げられれば、その作法を習い、それを吸収することになる。……権力の習性、その音色、その姿勢、他者との同居のしかた。これらは、権力に近づいた者すべてがそれに感染する疫病だ。権力的なるものが踏みつければ、その足の裏から疫病が感染する」とラシュディはのべています（『悪魔の詩』Rushdie 1998, p.211）。

(8) 権力を取ることなしに世界を変えようとしてきた運動の経験は、そうした試みもまた非現実的であることを暗示するものだったといわれるかもしれません。権力を取らずに世界を変える可能性を見つけ出そうする議論が根拠にしているのは、歴史的経験だけではなくて、国家の本性についての理論的考察でもあるのです。

3 権力を超える？ 註

(1) Serrano (1995) p.316 同じ議論をもっと発展させたものとして、Winocur (2001) を参照。

(2) これはサパティスタの蜂起が提起したポイントのひとつです。サパティスタが叛逆を試みたのは、尊厳のためである、と彼らは主張しています。Holloway (1998) を参照。

(3) 強調しておかなければならないのは、このようにいったからといって、世界を変えるために権力を取る闘争にいのちをささげた人たちを尊敬しないということではない、ということです。反対に、私がいいたいのは、そういう人たちに敬意を払おうと思ったら、もっとも望ましいことは、革命闘争を生き生きとしたものに保つことであり、そして、そうするためには、いま、革命と権力獲得との結びつきを断つことが必要なのです。

(4)「世界を征服する必要はない。世界を新しいものにするだけで充分だ。」（「サパティスタの」「現実についての最初の宣言」、『ラ・フォルナーダ』一九九六年一月三〇日）

(5) 一九九九年一一月にシアトルで［サミットに対する抗議行動で］その一端を示したような反資本主義・反新自由主義《ネオリベラリズム》の波は、反権力運動の重要な焦点となってきています。

(6) フーコーもそういっています（『監獄の誕生』Foucault 1975, p.14）。本書第1章の註9を参照。

(7)『ファウスト』(Goethe 1969 , p.38) ドイツ語原文では Im Anfang war die Tat.

(8) 弁証法的唯物論という、弁証法と唯物論との固く陳腐な結びつきにおいては、弁証法が優先しているのです。私たちの思想は否定的なものであり、だからこそ唯物論的なものになるのです。この点は重要です。なぜなら、正統派の「弁証法的唯物論」をのりこえ、「老化現象を起こした退屈な伝統的革命思想をのりこえて」いこう(Negri 1999, p.xx)と志向している人たちのうちには、唯物論を優先させ弁証法的唯物論をしりぞけようとするあまり、「弁証法」を毛嫌いする人たちがいるからです。ネグリがおこなっている議論については、本書第9章を参照。

(9) ここで強調していることは、マルクスとエンゲルスが『ドイツ・イデオロギー』でおこなっている古典的なかたちでの唯物論の正当化とは別のものです(Marx and Engels 1976, pp.41-2)。

(10) ヨハネの言葉に関心をもっているのは聖書学者だけではありません。ポストモダン理論が言語を特別な位置をもつものと考えるとき、その基礎になっているのはヨハネの言葉なのです。フーコー『言葉と物』(Foucaout 1973, p.306)参照。「ニーチェ、マラルメとともに、思想は、乱暴に言語そのもの、この独特でむずかしい存在に向かって引き戻された。われわれの思想の関心は、すべて次の問いに集中している。言語とは何か。言語がそれ自身において、その豊かな内容を表してくるようにさせるために、われわれはどのような迂回路を見いだすべきなのか。」

(11) 「初めに叫びあり」というのとファウストが「初めに行いありき」というのとは、同じことなのでしょうか。違いは次の点にあります。ファウストがいったことは、出来事の過程の外に立って考えている人間が、熟慮の結果結論に達していっているという趣《おもむき》がありますが、これに対して、叫びを強調する見方では、もっと直接的に経験の(経験「についての」ではなく)反映ないしは反省がおこなわれているのであって、叫びは、道に迷って出口を探している者があげたもので、もうすでに外に出ている者が説明を求めているようなものではないのです。

(12) このことは、人間はコミュニズム社会においては脱自的ではなくなるということを意味しているのでしょうか。もちろん違います。なぜなら、コミュニズムというのは、存在の状態として理解されるべきではなく、過程としてのみ理解されるべきだからです。

(13) たとえば、フーコーは『言葉と物』の英語版序文(Foucaut 1973, p.vii)で、自分の仕事が変化の可能性を否定していると批判されているとコメントしていますが、そこでフーコーは自分の「主な関心は変化にあった」とのべています。しかし、問題は、フーコーの方法が、もともと変化を運動として理解することを妨げている、という点にあるのです。だから、フーコーのいう変化は、時の流れに沿って並べられた静止画像のようなものとして、スナップショットの連続としてしか現れてくることができないのです。

(14) 客体化の問題とその重要性については、これからもいろいろな点に関連してくりかえし触れます。

(15) 多くの言語において、「力」を意味する名詞は、「できる」ことを意味する動詞と同じです。たとえば、poder［スペイン語］、pouvoir［フランス語］、potere［イタリア語］、Vermögen［ドイツ語］など、みんなそうです。

(16) ブブリッツは、これと非常に似通った考えをのべています(Bblitz 1998, p.22)。「創造は河に似ている。河床に水があるかぎり、河は流れつづける。流れの途中に大小のダムや水門を造っても、それはやはりまだ河である。その自由を盗んで奪ってしまっても、水はまだ流れ、前へ進んでいる。ただ、それはもう、以前のように、河が、自由に起伏しながら、風景と彼らの間でだけ通じ合う対話をかわしつつ、みずからの形をつくっていくプロセスではないのだ。」

(17) 心に懐かれた企てとその実行とが分断されることについては、ゾーン゠レーテル『精神労働と肉体労働』(Sohn-Rethel 1978)を参照。

(18) ホッブスが『リヴァイアサン』でおこなっている以下のような「力」の定義を参照してください。「人間の力とは(一般的に考えて)、その人が明らかに善であると思われるものを将来に獲得するために現在もっている手段のことである。」(Hobbes 1991, p.62) なお、主流の社会理論において、力について現在どんな議論がされているかについては、MacKenzie (1999) を参照。

(19) マルクスは、資本主義のもとで疎外された労働者の活動について、こうのべています。「その活動は苦悩としての活動であり、弱さとしての強さであり、去勢としての生殖であり、労働者自身の肉体的・精神的エネルギー、つまりその人格的な生命でありながら——活動でない生命とはいったい何であろうか——、労働者自身に叛逆し彼から独立し彼に属さない活動としてある活動である。」（『経済学・哲学草稿』Marx 1975, p.275）

（20）ドゥボールは、資本主義の特徴は「見世物《スペクタクル》社会」にあるといっています。「分離は見世物《スペクタクル》のアルファでありオメガである。」（『スペクタクルの社会』Debor 1995, p.20）

（21）ヘーゲルが『精神現象学』で［相互承認の問題をめぐって］そう指摘しています（Hegel 1977, pp.111ff）。

（22）疎外と客体化との間に明確な区別はありません。アドルノと後期のルカーチは、ふたりとも、この区別を主張していますが、ほとんど、自分たちの理論が含んでしまう言外の意味から身を守るためだったと思われます（ルカーチの場合はまったく明らかにそうです）。ルカーチ『歴史と階級意識』の一九四七年版序文（Lukács 1971, pp.xxiii-xxv）、アドルノの『否定弁証法』（Adorno 1990, pp.189ff）を参照。

（23）アドルノがのべているように（Adorno 1978, p.498）、主体と客体を分離することは「現実的であると同時に幻想である。認識の領域においては、それは現実的な分離、人間がおかれている条件がふたつに分裂していること、強いられた発展を表しているから、真実である。その結果として生じている分離を実体化して、魔法のように不変なものに変えてしまうなら、虚偽である。」（ジェイ『アドルノ』から重引 Jay 1948a, p.61）

（24）マルクスにおいては、行為の流れの分断に対して、ふたつの方向からアプローチが図られています。一八四四年の草稿［『経済学・哲学草稿』］では、資本についての議論（資本があたえる指令が労働者と対立する関係にあること）からのアプローチがおこなわれています。『資本論』では、商品についての議論からのアプローチがおこなわれています。しかし、これらのふたつのアプローチは矛盾するものではありません。なぜなら、マルクスは、商品生産が全面的に発展するためには資本制の生産関係が前提になる、とはっきりといっているからです。

（25）私はここで「労働」という言葉を疎外された行為という意味で使っています。

（26）ホルクハイマーとアドルノの『啓蒙の弁証法』（Horkheimer and Adorno 1972, p.230）を参照。「すべての物象化は忘却にほかならない。」

(27) この点についてはGunn 1992, p.14を参照。「マルクス主義的概念には均衡が存在する。しかし、その均衡は疎外されたかたちで存続する闘争として、すなわち否認された様式において存在する。」（傍点は原文のまま）

(28) 「まだないもの」が現在に存在することについては、ブロッホ『希望の原理』（Bloch 1986）を参照。

(29) それがマルクスの労働価値論の核心なのです。

(30) 同じことが、［フランス語の］puissance と pouvoir、［ドイツ語の］Vermögen と Macht の区別の問題についてもいえます。［いずれも potentia（力能）と potestas（権能）に対応しています。］

(31) Ashe 1999, pp.92-3 参照。「カントのおかげで、それ以来ずっと、主体性は本質的で不変な性格を先験的にもっているという考え方が、西洋哲学思想のさまざまな業績の基礎をなしてきた。……現代においては、こうした見方に反対する者が主体の概念を文化、イデオロギーおよび権力の産物として定式化し直している。そうした見方は、主体性を自律的で不変なものと見るよりは、主体というものを開かれた、不安定で稀薄なまとまりとしてとらえるのである。」しかし、問題は主体性の重要さを否定することにあるのではなくて、主体性を理想化された大文字の主体性［近代的な固有の性格をもった主体性］から救い出すことにあるのです。あるいは、アドルノが（主体と主体性という言葉を逆に使いながら）いっているように、「構成していくものとしての主体性の虚偽を突破していくために主体の強さを使うこと――これがみずからの仕事だと、自分自身の精神的衝動を信頼するようになって以降、感じてきた」（『否定弁証法』Adorno 1990, p.xx）ということなのです。

(32) 『言葉と物』の冒頭にのべられているベラスケスの「侍女たち《ラス・メニーナス》」という絵画をめぐる分析を思い出します。この分析は魅惑に富んではいるものの、そこに運動がないのです。

(33) これがまさしく、否定理論に対してマルクス主義が果たした貢献の中心点なのです。

(34) ネグリがおこなったラディカル・デモクラシーの観点に立った政治理論の批判的復権（「憲法制定権力」概念の「構成的権力」概念としての発展）、ブロッホがおこなった「まだないもの」の復権、すなわち民間伝承や芸術、政治理論において一貫して主題とされてきた、現存する社会を超えていく企ての復権とを比較してみるのは興味深いことです。たとえば、ブロッホは、フィオーレのヨアキムについて情熱をこめて語っていますが（『希望の原理』Bloch 1986, Vol.2, pp.509-15）、これに比べると、ネグリは、ヨアキムをサヴォナローラといっしょにして、「マキャベリ同様、私は、『世界中の詐欺師たちを引きつける磁石になっているわれわれのこの都市において』預言者を職業としている、こういった修道士に好意をもっていない」と素っ気なくのべています（『構成的権力』Negri 1999, p.100）。ネグリに関連した議論については、本書第9章で詳しく展開します。

4 物神崇拝——痛ましいディレンマ 註

（1） たとえば、ハワードとキングが著した二巻からなる『マルクス経済学史』（*History of Marxian Economics*, 1989, 1992）では、物神崇拝についてはほんのわずかしかふれられていません。

（2） ［ここで「行為者自身」と訳したのは原文では doer himself ですが］しばらくはマルクスの英訳のスタイルに従って人間としての人々という意味で he［彼］という言葉を使っていきますが、原文のドイツ語ではマルクスは Mensch（person［個々の人、人格］）という語を使っていることを念頭に置いてください。［本訳書の『経済学・哲学草稿』の引用部分で以下「彼」というふうに訳しているのは、この註記に従ったものです。］

（3） ここからはまた、私的所有は疎外された労働の結果であって原因ではない、という結論が引き出されます。「それはちょうど、神々がもともとは人間の知的混乱の原因ではなく、その結果であるのと同じことである。のちに、この関係は相互的に作用するものになる。」［『経済学・哲学草稿』pp.279-80］

（4） 「したがって、資本主義の時代は次のような特徴をもっている。労働力は、労働者自身の目には、自分自身の所有物である商品であるかのようにとらえられること、そして、その結果、労働は賃労働になること、これである。他方において、この時点において初めて労働の生産物は普遍的に商品となるのである。」（『資本論』Marx 1965, p.170）

（5） 存在様式としての形態については、Gunn (1992) を参照してください。

（6） ルカーチによれば、物神崇拝の問題は、マルクス主義理論全体の中心を占めています。「これまでよくいわれてきたことだが――しかも明確な論証抜きに――、ヘーゲルの『論理学』の有と非有と生成をあつかった有名な章にはヘーゲル哲学のすべてが含まれている、という主張がある。とするなら、同じような論拠をもって、［マルクスの『資本論』の］商品の物神崇拝的性格の章には史的唯物論の全体、プロレタリアートがもつ資本主義社会（そしてそれに先行する諸社会）についての知識としての自己知識のすべてが含まれているといいうるかもしれない。」（『歴史と階級意識』1971, p.171）

（7）「倒錯した」［原文は perverted］はドイツ語の verrückt を訳したものです。このドイツ語には、「狂った」と「位置を変えられた」というふたつの意味が含まれています。

（8）ネグリのフーコーに対するコメントを参照。「フーコーはフランクフルト学派の教訓を、その直接の後継者たち以上に忠実に解釈している。」（Negri 1999, p.340）

（9）グラムシの「有機的知識人」という概念は、このテーマに関する別種の考え方を示しています。『グラムシ獄中ノート』（Gramsci 1971, pp.3-23）参照。

（10）ロケットと炎が一体であるというのは、つくられた全体性ですから、その一体性は、言語のパースペクティヴからではなく、行為のパースペクティヴからのみ理解されるべきものです。

（11）Jay (1984b, p.109) 参照。「この［物象化という］言葉は、マルクス自身の著作には見いだされないが、生きた過程を死んだ物へと化石化することを意味し、そこに現れるのは疎遠な『第二の自然』である。ヴェーバーのいう『官僚的合理化の鉄の檻』、ジンメルのいう『文化の悲劇』、ベルクソンのいう『持続の空間化』といったものは、すべて、より一般的な過程の一部を表したものである。」

（12）時計の時間がどのようにして歴史的に成立したのか、についてはE. P. Thompson (1967) 参照。

（13）記憶という概念がはらむ革命的な意味については、Tischler (2000) を参照。

（14）フーコーの『言葉と物』（Foucault 1973, p.94）参照。「すべての動詞は『ある《エートル》』を意味《シニフィエ》するただひとつの動詞に帰着する。」フーコーは、ここで古典的な時代に特有の認識基盤《エピステーメ》について語っているのですが、資本主義時代全体について同じような議論をすることができます。

(15) このことは、競争や政治的対立《コンフリクト》に焦点を当てる理論についても当てはまることに注意してください。そこにおいては、対立《コンフリクト》が全体の再生産を促進するという観点から理解される傾向があります。不安定が強調される場合でも、均衡が最優先の前提になっています。危機を異常なものとしてではなく、むしろ経済に不可欠なものとして取り扱うこうした経済理論（たとえばシュムペーターの理論）においては、それにもかかわらず、他方で、危機を再構築《リストラクチャリング》として、「創造的破壊」として、全体としての資本主義の再生産に必要な変化としてとらえるべきだという機能主義的な前提があるのです。

(16) 構成と存在との隔離については、Bonefeld (1995) を参照。

(17) ここで「彼自身の」［his own］と男性形を使っているのは、その個人が疎外されていることを強調するためです。

(18) 「……を対象とする理論」に対する批判については、Gunn (1992) を参照。

(19) 「理論」［theory］という言葉の起源と使い方の変化については、ウィリアムズの『キーワード辞典』（Williams 1976, pp.266-8）参照。

(20) 同じような性格のことをいっているものとして、Smith (1996, p.64) を参照。「人間は、みずから生成し、みずから認識する、社会的な自然の一部であるといわれるかもしれない。これは、もちろん、定義ではない。実際、不断に自己を何か別の物に変えていくという存在様式を取っているものを定義づける——字義通りにいえば、限界を設定する——ことはできないのである。」

(21) 「このようにして、同じ単位の量を単純に足し算していくことでフランス国民の大多数者が出来上がる。それはちょうど、一袋分のジャガイモを寄せ集めると、ジャガイモ袋というものが一個出来上がるというようなものである。」〔マルクス『ルイ・ボナパルトのブリュメール一八日』Marx 1962, p.334〕

(22) 「歴史の本性は、まさしく、すべての定義が幻想へと退化していくというところにある。歴史とは、人間の生を象る客観的形態を間断なく覆していく歴史である。」（ルカーチ『歴史と階級意識』Lukács 1971, p.186 傍点は原文のまま）

(23) サパティスタ運動の核心は、たとえば、その運動が「先住民運動」と自称することが一度もなかったと同時に、先住民運動の性格をもっていることをけっして否定しなかったことに現れています。というよりは、規定と超越が同時にあったのです。「私たちは先住民であり、同時に、それ以上のものだ。」Holloway (1998) 参照。

(24) 経験的な探究（新しい定義の追究）と分類（新たな素材の理論的な目録の作成）とがおたがいに補う合う関係にあることについては、Horkheimer (1972) 参照。

(25) 数学的抽象化と商品交換との間の関係をめぐる議論については、Sohn-Rethel (1978) を参照。

(26) ブブリッツは、こういっています (Bublitz 1998, p.12)。「われわれの世界を揺るぎない論理原則に還元してしまうことは、われわれがいま生活しているように生活しなければならないということを原理的に証明するうえでは役に立つが、この生活のしかたが人間性を葬り去ってしまうものであることを理解するうえでは役に立たない。」

(27) この一五年あまりの間に、二進法論理がさらに洗練されて、コンピュータ技術の発展に顕著な影響をあたえたことはみなさんご存じのとおりです。

(28) このような自由観は、カントとエンゲルスがともに信奉していた考え方です。その批判については、アドルノ『否定弁証法』(Adorno 1990, pp.248-9) を参照。

(29) ユーテイ・ブブリッツの「定義と友情」をめぐる重要な論文（Bublitz 1998 所収）を参照。

(30) この意味では、カール・シュミットの政治理論は、友と敵との区別に焦点を合わせている点において、まったく、アイデンティティの論理の首尾一貫した展開を体現するものとなっています。シユミット『政治的なものの概念』(Schmitt 1987) 参照。このシュミットの友敵理論とマルクスの階級闘争という反アイデンティティ志向の概念とでは世界が異なっています。

(31) マルクーゼは、歴史的に特定の形態を取った現実原則を達成原則として考察しています (Marcuse 1998)。同じような観点をフロイト以前の用語で論じているのが、パウル・ラファルグで、『怠ける権利』の冒頭で、こうのべています。「資本主義文明が支配している国々では、労働者階級は奇妙な狂気にとりつかれている。

すべての個人が、この錯乱にとらわれるままに浮遊しており、これによって人間性が拷問にかけられるという悲惨な状況が何世紀にもわたって続いてきた。その狂気とは労働を愛することであり、労働を求める情熱である。この愛と情熱が、ひとりひとりの活力を消尽させ、さらにはその子孫の活力をも奪いつくすところまで高まっているのである。」(Lafargue 1999, p.3)

(32) フーコーは、のちになってかち、初期の仕事を通じて自分が落ち込んでしまった理論的・政治的袋小路から抜け出そうと努めました。この点について役立つものとして、Ashe et al. (1999, pp.88ff) : Best and Kellner (1991) を参照。

(33) ここでのアドルノの議論はいささか混乱しています。というのは、アドルノは、物象化と疎外を、物質的・概念的分離の連続性というよりは、意識形態に関わるものとしてあつかっているからです。ここから、アドルノはこういいます。「もはや弁証法を物象化に還元することはできない。弁証法は、それがいかに論争の的になろうが、何か別のかたちで分離されたカテゴリーに還元することができるだろう。」(『否定弁証法』Adorno 1990, p.190) このような言い方が意味をもつのは、行為と行為の結果とが分離される物質的なプロセスから物象化が抽象されたかぎりにおいてなのです。

(34) 「分割して統治せよ」[divide and rule] という言い方がされますが、このときの「分割」と「統治」とをつなぐ「そして」[and] は、「分割」と「統治」が切り離されていることを表しているのではありません。そうではなくて、このふたつの間に同一化すなわちアイデンティティ化がなされていることを表しているのです。分割は統治であり、統治は分割である、というわけです。

(35) 『ラ・ホルナーダ』二〇〇〇年六月一四日付。毎年、約三〇〇人の人たちが、これと同じ国境を越えようとして死んでいます。

(36) 国家の問題については、後に、もう一度立ち返って、詳しくふれることにします。

(37) Jay (1984a, p.49) から重引。

(38) 構造主義と永遠の疎外という構造主義の前提について、Tavor Bannet (1989) を参照。

（39）ポストモダン理論と、一九六八年五月にフランスで起こった事態［いわゆる五月革命］の後に続いた幻滅との結びつきについては、Best and Kellner (1991) を参照。

5　物神崇拝と物神化　註

（1）こうしたアプローチの例としては、Jessop (1991) を参照。それに対する批判としては、Holloway (1991c) を参照。

（2）ですから、たとえば、アドルノが次のようにいうとき（『否定弁証法』Adorno 1990, p.272）、そこにはアイデンティティ化をアイデンティティと同じものにしてしまっている（アイデンティティ化の過程を確立されたアイデンティティとして取り扱ってしまっている）といわれてもしかたがないところがあります。すなわち、「法は、そのもっとも抽象的な形態においても、生成してきたものである。その苦痛に満ちた抽象性は、そこに沈殿した実質なのであり、アイデンティティという規範形態に還元された支配なのである」とアドルノはいっているわけですが、アイデンティティは支配の規範形態であるというとらえかたは、現れ（アイデンティティ）と実質（アイデンティティ化のための格闘）とを混同するものです。これは、アドルノの議論が帯びている悲観《ペシミスティック》的な色調と大きく関係しています。

（3）この系譜については、第7章でくわしく言及します。

（4）言葉を換えていえば、「総体性への渇望」について語ることは、「総体性」を積極的な概念というよりは批判的な概念として見ること、認識の立場の適用というよりは細片化への批判として見ることにつながっています。

（5）こうした議論に対する批判としては、Clarke (2002) を参照。

（6）アドルノも同じような指摘をしています。「［状況や見通しが］灰色であることは、われわれの精神が異なった色彩の観念を懐いているのでなければ、絶望で満たされることにつながるものではない。さまざまな異なった色彩の粉々にされた痕跡は、否定的な全体の内にも失われていないのである。」（『否定弁証法』Adorno pp.377-8）しかし、アドルノは、そのすぐ後に、ブロッホとはまったく異なる、悲観《ペシミスティック》的で後退的な転換をおこない、こういっています。「このような痕跡はつねに過去に由来するものだが、われわれの希望は、そのように運命づけられてはいなかったもの、あるいはいないものに由来するのである。」しかし、異なった色彩は過去に由来するのではないのです。それは現在の抵抗に由来しているのです。

（7）この点が、いわゆる「開かれたマルクス主義」としばしば呼ばれるアプローチの核心に関わってきます。Bonefeld, Gunn and Psychopedis (1992b, 1992c), Bonefeld et al. (1995) 参照。

（8）ですから、原始的蓄積というのは、資本主義の起源に関わっているだけではなくて、不断に資本主義的形態を課していく際の無慈悲さに関わっているものなのです。Bonefeld （1988）, Dalla Costa （1995） 参照。

（9）形成の過程としての国家という概念の展開については、Holloway (1991b)；Holloway (1995b) 参照。

（10）ルカーチ『歴史と階級意識』参照。「ブルジョア思想とマルクス主義とを決定的に区別するのは、歴史解釈の上で経済的動因を支配的なものとすることにあるのではなくて、総体性という観点をもつところにこそある。」(Lukács 1971, p.27)

（11）これは、ヘーゲルの『法の哲学』序文の末尾にある有名な言葉と対比してのべてみたものです。ヘーゲルの言葉は「ミネルヴァのフクロウは黄昏《たそがれ》がやってくると、羽を広げて飛び立つ。」(Hegel 1967, p.13)［ローマ神話のミネルヴァは、ギリシア神話のアテーナーと同一視され、知性の擬人化されたもので、この神がもつ聖なる鳥がフクロウ。だから「ミネルヴァのフクロウ」は知性・哲学の象徴。したがって、このヘーゲルの言葉は、物事が充分に成熟し終わろうとするときに、はじめてその物事の全貌を認識することができる、という意味です。ヘーゲルは『法の哲学』序文で「現実の成熟のなかではじめて、観念的なものが現実的なものと対抗するかたちで現われ、この同じ世界をその実体においてとらえて、それをひとつの知の王国の姿としてみずからに建設するのである」とのべています。］

（12）「これによって引き起こされる眩暈こそ真理の指数である。」（アドルノ『否定弁証法』Adorno 1990, p.33)

（13）マルクス主義を資本の再生産の研究だと考え、しかも、その再生産はつねに争いの焦点になってはいないものであるかのように考えるのが普通になっていますが、これは非常に大きな歪曲です。

(14) サパティスタの蜂起との関連で、ここでのべたことについては、Holloway (1996) を参照。

(15)「まちがった世界に住むすべての市民が、正しい世界に耐えがたさを見いだすだろうというところに、つけめがある。そうした人たちは、あまりにも損なわれているがために、正しい世界に住めないのだ。」（アドルノ『否定弁証法』Adorno 1990, p.352）

(16) 自治運動理論《アウトノミア》については、第9章でより広く検討します。

6 反物神崇拝と批判 註

(1) アイデンティティの科学は、ふたつのタイプの活動を含んでいると見ることができます。アイデンティティ化と分類のふたつです。ホルクハイマーは、伝統的な科学概念を図書館の活動と比較しています（「伝統的理論と批判的理論」Horkheimer 1972, p.188）。［図書館の比喩でいうなら］経験的な方法によっている科学者や研究者は、新しい素材を取ってきてもたらしては知識を豊富にする新着図書供給の役割を果たしているわけです。理論は蔵書目録の体系を維持して、もたらされた新しい素材を分類し、それに図書館の分類記号にしたがってラベルを貼るのです。そこでしばしばおこなわれる区別は、「第一階層の論理」と「第二階層の論理」（あるいは理論とメタ理論）の間の区別です。「第一階層の論理」とは、アイデンティティ化の「経験的」作業に関わるものであり、「第二階層の論理」とは（分類するうえでの基準になる）概念の編成と評価に関わるものなのです。

(2) 英語では、こうした意味での批判（criticism）は、批評（critique）のことを指している場合があります。このふたつの言葉は入れ替え可能なのです。

(3) ルービンの価値に関する論考（『マルクス価値論概説』Rubin 1973）は、マルクスの方法における生成から考える視点を強調している点において基本的に重要なものです。しかし、ルービンは、マルクスの方法が政治的に重要であることについては触れていません。Holloway (1995a) 参照。同様な視点からルービンの論をより全面的に検討したものとして De Angelis (1996) 参照。

（4）［ホロウェイの原文は、ここで「人間」と訳した言葉を man と書いていますが、その man について」さしあたり、マルクスの英語訳のとおりの言葉を使っておきますが、マルクス自身は中性名詞である Mensch［人間］を使っていることに注意しておく必要があります。

7　科学的マルクス主義の伝統　註

（1）ガンの「史的唯物論」批判（Gunn 1992）を参照。

（2）たとえば、ネグリが弁証法を認めないのは、その基礎に弁証法に対するこのような粗雑なとらえかたがあるためなのは確かです。

（3）この時期について大いに参考になる論考として、Smith (1996) の第二章を参照。

（4）グラムシがいう「有機的知識人」というよく引用される概念も、この点に関しては、あまり違いのないものです。有機的知識人は、「さらに知性を発展させたプロレタリアであって、その任務はプロレタリアの階級闘争に正しい路線を取り入れることにある、というものにすぎません。『グラムシ獄中ノート』（Gramsci 971, pp.3-23）参照。

（5）副司令官《スブコマンダンテ》マルコスは、ＥＺＬＮ（Ejérrcito Zapatista de Liberación Nacional 民族解放サパティスタ軍）がラカンドンの密林の原住民から学んだ主な教訓は、「聴くこと」にあった、といっています。「それがインディヘーナ［マヤ系先住民］の共同体がＥＺＬＮの原組織に教えてくれた大きな教訓でした。ＥＺＬＮの原組織は、一九八三年につくられたのですが、ひとつの政治組織でした。政治組織だという意味は、何かを口に出して発表し、言ったことは実行しなければならない、ということです。インディヘーナの共同体は聴くことを教えてくれました。それを私たちは学んだのです。私たちがインディヘーナの人たちから教えられたもっとも大事なことは、聞くことを学び、また聴くことを学ばなければならない［受動的な「聞く」と能動的な「聴く」］ということでした。」（クリスティアン・カロニコ・ルシオにより一九九五年一一月一一日におこなわれた未刊行のインタビュー　Holloway 1998, p.163 から引用）

（6） 階級闘争を「当然のこと」としてあつかう見方については、Bonefeld (1991) を参照。

（7） こうした観点からのヒルシュの研究に対する批判として、Bonefeld (1991) と Holloway (1991c) を参照。

（8） マルクス主義政治学の基礎を創り上げようとして大きな努力を傾けたのがプーランツァスでした。プーランツァスは、「政治的なものの相対的自律性」という構造主義的観点から、これに取り組みました。特に『資本主義国家の構造』（Poulantzas 1973）を参照。

（9） マルクス主義のカテゴリーを既存学問の見方の枠内で護ろうとして始まった議論が発展して、既存学問の見方そのものを問うようになることがよくあります。たとえば、価値というマルクス主義の概念を護ろうとする努力が発展して、経済学研究とマルクス主義の経済学批判とはちがうのだということをあらためて主張し、リカードとマルクスとの連続性を否定するところにもどっていったりするのです。

（10） このことを体現した重要で影響の大きな実例がレギュラシオン理論です。この理論は、資本主義を一連の「レギュラシオン（調整）の様式」からとらえようとするものです。この理論に対する批判として、Bonefeld and Holloway (1991) を参照。

（11） 最近のマルクス主義における論争と関連させながら、マルクス主義の物神化を論じていて役に立つ論考として、Martinez (2000) を参照。

（12） 自由とは必然性の洞察であり、社会の運動法則を認識することであるとエンゲルスはいいましたが、こうした立場に立つことは人々を客体としてあつかうことになります。アドルノが指摘しているように、こうした考え方は、「計り知れないほど大きな政治的影響をおよぼしてきた」のです。アドルノ『否定弁証法』（Adorno 1990, p.249）参照。

8 批判的・革命的主体 註

（1） この章で展開される議論はガンとボーンフェルドが展開している議論と密接に関連しています。Gunn (1987c), Bonefeld (2001) 参照。

（2）ですから、マルクスが「本源的蓄積」と呼んだものは、歴史的な局面に限定されるものではなく、資本主義が恒常的にその中心にもっている特徴なのです。この点については、Bonefeld (1988) 参照。

（3）「コミュニズム革命は、これまであった活動様式に対抗する方向で、労働を取り除き、そしてあらゆる階級の支配を階級そのものとともに廃絶する。なぜならば、この革命を成し遂げる階級は、社会のなかで階級とはもはや見なされず、階級として認識されることもなく、それ自身の存在において、今日の社会の内部ですべての階級、すべての国籍などなどの解消をあらわしているものであるからである。」（マルクス・エンゲルス『ドイツ・イデオロギー』Marx and Engels 1976, p.52）

（4）したがって、階級の構成と脱構成という概念は、たがいに異なる集団がそれぞれの占める地位を変えることとしてとらえられるのではなく、私たちすべてのなかに浸透している対立関係、物神化と反物神化の対立関係、階級化と脱階級化の対立関係がその配置を変えることとしてとらえられるべきなのです。この点については、第9章でさらにくわしく論じます。

（5）階級について書かれた未完の章（『資本論』第三巻第五二章）——そして、まさしく『資本論』全体をつらぬいているもの——を見れば、マルクスが、階級という概念を定義できる人間集団としてとらえる見方を拒んでいたことがわかります。

（6）ですから、マルクスにとって資本家とは、『資本論』のなかでたびたび指摘されているように、資本が擬人化されたものなのです。プロレタリアートにしても、マルクスの著作のなかでは、それと同定できる人間集団ではなくて、敵対的対立関係の一方の極として最初に現れてきます。「［プロレタリアートは］人間の完全な喪失であり、したがって人間の完全な回復によってのみ自分自身を獲得することができる……階級［である。］」（『ヘーゲル法哲学批判序説』Marx and Engels 1975, p.186）

（7）「溜め池は水を湛《たた》え、泉は水を溢《あふ》れさす」（ウィリアム・ブレイク「地獄の諺」Blake 1975, p.97）私たちは泉であって、溜め池ではないのです。

（8）マルクスがプロレタリアートの姿を、資本主義が彼らの絶対的否定であるがために、彼らの存在条件そのものが資本主義の絶対的否定に導くようなものとして描いているのは、この意味においてなのです。「プロレタリアートが旧来の世界秩序の解体を宣言したとしても、それは単に自分自身のありかたの秘密をのべたにすぎない。なぜなら、プロレタリアートは、そのような世界秩序の事実上の解体にほかならないからである。」（『ヘーゲル法哲学批判序説』Marx and Engels 1975, p.187）

（9）「つねに否定する精神」とはメフィストフェレスがファウストに自己紹介するときいった言葉です［ゲーテ『ファウスト』1138 Goethe 1969, p.40］。「生物のなかで人間だけが自分自身であることを拒む。」（カミュ『反抗的人間』Camus 1971, p.17）

（10）「こうして、われわれを苦しめ、われわれをひとつに結びつけたものが、われわれに語らせた。われわれはわれわれの言葉には真実があることを知った。われわれは、われわれの言葉のなかに苦痛と苦難が生きていることを知ったが、またわれわれの心のなかには希望があることも知った。われわれは自分たち自身と話をした。われわれは自分たちの内側を見た。自分たちの歴史を見た。もっとも旧い父祖たちが苦しみ闘っているのを見た。祖父たちが闘っているのを見た。父親たちが怒りに燃えているのを見た。すべてがわれわれから奪われつくしたわけではないこと、われわれはもっとも貴重なものをもっていることを知った。そのもっとも貴重なものによって、われわれは生きている。それによって、われわれの歩みが植物や動物を超えるものになった。石を足の下に踏みつけることができるようになった。われわれは、兄弟たちよ、われわれがもっているすべては尊厳であることを知った。それを忘れてしまうことは大きな恥だということがわかった。その尊厳は人間がもう一度人間になるときに役に立つことがわかった。そして、尊厳がふたたびわれわれの心のなかに宿るようになった。そして、われわれはふたたび新たなものになった。死者たち、われわれの死者たちが、われわれが生まれかわったのを見た。そして、私たちをふたたび呼んで、尊厳に、闘いに導いた。」（サパティスタ民族解放軍 Ejército Zapatista de Liberación Nacional 1994, p.122 傍点は原文のまま）自治運動論者《アウトノミスタ》たちの自己価値賦与《セルフヴォラリゼーション》［みずからに価値を認めること］という概念が、おそらくいちばん近いでしょう。マルクス主義の系譜は、これを資本に立ち向かい乗り越えていく闘いを積極的にする概念として認めるようになっています。しかし、表現はぎごちなくて曖昧です。自己価値賦与《セルフヴォラリゼーション》についてはCleaver (1992) を参照。

9 反権力の物質的リアリティ　註

（1）さまざまな実例をもとにした興味深い議論として、Stratman (n.d) を参照。

（2）副司令官《スブコマンダンテ》マルコスは、一九九九年八月一日付のコミュニケでこういっています。「われわれは、ごく普通の女と男、子供と老人である。ということは、つまり、叛逆の心をもち、順応しない、やっかいな夢想家なのである。」（『ラ・フォルナーダ』一九九九年八月四日付）

（3）もっと最近におこなわれた定式化としては、『〈帝国〉』（Hardt and Negri 2000, p.208）を参照。「プロレタリアの闘争は――現実的で存在論的な意味で――資本の展開の発動機となっている。資本がより水準の高い技術を導入し、それを通じて支配関係の形を変えていくことをプロレタリアの闘争が制約しているのである。マニュファクチャから巨大産業まで、資本資金調達から国境を越えたリストラクチャリングや市場のグローバル化まで、資本主義の展開の姿を決定づけているのは、つねに、組織された労働者パワーのイニシアティヴなのである。」

（4）マルクスは、アンドルー・ユーアを引用しています。「この技術革新［自動ミュール紡績機の導入］は、すでに提起した学説、すなわち資本は科学を駆使することによって、つねに手に負えない労働者に従順さを教え込もうとするという説を確証するものである。」（『資本論』Marx 1965, p.437）

（5）階級構成の概念には性差の意味が含まれています。

（6）この議論について、最近あらためて論究しているものとして、ハート／ネグリ『〈帝国〉』（Hardt and Negri 2000, p.437）を参照。

（7）ウィザーフォード「自治運動《アウトノミア》マルクス主義と情報社会」（Witheford 1994, p.90）も参照。「『階級構成』の概念――両者それぞれの内的な統一、手段、意志の規格は、技術的・社会的分業によって決定されるだけではなく、文化的環境、組織形態、政治的方向性によっても決定される。労働者階級の団結が拡大すれば、それに対して、資本は攻勢的に［パワーの］配置換えをおこなうことによって、経済、テクノロジー、国家のパワーを動員して、労働者階級の組織を『分解する』のである。しかし、資本は剰余価値の源泉としての集合的労働に依存しているから、敵を完全に殲滅《せんめつ》することはできない。どのような攻勢も、成功したにしても、労働力の『再構成』につながらざるをえず、それを通じて、新鮮な包容力と戦略と組織形態を具えた別個の労働層が新たな抵抗を生起させてくるのである。労働者階級は、ふたたび『つくられる』のではなくて、くりかえし、くりかえし、絶えざる転換を原動力として、再生されるのであって、それにともなって、労働者階級の再構成と資本による再配置が、おたがいにおたがいを追いかけながら『二重螺旋《らせん》』をかたちづくって進行し、対立・衝突を拡大していくのである（Negri 1980, p.174）。」Cleaver (1992) も参照。

（8） 資本が労働に依存しているのは、資本が労働によって生産されたものだからだ、という別の解釈も、自治運動論者《アウトノミスタ》の言説の中に出てきます。たとえば、トロンティの後のほうの論文では、次のようにのべられています。「資本の条件が労働者の手のなかにあるとしたなら、資本のなかには労働の力がもつ生きた活動以外に何の生きた生命もないとしたなら、資本は、生まれながらにして、生産労働が組織化されたものだとしたなら、別の言い方をすれば、すべての社会関係が階級関係であり、労働者を抜きにした階級関係がありえないとしたなら……資本家階級は、実は、生まれながら、労働者階級に従属しているのだという結論を導き出すことができるだろう。」(Tronti 1979b, p.10)

（9） ネグリとハートは、この点についてはっきりといっているわけではありませんが、彼らのアプローチのなかには、そういう要素が言外に含まれていることは確かなように思われます。「自律的な政治領域の衰退はまた、革命が国の政治体制のなかで起こることのできるような、あるいは国家という道具を利用して社会空間を変革することができるような、独立した空間の衰退をも告げている。対抗的権力という伝統的な理念、近代的主権一般に対する抵抗という理念は、こうして、ますますありえないものになっていく。」（『〈帝国〉』Hardt and Negri 2000, p.307）

（10） ホロウェイの議論（Holloway 1992, p.164）を参照。

（11） こうした解釈に含まれている機能主義に対する批判としては、Hirsch (1978) と Holloway and Picciotto (1978b) を参照。

（12） 弁証法を綜合としてとらえる見方に対する批判としては、アドルノ『否定弁証法』（Adorno 1990）を参照。

（13） ヒルシュが階級闘争を「と同時に」という位置づけに引き下げてしまったことに対する批判としては、Bonefeld (1991) を参照。

（14） アドルノは、カントについて、こうのべています（『否定弁証法』Adorno 1990, p.294）。「充分に考えられこととして、彼［カント］は、叡智《えいち》的性格をあらゆる衝動を理性的にコントロールする強い自我と考えたのだ。これは、近代合理主義の系譜全体を通じて、特にライプニッツとスピノザによって説かれてきたものであり、少なくともこの点においては両者［ライプニッツとスピノザ］は一致点を見いだしていた。」ネグリの理論（『野生のアノマリー』Negri 1991）がスピノザにもとづいていることは非常にはっきりしています。

（15） コミュニストは、アッシジの聖フランシスではなくて、むしろメフィストフェレスを、あの私たちみんなのなかに住む否定する悪魔に目を向けるべきです。

10　反権力の物質的リアリティと資本の危機　註

（1） こうした客観的矛盾をどうとらえるかについては、マルクス主義において異なる危機論を唱える三つの主要潮流の間で、長い間にわたって論争が展開されてきました。危機論の三つの潮流とは、利潤率低下傾向理論、不均衡理論、過少消費理論の三つです。

（2） これは、ヘーゲルが主と奴についてのべた一節（『精神現象学』Hegel 1977, pp.111-19）をめぐる議論としてよく知られています。

（3） ということは、階級対立を単に生産の問題としてではなく、流通と生産の統一の問題として理解しなければならないということになります。生産を第一の問題とし、流通をそれに続く次の問題として区別する見方は、労働者階級を生産において服従させられている人たち、すなわち産業プロレタリアートとして見る見方につながりがちです。資本を生産と流通の統一において（あるいは不服従労働の逃亡および不服従労働からの逃亡という二重の逃亡と再服従化との統一において）把握するなら、別の構図が現れてきます。資本は服従化によって生きながら、また服従化とは不可分の関係にある不服従労働からの逃亡によって生きてもいるのです。資本は、搾取するために労働を飲み込み、そして口に合わないといって吐き出すのです。労働者階級を成立させている対立関係は、服従をめぐる対立関係ではなくて、服従と不服従が同時に存在することをめぐる対立関係なのです。だから、労働者階級は、単に服従する犠牲者なのではなくて、そこから資本が逃げ去っていこうとする不服従者、にもかかわらず資本が依存しなければならない不服従者でもあるのです。資本が労働を飲み込み吐き出すことによって生きているのなら、労働者階級は、まさしく飲み込まれては地面に吐き出される口に合わない食べ物と見なすことができるわけです。

（4）社会的諸現象相互が一致・調和するシステムとして社会をとらえる理論（レギュラシオン理論やネグリの理論）は、資本主義の根底にあるこの相を見ることができません。この線からレギュラシオン理論を批判したものとして、Bonefeld (1991) を参照。

（5）価値理論において決定的に重要なこの観点を、価値をマルクス主義経済学のカテゴリーとしてしか取り扱わない人たちも、そして、もっと驚くべきことではないかと思いますが、正統マルクス主義を批判しながらも、「資本主義の発展法則」と闘争との二元論に固執している人たち［レギュラシオン理論派やネグリなど自治運動論者《アウトノミスタ》の一部などを想定している］も、見落としています。

（6）ネオリカード主義者の場合は、賃金闘争の役割を強調しています。これについては、Glyn and Sutcliffe (1972) 参照。自治運動論者《アウトノミスタ》の場合は、階級闘争一般を強調しています。これについては、Cleaver and Bell (1982) を参照。

（7）ハート／ネグリ『〈帝国〉』参照。「流動性と大衆労働者のノマディズム［遊牧的な生活様式］はつねに拒絶と開放の希求とを表現しているのである。すなわち、それらは搾取の恐るべき諸条件に対する抵抗と、自由や新しい生の諸条件への希求とをつねに表現しているのだ。」(Hardt and Negri 2000, p.212)

（8）ハートとネグリは、〈帝国〉に対する闘いについて論ずるなかで、適切なことにも、逃亡〈ノマディズム、脱走、脱出〉を非常に重要なものと見なす論を展開しています。「マルチチュードの脱領域的な欲望は、資本主義発展の全過程を駆動する原動機である。そして、資本は、つねにこれを包摂する試みを続けなければならない。」（『〈帝国〉』Hardt and Negri 2000, p.124）後のほうでは、「規律の時代にサボタージュが抵抗の基本概念だったとすれば、〈帝国〉が支配する時代においては、脱走がそれに取って代わる。」（p.212）と指摘しています。しかし、ハートとネグリは、逃亡を資本の概念としてとらえることができず、したがって、それが労働者の逃亡と資本の逃亡というおたがいの逃げ合いなのだということを見ることができないでいます。

（9）資本の「国際化」あるいは「グローバル化」を論じている最近の議論のなかでいわれている資本の可動性という概念の使い方は、服従化と不服従、構造と闘争とを分離してしまう議論の一例です。資本は、基本的に一箇所に位置するもの（「アメリカ資本」「イギリス資本」）と見なされ、労働は、たとえ登場するとしても、単なる犠牲者という位置づけなのです。

（10）「ポストモダン経済」において、剰余価値の生産は、過去のものと見えるかもしれません。お金がお金を生み出すという着想は、つねに資本が見ようとしている夢なのです。

（11）この節でおこなう議論については、Bonefeld and Holloway (1995) と Bonnet (2000) を参照。

（12）シュレジンガー『ローズヴェルトの時代1　旧体制の危機』（Schlesinger 1959, p.202）より重引。

（13）Negri (1988b) を参照。

（14）同じ表題のサミュエル・ブリッタンの著書（Brittan 1977）を参照。

（15）これについては、たとえば、Bonefeld and Burnham (1998) を参照。

（16）この点に関する議論としては、Bonefeld (1995) および Bonefeld and Holloway (1995) を参照。

（17）Bonefeld, Brown and Burnham (1995, pp.66-8) 参照。「暴落は株式市場の炉心融解にはつながらなかった。これを阻止したのは、大規模な通貨再膨張《リフレーション》をめざす一括政策《パッケージ》であって、その政策には、利率引き下げ、通貨供給の管理緩和、銀行などの金融機関に対する金融援助が含まれていた。このリフレーション・パッケージは、信用に基盤をおいた景気を維持することを助けたのである。サミュエル・ブリッタンは、次のような適切なアドヴァイスをおこなっている。『暴落の恐れがあるときには、ヘリコプターで空から札束をばらまくことが必要だ。これは貸付を容易にする政策であり、それでも不充分なら、減税と政府財政支出の拡大をミックスすべきだ。……一九八〇年代末には、一〇年前の水準からすると、合衆国の銀行貸付は二倍になったし、日本では三倍になった（Harman 1993, p.15）。』」

(18) この点に関する議論としては、たとえば Grant (1996) を参照。

(19) グラントは、合衆国の投機ブームがなぜ景気後退につながらなかったのかという問題を提起しています。答えははっきりしていて、メキシコの「危機は、ある程度、合衆国のバブルの崩壊によるものだったのだ。それは、のちに東アジア、ロシア、ブラジルの危機の際にくりかえされた事態であった。」(Grant 1996) メキシコの危機に関する議論としては、Holloway (2000) を参照。

(20) 『フィナンシャル・タイムズ』一九九四年一〇月三一日付。

(21) 『フィナンシャル・タイムズ』一九九五年一月一六日付。また、Walter (1993, p.215) を参照。「一九七六年から一九八七年半ばまでで、合衆国の負債総額は二五億ドルから八〇億ドル近くまでふくらみ、負債総額のGDP比も一三六%から一七八%に上昇した。……日本の民間部門の負債も、近年実質的に増大しており、非金融企業の負債は、GDP比で一九七五年の九四%から、一九九〇年には一三五%へと上昇している。一方、同じ時期の家計の負債を見ると、可処分所得の四五%から九六%へと上昇している。」一九八五年から一九九七年までの間に、合衆国の家計の負債は、可処分所得比六〇%強からほぼ八五%へと上昇している（『フィナンシャル・タイムズ』一九九八年一月二日付）。

(22) Warburton (1999, p.3) さらには「世界株式市場は、一九七〇年の一兆ドルから一九九七年の二三兆ドルへと成長している。」

(23) 債務の膨張と金融恐慌の恐れについて立ち入った議論は、Warburton (1999) を参照。またBonnet (2000) 特に第1章を参照。

(24) リピエッツは、次のような印象的なイメージを使って問題提起している。「危機が勃発してから、私の脳裏を去らないイメージがある。それは、漫画の登場人物で、崖の縁を踏み外しているのだが、それでもまだ空中を歩いているのである。これは、世界経済のありさまを描いたもののように私には思えたのだ。世界経済は、『信用の上に乗って』作動しつづけているのだが、戦後成長が打ち固めた現実の地盤は……すでに眼下に崩れ落ちているのである。」(Lipietz 1985, pp.5-7)

(25) たとえば、メキシコのいくつもの大学で私たちがまさしく直接に経験したことですが、対外債務があるということを利用して、さまざまなやりかたで社会的規律を押しつけようとしてきましたが、そうしたやりかたに対して、社会的不服従の新しい波が起こるという結果になるわけなのです。

(26) Mattick (1978) を参照。初版の発行は一九三四年。

11 革命? 註

(1) こうした見方は、ネグリの著作 (Negri 1988c) やハートとネグリの著作 (『〈帝国〉』Hardt and Negri 2000) に見られるように、レギュラシオン理論を支持する人たちがほぼ共通して採っている立場です。

(2) ハートとネグリの『〈帝国〉』で展開されている「ノマディズム、脱出、脱走」に関する議論 (Hardt and Negri 2000, pp.210ff) を参照。

(3) ハートとネグリはベンヤミンの「新しい野蛮人」という概念について論じています (『〈帝国〉』Hardt and Negri 2000, pp.215ff)。「新しい野蛮人は、肯定的な暴力をもって破壊をおこない、みずからの存在の実質を通して、新たな生の道をたどる。」(p.215) このような見方は、場合によってはあてはまることがあるかもしれませんが、しかし、私たちは、破壊はあくまで否定的なものだという前提から出発しています。

(4) ここで物神崇拝の問題として論じられている囲い込みの全世界的な展開を、フーコーは規律社会から管理社会への移行として論じており、また、フーコーもハートとネグリも生権力 [bio-pouvor; bio-power] として論じています。

（5）ハートとネグリの『〈帝国〉』参照。「この拒絶は、確かに解放者の政治の端緒であるが、単なる端緒にすぎない。拒絶それ自体は空虚なものである。……われわれの逃走線、われわれの脱出は、リアルな代替《オルタナティヴ》を構成するものであり、それを創造するものである。単純な拒絶を超えて、あるいはそうした拒絶の一部をなすものとして、われわれは新しい生のモデルを打ち立て、なかんずく新しい共同体を打ち立てなければならない。」(Hardt and Negri 2000, p.212)

（6）これについてより詳しく論じたものとして、たとえばStratman (n.d.) を参照。

（7）マルクス『資本論』〔第一巻第二四章〕を参照。「生産手段の集中と労働の社会化は、それらの資本主義的外皮と両立できなくなる地点に到達する。この外皮は爆砕される。資本主義的私有財産の弔《とむら》いの鐘が鳴る。収奪者が収奪される。」（Marx 1965, p.763）

（8）「コミュニズムというのは、われわれにとって、創出されるべき一つの状態、それに則《のっと》って現実が正さるべき一つの理想ではない。われわれがコミュニズムと呼ぶのは現実的な運動、現在の状態を止揚する現実的な運動だ。」（マルクス、エンゲルス『ドイツ・イデオロギー』Marx and Engels 1976, p.49 傍点は原文のまま）

（9）そして、サパティスタよりも前に、この言葉をそのような意味で使ったのがエルンスト・ブロッホです(Bloch 1961)。

（10）コミュニズム運動は、一直線の進歩ではなくて、「困難と危険に満ちた旅、苦難、放浪、迷走、失われた故郷を探す遍歴、痛々しい中断をくりかえす、沸騰し、飛躍をともなう爆発、噴出、裏付けのない約束であり、それがとぎれとぎれに光明の意識を託されているのである。」（エルンスト・ブロッホ『チュービンゲン哲学入門』Bloch 1964, Vol.2, p.29)

（11）Holloway and Paláez (1998) 参照。

（12）コミュニズムは成就の瞬間を実現するものであるという考え方については、ブロッホ『チュービンゲン哲学入門』(Bloch 1964) を参照。これはベンヤミンの「現在時」(Jetztzeit) という概念と密接に関連しています。Benjamin 1973, p.263〔ベンヤミン「歴史哲学テーゼ」16〕参照。

(13) 革命は、けっして単独の出来事、あるいは存在の状態ではありえず、終わることのない過程、あるいは不断に更新されていく出来事なのです。正統派の系譜(ソヴィエト連邦、キューバ)は、革命以前にアイデンティティを確立したものが革命後に勃興することとして革命をとらえ、その結果として、悲惨な災厄を導いたのです。

(14) ガンは、ブロッホについて、こういっています(Gunn 1987a, p.91)。「マルクス主義の内に数えられる著述家で、これほど革命的変革に大きく賭けた者はいない」と。しかし、そうする以外に、どうすることができるというのでしょうか。

エピローグ　立ち向かいながら乗り越えていく運動　註

(1) 初めのころに書いたこのエピローグの草稿にコメントしてくれたクリス・ライト、ドロテア・ヘルリン、セルジオ・ティッシュラー、ラクエル・グティエレス、ニカ・ゾンメルエッガー、ネストール・ロペス、ルイス・メレンデス、ウェルナー・ボーンフェルトに感謝いたします。

(2) この本は、討論への誘いです。ですから、この本に対して寄せられた多数の意見と批判が、その趣旨にのっとったものであったなら、この誘いは、いまのところ大変に成功を収めたということができるでしょう。寄せられた批判の多くには賛同できませんでしたが、確かにそのとおりだと思うものもいくつかありました。そして、それらすべてについて、この本がそうした議論の対象になったことを光栄に思っています。この本に対する文字になっているコメント(一〇〇点を超えています)については、アルゼンチン版の出版元エラミエンタのウェッブ・ページ(www.herramienta.com.ar)に掲載されています。

この本への反響のうちで私にとって重要だったのは、この本に関して開かれたいくつもの公開討論会に参加された多くのみなさんの意見でした。二〇〇二年の終わりにブエノスアイレスで開かれたメインの討論会には一二〇〇人以上の人たちが参加し、また二〇〇四年春のベルリンでは五〇〇人以上が参加しました。この本の討論への誘いに応えられたみなさん——たとえそれが敵対的な応答であったとしても——すべてに対して、深く感謝いたします。

（3） この点について優れた議論を展開しているものとして、特に Albert Bonnet (2003) があります。また Bonnet (2005) も参照してください。

（4） 二〇〇四年五月にメキシコシティのＵＮＡＭ［メキシコ国立自治大学］でおこなわれた討論会で、アティリオ・ボロンは、はっきりとそのように論じました。

（5） 批判については、おもに註で、その出所を明記します。このエピローグは、批判に対して全面的に答えたものではありませんし、本書に対して書かれた論評の実り多い成果を適切に反映したものでもありません。このエピローグは、ただある方向に向けて議論を発展させようと試みたものであり、それに付随して、議論のなかで提起されたいくつかのポイントに答えようとしたものです。論評のなかには、本書でのべていることを超えたポイントを指摘しているものも少なくありませんでしたが、そうした本書をめぐるきわめて実り豊かな討論のいくつかについては、このエピローグでは触れることもできませんでした。議論の性格上、ここでは、好意的な評論よりも批判的論評のほうに関心を向ける結果になっています。

（6） このように否定性を強調することに対する批判については、おおむね共感を寄せながら批判している議論として De Angelis (2005)、それよりずっと反対の論調の強いものとして Michael Lebowitz (2005) を参照。

（7） アドルノ『否定弁証法』(Adorno 1990, p.158) を参照。「否定の否定と肯定性を同一視することは、同一化［アイデンティティ化］の神髄である。形式的原理がもっとも純粋な形式をとったものなのである。この方式でいけば、弁証法の核心において反弁証法が勝利を収めることになる。それはすなわち、もっと算術的にいえば、マイナスとマイナスを掛ければプラスになるという昔ながらの論理なのである。」しかし、私たちが望みをかけている「もうひとつの世界」に焦点を合わせるならば、もうひとつの世界に向かう力がもつ鋭い刃は否定性、すなわち現存する世界の拒絶であるということを忘れないようにしなければなりません。否定理論がいまだに古びない重要性をもっていることについては、ヨハネス・アニョーリの論文（たとえば Agnoli 1999）および、ウェルナー・ボーンフェルドの本書に対する論評 (Bonefeld 2004) を参照。アドルノの否定弁証法が本書にあたえている影響についての批判としては、ピーター・ヒュディス（Hudis 2003）とルーベン・ドゥリ（Dri 2002）の論評を参照。

（8）対決の論理に対する批判としては、Benasaya and Sztulwark (2000) および Aubens and Benasaya (2002) を参照。

（9）総体性と総体性への渇望との食い違いは、ルカーチの『歴史と階級意識』の核心にある激しい矛盾なのです。本書第5章Ⅲを参照。

（10）本書が「マルクス主義的」であるかどうかは、もちろん、問題ではありません。しかしながら、これをマルクス主義の放棄だと見なす批判がたくさんあることを考えると、それに対して、ステッツラーの鋭いコメント（Stoetzler 2005）を紹介しておくことはむだではないでしょう。「ホロウェイの著書は、（典拠に忠実にもとづくことによってこれまで正統とされてたものに対する修正をおこなうという意味で）本質においてオーソドックスな介入を果たしている。すなわち、現代の『政治シーン』は、多忙に動き回る『活動家』や党・労働組合・NGO幹部たち、そして興奮に駆られてつい自分たち自身がもっている歴史的条件と矛盾とに関する健忘症にかかってしまっている彼らの思考様式に支配されているのだが、ホロウェイの著書は、そうした政治シーンに、過去の理論的な達成を、まったく損なわれないかたちで――ビンのなかの手紙のように――伝えているのである。」この点に関しては、Fernández Buey (2003) を参照。

（11）ネグリは、「いかなるかたちの超越も絶対に」認めない、といっています（Negri 2002, p.184）。おそらくネグリは「超越」という言葉を別の意味で使っているのでしょうが、ネグリやほかのポスト構造主義論者のアプローチにおいて、闘争というものを立ち向かいながら乗り越えていく運動としてとらえている可能性はないということも、また確かなのです。本書とハートとネグリの『〈帝国〉』を結びつけようとすることがよくおこなわれますが、そのような結びつけは政治的にも理論的にも根拠薄弱なものです。ただ、両者とも革命理論の再考をおこなっているという点が共通しているだけです。ポスト構造主義との結びつきの問題については、Silbert (2004) を参照。本書とネグリの理論との対照については、Bonefeld (2004) を参照。

(12) 社会的自己決定への動きというのは、マルクスがいう建築家とミツバチとの決定的な違い(『資本論』第七章 本書第3章で言及)を言い直したものにすぎません。人間とほかの動物との違いは、それぞれの行為を現在自己決定しているかどうかという点にあるのではなくて、(現在においては否定されている)潜在的な自己決定いかんにあるのです。その意味では、(社会的にのみ可能なものになる)自己決定は、人間性を創造する企てなのです。

(13) マルセル・ステッツラーは、これを美しい言葉で表現しています。本書のなかの議論に見られるさまざまな矛盾を指摘したうえで、こういっているのです。「この本は、おそらく、それ自体が矛盾を犯すことによって現実の矛盾に表現をあたえようとしているのであって、それ自体がひとつのアピールなのである。」(Stoetzler 2005)

(14) この節で私がのべていることは、アルベルト・ボネットの批判に対する回答のつもりです。ボネットは、こうのべています。「もっぱら表現にたよる政治――そしてそうした言葉によって想像される革命――などというものは、およそありえないものだ。だが、議論のために、そういうものがありうると仮定しよう。しかし、そうしたとき、ありがたいことに、われわれは(おそらくは)道具的政治のもとにとどまることだろう。われわれがそちらを選ぶのには多くの理由があるが、それをのべるにはさらに数ページが必要になるので、キーポイントだけにしぼることにしよう。表現政治は非合理的政治なのである。目標をもたない政治(そして、みずからをはっきりと表現しないものは目標ではない)を合理的と評価することはできない。組織を抜きにした政治(そして、サンバの楽団は政治的組織の名に値しない)は民主的であることはできない。――などなどといったことが指摘できる。そのうえ、われわれは政治の歴史の上で、表現主義を経験してきており、そういったものは必ずしも革命的なものの部類には入らなかったのだ。……」しかし、今日のラディカルな政治が内にあるものを表現するもの――内にあるものから、あらかじめきちんと決められた目標に向かってではなく、とりあえず共通の方角(ユートピアの星)に向かって動いていくもの――以外のいかなるものでありうるのか、答えるのはむずかしいと思うのです。バリー・マーシャルは、本書に関する議論のなかで、こういっています

(Marshall 2002)。「それ［本書］は、社会変革の直線コースを描き出すのではなくて、否定的で問題に満ちた運動を引き起こして、水面にさざ波を生み出し、それを外へ向かっていつまでも動かしつづけていく。」

（15）本書に対する批判の多くは旋回軸をもった二段階の運動を前提にしていることが特徴的です。たとえばマイク・ゴンザレスの批判（Gonzales 2003）を参照。あるいは、ピーター・マクラーレンはこういっています(McLaren 2003)。「ホロウェイが叫んでいるのは、『われわれは労働者階級として闘うのではない。われわれは、労働者階級であることに対して、階級化されていることに対して闘うのだ』ということであり、これは、実際には、結果として、資本主義的生産関係が存在しないかのように装うことによってその関係を廃絶しようと試みることにほかならない。」私がいっているのは、資本主義的生産関係が存在しないかのように装うことではなくて、そうした生産関係に対して、それを完全に廃絶したあとでなければ何もできない鉄の檻のようにあつかうことをやめて、そうした関係に対して立ち向かい乗り越えていく動きを、いま、推し進めていこうということなのです。

（16）この議論は、ヨアヒム・ヒルシュに対する私の応答のなかで展開されています。「地獄の印刷所」（Holloway 2003a）参照。

（17）'Somos mujeres y hombres, niños y ancianos bastante comunes, es decir, rebeldes, inconformes, incómodos, soñadores.'［引用文のスペイン語原文］

（18）ハートとネグリは『〈帝国〉』(Hardt and Negri 2000)で、われわれが訴えることのできる「外部」などはない、われわれはみな資本主義の内部にいるのだ、と論じましたが、それは正しいのです。ただ、ハートたちが強調しなかったのは、内部にいるということは（資本主義の矛盾した本性のゆえに、必然的に）私たちが絶えず資本主義に立ち向かいながら乗り越えていく動きをしていくということを意味しているという点です。

（19）階級の問題については、抜粋集成『階級＝闘争』［*Clase = Lucha*］（Holloway 2004a）を参照。

（20）本書は、組織の問題に充分な関心を払っていないと批判されてきました（Wright 2002；De Angelis 2005）。本書でもっとはっきりさせておくべきだったのは、社会関係について語ることは、そのまま、私たちの社会的な相互作用がどのように組織されるかについて語ることにならざるをえないという点であったろうと思います。たとえば、国家は資本主義的社会関係であるといったら、それは国家を資本主義的組織形態として語っていることになるのです。

(21) この点を強調しているのがラウル・シベチです。Zibechi (2003) を参照。

(22) これが、本書が新自由主義《ネオリベラリズム》のアプローチを採っているという非難に対する回答です。現在盛り上がっている闘争の波と新自由主義政治は、ともに、戦後の（フォーディズム的）支配＝抵抗パターンの危機に対する反応なのです。そして、新自由主義がこの危機を包摂しようとしているのに対して、反資本主義闘争のほうは、危機をさらに激発させることを追求しているのです。正統マルクス主義は、危機など存在しないかのように装っています。

(23) この点については、たとえばZibechi (2003) を参照。

(24) 秘密組織の特徴は、その秘密的性格のためにコミュニティに受け容れられるのがむずかしくなることです。たとえば、ドイツ赤軍派についてマルグリット・シラーがのべていること（Schiller 2001）を参照。いつもこのようになるわけではないことは、サパティスタの経験からも明らかです。

(25) ネストール・ロペスが経緯をくわしく報告しているところによると、ブエノスアイレスの「地区会《アサンブレア・バリアル》」[*asamblea barrial*] で、迷子になった飼い犬を探してくれるように頼みにきたお年寄りの女性の依頼をめぐって、旧来の革命的左翼（そんなことを活動としてやるのは無意味だと見なしていた）が、捜索活動をおこなった地区会のほかの人たちと分裂したということです。

(26) 本書の論ずるところに反対して、アイデンティティの擁護をおこなっているものとして、Rajchenberg (2003), Romero (2002) を参照。

(27) この点を指摘しているのは、Marcel Stoetzler (2005), Gegenantimacht (2004), Carlos Figueroa (2003), Felix Klopotek (2004) です。関連して、Aufheben (2003) が、私が、あまりにも安易に「抵抗なら何でも激励する応援団になってしまっている」と論じています。このエピローグで論じているのは、（それがいかなる叫びであっても）叫びから出発することが大事だということですが、同時に、その叫びを自己決定に向かっての動きとして表現していくことが大事だということなのです。

（28）チコ・バルケ［ブラジルのシンガー］の歌「パイ」によるものです。

（29）民主主義の問題を提起したのは、本書を論評したマイケル・レヴィです（Löwy 2003, 2004）。私の回答はHolloway 2003c, 2004b にあります。また Figueroa (2003) を参照。

（30）現在アルゼンチンで盛り上がっている闘争の波が、水平的な関係および代表制と直接民主制の両方に関わる問題をめぐって、実り多い討論を巻き起こしました。Bonnet (2003), Mattini (2003), Thwaites (2003,2004), Zibechi (2003) を参照。組織がもつ実際的機能と難点をめぐる優れた討論として、Colectivo Situaciones and MTD Solano (2002) を参照。

（31）トマス・ザイベルトが提起した議論（Seibert 2004）を参照。

（32）引用は Lebowitz (2005) から。同じ語句はクルスベルナル（Cruz Bernal 2002）も使っています。同じ議論をより発展させているのはCallinicos (2003), Borón (2003,2005), Hearse (2003) です。これは、単なる言葉遣いの違い、用語の使い方の問題なのでしょうか。まったくそうではないのです。ふたつの正反対の組織形態を同じコンセプトのもとに吸収してしまうのは、曖昧《あいまい》化にほかならないのであって、そのような曖昧化は、自己決定を反対のものに変えてしまううえで重要な役割を果たすのです。レーニン主義と今日の革命理論との間の関係（というより関係の欠落）についての重要な議論として、Bonefeld and Tischler (2003) を参照。

（33）反国家政治の基本原理は、サパティスタ蜂起一一周年記念の集会で発表された「良き統治の核心サパティスタ評議会」［Zapatista Junta de Buen Gobierno Corazón Centrico］のレティシアに簡明に表現されています。「われわれは自分たち自身の運命をどう決めたらいいか、知っているし、それをおこなうことができる。」（Tenemos intelligencia y capacidad para dirigir nuestro propio destino.［引用文のスペイン語原文］）（『ラ・フォルナーダ』二〇〇五年一月二日付）

（34）ここで現存するコミュニティを理想化しようとするつもりはありません。ここで私はコミュニティというものを社会的自己決定、自己決定に向かう営みのために潜在的な可能性をもっているものとしてとらえているのです。

(35) 最近では、さまざまな社会的抗議の運動に対していままでとは違った関係をもっているような新しいタイプの党を創ろうという論議がよくされるようになってきました。もっともはっきりした例がイタリアの共産主義再建党［Rifondazione Communista］やブラジルの労働者党［PT］の一部ですが、それ以外にも、多くの国々に同じような方向性をもった運動があります。マルコス・デルロイオのコメント（Del Roio 2004）を参照。しかし、ファウスト・ベルティノッティがヨーロッパ社会フォーラムで最近はっきりと言及しているように、そのような党が中心的に問題にしているのは、相変わらず、労働者のなかに革命的意識が欠けていること、そうした意識を労働者にもたらす党の役割といったことなのです。

(36) この問題をもっと発展させているのは、たとえばBorón (2003) です。

(37) 本書に対する比較的柔軟な反応としては、「あなたのいっていることは正しい。しかし、同時に、国家を通じて闘うことは重要だ」というかたちをとるものがあります。たとえば、Hirsch (2003), Bartra (2003) を参照。ヒルシュの議論に対する私の回答は、Holloway (2003a) を参照。

(38) 「状況」の概念については、Colectivo Situaciones (2001), Benasayag and Sztulwark (2000) を参照。

(39) 「なかにありながら、それと対立している」という概念については、London Edinburgh Weekend Return Group (LEWRG) (1979) を参照。

(40) 国家との「状況に応じた」接触と「状況に応じたものではない」接触との区別が明確な区別ではないことは明らかです。公立大学の教授としての私は、国家と状況に応じた接触をおこなっていますが、私は生まれつき大学教授だというわけではありません。それは、少なくとも最初は、自発的にみずから選び取った国家との接触だったのです。

(41) 本書をめぐる討論でもっとも印象に残った経験のひとつは、ローマのガルバテッラ社会センターでおこなわれた討論でした。そこでは、社会センターの中心メンバーのひとり（マッシミリアーノ・スメリーリョ）が地元の自治区（ローマ第一一自治区）の長を務めていました。

（42）ヒラリー・ウェインライトの著作『国家を馴致する』（Wainwright 2003）を参照。

（43）これは、本書をめぐる討論のなかで、ザイベルト（Seibert 2004）、スメリーリョ（Smerigli 2004）、ベルティノッティ（Bertinotti 2004）が提起した重要でむずかしい論点です。確かに、このような国家との接触は、それがどんなものであっても、それを通じて「しかし、にもかかわらず」がいとも簡単に「しかし、同時に」に転化してしまい、国家を乗り越えていく駆動力が失われてしまう危険性をはらんでいます。国家と接触すれば、どんな場合でも、指導者や代表者が運動のほかの部分から切り離されてしまいがちになるのです。選挙の問題については、クラウディア・アルベルターニ（Albertani 2003）とカルロス・フィゲロア（Figueroa 2003）の論評を参照。

（44）このような状況が実践的に困難な問題をはらんでいるからこそ、国家が特別なかたちで社会関係の資本主義的形態をとっているのだということを強調することが重要なのです。この点は、国家の矛盾した性格を分析する際に簡単に忘れられてしまいがちなのです。Marbel Thwaites Rey (2004) を参照。国家が（敵対性をはらんでいる社会のあらゆる現象と同じように）矛盾をはらんでいるという事実は、それが（資本と同じように、価値と同じように、また貨幣と同じように）特別なかたちで社会関係の資本主義的形態をとっていること、自己決定に向かう動きを妨げるような形態の組織になっていることを否定するものではないのです。

（45）アルマンダ・バルトラは、国家との接触にあたってコンドームを装着するという比喩を用いています（Bartra 2003, p.134）が、含蓄は感じさせるものの、制度化の力を過小評価するものです。

（46）（マザーズとテイラー［Mathers and Taylor 2005］、最近の討論でのヨアヒム・ヒルシュやヒラリー・ウェインライトなどのように）何人かの人たちは、本書が以前に（共著の）『国家のなかから国家に抗して』［*In and Against the State*］で論じたのと立場を逆転させている、と批評しています。私はそうだとは思いません。ただ、国家の性格の変化と関連して、力点の置き方を変えたところはあると思います。

（47）リナ・ルーが慎重な態度で論じているような「政治の回復」（Roux 2003）を要求すべきだとは私は思いませ

ん。重点は、むしろ、確信をもって社会的自己決定に向かう営みを発展させることです。それが反政治と私がとらえているものなのです。

(48) そうした緊張関係は、社会フォーラム運動の発展のなかにはっきりと見られます。最近では、二〇〇四年ロンドンでのヨーロッパ社会フォーラムで「水平派」と「垂直派」が衝突しました。

(49) 同様の問題がベネズエラとの関係でも見られます。世界変革において反国家的アプローチを支持することは、ベネズエラにおける国家主導の変革プロセスを即座に非難するということにはかならずしもなりません。そうではなくて、この場合にそれぞれ異なった闘争形態がたがいに不協和な相互作用をすることがもともともたらす緊張関係と危険とに着目すべきなのです。変革の推進力は、見かけはどうであれ、国家にあるのではなくて、民衆叛乱にあるのですし、この叛乱に対する国家の関わりは、せいぜいのところ、矛盾に満ちたものとなるしかないのです。まったく違った見方として、Tariq Ali (2004) を参照。

(50) 「に代わって」おこなわれる革命という考え方を擁護するものとして、フランシスコ・フェルナンデス・ベイの見解（Fernández Buey 2003）を参照。

(51) この点は、本書をめぐる公開討論でも、たくさんの批評でも等しく提起された重要な論点です。たとえば、Almeyra (2002), Borón (2003), Manzana (2003) など、そしてもっと疑問を呈しているものとしてGegenantimacht (2004) を参照。

(52) ルイス・ロレンツァーノは、サパティスタを軍と見るよりは武装共同体と見ることが重要だと強調していますが（Lorenzano 1998）、正しい指摘だというべきです。

(53) 自己決定に向かう営みは労働に対立する営みであると語ることは、自己決定社会はフライドチキンが空を飛んでいて手を伸ばしさえすれば食べられる悦楽の園《コケイン》になるだろうということを意味しているわけではありません。「仕事《ワーク》」が社会の再生産を確保するために相変わらず必要とされます。けれど、自己決定社会では、私たちがすることは、私たちが必要あるいは望ましいと決定することによって決められます。そこでは、「必要」と「望ましい」とははっきりとは区別されませんし、したがって、「仕事」と「遊び」との間にもはっきりした区別はないのです。

(54) この点は、サパティスタの新聞『レベルディア』で議論の的になった問題です。Rodorigues (2003), Holloway (2003d) を参照。興味深いコメントとしてHerta (2004) を参照。

(55) 「行為《ドゥイング》」と「労働《レーバー》」という言葉ではなく、「疎外されない」仕事《ワーク》と「疎外された」仕事《ワーク》という言葉を使って、同じ議論をおこなうことができるでしょう。しかし、仕事《ワーク》をほかの行為《ドゥイング》の形態（たとえば遊び《プレイ》）から分離することこそ、まさしく疎外の特徴なのです。行為《ドゥイング》という概念をめぐる討論については、Wildcat (2003), Imhof (2004), Reitter (2003), Aufheben (2003), Rooke (2002) の論評を参照。

(56) この点をめぐる討論については、Palomino (2005) を参照。

(57) しかし、「現実世界」では、鉄道や発電所は操業されなければならないし、コンピュータはつくられなければならないではないか（という反対意見が出される）わけです。そして、そのような複雑な活動には中央集中の国家管理された調整機能が必要だというのです（Bonnet 2003 参照）。けれど、私は、そのような活動が民主主義的なかたちで、諸評議会からなる評議会によって組織されてはならないというのは理由のないことだと思います。そのような調整作業をおこなうために国家が必要だという反対意見は、社会関係の形態（国家）と発揮されるべき機能（鉄道の運行）とを混同しているのです。

(58) Aubenas and Benasayag : *Résister, c'est Crée*［『抵抗することは創造することである』］という書名に注目してください。

(59) いわゆる制度の必要性については、Enrique Dussel (2004) とそれに対する回答であるNéstor López (2004)、そしてBelén Sopransi and Verónica Veloso (2004) の討論を参照。

(60) Tischler (2005, p.7) を参照。

(61) この点に関しては、私はネグリに賛成です。ネグリは、「われわれに必要なのは伝統の政治的批判である。抑圧は伝統に基礎をおいている」といっています（Negri 2002, p.120)。また、マルクスが『ルイ・ボナパルトのブリュメール一八日』の最初のところで「すべての死んだ世代の伝統が生きている人間の頭脳の上に悪夢のようにのしかかっている」とのべていることに注目してください。

(62) ティッシュラーが展開している時間と闘争の配列［本文で「闘争の星座」と訳しているもの］をめぐる刺激的な議論を参照（Tischer 2005）。

(63)「歴史のイデオロギーは、ただひとつの目的しかもたない。人民が歴史をつくるのを妨げることである。」(Vaneigem 1994, p.231) また、スティーヴン・ディーダラスは、ジョイスの『ユリシーズ』のなかで、こういっています。「スティーヴンはいった。歴史っていうのは、私がいま覚めようとしてもがいている悪夢だ。」(Joyce 2000, p.42)

(64) ここでは、本書が非歴史的なアプローチをしているという批判を寄せられた人たちに対して、ごく部分的で不充分な回答しかできていません。Bensaid (2003), Romero (2002), Méndez (2003), Vega (2003), Manzana (2003), Bartra (2003), Smith (2002), Grespan (2004), Kraniauskas (2002)……などと私の回答である Holloway (2003b, 2003e) を参照。これに関連する問題として客体化と疎外の問題がありますが、大事だと認識はしているのですが、ここではふれることができません。Löwy (2003) とそれに対する私の回答 Holloway (2003c) を参照してください。また Cetro Rodolfo Ghioldi (2002), Callinicos (2005) も参照。

(65) 明らかなことですが、私たちがある特定の瞬間に見ることができるのは、闘争の全体配置の一部分にすぎませんが、理論というものは、見ることができる極限まで進んでいって目をみはるものです。問題は、理論が見るものが現実に存在するかどうか、あるいは、それは私たちの想像のなかに存在するだけなのかどうか、ということになります。しかし、その問題を解くためには、理論と運動とが結びつけられなければならないのです。

(66) ニカ・ゾンマーエッガーが、このエピローグの草稿を読んで、私にいったことなのですが、理論家は舞台監督ではないのです。

(67) エドゥアルド・ガレアーノは、こういっています。「その女性は地平線に立っていました。――と、フェルナンド・ビッリはいいます――私が二歩近づくと、女性は二歩遠ざかります。私が一〇歩歩くと、地平線は一〇歩うしろに下がります。私がいくら歩いても、地平線には届きません。ユートピアは何の助けになるんでしょうか。ユートピアがくれるものは、ただひとつ、歩くことなんだよ。」（'Ella está en el horizonte—dice Fernado Birri—Me acerco dos pasos, ella se aleja dos pasos. Camino diez pasos y el horizonte se corre diez pasos más allá. Por mucho que yo camine, nunca la alcanzaré. ¿Para qué sirve la utopia? Para eso sirve: para caminar, [引用分のスペイン語原文]）（Las Palabras andantes〔「歩く話」〕『チアパス』一三号（二〇〇二年）p. 134 より重引）そのとおりです。でも、コミュニズムの地平線はそれ以上のものなのです。

(68) これは、エンリケ・ドゥセルのマルクス主義解釈です。しかし、それは実際上、マルクスの言葉がもつ批判の力を弱めるものです。

(69) このエピローグは、本書の理論と完全に両立するものだったでしょうか。私にはわかりません。できれば、そうでないほうがいいのです。私が本書を書いてから何年かの間に、私が何事かを学ぶことができ、それによって、このエピローグが本書に立ち向かいながら乗り越えていったのだとしたら、すばらしいではありませんか。

感謝の言葉

この本をつくるにあたっては、数え切れないほど多くの人たちの援助をいただきました。

まずエロイナ・ペラーエスに感謝をささげます。エロイナのメフィストフェレス的な存在は、この本のすべての言葉、ピリオドやコンマに至るまですべてのなかに躍動しています。エロイナがいなかったら、構成と存在との統一、それも持続ではなく永遠の今としての統一なんて想像することもできなかったでしょう。

ウェルナー・ボーンフェルド、リチャード・ガン、それからセルジオ・ティッシュラーには、何年にもわたって、たびたびゼミナールと討論に加わっていただきました。その援助と、この本の原稿がつくられていくさまざまな段階で貴重なコメントをいただいたことに感謝いたします。

大変幸運なことに、プエブラ自治大学社会人文研究所でおこなわれた「主体性と批判理論」というテーマのゼミナールで、このテキストの細部について、またそれに関連している発想について、ゼミメンバーと討論することができました。参加されたみなさんに大変感謝しています。二回のアルゼンチン訪問は、この本にこめられている思想の具体化を助けるうえで重要な役割を果たしてくれました。最初の訪問は、アルゼンチン経済発展研究所でゼミナールをおこなうためで、このゼミを企画推進したのはグスタボ・ルーとエリセオ・ヒアイです。二度目の訪問は、ロサリオ大学哲学文学部でおこなった一週間の集中講義のためで、これを企画推進したのはグラディス・リミニとグスタボ・ゲバラです。この集中講義では、この本の最初の草稿にもとづいて話をしました。企画推進をされた人たちと参加者のみなさんに深く感謝申し上げます。そして、アルゼンチン滞在中ずっと、アルベルト・ボネット、マルセラ・サンガロ、ネストール・ロペスから援助と励ましを受けたことに特に感謝申し上げます。アルゼンチンからスコットランドへ、地球の反対側に飛んで、ここで長期間にわたって私を啓発し鼓舞してくれたのは、ジョージ・ウィルソン、アイリーン・シンプソン、マギー・シンクレア、ロッド・マッケンジー、ヴァシーリキ・コロコトロニー、オルガ・タキシドゥのみなさんでした。ありがとうございました。

この本の草稿に対して、懇切に、ときには非常に細かいところまでコメントをしてくださった方々に心から感謝いたします。サイモン・スーゼン、アナ・ディナースタイン、ホルヘ・ルイス・アカンダ、クリス・ライト、ホセ・マヌエル・マルティネス、シリル・スミス、マッシモ・デ・アンヘリス、ローワン・ウィルソン、アナ・エッサー・セセーニャ、エンリケ・ラッヘンベルク、パトリシア・キング、ハビエル・ビジャヌエバ、ラース・ストゥッベ、みんな、ありがとうございました。それから、引用文について土壇場のところで助力してくれたスティーヴ・ライトに感謝します。

プエブラ自治大学社会人文研究所のロベルト・ベレス・プリエゴ所長は、私を支え、研究所を私にとってまたとない働き場所にしてくれました。誠心からの感謝をささげます。

日本語版については、翻訳者の大窪一志と四茂野修に深く感謝します。私には日本語訳を読むことはできませんが、この翻訳がどれだけ技能を要するむずかしい仕事であるかはわかります。二人に厚くお礼申し上げます。同時代社の川上徹代表、高井隆編集担当にも、適切な配慮と迅速な進行について感謝いたします。私の代理人の澤潤蔵は、とてもてきぱきと、しかも心優しく、すべてをうまく処理してくれました。高祖岩三郎は私を最初に日本に連れて行ってくれ、新しい経験の世界を開いてくれました。二人にも感謝いたします。

アイダン・ホロウェイ、アナマエーヴァ・ホロウェイ、マリアーナ・ホロウェイ、希望を捨てるなんてことを考えるのはやめようと思ったのは、君たちのおかげです。ありがとう。

私を助け励ましてくれた、ほんとうにたくさんの人たち、ここでは名前を挙げることができませんけれど、どうか私の感謝を受け取ってください。そして、今後とも助力と励まし、議論と批判をお願いいたします。

＊ この「感謝の言葉」は、日本語版発刊に当たり、改訂版の Acknowledgement を書き直して寄せられたものです。

この本に促され考えてきたこと

四茂野 修（訳者）

　私がジョン・ホロウェイの名を初めて知ったのは二〇〇五年一月のことです。それから三年余り経った二〇〇八〜二〇〇九年には本書の旧版の翻訳に加わらせてもらいました。それからさらに一〇年余りを経て、今回は旧版の訳文全体を見直す作業に携わりました。

　本書を改めて読み直してみて、これまでの私の思考や行動が、この本でのホロウェイの発言から大きな影響を受けてきたことを痛感しました。そこで、私自身がこの本に促されながら考えたこと、気付いたことを書いてみようと思います。

　本題に入る前に、この本がこれまでたどってきた歴史と、いま明らかになりつつある新たなマルクス像について触れておきます。

一、この本と新たなマルクス像について

本書の原書である*Change The World Without Taking Power*の初版は、二〇〇二年にイギリスの出版社プルート・プレスから出ました。「急進左翼のノンフィクション本の出版」を掲げる同社は一九六九年の創業で、これまでにホロウェイの本を数多く出しています。

初版が出版された直後から、世界中で激しい論争が起きました。「権力を取らずに」という本書の主張に一斉に批判の声が上ったのです。当時の「マルクス主義者」のほとんどは、国家権力を握ることを当面の目標に据えて活動していました。既にソ連が崩壊した後でしたが、国家権力を獲得し、その権力を使って資本主義から社会主義への転換を図るという構図は、まだ多くの「マルクス主義者」の頭に固く刻み込まれていたのです。

もっともその内部では、国家権力の奪取について「議会で多数を占めて」と考える改良派と、「力によって奪い取る」と考える革命派との対立があり、さらに「敵の出方による」とする中間派も存在して、それぞれの間で批判と論争が交わされていました。とはいえそのいずれも、「権力を取る」ことが革命の不可欠の条件だと考えていたのです。

「権力を取らずに」を主張するこの本に、当時の「マルクス主義者」から批判が集中したのはある意味で当然のことでした。ホロウェイはこれらの批判に正面から立ち向かい、論争を積み重ねます。そして初版出版から三年後の二〇〇五年に初版の一部を書き直し、末尾に「エピローグ」を書

き加えた改訂版（第二版）を出しました。その後、二〇一〇年に第三版を、二〇一九年に第四版を出します。ただ第三版、第四版は表紙のデザインを変え、前書きを加えただけで、第二版と内容は変わりません。本書はこの第二版以降の原文を翻訳したものです。

私がこの論争に初めて触れたのは二〇〇五年一月のことでした。ブラジル南部のポルト・アレグレで開かれた「世界社会フォーラム」に参加した際に、ある催しでイギリスのトロツキストのアレックス・カリニコスとジョン・ホロウェイの討論があり、そこに私は参加しました。カリニコスを応援するグループが組織的に野次を浴びせる中、淡々と誠実な態度で語るホロウェイに強い印象を受けた記憶が残っています。

その日は別の予定があって途中で退席したため、議論の全体像はよくわかりませんでした。そこで帰国後、インターネットで討論の記録を見つけ、読み直してみると、ホロウェイの主張に強く惹かれるものを感じました。そこで原書の第二版を入手し、読み終えて大きな共感を得ます。その後いくつかの幸運が重なり、大窪一志さんの主導による翻訳が始まって、二〇〇九年の三月に同時代社から邦訳の初版が出ました。

それから一〇年あまり経った今年の四月、同時代社の現在の社長である川上隆さんから「旧訳を見直して新たに新版を出したい」という話がありました。それを聞いて、もう一度きちんとホロウェイに向かい合いたいという思いが湧き、訳文を見直す作業が始まりました。ただ今回は、大窪さんが他の仕事を抱えていたため、主に私が作業を担うことになりました。したがって新版の訳文についての責任は私にあります。

訳文の訂正は全部で四〇個所ほどになりましたが、その大半はごく些細なもので、大窪さんの主導した旧版の翻訳は基本的に受け継がれています。ただ旧版で「国家の起源論争」と訳した個所は「国家導出論争」に改めました（本書P.189、P.194）。この点については後ほど、改めて詳しく述べます。

次に、マルクスへの見方が大きく転換しつつある現在の状況を見ておきましょう。振り返って見ると、この本の原書の初版が出た二〇〇二年から現在までのおよそ二〇年の間に、マルクスに対する見方は世界中で大きく変化しました。かつては「マルクス主義」や「マルクス・レーニン主義」を掲げる様々なグループが存在していましたが、今ではその多くが衰退し、全体として消え去ろうとしています。その主要な原因は、彼らの語る「マルクス」がその実像と大きく隔たっていることが明らかになってきたからではないでしょうか。

そして、マルクスに関する新たな研究が進み、意外な事実が明らかになってきました。その研究を背後で支えたのがMEGA《メガ》の編集・刊行作業です。MEGAというのは、国際的な体制で刊行が進められている「マルクス・エンゲルス全集」のことで、草稿や抜粋ノートも含めた文字通りの「全集」の作成が目指されています。日本からも多くの研究者が参加して作業が進められ、既に多くの巻が発行されました。

そこに参加しているメンバーの一人、斎藤幸平が昨年の九月に『人新世の「資本論」』（集英社新書）を出版したことは、ご存じの方も多いと思います。この本の中で斎藤は新たなマルクス像を力強く提示しました。その第四章「『新人世』のマルクス」では、晩年のマルクスがたどった変化を丹念に追跡し、驚くべき事実を明らかにしています。

斎藤はマルクスの社会変革の基本構想が一八四〇〜五〇年代の「生産力至上主義」から一八六〇年代の「エコ社会主義」に変化し、そして一八七〇〜八〇年代にはそれが「脱成長コミュニズム」に至ったと述べています。斎藤の議論を追ってみましょう。

マルクスが『共産党宣言』を書いた頃の「生産力至上主義」というのは、およそ次のようなものです。


〈…資本主義の発展とともに多くの労働者たちが資本家たちによって酷く搾取されるようになり、格差が拡大する。資本家たちは競争に駆り立てられて、生産力を上昇させ、ますます多くの商品を生産するようになる。だが、低賃金で搾取されている労働者たちは、それらの商品を買うことができない。そのせいで、最終的には、過剰生産による恐慌が発生してしまう。恐慌による失業のせいでより一層困窮した労働者の大群は団結して立ち上がり、ついに社会革命を起こす。労働者たちは解放される。〉(『新人世の「資本論」』P.149〜P.150)

こうして解放された労働者たちが、新たな社会で生産力をさらに拡大し、豊かさを実現していくだろうとマルクスは考えたわけです。そこでは「生産力の拡大」という観点がマルクスの考えの基調をなしていました。ところが一八四八年にヨーロッパ各地に拡大した革命の波はやがて敗北に終わり、一八五七年に再び起きた恐慌では革命は起きませんでした。恐慌を乗り越えて発展する資本主義の力強さを見せつけられ、マルクスは「生産力至上主義」の見直しを迫られます。

一八六〇年代に入り、マルクスはドイツの化学者で「農芸化学の父」と呼ばれているユストゥス・フォン・リービッヒの著書を読み、そこで展開された「掠奪農業」批判に共感して、それを『資本論』第一巻に取り入れます。そこで語られたのは、「資本は、できるだけ短時間に、より多くの価値を獲得しようとする。そのせいで、資本は人間と自然の物質代謝を大きく攪乱してしまう」（同P.158〜P.159）、「つまり、資本主義のもとでは闇雲に生産力の向上をはかっても、それは社会主義への道を切り拓くことにはならない」（同P.164〜P.165）という見方でした。資本主義がもたらす地球環境の破壊という問題に気付かされたのです。この段階のマルクスの議論を、斎藤は「エコ社会主義」と呼びました。

マルクスは一八六七年に『資本論』の第一巻を出版しますが、第二巻、第三巻の草稿を残して一八八三年に亡くなります。亡くなるまでのおよそ一五年の間、残された草稿に手を入れることよりもマルクスが優先したのは、自然科学など様々な分野の研究でした。その結果、膨大な研究ノートが残されることになります。それらもMEGAに収録されるのですが、その中で特に注目すべきはドイツの農学者カール・フラースや、同じくドイツの法制史学者ゲオルグ・ルートヴィッヒ・フォン・マウラーの著作に出会ったことだと斎藤は述べています。

フラースやマウラーによれば、ゲルマン民族の共同体において、土地は共同で所有される一方、豚やワインなどを外部に持ち出すことが禁じられており、そのことによって「土壌養分の循環は維持され、持続可能な農業が実現していた」（同P.181）のでした。それを読んだマルクスは「『持続可能性」と『社会的平等』は密接に関連している。この両者の密接な関係こそが、共同体が資本主義に抗い、コミュニズムを打ち立てることを可能にするのではないか」（同P.184）と考えたと斎藤は書いています。

ここに至ってマルクスは「脱成長コミュニズム」に到達したとして、斎藤はこれを軸に『人新世の「資本論」』の議論をさらに展開していきます。論拠となった文献を読んでいない私には、その是非について最終判断を下すことができませんが、重要な問題提起であることは間違いないと思います。ここから様々な議論が発展し、さらに新たなマルクス像の認識とその発展方向が浮かび上がってくることに私は大きく期待しています。

なおホロウェイも本書の「7　科学的マルクス主義の伝統」で、「科学的マルクス主義」あるいは「正統派マルクス主義」への批判を展開しました。そこでホロウェイが主張したのは、「批判的・革命的科学」が「否定的なもの、実在する現実がもつ虚偽を批判するものとしてしかありえない」のに、それが「否定的なものから肯定的なものに転換され」てしまったという現実です。ここでエンゲルスの問題が浮上してきます。

エンゲルスは『空想から科学への社会主義の発展』の中でこう語りました――「ひとつには歴史に対する唯物論的把握（唯物史観）、もうひとつは剰余価値を通じた資本主義的生産の暴露、これらはマルクスのおかげでもたらされ」「これらふたつの発見によって社会主義は科学となった」。このようにしてつくり出された「科学的社会主義」は、いわば客観的過程を客観的に認識するものです。そうなると、マルクスが問うた「物神化された社会関係のなかに浸かって、それに抵抗しながら生きている私たちは、どうすれば、この物神崇拝を否定することができるのか」という問題は、向きを変えられ「労働者はどうすれば階級意識を獲得できるか」という問題にすり変わってしまうのです。ホロウェイはこれを批判して、私たちにとって大事なのは「解答としての革命ではなくて、問題としての革命の概念」（本書P.275）だと書きました。

このホロウェイの議論は斎藤の書いたものとは異なりますが、両者の「正統派マルクス主義」への批判は、私にはとても近いように感じられました。いずれにせよ、「正統派マルクス主義」の終焉と新たなマルクス像の登場の時期を、いま私たちが迎えていることは確かでしょう。

二、「クモの巣に捕らえられたハエ」

ここからいよいよ本題に入ります。本書の冒頭、「1　叫び」の中でホロウェイは「私たちはクモの巣に捕らえられたハエです。私たちは、そのような、もつれあった、めちゃくちゃな状態から出発するのです。ほかに出発点などありはしないからです。」（本書P.21）と書いています。私はここに、ホロウェイの基本的な立場があると思っています。

クモの巣に捕らえられた私たちは叫びます。しかしそれは単なる恐怖の叫びではありません。ホロウェイはこう言います。

〈私たちの叫びは受け容れることを拒むしるしです。それは、クモに食べられてしまうこと、岩にたたきつけられて死ぬこと、およそ受け容れることができないものを受け容れることを拒むものなのです。不平等、悲惨、暴力がますますはびこっていくのはどうすることもできないと受け容れてしまうのを拒否すること、偽りの真理を受け容れるのを拒否すること、囲い込まれてしまうのを拒否することなのです。〉（本書P.23）

この「叫び」には、「私たちが不正な社会に生きていること」と、「私たちが社会が不正なものでないことを願っていること」の両方が、互いに緊張関係を持ちつつ含まれています。「叫び」は現在の体験から起きますが、そこにはこの現在の状態と違ったものが実現できるという希望が含まれているのです。そこで私たちに求められるのは、この叫びがもたらす見方から世界を捉えなおすことです。

ここを読みながら、私は一九六〇年代のある時期を思い出しました。私が高校生の頃のことです。当時、ベトナム戦争が激化し、米軍の介入によって多くのベトナム人が殺されていました。返還前の沖縄を含めた日本からは米軍の爆撃機が飛び立ち、大量の武器や弾薬がベトナムへ輸送されていました。私はこの戦争をやめさせる行動に参加したいと思い、ある団体に加わりました。ところが戦争を終わらせる具体的な方法は一向に示されず、「社会の仕組み・歴史のすじみち」といった標題のパンフレットを読まされ、選挙運動に動員されたのでした。「政治的に利用されている」という思いが次第に強まり、一年余りでその団体を離れました。

ちょうどその頃、梅本克己の書いた『過渡期の意識』を読み、そこで語られる「主体性」という言葉に強く惹かれました。もっとしっかりした「主体性」を持たないと、政治集団に利用されるだけだという思いが強く作用したのだと思います。とはいえ、梅本の書いた内容を理解することはできませんでした。わかったのは、一九四六年頃から数年にわたり、文学や哲学などの領域で「戦後主体性論争」という論争があり、梅本がその中で大きな役割を果たしたということでした。この論争は文学や哲学など幅広い領域に及びましたが、哲学の領域では梅本と松村一人の間の論争がひとつの中心だったと言えるでしょう。

ここで、あらためてその内容を振り返ってみたいと思います。梅本は一九四七年に雑誌『展望』十月号に書いた「唯物論と人間」で次のように語っています。

〈人間的解放の物質的条件を洞察する科学的真理と、そこに解放される人間の実存的支柱とは、解放の過程にあってもたえず触れ合っているものでなければならない。またそうでなければ解放の客体的条件もその条件としての権利を主張するわけにはゆかない。多くの場合すぐれた指導者にあっては、この触れ合い、統一は確保されてきた。理論の上では「省略」され、はげしい実践の過程にあってはもっとも重要な位置を占めたもの――報いられることを期待せぬ解放への献身とか、利己心を絶対に去るとかいわれたものがそれである。けれどもその統一が自覚的に反省されれ、自己の足場とする理論のうちに正当な場所を与えられるということは閑却されてきたようである。…この空隙がマルクシズムそのものの立場でみたされぬ限り、それを他のものによってみたそうとする企図はどうしてもおこってくる。〉(『梅本克己著作集』第一巻P.34~P.35)

このように、マルクス主義に「空隙」があると梅本が主張したことに対して、松村一人は雑誌『世界』の一九四八年七月号でそれを次のように批判しました。

〈…梅本氏の言葉から知りうることは、氏がマルクス主義の基礎理論そのもののうちに補わるべき「空隙」をみとめているということであり、しかもそれはなにか小さい事柄にかんしてではなく、まさにその中枢においてであるということである。梅本氏によれば、マルクス主義者は…「人間解放の物質的条件を洞察する科学的真理」をこそ認識し、またそれを所有することを自覚していたが、なぜこの解放のために努力し献身するかという真の理由については、理論的な自覚を欠いているのである。〉（『唯物論と主体性論』P.32〜P.33）

〈梅本氏によれば、この「身を殺して仁をなす」実践的意義こそ、マルクス主義者の実践の真の発条〔バネ〕をなすのであり、この高き「本来の人間性」にもとづく価値こそ、かれの実践に真の意味をあたえ、かれを内面から動かすのである。梅本氏がこのように「人間の本来性」を評価の基準とするかぎり、少なくともその態度の形式は、真正社会主義や新カント派的な倫理的社会主義と同じであることは誰しも認めるところであろう。〉（同P.34〜P.35）

梅本はこの「真正社会主義や新カント派的な倫理的社会主義と同じ」という批判に対して、『理想』一九四八年一一月号に掲載された「主体性と階級性」で反論し、あらためて自らの問題提起の意味を次のように語っています。

〈主体性の問題は、階級的利害の対立と搾取者に対する本能的な憎悪に出発するマルクス主義の科学的原則が全面的に承認された上で、この階級的個人と歴史との内面的なつながりの自覚の領域に提出される。唯物史観の主体的な把握もこの領域の裏付けをもっての上であろう。キリスト教が神を、西田哲学が無をもち出すのもそこにおいてであり、神とか無とかを必要としない、つまり主体性の根拠に何らの神秘化も必要としない唯物論は、その領域にどのような論理をもつかというのがマルクス主義の外からの設問なのであり、マルクス主義そのものの立場でそれに答えるのがそもそもの主体性論発生の動機であったと見てよい。〉(『梅本克己著作集』第一巻P.154)

こう述べた上で、さらに次のように松村に反論します。

〈今までのところ、この設問に対するマルクス主義者からの答えは、ただマルクス主義はそのために神だとか無だとか、あるいは特別の聖化を必要としないというだけにとどまったとおもう。ないしはそのような設問がおこるのは、唯物史観を主体的に把握せず、客観主義としてしか把えぬからだというのであるが、唯物史観を主体的にとらえているということと、その主体的領域が理論に定位づけられていることとはおのずから別である。〉(同)

この経過を見るかぎり、松村の「真正社会主義や新カント派的な倫理的社会主義と同じ」というかなり無理な批判に対して、梅本の反論が説得力を持っているようにも思えます。しかし、この論争を振り返る際に、梅本と松村の双方が当時の「マルクス主義」を受け容れ、これを前提に議論をしていることを見落としてはならないでしょう。

松村一人は戦前からプロレタリア科学研究所や唯物論研究会で活動し、敗戦後に再建された共産党に加わって、民主主義科学者協議会で雑誌『理論』の編集にあたっていました。他方で梅本もまた一九四七年に共産党に加わっています。エンゲルスやレーニンの主張も含めた「マルクス主義」を「人間解放の物質的条件を洞察する科学的真理」としてとらえる見方は、論争する双方の前提だったのです。

すでに見たように、斎藤幸平はマルクス自身の考え方が「生産力至上主義」から「エコ社会主義」へ、そして「脱成長コミュニズム」へと変化を遂げて来たと語りました。また、エンゲルスやレーニンの見解は、いま読み返せばマルクスのそれとは大きな隔たりがあります。それらを無視して唯一の「科学的真理」として「マルクス主義」を考えるなら大きな間違いを犯すことになるでしょう。

われわれは「クモの巣に捕らえられたハエ」であり、現状を否定するその「叫び」こそ私たちの出発点だとホロウェイは言います。そしてマルクスも、現状を否定する叫びをあげながら、過去を否定しつつ歩み続けた人でした。私たちはこのマルクスやホロウェイから学びつつ、さらに前へ向けて進むことしかできないのです。つまり、どこかに科学的真理としての「マルクス主義」があり、これを学んで自分のものにするなどということにはならないのです。

ホロウェイの「クモの巣に捕らえられたハエ」という発言は、「戦後主体性論争」の双方の主張をその根本から打ち砕くものでした。「めちゃくちゃな状態から出発するのです。ほかに出発点などありはしないからです」というホロウェイの言葉は、私の頭に長年居座ってきた「主体性」をめぐる疑問を氷解させるものでした。主体性は何らかの理論を学ぶことによって確立されるものではなかったのです。おかしな現実を前に私たちが叫びをあげ、よくわからない状態からその変革に向けて動き出すとき、すでに私たちは主体的なのです。ホロウェイは次のようにも語っています。

〈ここで、私たちの出発点に主体性をもってくることが避けられないと論じるのは、首尾一貫した自律的な主体性を論じることではありません。それとは逆に、主体性はそれ自身が客体化されることに抗し、それと敵対するかたちでしか存在できないという事実は、主体性がその客体化によって引き裂かれ、また客体化に対する闘いによっても引き裂かれているということを意味しているのです。〉(本書P.84)

引き裂かれながらそれに抗し、叫びながら前に進む、矛盾に満ちた(つまり「むちゃくちゃな」)ものとしてしか私たちの歩みはありえないのです。

三、「する」力と「させる」力

「3　権力を超える?」のなかで、ホロウェイは「する」力と「させる」力について、次のように論じています。

〈だれかが行為のなかの超える企て（構想）を横取りして私物化し、その内容を実行するよう別の者に命令するとき、超える企てとしての行為は壊されてしまうのです。「権力者」が、構想しても実行せず、ほかの者が実行はしても構想しないとき、行為は壊されてしまうのです。〉（本書P.65）

さらに次のようにも言っています。

〈いまや「私たち」は対立し合う「私たち」になってしまい、支配者（目に見える主体）と被支配者（目に見えない、非＝主体化された主体）とに分けられてしまうのです。「する」力は、もはや「させる」力、すなわち他者に支配をおよぼす力の関係になってしまうのです。この他者には力がありません（というか、力がないように見えます）。自分自身が企てることを実現する能

力を奪われてしまうからです。〉（本書P.66）

ここを読みながら「責任追及から原因究明へ」を掲げた安全の追求が頭に浮かびました。ＪＲが発足して間もない一九八八年の暮、中央線東中野駅に停車中の下り電車に後続の電車が追突し、乗客一人と運転士が死亡する事故が起きました。亡くなった運転士はＪＲ東労組の若い組合員で、事故の原因は運転士の居眠りでした。乗客に死者が出た事故はＪＲになってはじめてのことで、ＪＲ東労組の役員をしていた私は、組合がこの事故にどう向き合うべきかを考えました。

当時は事故が起きると職場に「安全第一」などの標語が掲げられ、「規程の遵守」「基本動作の励行」が叫ばれます。でも、このような方法で果たして事故が防げるでしょうか。事故に向き合う際の出発点がどこかズレているように感じられてなりませんでした。とはいえ、どうしたらよいかわからなかったので、現場の組合員に意見を聞きました。

驚いたことに組合員から一様に帰ってきたのは、「一メートルのオーバーラン」や「三〇秒の遅れ」に対してまで行われる「日勤教育」への不満でした。日勤教育というのは、乗務から外して草むしり、穴掘り、就業規則の書き写しなどをさせられる懲罰のことです。「自分たちは日々神経をすり減らして安全を確保している。運悪く偶然が重なって停止位置を越えたからといって、日勤教育でさらし者にされ、見せしめにされるのはたまらない」という声が、職場に充満していたのです。

執行部内の議論では「厳罰主義を改めるべきだ」という意見が出ました。それを聞いたとき、ふと「事故を起こしたら、なぜ罰せられなければならないのか」という疑問が頭をよぎりました。それまで「事故を起こせば処罰」は当たり前のことで、疑問を持ったことはありませんでした。鉄道の現場ではそれが常識だったのです。どうもここに問題があるように思えてきました。考えた末に、経営協議会の場で私は経営側に次のような意見をぶつけました。

〈組合員は事故を起こさないよう一生懸命努力している。それでも事故は起きる。酒を飲んでいたなどというケースを除いて、原則的にミスをした者を処罰すべきではない。処罰があれば、組合員は真実を語らなくなり、事故の本当の原因がわからなくなってしまう。処罰するのではなくミスの原因を明らかにするよう努力すべきだ。〉

確固とした自信や裏づけがあったわけではありません。これだけは言っておかなければならないという使命感のようなものに促された発言でした。とはいえ確信がもてなかった私は、事故と安全の問題をめぐって実際にはどのような議論がされているのかを調べました。その中で出会ったのが黒田勲さんの書いた『ヒューマン・ファクターを探る』（中央労働災害防止協会、一九八八年）という本です。こんなことが書かれていました。

〈「誤った動作」の対応は、「誤らないようにする」という精神的対策では絶滅させることは困難である。それは、「誤まろうとして実施している」動作はまずないであろうから、他の作業者に対して「誤まらないようにせよ」という精神的安全教育は効果があるとは思われないし、また、浸透もしていかないであろう。かえって、自分には関連のないことであると考えられてしまう。「誤まった動作」の背後にある、誰でも共通に陥るであろう要因を探り出して、その背後要因に対策を講じなければならない。今までのヒューマン・ファクターに起因する事故や災害への対策が、その的確性を欠く最大の原因は、一歩踏み込んだ背後要因の追究が行われなかったところに問題点があったといえよう。〉(黒田勲『ヒューマン・ファクターを探る』P.80〜P.81)

〈ヒューマン・ファクターの問題は、その原因を追求する科学的発想以前に…、行政も企業も管理者もマスコミも、責任追及へと走る傾向がある。〉(同P.214)

〈人間の能力は変動しやすく、一生懸命に仕事をしていても、ときとしてミスを犯す動物である。ミスの背後要因を追究し、それを排除する努力をするのが、管理者の役割である。ときには自分自身の考え方が作業者のミスを誘発する原因になっていることも知る必要がある。〉(同P.235)

〈技術者が自分の行動に責任を持つのは当然であるが、一生懸命にやって犯す誤りを、処罰によって防止することは不可能である。かえって、事故に至る可能性のあるヒヤリ・ハット体験をフィード・バックする事故予防の芽をつんでしまい、ヒューマン・ファクターの問題を潜在化させてしまう傾向を生ずる。〉(同P.237)

これらは私が感じていたこととぴったり重なる内容でした。私はすぐに黒田さんに会い、組合が計画していた安全シンポジウムへの出席をお願いしました。自衛隊の航空医学実験隊隊長（空将）という経歴があるにもかかわらず、黒田さんは労働組合からの突然の要請を快諾し、パネリストを引き受けてくれました。一九八九年の秋のことです。

それ以来、二〇〇九年に亡くなるまでの間、黒田さんからは実に多くのことを教えていただきました。とくにJR各社の事故の分析と対応をめぐって、各方面の専門家を交え、数えきれないほどの議論を重ねてきたことは、かけがえのない財産となりました。このような経過を経て、「責任追及から原因究明へ」という安全の基本方針が確立され、起きた事故の原因を自分たちで究明し、再発を防ぐ手だてを明らかにするという取り組みがつくられていったのです。

こうした一連の出来事が、「する」力と「させる」力というホロウェイの言葉を読んだ時に頭に浮かんだのです。管理者が労働者に命令して運転をさせようとすれば、あらかじめその工程はきめ細かく指定されるでしょう。そしてもし事故が起きれば、その過程が厳しくチェックされ、指定から外れる行為が洗い出され、違反が指摘されて「日勤教育」などの懲罰が加えられることになります。経営者・管理者の「させる」力によって働かされる労働者は、自らの「する」力を失い、「ミスをすれば処分されるのは仕方ない」と思って命令と服従の関係にからめとられるのです。この失われた「する」力を甦らせようというのが「責任追及から原因究明へ」を掲げた私たちの取り組みだったことに、そのとき気付かされたのです。

組合を退職してすでに長い時間が経ち、組合の中で「責任追及から原因究明へ」の取り組みが今どうなっているのか私にはわかりません。でも、このような取り組みを組合員と共に創造してきたことは、私には忘れられない思い出であり、後輩たちがそれをさらに前へ進めることを願わずにはいられません。

四、国家導出論争、メキシコ移住、そして…

最後にホロウェイの経歴を簡単に振り返っておきましょう。

一九四七年にアイルランドのダブリンで生まれたホロウェイは、イギリスのエディンバラ大学に学び、一九七五年に博士号を取得して、エディンバラ大学の教員になります。そして一九七八年に『国家と資本——マルクス主義の一論争』という論文集をソル・ピチョットと共に出版しました。ホロウェイが最初に世に出した出版物です。その内容はドイツで行われた「国家導出論争」の主要な論文を英訳したものでした。冒頭にはピチョットと連名の序文が掲載され、論争からは7つの論文が選ばれて掲載されました。

この「国家導出論争」というのは一九七〇年から当時の西ドイツで起きた論争ですが、その内容は本書における「権力を取らずに」という主張とも重なるものです。すでに触れたように、初版では「国家の起源論争」と訳したのですが、今回は「国家導出論争」に改めました。そのような訳語がすでに定着し、使われていたからです。

その内容に触れておきます。序文の中でホロウェイとピチョットは論争の背景を次のように述べています。

〈…一九六〇年代後半のドイツ連邦共和国における政治状況は、これまでのマルクス主義分析では即答できないような政治的問題を提起した。そこには、あえて同じ問題に収斂させることのできる三つの事態が存在した。第一に、西ドイツの「経済的奇跡」は、一九六六—六七年の不景気によって初めて、大きく中断されるが、その結果、社会民主党（ＳＰＤ）が、戦後初めてキリスト教民主同盟との大連立において少数派のパートナーとして政権を握った。この政権交代は、戦後の自由主義から、国家による介入および計画を重視する政策へのイデオロギー転換をともなったのだが、この政策変更こそが、一九六七年と一九六八年の経済的回復を成功させたと考えられた。第二に、一九六九年の選挙によって、ＳＰＤは、多数派のパートナーとして政権を握り、その社会—自由政府においてこれまでの社会改良を刷新することを約束した。第三に、その中間期には強力な学生運動が盛衰し、理論上はフランスやイギリスの運動よりもはるかに発展したのだが、労働者階級の運動と実際に連携するという点では決して成功しなかった。〉（『国家と資本——マルクス主義の一論争』序文・隅田聡一郎訳「マルクス研究会年誌」第一号P.64）

こう述べた上で、ホロウェイらはさらに次のように続けます。

〈第一の事態は、国家は危機を「管理」し、社会的発展を無期限に計画し続けることができるのかどうか、すなわち国家ははっきりした限界なく、資本の利害にそって社会を形成し続けることができるのかどうかという問題を提起した。〉（同）
〈第二の事態、すなわち社会―自由連立政権は、改良主義政府が有意義な改良をおこなうことができるのかどうか、要するに改良主義の限界という問題を提起した。〉（同）
〈第三に、学生運動が労働者との連帯を打ち立てることができなかったために、人々が改良主義を幅広く信頼する物質的基礎が何であるのかを理解する必要が生じた。〉（同）

提起されたこれらの問題に答を出そうとして起きたのが国家導出論争でした。ホロウェイとピチョットの序文から、さらにその内容を追ってみましょう。発端となったのはヴォルフガング・ミュラーとクリステル・ノイジュスの『福祉国家幻想』と賃労働と資本の間の矛盾」と題した一九七〇年の論文でした。そこで彼らは次のように問題を提起します。

〈この批判〔国家を通じて社会主義を実現しようとする「修正主義」への批判〕を深刻に受け止めるならば、近代国家の様々な機能……およびその具体的な限界と矛盾の展開に対する批判に行き着くほかない。というのも、国家制度を支配階級が操作する道具として説明し批判するだけでは、この操作の限界を発見することはできないからである。これを明らかにすることができるのは、次のことを鮮明に説明する分析に限られる。すなわち、労働過程および価値増殖過程としての資本主義的生産過程の矛盾から、どのようにして国家介入の必要性と限界が生じるかに関する説明だ。〉（同P.65）

ミュラーとノイジュスは、このように「国家と社会との関係の分析は資本主義社会の矛盾からの国家形態の導出にもとづく必要がある」という問題提起をし、ここから「国家導出論争」が始まります。ホロウェイらはこの論争全体を総括して、その中に「明確には二つ、そして潜在的には三つの一般的傾向」、「アプローチ」があったと述べ、論争の全体を次のようにまとめています。

まずミュラーやノイジュスなどの「第一のアプローチ」です。ミュラーらは「諸資本間の関係の性質から分離した制度として必然的に生じる国家形態を導出」（同P.69）します。「彼らは一般的な観点から、諸対立を越えて自立化した国家の存在によってのみ、社会的総資本の一般的利害が確立され、さもないと無政府状態に陥るような社会の社会的関係が再生産されると結論づけた」（同）のでした。そして、「もし労働者の健康を保護するために資本一般の利害にそって（労働者階級の圧力のもとでだが）、行動する国家介入が必然的に存在しなければ、自身の基礎である労働者の労働力を破壊しようとするだろう」（同P.70）とも述べています。

これに対して「第二のアプローチ」は、「マルクスが〔『資本論』第三部で〕議論した『三位一体の定式』に言及しつつ、社会の全成員が、収入源泉の所有者としての共通の立場によって一つの共通の利害を持つ」とします。「この利害の共通性こそが、自立的で外観上中立的な国家の存在を可能にする」（同P.74）というわけです。だが彼らは「社会関係の構造の一側面からではなく、ブルジョア社会の表層に現れる物神化された外観から出発することによって、国家の歴史的理解を自ら断念せざるをえない」（同P.74）とホロウェイらは批判します。

「第三のアプローチ」の主要な論者は、後に『「資本論」の新しい読み方』などを書き、日本でも良く知られているヨアヒム・ヒルシュです。彼は「なぜ階級の支配は、それ自体、すなわち住民の一部分の他の部分への事実上の従属に終わらないで、公式の国家的な支配という形態をとるのであろうか」（『法の一般理論とマルクス主義』稲子恒夫訳P.146〜7）というパシュカーニスの問いに着目します。

パシュカーニスというのは一九三七年にスターリンの大粛清の中で処刑されたソ連の法学者エフゲニー・パシュカーニスのことで、彼は「法形態およびそれと密接に関連した国家形態を、資本主義的生産の本性から導出することに関心をもって」（『国家と資本——マルクス主義の一論争』序文P.67）いました。そして「従来のマルクス主義理論家」に対しては、「法形態や国家形態が、ともに資本主義社会の本性によって規定され、単に新たな社会形態へと置き換えることはできない点を無視して、法や国家の階級的内容を批判している」（同P.68）と痛烈に批判したのでした。

このパシュカーニスの、なぜ国家的支配という形態が生じるのかという問いに応えて、ヒルシュは次のように述べます。

〈国家の特殊形態は、無政府社会において一般的利害を確立する必要性からではなく、資本主義社会における支配の社会的関係の性質から導出されなければならない。搾取が資本主義のもとでとる形態は、権力の直接的使用ではなく、主として人々が理解することのない、再生産法則による無言の強制に基づいている。事実、資本主義における剰余生産物の領有形態は、権力関係が、直接的生産過程から抽象され、直接的生産者から分離して存在する審級において位置づけられていることを必要とする。こうして、論理的にも歴史的にも、資本主義的生産過程の確立は、権力関係の直接的生産過程からの抽象をともなうのであり、その結果『政治的』領域と『経済的』領域の分離が形成されるのだ。〉（同P.75）

当時のイギリスでは「マルクス主義国家論は、紋切り型でかなり不毛な『ミリバンド＝プーランツァス論争』から抜け出せない」（同P.49）という状況がありました。ホロウェイはドイツの「国家導出論争」を紹介することにより、イギリスでの国家論をめぐる論争をさらに深めようとしたのでしょう。そしてここから、「権力を取らずに」という本書に貫かれる問題意識が生まれてきたように思えます。

その後、ホロウェイはしばらくのあいだ出版から遠ざかり、一九九一年からはメキシコのプエブラ自治大学で教えることになります。そのためイギリスからメキシコに移住し、現在もメキシコに住み続けています。メキシコに移ってから間もなく、サパティスタの反乱が起きました。ホロウェイの住むプエブラ州からさらに東南東にある、グアテマラとの国境のチアパス州で原住民が蜂起したのです。一九九四年一月一日のことでした。

この蜂起を受けて、ホロウェイは一九九八年にエロイナ・ペラエズとの共著『サパティスタ』をプルート・プレスから出版しました。その末尾にホロウェイが書いた「尊厳の革命」は次の言葉で終わっています。

〈ここには五ヵ年計画もなければ新たな社会の青写真もなく、前もってつくられたユートピアもありません。保証もなければ、必然性もありません。開放性と不確かさは、サパティスタの革命の概念に組み込まれているのです。そして開放性は矛盾と曖昧さを意味します。時としてサパティスタ民族解放軍はその夢からはるかに後退した合意を受け容れることもあり、時として彼らの目的の表明は、限定され明らかに自制したものです。これらの矛盾や曖昧さは、サパティスタの革命概念の「尋ねながら歩む」革命という観念の要なのです。彼らが失敗したらどうなるのでしょうか。これが出版された後に、サパティスタ民族解放軍がまだ存在しているかどうかも保証はありません。メキシコ政府があからさまな軍事攻撃を仕掛けるかもしれません（実際、それは一九九五年二月九日に行われたし、それは常にある脅威なのです）。軍が成功を、前回試みた時よりももっと大きな成功を収めることもあり得ます。サパティスタ民族解放軍が疲れ切ってしまうこと、疲労に、自らの曖昧さに引きずられること、あるいは市民社会からの返答がないために要求を限定し、様々な決定に甘んじることもあり得るのです。これらのすべてが起こりうるのです。しかし大事な点はサパティスタが「彼ら」ではないこと、彼らは「われら」であり、われらは「われら」なのです。一九九五年二月九日の軍事介入の後、メキシコシティーやその他の場所で数多くの人がデモをし、「われわれはみなマルコス（副司令官）だ」と叫んだのは、サパティスタ民族解放軍に加わろうということではなかったのです。彼らが言ったのは、サパティスタの闘いはわれわれ全体の生活の闘いだ、われわれがどこにいようと、われわれは彼らの闘いの一部であり、彼らの闘いはわれわれの一部だということなのです。サパティスタ民族解放軍のアナ・マリアは大陸間会議の開会あいさつでこう語りました。

私たちの後ろにはあなた方でもある私たちの顔があります。私たちの毛糸の帽子の後ろには、排除されたあらゆる女性たちがいます。忘れ去られたあらゆる原住民がいます。迫害されたあらゆるホモセクシュアルの人々がいます。軽蔑されたあらゆる若者がいます。打ちひしがれたあらゆる季節労働者がいます。言葉と思想のゆえに投獄されたあらゆる人たちがいます。屈辱にまみれたあらゆる労働者がいます。忘れられたあらゆる死者たちがいます。数に入れられず、見られることもなく、名前もなく、明日もない単純で普通のあらゆる男と女がいます。

私たちは皆サパティスタなのです。チアパスのサパティスタは炎に点火しましたが、「尊厳と反乱を自由と尊厳に」転換する闘いは私たちのものなのです。〉

このサパティスタに対する暖かい視線が、その後も一貫して貫かれていることは、本書の中でも確かめることができるでしょう。

本書を書いた後、ホロウェイは二〇一〇年には『革命　資本主義に亀裂を入れる』（高祖岩三郎・篠原雅武訳、河出書房新社）を書きました。その末尾は次の言葉で結ばれています。

〈この最後のページまで読みついできたにせよ、ここから読み始めたにせよ、この後ろは、また初めでもある。最後のページは、終わりではなく、始まりである。もっともっと無数の激流を……。〉

ほかに出発点はないのです。この「もつれあった、めちゃくちゃな状態」から出発し、互いに議論しあい、論争し、時には対立しながら、前に進むほかないのです。もちろんその過程では、さまざまな先達たちから学ぶことも必要でしょう。しかし学ぶ時にも「もつれあった、めちゃくちゃな状態」から身を離してはならないでしょう。本書を読み終えたみなさんが、そのような歩みに加わってくれることを私は強く願っています。

訳者付記

日本語訳に当たっては、ドイツ語訳 *Die Welt verändern ohne die Macht zu übernehmen*, übersetzt von Lars Stubbe, Westfälisches Dampfboot, 2006. スペイン語訳 *Cambiar el mund sin tomar el poder*, traducción de Marcela Zangaro, El Viejo Topo, 2002. フランス語訳 *Changer le monde sans predre le pouvoir*, traduction de Sylvie Bosserelle, Édition Syllepse, 2007. を参照させていただきました。各翻訳版の訳者に感謝いたします。

訳述の過程としては、最初に大窪が全体を通して、ドイツ語訳・スペイン語訳を参照しながら、翻訳して草稿を作り、この草稿を四茂野が、原文と照合しながら逐一検討し、フランス語訳を参照しつつ訳文を改めて第二次草稿を作り、両者の意見が分かれる点については、協議によって訳文を確定しました。したがって、訳文については、すべて訳者二人が共同責任を負います。

なお、本文中に引用されている文章について、元の文章がドイツ語、フランス語、スペイン語のものは、各翻訳版を通じて、各国語原文を参照するとともに、日本語訳を見ることができたものについては、訳文を参考にさせていただきました。しかし、本書全体の用語や表現の統一の問題などもあって、本書での翻訳は、訳者が新たにおこないました。そのため、日本語訳書の書名・論文名は併記しましたが、該当ページを示すことはしませんでした。これについても、各翻訳版の訳者、日本語訳書の訳者に感謝いたします。ありがとうございました。

参考文献

この本に関する論争のほとんどすべてについては，Herramienta［アルゼンチンから発信されている論争・批判のための左翼系ウェブマガジン『道具』］のウェッブ・ページ（www.herramienta.com.ar）で閲覧することができます。

［日本語訳があることが確認できた書籍については，翻訳書を各項目末尾の［　］内に示しました。翻訳が複数ある場合には，訳者の手元にあるものか，入手しやすいと思われるものを挙げました。なお，本文中の引用文は，できるかぎり原文に当たってそれにもとづき，それができなかった場合にはホロウェイの原文にもとづいて，翻訳書の訳文も参考にさせていただきながら，本書訳者が訳しましたので，翻訳書の訳文とは一致していません。］

Acanda, Jorge Luis (2000) 'Sociedad Civil y Estado', paper presented to the conference on 'El marxismo: una Mirada desde la Izquierda', Havana.

Adorno, Theodor W. (1967) *Prisms: Cultural Criticism and Society* (London: Neville Spearman).［アドルノ，テオドール・W（渡辺祐邦・三原弟平訳）『プリズメン—文化批判と社会』筑摩書房，1996年］

Adorno, Theodor W. (1978) 'Subject-Object', in Arato, A. and Gebhardt, G. (eds), *The Essential Frankfurt School Reader* (Oxford: Basil Blackwell), pp. 497-511.

Adorno, Theodor W. (1990) *Negative Dialectics* (London: Routledge).［アドルノ，テオドール・W（木田元・徳永恂ほか訳『否定弁証法』作品社，1996年］

Agnoli, Johannes (1999) *Subversive Theorie* (Freiburg: Ça ira).

Albertani, Claudio (2003) '*Presentation of Bajo el Volcán* No. 6', *Herramienta* web page.

Ali Tariq (2004) 'Venezuela: Changing the World by Taking Power', Interview, <www.venezuelanalysis.com>.

Almeyra, Guillermo (2002) 'El Dificultoso No-Asalto al No-Cielo', *Herramienta* web page.

Arato, Andrew and Gebhardt, Eike (eds) (1978) *The Essential Frankfurt School*

Reader (Oxford: Basil Blackwell).

Ashe, Fidelma (1999)'The Subject', in Ashe, F. et al. (eds), *Contemporary Social and Political Theory: An Introduction* (Buckingham: Open University Press), pp. 88-110.

Ashe, Fidelma et al. (eds) (1999) *Contemporary Social and Political Theory: An Introduction* (Buckingham: Open University Press).

Aubenas, Florence and Benasayag, Miguel (2002) *Résister, c'est Créer* (Paris: La Découverte).

Aufheben (2003) 'Review: Change the World Without Taking Power', *Aufheben* (Brighton), No. 11.

Backhaus, Hans-Georg (1992) 'Between Philosophy and Science: Marxian Social Economy as Critical Theory', in Bonefeld, W., Gunn, R. and Psychopedis, K. (eds), *Open Marxism, Volume I: Dialectics and History* (London: Pluto Press), pp. 54-92.

Bartra, Armanda (2003) 'La Llama y la Piedra: De cómo cambiar el mundo sin tomar el poder según John Holloway', *Chiapas* (Mexico City), No. 15, pp. 123-41.

Benasayag, Miguel and Sztulwark, Diego (2000) *Política y Situación: De la potencia al contrapoder* (Buenos Aires: De mano en mano).

Benjamin, Walter (1931) 'Linke Melancholic', *Die Gesellschaft*, VIII.［ベンヤミン，ヴァルター（野村修訳）『左翼メランコリー』ヴァルター・ベンヤミン著作集１，晶文社，1969年］

Benjamin, Walter (1973) 'Theses on the Philosophy of History', in *Illuminations* (New York: Schocken Books).［ベンヤミン，ヴァルター『歴史哲学テーゼ』，（浅井健二郎編訳）『ベンヤミン・コレクションⅠ　近代の意味』ちくま学芸文庫，筑摩書房，1995年］

Bensaid, Daniel (2003) 'La Révolution sans prendre le Pouvoir?' *Contre Temps* (Paris), No. 6, pp. 45-59.

Bernstein, Eduard (1961) *Evolutionary Socialism* (New York: Schocken).［ベルンシュタイン，エドゥアルト（佐瀬昌盛訳）『社会主義の諸前提と社会民主党の任務』ダイヤモンド社，1974年］

Bertinotti, Fausto (2004) Interventions in the presentation of the Italian edition of

the book in Rome and in the European Social Forum in London.

Best, Steven and Kellner, Douglas (1991) *Postmodern Theory: Critical Interrogations* (London: Macmillan).

Blake, William (1973) *William Blake* (introduced and ed. by J. Bronowski) (Harmondsworth: Penguin).［ブレイク，ウィリアム（寿岳文章訳）『ブレイク詩集』岩波文庫，2013年］

Bloch, Ernst (1961) *Naturrecht und menschliche Würde* (Frankfurt: Suhrkamp).

Bloch, Ernst (1964) *Tübinger Einleitung in die Philosophice* (2 Bde) (Frankfurt: Suhrkamp).［ブロッホ，エルンスト（菅谷規矩雄訳）『チュービンゲン哲学入門』法政大学出版局，1994年］

Bloch, Ernst (1986) *The Principle of Hope* (3 vols) (Oxford: Basil Blackwell).［ブロッホ，エルンスト（山下肇・瀬戸鞏吉ほか訳）『希望の原理』全３巻，白水社，2012年］

Bonefeld, Werner (1987) 'Marxism and the concept of Mediation', *Common Sense*, No. 2.

Bonefeld, Werner (1988) 'Class Struggle and the Permanence of Primitive Accumulation', *Common Sense*, No. 6, pp. 54-65.

Bonefeld, Werner (1991) 'The Reformulation of State Theory', in Bonefeld, W. and Holloway, J. (eds), *Post-Fordism and Social Form* (London: Macmillan), pp. 35-68.

Bonefeld, Werner (1992) 'Social Constitution and the Form of the Capitalist State', in Bonefeld, W., Gunn, R. and Psychopedis, K., (eds), *Open Marxism, Volume I: Dialectics and History* (London: Pluto Press).

Bonefeld, Werner (1994) 'Human Practice and Perversion: Between Autonomy and Structure', *Common Sense*, No. 15, pp. 43-52.

Bonefeld, Werner (1995) 'Capital as Subject and the Existence of Labour', in Bonefeld, W. et al. (eds), *Open Marxism, Volume III: Emancipating Marx* (London: Pluto Press). pp.182-212.

Bonefeld, Werner (2001) 'Clase y Constitución', *Bajo el Volcán*, No. 2, pp. 139-165.

Bonefeld, Werner (2003) 'The Capitalist State: Illusion and Critique', in Bonefeld, W. (ed), *Revolutionary Writing* (New York: Autonomedia).

Bonefeld, Werner (2004) 'El principio esperanza en la emancipación: acerca de

Holloway', *Herramienta*, No. 27; 'The Principle of Hope in Human Emancipation: on Holloway', in *Herramienta* web page.

Bonefeld, Werner, Brown, Alice and Burnham, Peter (1995) *A Major Crisis?* (Aldershot: Dartmouth).

Bonefeld, Werner and Burnham, Peter (1998) 'Counter-Inflationary Credibility in Britain, 1990-1994', *Review of Radical Political Economics*, Vol. 30, No. 1, pp. 32-52.

Bonefeld, Werner and Holloway, John (eds) (1991) *Post-Fordism and Social Form* (London: Macmillan).

Bonefeld, Werner and Holloway, John (eds) (1995) *Global Capital, National State and the Politics of Money* (London: Macmillan).

Bonefeld, Werner and Psychopedis, Kosmas (eds) (2000) *The Politics of Change* (London: Palgrave).

Bonefeld, Werner and Psychopedis, Kosmas (eds) (2005) *Human Dignity* (Aldershot: Ashgate).

Bonefeld, Werner, Gunn, Richard, Holloway, John and Psychopedis, Kosmas (eds) (1995) *Open Marxism, Volume III: Emancipating Marx* (London: Pluto).

Bonefeld, Werner, Gunn, Richard and Psychopedis, Kosmas (1992a) 'Introduction', in Bonefeld et al. (eds), *Open Marxism, Volume I: Dialectics and History* (London: Pluto Press).

Bonefeld, Werner, Gunn, Richard and Psychopedis, Kosmas (eds) (1992b) *Open Marxism, Volume I: Dialectics and History* (London: Pluto Press).

Bonefeld, Werner, Gunn, Richard and Psychopedis, Kosmas (eds) (1992c) *Open Marxism, Volume II: Theory and Practice* (London: Pluto Press).

Bonefeld, Werner and Tischler, Sergio (eds) (2003) *What is to be Done? Leninism, Anti-Leninist Marxism and the Question of Revolution Today* (Aldershot: Ashgate).

Bonnet, Alberto (2000) *Dinero y capital-dinero en la globalización* (Buenos Aires: Tesis de Maestría, Universidad de Buenos Aires).

Bonnet, Alberto (2003) 'Micropolíticas posmodernas, malgré John', *Herramienta* web page.

Bonnet, Alberto (2005) 'Hopeful voyage, unexpected port of arrival?' *Capital &*

Class (London).
Borón, Atilio (2003) 'Poder, 'contrapoder' y 'antipoder'. Notas sobre un extravío teórico-político en el pensamiento crítico contemporáneo', *Chiapas*, No. 15, pp. 143-62.
Borón, Atilio (2005) 'Holloway on Power and the "State Illusion"', *Capital & Class*, London.
Braunmühl, Claudia von (1978) 'On the Analysis of the Bourgeois Nation State within the World Market Context', in Holloway, J. and Picciotto, S. (eds), *The State and Capital: A Marxist Debate* (London: Edward Arnold), pp. 160-77.
Brittan, Samuel (1977) *The Economic Consequences of Democracy* (Harmondsworth: Penguin).
Bublitz, Ute (1998) *Beyond Philosophy: Reconciliation and Rejection* (London: Universal Texts).
Callinicos, Alex (2003) 'How do we deal with the state?' *Socialist Review*, No. 272, pp. 11-13, March.
Callinicos, Alex (2005) 'Change the World Without Taking Power', *Capital & Class* (London).
Camus, Albert (1971) *The Rebel* (Harmondsworth: Penguin). ［カミュ，アルベール（佐藤朔・白井浩司訳）『反抗的人間』カミュ全集６，新潮社，1973年］
Centro Rodolfo Ghioldi (2002) *Nominalismo, Freudomarxismo y dialéctica diádica en el pensamiento de John Holloway* (Buenos Aires: Centro Rodolfo Ghioldi).
Clarke, Simon (1982) *Marx, Marginalism and Modern Sociology* (London: Macmillan).
Clarke, Simon (ed.) (1991) *The State Debate* (London: Macmillan).
Clarke, Simon (2002) 'Class Struggle and the Working Class: the Problem of Commodity Fetishism', in Dinerstein, A. and Neary, M. (eds), *The Labour Debate* (London: Ashgate).
Cleaver, Harry (1992) 'The Inversion of Class Perspective in Marxian Theory: From Valorisation to Self-Valorisation', in Bonefeld, W., Gunn, R. and Psychopedis, K. (eds), *Open Marxism, Volume II. Theory and Practice* (London: Pluto Press), pp. 106-45.
Cleaver, Harry (1998) 'The Zapatistas and the Electronic Fabric of Struggle', in

Holloway, J. and Peláez, E. (eds), *Zapatista! Reinventing Revolution in Mexico* (London: Pluto Press), pp. 81-103.

Cleaver, Harry and Bell, Peter (1982) 'Marx's Crisis Theory as a Theory of Class Struggle', *Research in Political Economy*, Vol. 5.

Colectivo Situaciones (2001) *Contrapoder. Una Introducción* (Buenos Aires: Ediciones de Mano a Mano).

Colectivo Situaciones and MTD de Solano (2002) *La Hipótesis 891. Más allá de los Piquetes* (Buenos Aires: Ediciones de Mano a Mane).

Congdon, Tim (1988) *The Debt Threat* (Oxford: Blackwell).

Cruz Bernal, Isidoro (2002) 'Elegante manera de hacerse el distraído', *Socialismo a Barbarie* (Buenos Aires), No. 11.

Cunow, Heinrich (1898-99) 'Zur Zusammensbruchstheorie', *Die Neue Zeit*, Jg. XVIII, Bd 1, p. 430.

Dalla Costa, Mariarosa (1995) 'Capitalism and Reproduction', in Bonefeld et al. (eds), *Open Marxism, Volume III: Emancipating Marx* (London: Pluto Press), pp. 7-16.

De Angelis, Massimo (1996) 'Social Relations, Commodity-Fetishism And Marx's Critique Of Political Economy', *Review of Radical Political Economics*, Vol. 28, No. 4 pp. 1-29.

De Angelis, Massimo (2005) 'HOW?! An Essay on John Holloway's *Change the World Without Taking Power', Historical Materialism* (London).

Debord, Guy (1995) *The Society of the Spectacle* (New York: Zone Books). [ドゥボール，ギー（木下誠訳）『スペクタクルの社会』ちくま学芸文庫，筑摩書房，2003年]

Del Barco, Oscar (1980) *Esbozo de una Crítica a la Teoría y Práctica Leninistas* (Puebla: Universidad Autónoma de Puebla).

Del Roio, Marcos (2004) 'O Problema do Poder na Revolução', *Novos Rumos* (São Paulo).

Dinerstein, Ana and Neary, Michael (eds) (2002) *The Labour Debate* (London: Ashgate).

Dri, Rubén (2002) 'Debate sobre el poder en el movimiento popular', *Retruco* (Buenos Aires).

Dussel, Enrique (2004) ‘Dialogo con John Holloway. Sobre la interpelación ética, el poder, las instituciones y la estrategia política’, *Bajo el Volcán* (Puebla), No. 8; also *Herramienta* (Buenos Aires), No. 26.

Ejército Zapatista de Liberación National (1994) *La Palabra de los Armados de Verdad y Fuego* (Mexico City: Fuenteovejuna).

Engels, Friedrich (1968) *Socialism: Utopian and Scientific* (Moscow: Progress). ［エンゲルス，フリードリッヒ（寺沢恒信・村田陽一訳）『空想から科学へ マルクス・フォー・ビギナー２』，大月書店，2009年］

Fernández Buey, Francisco (2003) ‘¿Cambiar el Mundo sin Tomar el Poder?’ *El Viejo Topo* (Barcelona), pp. 35-40.

Figueroa, Carlos (2003) ‘Pensando de nuevo la revolución, pensando de nuevo al marxismo’, *Bajo el Volcán* (Puebla), No. 6, pp. 59-70.

Foucault, Michel (1973) *The Order of Things* (New York: Vintage Books). ［フーコー，ミシェル（渡辺一民・佐々木明訳）『言葉と物』新潮社，2020年］

Foucault, Michel (1975) *Discipline and Punish* (London: Allen Lane Penguin). ［フーコー，ミシェル（田村俶訳）『監獄の誕生〈新装版〉―監視と処罰―』新潮社，2020年］

Foucault, Michel (1990) *The History of Sexuality. Volume 1: An Introduction* (New York: Vintage Books). ［フーコー，ミシェル（渡辺守章訳）『性の歴史Ⅰ　知への意志』新潮社，1986年］

Gegenantimacht (2004) ‘Wir sind Autonome, aber wir sin mehr als das ... Wie ein Prof aus Mexiko uns aus dem Herzen spricht’, *Herramienta* web page.

Gerstenberger, Heide (1990) *Die subjektlose Gewalt : Theorie der Entstehung bürgerlicher Staatsgewalt* (Münster: Westfälisches Dampfboot).

Glyn, Andrew and Sutcliffe, Bob (1972) *British Capitalism, Workers and the Profits Squeeze* (Harmondsworth: Penguin).

Goethe, Johann Wolfgang (1969) *Faust*, I. Teil (Stuttgart: Reclam). ［ゲーテ，ヨハン・ヴォルフガング（相良守峯訳）『ファウスト』第一部，岩波文庫］

Gonzalez, Mike (2003) ‘Crying out for Revolution’, *International Socialism*, No. 99, pp. 133-8.

Gramsci, Antonio (1971) *Selections from the Prison Notebooks* (ed. and trans. Quintin Hoare and Geoffrey Nowell Smith) (London: Lawrence and Wishart).

［グラムシ，アントニオ（石堂清倫訳）『グラムシ獄中ノート』三一書房，1978年］
Grant, James (1996) *The Trouble with Prosperity* (New York: Times Books).
Grespan, Jorge (2004) 'Um convite a discutir', *Margem Esquerda* (São Paulo), No. 3, pp. 178-86.
Guattari, Félix and Negri, Antonio (1990) *Communists Like Us* (New York: Semiotext(e)).［ガタリ，フェリックス／ネグリ，アントニオ（杉村昌昭訳）『自由の新たな空間』世界書院，2007年］
Gunn, Richard (1985) 'The Only Real Phoenix: Notes on Apocalyptic and Utopian Thought', *Edinburgh Review*, No. 71:1.
Gunn, Richard (1987a) 'Ernst Bloch's 'The Principle of Hope'', *New Edinburgh Review*, No. 76, pp. 90-8.
Gunn, Richard (1987b) 'Marxism and Mediation', *Common Sense*, No. 2.
Gunn, Richard (1987c) 'Notes on 'Class'', *Common Sense*, No. 2.
Gunn, Richard (1991) 'Marxism, Metatheory and Critique', in Bonefeld, W. and Holloway, J. (eds) *Post-Fordism and Social Form* (London: Macmillan), pp. 193-209.
Gunn, Richard (1992) 'Against Historical Materialism: Marxism as a First-order Discourse', in Bonefeld et al. (eds), *Open Marxism, Volume II: Theory and Practice* (London: Pluto Press), pp. 1-45.
Hardt, Michael and Negri, Antonio (2000) *Empire* (Cambridge, MA: Harvard University Press).［ハート，マイケル／ネグリ，アントニオ（水嶋一憲ほか訳）『〈帝国〉』以文社，2003年］
Harman, Chris (1993) 'Where Is Capitalism Going?', *International Socialism*, No. 58, pp. 3-57.
Hearse, Phil (2003) 'Change the World? Without Taking Power?' *Fourth International Press List.*
Hegel, Georg W.F. (1967) *Philosophy of Right* (Oxford: Oxford University Press).［ヘーゲル，G.W.F（上妻精・佐藤康邦訳）『法の哲学：自然法と国家学の要綱』（上・下），岩波文庫，2021年］
Hegel, Georg W.F. (1977) *Phenomenology of Spirit* (Oxford: Oxford University Press).［ヘーゲル，G.W.F（熊野純彦訳）『精神現象学』（上・下）ちくま学

芸文庫，2018年］

Hirsch, Joachim (1978) 'The State Apparatus and Social Reproduction: Elements of a Theory of the Bourgeois State', in Holloway, J. and Picciotto, S. (eds), *The State and Capital: A Marxist Debate* (London: Edward Arnold), pp. 57-107.

Hirsch, Joachim (2003) 'Macht und Anti-Macht', *Das Argument* (Berlin), No. 249, pp. 34-40.

Hobbes, Thomas (1991) *The Leviathan* (Cambridge: Cambridge University Press).［ホッブズ，トマス（角田安正訳）『リヴァイアサン１・２』光文社古典新訳文庫，2014年］

Holloway, John (1991a) 'Capital *is* Class Struggle (And Bears are not Cuddly)', in Bonefeld, W. and Holloway, J. (eds) *Post-Fordism and Social Form* (London: Macmillan).

Holloway, John (1991b) 'The State and Everyday Struggle', in Clarke, S. (ed.), *The State Debate* (London: Macmillan), pp. 225-59.

Holloway, John (1991c) 'The Great Bear: Post-Fordism and Class Struggle. A Comment on Bonefeld and Jessop', in Bonefeld, W. and Holloway, J. (eds), *Post-Fordism and Social Form* (London: Macmillan), pp. 92-102.

Holloway, John (1995a) 'From Scream of Refusal to Scream of Power: The Centrality of Work', in Bonefeld W. et al. (eds), *Open Marxism, Volume III: Emancipating Marx* (London: Pluto Press), pp. 155-81.

Holloway, John (1995b) 'Global Capital and the National State', in Bonefeld, W. and Holloway, J. (1995), *Global Capital, National State and the Politics of Money* (London: Macmillan), pp. 116-40.

Holloway, John (1996) 'La resonancia del zapatismo', *Chiapas*, No. 3, pp. 43-54.

Holloway, John (1998) 'Dignity's Revolt' in Holloway, J. and Peláez, E. (eds), *Zapatista! Reinventing Revolution in Mexico* (London: Pluto Press), pp. 159-98.

Holloway, John (2000) 'Zapata in Wall Street', in Bonefeld, W. and Psychopedis, K. (eds), *The Politics of Change* (London: Palgrave), pp. 173-95.

Holloway, John (2003a) 'Die Drückerei der Hölle. Eine Anmerkung in Antwort auf Joachim Hirsch', *Das Argument* (Berlin), No. 250, pp. 219-27; also 'The Printing House of Hell', *Herramienta* web page.

Holloway, John (2003b) 'Conduis ton char et ta charrue, par-dessus les osse-

ments des morts', *Contre Temps* (Paris), pp. 160-9.

Holloway, John (2003c) 'Intercambio entre Michael Löwy y John Holloway', *Bajo el Volcán* (Puebla) No. 6, pp. 13-26; also *Herramienta* (Buenos Aires), No. 23, pp.191-200.

Holloway, John (2003d) 'El Arbol de la Vida: Una Respuesta a Sergio Rodríguez', *Rebeldía* (Mexico City), No. 13, pp. 13-16; also *Herramienta* (Buenos Aires), No. 24, pp. 167-71.

Holloway, John (2003e) 'La Renovada Actualidad de la Revolución. Respuesta a Aldo Romero', *Herramienta* (Buenos Aires), No. 22, pp. 173-6.

Holloway, John (2004a) *Clase=Lucha* (Buenos Aires: Herramienta).

Holloway, John (2004b) 'Power and Democracy: More than a Reply to Michael Löwy', *New Politics* (New York), No. 36, pp. 138-41.

Holloway, John and Peláez, Eloína (eds) (1998) *Zapatista! Reinventing Revolution in Mexico* (London: Pluto Press).

Holloway, John and Picciotto, Sol (1977) 'Capital, Crisis and the State', *Capital & Class*, No. 2, pp. 76-101.

Holloway, John and Picciotto, Sol (eds) (1978a) *The State and Capital: A Marxist Debate* (London: Edward Arnold).

Holloway, John and Picciotto, Sol (1978b) 'Introduction: Towards a Materialist Theory of the State', in Holloway, J. and Picciotto, S. (eds), *The State and Capital: A Marxist Debate* (London: Edward Arnold), pp. 1-31. ［ホロウェイ，ジョン／ピチョット，ソル（隅田聡一郎訳）「『国家と資本――マルクス主義の一論争』序文」マルクス研究会年誌第１号，pp.46-89，2017年］

Horkheimer, Max (1972) 'Traditional and Critical Theory', in *Critical Theory: Selected Essays* (New York: Seabury Press), pp. 188-243. ［ホルクハイマー，マックス「伝統的理論と批判的理論」，（角忍・森田数実訳）『批判的理論の論理学』恒星社厚生閣，1998年］

Horkheimer, Max (1978a) 'On the Problem of Truth', in Arato, A. and Gebhardt, E. (eds), *The Essential Frankfurt School Reader* (Oxford: Basil Blackwell), pp. 407-43. ［ホルクハイマー，マックス「真理問題について」，（角忍・森田数実訳）『批判的理論の論理学』恒星社厚生閣，1998年］

Horkheimer, Max (1978b) 'The End of Reason', in Arato, A. and Gebhardt, E.

(eds), *The Essential Frankfurt School Reader* (Oxford: Basil Blackwell), pp. 26-48.

Horkheimer, Max (1993) *Critique of Instrumental Reason* (New York: Continuum).［ホルクハイマー，マックス（清水多吉編訳）『道具的理性批判』イザラ書房，1970年］

Horkheimer, Max and Adorno, Theodor W. (1972) *Dialectic of Enlightenment* (New York: Herder and Herder).［ホルクハイマー，マックス／アドルノ，テオドール（徳永恂訳）『啓蒙の弁証法』岩波文庫，2007年］

Howard, M.C and King, J.E. (1989) *A History of Marxian Economics, Vol.I, 1883-1929* (London: Macmillan).［ハワード，M. C.／キング，J. E.（振津純雄訳）『マルクス経済学の歴史』上1883-1929，ナカニシヤ出版，1997年］

Howard, M.C and King, J.E. (1992) *A History of Marxian Economics, Vol. II, 1929-1990* (London: Macmillan).［ハワード，M. C.／キング，J. E.（振津純雄訳）『マルクス経済学の歴史』下1929-1990，ナカニシヤ出版，1998年］

Hudis, Peter (2003) 'Rethinking the Idea of Revolution', *News & Letters* (Chicago), January-February.

Huerta, Enrique (2004) 'La Nueva Filosofía Polítics y Los Múltiples Espejos del Zapatismo', *Herramienta* web page.

Imhof, Werner (2004) 'Ein heilloser (?) Fall von Formblindheit', *Trend* (on-line journal), July.

International Monetary Fund (1995) *International Capital Markets: Developments, Prospects and Policy Issues* (Washington, DC: IMF).

Jay, Martin (1984a) *Adorno* (London: Fontana).［ジェイ，マーティン（木田元・村岡晋一訳）『アドルノ』岩波書店，2007年］

Jay, Martin (1984b) *Marxism and Totality* (Berkeley: University of California Press).［ジェイ，マーティン（荒川幾男ほか訳）『マルクス主義と全体性』国文社，1993年］

Jessop, Bob (1991) 'Polar Bears and Class Struggle: Much less than a Self-Criticism', in Bonefeld, W. and Holloway, J. (eds), *Post-Fordism and Social Form* (London: Macmillan), pp. 145-69.

Johnson, Linton Kwesi (1975) *Dread Beat and Blood* (London: Bogle L'Ouverture Publications).

Joyce, James (2000) *Ulysses* (London: Penguin).［ジョイス，ジェイムス（丸谷才一・永川玲二・高松雄一訳）『ユリシーズ』1-4，集英社，2003年］

Kaufman, Henry (1986) *Interest Rates, the Markets and the New Financial World* (London: Tauris).

Klopotek, Felix (2004) 'Holloways Mittelweg. John Holloway versucht die Synthese aus Wertformanalyse und Globalisierungskritik', *Herramienta* web page.

Kohan, Néstor (1998) *Marx en su(Tercer) Mundo: Hacia un Socialismo no Colonizado* (Buenos Aires: Biblos).

Kraniauskas, John (2002) 'Revolution is Ordinary', *Radical Philosophy*, No. 115 (September-October) pp. 40-2.

Lafargue, Paul (1999) *The Right to be Lazy* (Ardmore, PA: Fifth Season Press).［ラファルグ，ポール（田渕晋也訳）『怠ける権利』平凡社ライブラリー文庫，2008年］

Lebowitz, Michael (2005) 'Holloway's Scream: Full of Sound and Fury', *Historical Materialism* (London).

Lenin, Vladimir Illich (1966) *Essential Works of Lenin* (New York: Bantam).［この英訳本とは対応しないが，レーニン，ウラジミール・イリイッチ（マルクス＝レーニン主義研究所編）『レーニン選集』全12巻，大月書店を挙げておく。なお，本文中に引用されているのは『なにをなすべきか』（大月書店版選集第１巻）］

Lipietz, Alain (1985) *The Enchanted World* (London: Verso).

London Edinburgh Weekend Return Group (LEWRG) (1979) *In and Against the State* (London: CSE Books; revised version London: Pluto Press, 1980).

López, Néstor (2004) 'Discrepando con Dussel', *Herramienta* (Buenos Aires), No. 27, pp. 143-50.

Lorenzano, Luis (1998) 'Zapatismo: Recomposition of Labour, Radical Democracy and Revolutionary Project', in Holloway, J. and Peláez, E. (eds) *Zapatista! Reinventing Revolution in Mexico* (London: Pluto Press).

Löwy, Michael (2003) 'Intercambio entre Michael Löwy y John Holloway', *Bajo el Volcán* (Puebla), No. 6, pp. 13-26; also *Herramienta* (Buenos Aires), No. 23, pp. 191-200.

Löwy, Michael (2004) 'John Holloway, *Change the World Without Taking Power*',

New Politics (New York), No. 35.

Lukács, Georg (1971) *History and Class Consciousness* (Cambridge, MA: MIT Press).［ルカーチ，ジェルジ（城塚登・古田光訳）『歴史と階級意識』，白水社，1991年］

Luxemburg, Rosa (1973) *Reform or Revolution* (New York: Pathfinder).［ルクセンブルク，ローザ（喜安朗訳）『社会改良か革命か』ローザ・ルクセンブルク選集 1，現代思潮社，1969年］

Machiavelli, Nicolo (1995) *The Prince* (London: Penguin).［マキアヴェッリ，ニコロ（河島英昭訳）『君主論』岩波文庫，1998年］

MacKenzie, Iain (1999) 'Power', in Ashe, F. et at. (eds), *Contemporary Social and Political Theory: An Introduction* (Buckingham: Open University Press), pp. 69-87.

McLaren, Peter (2003) 'Intervention' in *Marxism Digest*, <marxism-digest@lists.panix.com>, June.

Magdoff, Harry and Sweezy, Paul (1987) *Stagnation and the Financial Explosion* (New York: Monthly Review Press).

Manzana, Ernesto (2003) 'Un buen intento con un magro resultado', *Herramienta* web page.

Marcos, Subcomandante Insurgente (1998) 'Siete Piezas Sueltas del Rompecabezas Mundial', *Chiapas*, No. 5, pp. 117-43.

Marcuse, Herbert (1968) *One Dimensional Man* (London: Sphere).［マルクーゼ，ヘルベルト（生松敬三・三沢謙一訳）『一次元的人間』河出書房新社，1980年］

Marcuse, Herbert (1998) *Eros and Civilization* (London: Routledge).［マルクーゼ，ヘルベルト（南博訳）『エロス的文明』紀伊國屋書店，1983年］

Marramao, Giacomo (1978) 'Teoría del Derrumbe y Capitalismo Organizado en las Discusiones del 'Extremismo Histórico'', *Cuadernos del Pasado y Presente*, No. 78, pp. 7-50.

Marshall, Barry (2002) 'Change the World Without Taking Power: The Meaning of Revolution Today', *Bad Reviews*, <http://eserver.org/bs/reviews/2002-12-3-04.19PM.html>

Martínez, José Manuel (2000) *Tres tesis sobre la Fetichización del Marxismo Con-*

temporaneo (Rosario: Tesis de doctorado, Universidad Nacional de Rosario).
Marx, Karl (1965) *Capital*, Vol. I (Moscow: Progress).［マルクス，カール（岡崎次郎訳）『資本論』（1）第一巻第一分冊・（2）第一巻第二分冊・（3）第一巻第三分冊，国民文庫，1972年］
Marx, Karl (1972a) *Capital*, Vol. III (London: Lawrence and Wishart).［マルクス，カール（岡崎次郎訳）『資本論』（6）第三巻第一分冊・（7）第三巻第二分冊・（8）第三巻第三分冊，国民文庫，1972年］
Marx, Karl (1972b) *Theories of Surplus Value*, Part III (London: Lawrence and Wishart).［マルクス，カール（大島清・時永淑訳）『剰余価値学説史』第3分冊，マルクス・エンゲルス全集第26巻Ⅲ，大月書店，1970年］
Marx, Karl (1973) *Grundrisse* (London: Lawrence and Wishart).［マルクス，カール（高木幸二郎監訳）『資本論草稿集1　1957-1958の経済学草稿』，大月書店，1980年，マルクス，カール（大谷禎之介監訳）『資本論草稿集2　1957-1958の経済学草稿』，大月書店，1993年］
Marx, Karl and Engels, Friedrich (1962) *Selected Works in Two Volumes*, Vol. I (Moscow: Progress).［この英訳本とは対応しないが，当該論文の日本語訳を収録しているものとして，大月書店版マルクス＝エンゲルス全集を挙げておく。なお，本文中に引用されているのは，『ルイ・ボナパルトのブリュメール一八日』（全集第8巻）］
Marx, Karl and Engels, Friedrich (1975) *Marx Engels Collected Works*, Vol. 3 (London: Lawrence and Wishart).［同前／本文中に引用されているのは，『経済学・哲学草稿』『ヘーゲル法哲学批判序説』（全集第1巻）］
Marx, Karl and Engels, Friedrich (1976) *Marx Engels Collected Works*, Vol. 5 (London: Lawrence and Wishart).［同前／本文中に引用されているのは，『ドイツ・イデオロギー』（全集第3巻）］
Mathers, Andrew and Taylor, Graham (2005) 'Contemporary Struggle in Europe: "Anti-Power" or Counter-Power?' *Capital & Class*, London.
Mattick, Paul (1978) 'Sobre la Teoría Marxiana de la Acumulación y del Derrumbe', *Cuadernos del Pasado y Presente*, No. 78, pp. 86-106.
Mattini, Luis (2003) 'Autogestión productiva y asambleismo', *Cuadernos del Sur* (Buenos Aires), No. 36, pp. 102-9.
Méndez, Andrés (2003) 'Tomar el Poder, no; construir el Contrapoder', *Herra-*

mienta (Buenos Aires), No. 22, pp. 177-3.

Moulier, Yann (1989) 'Introduction', in Negri, A., *The Politics of Subversion* (Cambridge: Polity Press), pp. 1-44.

Negri, Antonio (1980) *Del Obrero-Masa al Obrero Social* (Barcelona: Anagrama).

Negri, Antonio (1988a) *Revolution Retrieved : Selected Writings on Marx, Keynes, Capitalist Crisis and New Social Subjects 1967-83* (London: Red Notes).

Negri, Antonio (1988b) 'Keynes and the Capitalist Theory of the State', in Negri, A., *Revolution Retrieved:* ... (London: Red Notes) (1988a), pp. 5-42.

Negri, Antonio (1988c) 'Marx on Cycle and Crisis', in Negri, A., *Revolution Retrieved:* ... (London: Red Notes) (1988a), pp. 43-90.

Negri, Antonio (1989) *The Politics of Subversion* (Cambridge: Polity Press).［ネグリ，アントニオ（小倉利丸訳）『転覆の政治学』現代企画室，2000年］

Negri, Antonio (1991) *The Savage Anomaly* (Minneapolis: University of Minnesota Press).［ネグリ，アントニオ（杉村昌昭・信友建志訳）『野生のアノマリー』作品社，2008年］

Negri, Antonio (1999) *Insurgencies: Constituent Power and the Modern State* (Minneapolis: University of Minnesota Press).［ネグリ，アントニオ（杉村昌昭・斉藤悦則訳）『構成的権力』松籟社，1999年］

Negri, Antonio (2002) *Du Retour Abécédaire biopolitique. Entretiens avec Anne Dufourmantelle* (Paris: Calmann-Lévy).

Palomino, Héctor (2005) 'Trabajo y Movimientos Sociales en Argentina Hoy', *Bajo el Volcán* (Puebla), No. 8, also *Herramienta* (Buenos Aires), no, 27, pp. 73-86.

Pannekoek, Anton (1977) 'The Theory of the Collapse of Capitalism', *Capital and Class*, No. 1, pp. 59-82.

Pashukanis, Evgeny (1978) *Law and Marxism: A General Theory* (London: Ink Links).［パシュカーニス，イェー・ベー（稲子恒夫訳）『法の一般理論とマルクス主義』日本評論社，1958年］

Peláez, Eloína and Holloway, John (1995) 'Learning to Bow: Post-Fordism and Technological Determinism', in Bonefeld, W. and Holloway, J. (eds), *Global Capital, National State and the Politics of Money* (London: Macmillan), pp. 135-44.

Piper, Watty (1978) *The Little Engine that Could* (New York: Putnam).
Poulantzas, Nicos (1973) *Political Power and Social Classes* (London: New Left Books).［プーランツァス，ニコス（田口富久治・山岸紘一訳）『資本主義国家の構造』全２冊，未来社，1978-81年］
Rajchenberg, Enrique (2003) 'John y la Identidad', *Herramienta* web page.
Red Notes (1979) *Working Class Autonomy and the Crisis: Italian Marxist Texts of the Theory and Practice or a Class Movement: 1964-79* (London: Red Notes).
REDaktion, (Hg) (1997) *Chiapas und die Internationale der Hoffnung* (Köln: ISP).
Reitter, Karl (2003) 'Wo wit stehen', *Grundrisse* (Vienna), No. 6, pp. 13-27.
Rodriguez, Sergio (2003) '¿Puede ser verde la teoría? Sí, siempre y cuando la vida no sea gris', *Rebeldía* (Mexico City), No. 8, pp. 9-17.
Romero, Aldo (2002) 'El Significado de la Revolucíon hoy', *Herramienta* (Buenos Aires), No. 21, pp. 173-5.
Rooke, Mike (2002) 'The Limitations of Open Marxism', *What Next* (London).
Roux, Rhina (2003) 'Dominacíon, Insubordinacíon y Política. Notas sobre el grito de Holloway', *Bajo el Volcán* (Puebla), No. 6, 37-58.
Rubin, Isaak Illich (1973) *Essays on Marx's Theory of Value* (Montreal: Black Rose Books).［ルービン，イサーク・イリイチ（竹永進訳）『マルクス価値論概説』法政大学出版局，1993年］
Rushdie, Salman (1998) *The Satanic Verses* (London: Vintage).［ラシュディ，サルマン（五十嵐一訳）『悪魔の詩』上下，新泉社，1990年］
Schiller, Margrit (2001) *Es war ein harter Kampf um meine Erinnerung. Ein Lebensbericht aus der RAF* (Munich: Piper).
Schlesinger, Arthur (1959) *The Age of Roosevelt: the Crisis of the Old Order, 1919-1933* (Cambridge, MA: The Riverside Press).［シュレジンガー，アーサー（救仁郷繁訳）『ローズヴェルトの時代１　旧体制の危機』ぺりかん社，1962年］
Schmitt, Carl (1987) *Der Begriff des Politischen* (Berlin: Duncker & Humblot).［シュミット，カール（田中浩・原田武雄訳）『政治的なものの概念』未来社，1970年］
Scott, James (1990) *Domination and the Arts of Resistance* (New Haven: Yale University Press).

Seibert, Thomas (2004) 'Welt-Veränderung-Macht. John Holloway und Thomas Seibert im Gespräch', *Arranca!* (Berlin), No. 30, pp. 9-13.

Serrano, Marcela (1995) *Antigua Vida Mía* (México: Alfaguara).

Smeriglio, Massimiliano (2004) Intervention in the presentation of the Italian edition of the book, Rome, March.

Smith, Cyril (1996) *Marx at the Millennium* (London: Pluto Press).

Smith, Cyril (2002) 'Anti-Power *Versus* Power', *The Commoner* (online journal); also *Herramienta* (Buenos Aires), No. 21, pp. 164-8.

Sohn-Rethel, Alfred (1978) *Intellectual and Manual Labour* (London: Macmillan).［ゾーン＝レーテル，アルフレート（寺田光雄・水田洋訳）『精神労働と肉体労働』合同出版，1975年］

Sopransi, Belén and Veloso Verónica (2004) 'Contra la subjetividad privatizada', *Herramienta* (Buenos Aires), No. 27, pp. 87-105.

Stoetzler, Marcel (2005) 'On How to Make Adorno Scream: John Holloway's Concept of Revolution against Class and Identity', *Historical Materialism* (London).

Stratman, David (n.d.) *We Can Change the World* (Boston: New Democracy Books).

Tavor, Bannet Eve (1989) *Structuralism and the Logic of Dissent* (London: Macmillan).

Thompson, Edward P. (1967) 'Time, Work-Discipline and Industrial Capitalism', *Past and Present*, No. 38, pp. 56-96.

Thwaites Rey, Mabel (2003) 'La Autonomía como Mito y como Posibilidad', *Cuadernos del Sur* (Buenos Aires), No. 36, pp. 87-101.

Thwaites Rey, Mabel (2004) *La autonomía como búsqueda, el Estado como contradiccíon* (Buenos Aires: Prometeo).

Tischler, Sergio (2000) 'Memoria y Sujeto. Una Aproximación desde la Política', *Bajo el Volcán*, No. 1, pp. 11-24.

Tischler, Sergio (2005) 'Time of Reification and Time of Insubordination', in Bonefeld, W. and Psychopedis, K. (eds) *Human Dignity* (Aldershot: Ashgate).

Tronti, Mario (1979a) 'Lenin in England', in Red Notes, *Working Class Autonomy and the Crisis: ...* (London: Red Notes), pp. 1-6.

Tronti, Mario (1979b) 'The Strategy of the Refusal', in Red Notes, *Working Class*

Autonomy and the Crisis: ... (London: Red Notes), pp. 7-21.

Vaneigem, Raoul (1994) *The Revolution of Everyday Life* (London: Rebel Press/Left Bank Books).

Vega, Cantor Renán (2003) 'La historia brilla por su ausencia', *Herramienta* (Buenos Aires), No. 22, pp. 191-6.

Wainwright, Hilary (2003) *Reclaim the State* (London: Verso).

Walter, Andrew (1993) *World Power and World Money* (London: Harvester Wheatsheaf). ［ウォルター，アンドリュー（本山美彦監訳）『ワールドパワー&ワールドマネー』三嶺書房，1998年］

Warburton, Peter (1999) *Debt and Delusion* (London: Allen Lane/The Penguin Press).

Wildcat (2003) 'Der Schrei und die Arbeiterklasse', *Wildcat-Zirkular* (Berlin), No. 65, pp. 48-54.

Williams, Raymond (1976) *Keywords* (Glasgow: Fontana). ［ウィリアムズ，レイモンド（椎名美智ほか訳）『完訳キーワード辞典』平凡社，2011年］

Winocur Marcos (2001) 'La Izquierda Que Tanto Ame, El Viento Se La Llevo', *Bajo el Volcán*, No. 3, pp. 211-34.

Witheford, Nick (1994) 'Autonomist Marxism and the Information Society' *Capital and Class*, No. 52, pp. 85-125.

Wright, Chris (2002) 'Change the World Without Taking Power', *Herramienta* web page.

Zibechi, Raúl (2003) *Genealogía de la Revuelta* (La Plata: Letra Libre).

著者略歴
ジョン・ホロウェイ
社会学・哲学・政治学者。1947年、アイルランドのダブリンに生まれる。エディンバラ大学に学び、政治学で博士号を得る。同大学教授などを経て、現在はメキシコのプエブラ自治大学社会人文科学研究所教授。メキシコのサパティスタ運動、アルゼンチンのピケテーロス運動などの民衆運動に実践的・理論的に関与し、世界社会フォーラムで活躍。アントニオ・ネグリ、マイケル・ハートと並び称される反権力（アンチパワー）思想家。著書はほかに、『革命　資本主義に亀裂を入れる』（高祖岩三郎・篠原雅武訳、河出書房新社）、*Zapatista! Rethinking Revolution in Mexico*（『サパティスタ！　メキシコ革命再考』）、*Open Marxism: Emancipating Marx*（『開かれたマルクス主義　マルクスを解放する』）、*Negativity and Revolution*（『否定と革命』）［ともに共著］などがある。

訳者略歴
大窪一志（おおくぼ・かずし）
1946年神奈川県生まれ。東京大学文学部哲学科卒業。筑摩書房、日本生協連広報室などの編集者を経て著述業。『「新しい中世」の始まりと日本』（花伝社）『素描・1960年代』（共著、同時代社）『相互扶助の精神と実践　クロポトキン「相互扶助論」から学ぶ』（同時代社）などの著作、『アナ・ボル論争』（同時代社）などの思想史資料の編著、グスタフ・ランダウアー『レボルツィオーン 再生の歴史哲学』『懐疑と神秘思想』（以上、同時代社）などの訳述がある。

四茂野修（よもの・おさむ）
1949年東京都生まれ。東京大学文学部哲学科中退。動労本部に就職して労働運動に従事、JR東労組、JR総連役員を歴任。2019年まで、国際労働総研専務理事。著書に『「帝国」に立ち向かう』（五月書房）『甦れ！　労働組合』（社会評論社）『評伝・松崎明』（同時代社）などがある。

増補修訂版
権力を取らずに世界を変える

2021年9月30日　初版第1刷発行

著　者　ジョン・ホロウェイ
訳　者　大窪一志・四茂野修
装　幀　クリエィティブ・コンセプト
発行者　川上　隆
発行所　同時代社
〒101-0065　東京都千代田区西神田2-7-6 川合ビル
電話 03(3261)3149　FAX 03(3261)3237
組　版　(株)ミツワ
印　刷　中央精版印刷（株）

ISBN978-4-88683-907-7